금융 빅데이터 분석

Financial Big Data Analytics

금융 빅데이터 분석

배재권 지음

저자 **배재권** 裵在權

계명대학교 경영정보학과 교수
(前) 동양대학교 철도경영학과 교수
(前) 서강대학교 경영학과 대우교수
대구광역시 정보화추진위원회 위원
ERP정보관리사 출제 및 감수위원
한국로고스경영학회 감사, 총무이사
한국전자상거래학회 상임이사
대한경영정보학회 이사
한국스마트미디어학회 이사
_ jkbae99@kmu.ac.kr

금융 빅데이터 분석

발행일	2019년 6월 30일
저 자	배재권
발행인	오성준
발행처	카오스북
등록번호	제2018-000189호
주소	서울시 마포구 양화로 56 동양한강트레벨 1022호
전화	02-3144-8755, 8756
팩스	02-3144-8757
웹사이트	www.chaosbook.co.kr
ISBN	979-11-87486-25-1 93000
정가	20,000원

서문

    2017년 1월에 개최된 세계경제포럼(World Economic Forum)은 인공지능(AI), 사물인터넷(IoT), 빅데이터(BigData)의 기술 융합을 토대로 한 '제4차 산업혁명(Fourth Industrial Revolution)'시대의 도래를 예고하였다. 현재 국내외 금융산업은 인공지능과 빅데이터 기술을 적용한 '금융–IT 융합형' 산업으로 빠르게 발전하고 있다. 금융산업은 데이터 보유량이 많고 빅데이터의 잠재적 활용 가치가 높아 금융기관을 중심으로 빅데이터 활용사례가 급증하고 있으며, 향후 '금융빅데이터'는 미래의 경쟁우위를 가늠하는 핵심역량이 될 것이다.

    2019년 6월 4일, 금융위원회와 한국신용정보원은 '금융빅데이터 개방시스템'을 공개하기로 결정하였다. 약 200만 명의 금융데이터 정보(대출 · 연체 · 카드개설 데이터)를 외부에 개방하면서 금융업권, 핀테크 스타트업, 연구소 등 각계의 연구자들이 직접 금융빅데이터를 분석하고 활용할 수 있도록 지원하는 여건이 만들어지고 있다.

    그러나 현재 우리나라는 비즈니스 상황과 문제를 실제 빅데이터 기반으로 이해하고 의사결정지원에 활용할 수 있는 역량을 갖춘 인재가 부족한 실정이다. 금융빅데이터전문가, 데이터 과학자 등의 빅데이터 분석 전문인력 양성이 필요한 시점이다. 또한 고등교육기관에서는 금융빅데이터 관련 교과목과 교재가 부족한 상황에 직면에 있다. 이에 본 교재는 경영빅데이터 및 금융빅데이터 분석 과정을 이해하고, 빅데이터 처리기법과 분석기법 등의 지식을 습득하는 것을 목표로 한다. 즉, 재무학 및 금융학에 대한 이해를 바탕으로 금융빅데이터를 분석하여 미래 상황을 예측하고 그에 맞도록 의사결정을 내리며 새로운 비즈니스 통찰력을 이끌어낼 수 있도록 지원하는 다양한 분석기법과 도구를 학습한다.

    본 교재는 크게 빅데이터 개론, 금융빅데이터 이론, 금융빅데이터 실습의 세 가지 파트, 총 11개의 챕터(chapter)로 구성된다.

제1장은 "빅데이터의 개요"부분으로 빅데이터의 등장 배경, 빅데이터의 개념 및 특성, 빅데이터 분석가와 데이터 과학자, 그리고 빅데이터 현황과 전망에 대해 학습한다.

제2장은 "빅데이터 활용과 분석기법"에 대해 학습한다. 세부적으로 데이터마이닝과 텍스트마이닝의 개념 및 특성, 빅데이터 분석 단계, 그리고 분야별 빅데이터 활용 사례를 학습한다.

제3장은 "빅데이터 비즈니스 모델과 분석 방법론"에 대해 학습한다. 세부적으로 빅데이터 분석 프로젝트 개발방법론, 빅데이터 역량평가를 위한 참조모델, 그리고 빅데이터 기반의 예측분석 모델에 대해 학습한다.

제4장은 "금융산업의 빅데이터 활용 사례"에 대해 학습한다. 주요 내용으로 핀테크와 금융빅데이터, 인터넷전문은행, 그리고 로보어드바이저의 빅데이터 활용에 대해 학습한다.

제5장은 "재무분석과 빅데이터"에 관한 부분으로 재무분석방법과 재무비율분석을 학습한다. 재무분석과 재무비율의 이론적 내용은 제6장부터 시작되는 금융빅데이터 의사결정문제(신용등급예측, 부도확률예측, P2P대출채무불이행예측, 상장폐지예측, 배당정책예측)를 해결하기 위해 반드시 숙지해야 할 재무학 · 회계학 개념을 기술한 것이다.

제6장은 "기업신용등급분석 및 예측모형"에 대해 학습한다. 신용등급과 신용평가의 개념, 다양한 신용등급예측모형 구축사례, 재무비율분석을 이용한 신용등급예측, 그리고 신용평가기관의 신용등급체계 및 신용평가시스템을 학습한다.

제7장은 "부도확률분석 및 부도예측모형"에 대해 학습한다. 주요 내용으로 도산 및 부도의 이해, 부도예측모형에 관한 연구사례, 그리고 중소기업의 부도예측모형 구축 방법을 학습한다.

제8장은 "온라인 P2P 대출거래의 채무불이행예측"에 대해 학습한다. P2P 대출 서비스와 P2P 대출거래의 구성요소를 알아보고, 렌딩클럽(Lending Club)의 공개용 데이터베이스를 이용한 채무불이행예측모형 구축 방법에 대해 학습한다.

제9장은 "기업의 상장과 상장폐지예측"에 대해 학습한다. 주요 내용으로 상장적격성 실질심사제도, 관리종목 지정 및 형식적 상장폐지기준, 그리고 상장폐지예측모형 구축 방법을 학습한다.

제10장은 "기업의 배당과 배당정책예측"에 대해 학습한다. 주요 내용으로 배당정책과 배당지급절차를 알아보고, 배당정책과 기업가치에 관한 논쟁과 배당결정요인을 학습한다.

마지막 제11장은 "금융빅데이터 실습"으로 기업신용등급예측(6장)과 P2P대출 거래의 채무불이행예측(8장)에 관한 금융빅데이터분석 실습 과정을 학습한다. 실습용 소프트웨어로는 공개용 소프트웨어인 래피드마이너(RapidMiner)를 활용하며, 실습용 데이터는 네이버카페 〈금융빅데이터분석〉(http://cafe.naver.com/financialbigdata)에서 무료로 제공하는 신용등급 및 P2P 채무불이행 데이터를 활용한다.

본 교재를 통해 금융빅데이터 분석가, 데이터 과학자 등을 양성할 수 있으며, 데이터분석 전문가, SAS Certified Statistical Business Analyst, 경영빅데이터 분석가, CRM데이터 전문가 등의 빅데이터 관련 자격증 시험을 준비하는 학생들에게 도움이 될 것으로 기대한다.

끝으로 이 책이 출간될 수 있도록 도움을 주신 카오스북 대표님과 편집부 직원들께 깊은 감사를 드립니다.
아울러 항상 자식들을 위해 헌신하시는 부모님과 사랑하는 아내 보미, 소중한 딸 유나에게도 감사의 말을 전합니다.

2019년 6월
배재권

차례

1
빅데이터 개론

❸ 빅데이터 비즈니스 모델과 분석 방법론 75

2
금융 빅데이터 이론

⑪ 금융 빅데이터 분석 실습 281

빅데이터 개론

1

01 빅데이터 개요

1.1 빅데이터의 등장 배경과 주요 이슈

빅데이터(BigData)의 사전적 의미는 디지털 환경에서 생성되는 데이터로 그 규모가 방대하고, 형태도 수치 데이터(numerical data)뿐만 아니라 문자와 영상 데이터(string and video data)를 포함한 다양하고 거대한 데이터의 집합을 말한다. 즉, 부피가 크고, 변화의 속도가 빠르며, 데이터의 속성이 다양한 데이터를 지칭한다. 다국적 컨설팅전문회사인 맥킨지(McKinsey)는 빅데이터를 '지금까지 데이터를 관리하던 기존의 소프트웨어로는 저장, 관리, 분석할 수 있는 범위를 초과한 규모의 데이터'로 정의했으며, 정보기술(IT) 분야 시장조사기관인 가트너(Gartner)는 '보다 향상된 의사결정을 위해 사용되는 비용 효율적이며 혁신적인 거대한 용량(volume)의 정형 및 비정형의 다양한 형태(variety)로 엄청나게 빠른 속도(velocity)로 쏟아져 나와 축적되는 특성을 지닌 정보 자산'이라고 정의한 바 있다.

최근 정보기술의 발전에 따른 데이터 저장 및 처리 비용의 하락과 소셜네트워크서비스(social network services, SNS)의 확대 등의 디지털 정보량 증가에 따라 빅데이터가 중대한 이슈로 부각되고 있다. 저장장치(storage)와 프로세서의 발달과 더불어 데이터 분석 기술의 진보는 빅데이터 시장을 촉진해왔으며 제4차 산업혁명의 핵심 원천 기술인 사물인터넷(internet of things, IoT), 클라우드 컴퓨팅(cloud computing), 인공지능(artificial intelligence, AI)과 함께 폭발적인 잠재성과 함께 동반 성장하고 있다.

최근 몇 년 동안 정보통신기술(ICT) 분야에서 가장 많이 언급된 개념과 이슈가 바로 빅데이터이다. 전 산업에 걸쳐 빅데이터에 대한 관심이 날로 증대되고 있고 빅데이터가 ICT 분야의 새로운 패러다임이자 신성장 동력으로 급부상하고 있다. 모바일 기반 무선 인터넷 서비스 및 SNS의 활성화, 스마트팩토리(smart factory)로 인한 생산 공정의 디지털화, IoT의 확산 등으로 데이터가 폭증하면서 산업화 시대의 '철·석탄', 정보화 시대의 '인터넷'에서 진화된 제4차 산업혁명시대에는 '빅데이터'를 핵심 자원으로 인식하고 있다. 여기에서 더 나아가 관련 기업들은 빅데이터 분석 솔루션과 분석 플랫폼을 활용하여 비즈니스 가치 창출과 이를 최적화하려는 수익모델을 개발하고 있다. 주요 국가 정부와 산업계에서는 빅데이터를 각종 문제 해결 및 이슈 대응뿐만 아니라 미래 전략과 수반되는 전략적 의사결정의 중요한 도구로 활용하고 있다.

글로벌 IT 기업인 IBM은 사내에 200명 이상의 수학자들과 통계학자들이 빅데이터 분석으로 도출된 핵심 기술 분야를 집중 연구함으로써 다수의 관련 특허를 취득하고 미래 전략 사업을 준비하고 있다. 제4차 산업혁명의 주요 특징인 초연결(hyperconnectivity), 초지능(superintelligence) 특성으로 인해 빅데이터 분석의 중요성은 인공지능(AI)과 더불어 날로 강조되고 있다.

가트너(Gartner)는 향후 몇 년 동안 기업의 혁신, 투자, 위험 요소에 중대한 영향을 미칠 가능성이 큰 정보기술(IT) 10대 전략 기술로 빅데이터(BigData)를 선정하였다. 2012년에 열린 세계경제포럼(World Economic Forum, Davos Forum)에서도 빅데이터를 10대 전략 기술 중 첫 번째로 선정한 바 있다.

글로벌 시장조사기관인 테크 프로 리서치(Tech Pro Research)에 따르면 빅데이터를 도입 중이거나 이미 활용하고 있는 글로벌 기업이 2013년 20%에서 2015년 30%로 증가할 것으로 전망하였다. 가트너(Gartner)는 2015년에 49억 개의 디바이스가 IoT에 연결될 것이고, 2020년에는 250억 개 이상의 디바이스가 IoT에 연결되어 빅데이터 시장을 지속적으로 견인할 것으로 예측하고 있다. 리서치 기관인 위키본(Wikibon)에 따르면 빅데이터 시장은 2011년부터 2014년까지 꾸준히 성장해 왔으며 2026년까지 연평균 17%의 성장 추세를 이어갈 것으로 전망하고 있다.

세계적인 시장조사기관인 포레스터 리서치(Forrester Research, Inc.)의 "빅데이터 기술 수명주기 예측 보고서"는 빅데이터 기술이 향후 10년간 안정적 성장세를 유지할 것이며, 비즈니스 가치가 높은 핵심 기술이라고 언급하였다. 위 보고서에서는 상위 5개의 빅데이터 기술로 예측분석(predictive analytics), 빅데이터 처리(BigData preparation, NoSQL databases), 데이터 통합(data integration), 인공지능(artificial intelligence), 기계학습(machine learning)을 제시하였다. 이들 빅데이터 기술을 통해 각종 의사결정문제에 관한 대응 방안을 마련하고, 실시간 경기 예측, 사회적 위험 모니터링, 장기적 미래 예측 등의 통합적 미래 연구를 할 수 있는 토대가 되고 있다.

우리나라의 중앙정부에서는 '빅데이터를 활용한 과학적 행정 구현 및 유능한 전사정부 구현'을 목표로 빅데이터 기반의 합리적 정책 결정 체계와 맞춤형 행정 서비스 지원 계획을 수립하고 있다. 지방정부에서는 지능형 정부를 표방하여 빅데이터 분석 등 첨단 신기술을 활용해 행정을 혁신하고, 맞춤형 대국민 서비스를 제공하는 스마트(smart) 지자체 정부를 추진하고 있다. 또한 지능형 행정 서비스 제공을 위해 관광 및 교통 정책 등에 빅데이터를 활용하여 맞춤형 콘텐츠 개발과 신속한 교통 서비스를 제공하고 있다.

이처럼 빅데이터 시장이 급격히 성장하고 있고, 빅데이터 분석 활용도 점차 확대되고 있다. 빅데이터에 대한 기술적 수요와 관심이 높아짐에 따라 이를 활용하기 위한 방법으로 다양한 솔루션 및 오픈 소스(open-source)들이 등장하고 있다. 이에 관해 현재 국내외 빅데이터 관련 표준화 전략 수집과 표준 개발 활동이 증가하는 추세이다. 또한 각국 정부에서는 국가 주도의 빅데이터 기반의 지식 처리 인공지능(AI) 소프트웨어 프로젝트를 추진하고 있으며 차세대 지능형 소프트웨어 시장에서 지식 및 지능 처리 기술 선점을 위해 소리 없는 전쟁을 하고 있다.

1.2 빅데이터의 개념 및 특성

1.2.1 협의의 빅데이터 개념

빅데이터는 사전적으로 수치와 문자 데이터, 그리고 영상 데이터를 포함한 대규모 데이터를 의미한다. 위키피디아(Wikipedia)에서는 빅데이터를 "기존 데이터베이스 관리 도구의 데이터 수집, 저장, 관리, 분석의 역량을 넘어서는 대량의 정형 또는 비정형 데이터 셋(data set) 및 이러한 데이터로부터 가치를 추출하고 결과를 분석하는 기술"로 정의한다. 컨설팅 기관인 맥킨지(McKinsey)는 빅데이터를 "기존의 데이터베이스 소프트웨어(DBMS)로 저장, 관리, 분석할 수 있는 능력을 벗어나는 규모의 데이터 셋"으로 규정하였다. 다만, 단순히 데이터의 크기만으로는 설명할 수 없다는 점을 주장하고, 빅데이터의 경제적 역할로서 기업 및 공공 부문의 경쟁력과 생산성을 강화할 수 있는 중요한 가치라고 주장한 바 있다.

시장조사기관 IDC(International Data Corporation)는 "다양한 종류의 대규모 데이터로부터 저렴한 비용으로 큰 가치를 추출하고, 데이터의 빠른 수집, 발굴, 분석을 지원하도록 고안된 차세대 기술"이라고 정의하였다. 대한민국 국가지식재산위원회에서는 "대용량 데이터를 활용 및 분석하여 가치 있는 정보를 추출하고 생성된 지식을 바탕으로 능동적으로 대응하거나 변화를 예측하기 위한 정보화 기술"이라고 정의하였다. 이와 같이 빅데이터란 엄청나게 많은 데이터로 양적인 의미를 벗어나 데이터 분석과 활용을 포괄하는 개념으로 사용하고 있다.

[표 1.1]에서와 같이 빅데이터의 정의는 다양하지만, 기업의 효과적인 전략 도출에 필요한 상세하고 높은 빈도로 생성되는 다양한 종류의 데이터로 정의할 수 있다. 즉, 현재 시스템의 처리 범위를 넘어서는 데이터이며, 기존의 방식과 다른 새로운 처리 및 분석방법이 필요하다는 것이다.

표 1.1 기관별 빅데이터의 정의

기관 또는 출처	정의	핵심 키워드
맥킨지(McKinsey)	지금까지 데이터를 관리하던 기존의 소프트웨어로는 저장, 관리, 분석할 수 있는 범위를 초과하는 규모의 데이터	대규모 데이터(volume)
가트너(Gartner)	비용 효율적이며 혁신적인 거대한 용량의 정형 및 비정형의 다양한 형태로 엄청나게 빠른 속도로 쏟아져 나와 축적되는 정보 자산	거대한 용량(volume), 다양한 형태(variety), 빠른 속도(velocity)
IDC(International Data Corporation)	다양한 종류의 대규모 데이터로부터 저렴한 비용으로 큰 가치를 추출하고, 데이터의 빠른 수집, 발굴, 분석을 지원하도록 고안된 차세대 기술	대규모 데이터(volume), 저렴한 비용, 빠른 수집·분석(velocity)
국가지식재산위원회	대용량 데이터를 활용 및 분석하여 가치 있는 정보를 추출하고 생성된 지식을 바탕으로 능동적으로 대응하거나 변화를 예측하기 위한 정보화 기술	대용량 데이터(volume), 변화 예측
위키피디아 (Wikipedia)	기존 데이터베이스 관리 도구의 데이터 수집, 저장, 관리, 분석의 역량을 넘어서는 대량의 정형 또는 비정형 데이터 셋	정형, 비정형 데이터 셋

데이터웨어하우징 인스티튜트(The Data Warehousing Institute, TDWI)에서 발표한 "2012년 빅데이터 분석 보고서(Big Data Analytic Report 2012)"에 의하면 빅데이터의 특성으로 규모(volume), 속도(velocity), 데이터의 다양성(variety)을 제시하였다. 시장조사기관 가트너(Gartner)의 'Emerging Technology Hype Cycle 2012' 보고서에서도 빅데이터의 세 가지 조건으로 규모(volume), 속도(velocity), 다양성(variety)이라는 '3V'의 조건을 충족해야 한다고 언급한 바 있다.

[그림 1.1]과 같이 빅데이터는 대규모 용량, 빠른 속도, 그리고 다양성을 갖는 정보 자산으로서, 이를 통해 의사결정, 새로운 정보의 발견, 프로세스 최적화를 향상시키기 위한 새로운 형태의 처리 방식이 필요하다.

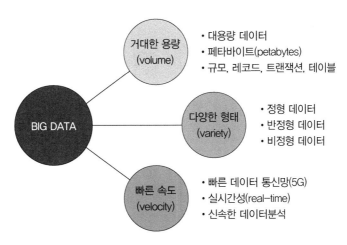

그림 1.1 빅데이터의 구성 요소(3V)

(1) 규모: 데이터의 크기

빅데이터에서 규모(volume)는 데이터의 양적 수준을 의미한다. 구글의 전 CEO 에릭 슈미트(Eric Emerson Schmidt)는 인류 문명이 시작된 이후 2003년까지 축적된 데이터를 모두 합치면 50억 기가바이트(giga bytes) 정도이며, 이제 인류는 하루 만에 이보다 많은 양의 데이터를 만들어내고 있음을 언급하였다.

빅데이터 기술을 활용하는 기업들은 이미 분석에 필요한 대용량 데이터를 보유하고 있다. 데이터웨어하우징 인스티튜트(The Data Warehousing Institute)의 설문 조사에 의하면, 약 37%의 기업이 이미 10테라바이트(terabyte, TB) 이상의 데이터를 갖고 있다고 응답하였다. 기술적인 발전과 IT의 일상화가 진행되면서 해마다 디지털 정보량이 기하급수적으로 폭증하고 있으며 현재 제타바이트(zetabyte, ZB) 시대로 진입하고 있다. 시장조사기관 IDC의 백서 'Data AGE 2025'에 따르면, 2025년까지 전 세계 데이터의 양은 163ZB까지 늘어날 것으로 예측하였다. 특히, 163ZB는 지난 20여 년 동안 출하된 하드디스크 80억 대를 합친 용량인 4ZB에 비교하면 엄청난 규모의 데이터이며, 현재 12TB의 하드디스크를 기준으로 약 160억 대의 하드디스크가 필요한 수준이다. 향후 빅데이터는 모두 저장되지는 않을 것이며, 가치 있는 약 5%의 중요 데이터만 저장될 것으로 예측하고 있다.

현재의 빅데이터 시대에서 빅데이터의 규모는 단지 데이터의 양적 측면보다는 기존의 데이터 처리 방법이나 기술로 데이터를 처리하는 데 소요되는 비용이나 시간이 많아, 데이터 처리를 통해 얻은 가치보다 비용이 더 큰 정도의 데이터를 빅데이터로 인식하고 있다. 빅데이터 기술에서 대용량의 데이터는 분석 결과의 신뢰성과도 연관성이 있다.

(2) 속도: 데이터의 변화 속도

속도(velocity)는 데이터의 생성, 분석, 유통, 소비에 이르는 시간을 의미한다. 1990년대 초까지만 해도 빠른 데이터 통신망은 매우 값비싼 자원이었다. 데이터의 유통 주기가 몇 시간에서 길게는 몇 주까지 소요되었으나, LTE(long term evolution) 등으로 대변되는 4세대(4G) 이동통신과 5세대(5G) 이동통신망에서는 데이터의 생성, 분석, 유통, 소비의 주기가 거의 실시간으로 이루어진다. 빅데이터의 속도란 데이터의 생성에서 소비에 이르는 시간이 거의 실시간으로 이루어져야 함을 의미한다.

소셜 데이터, 사물 정보(센서, 모니터링), 스트리밍(streaming) 정보 등 실시간성 정보가 지속적으로 증가하고 있으며, 실시간성으로 인한 데이터 생성, 이동(유통) 속도도 지속적으로 증가하고 있다. 특히 SNS는 사람과 사람이 소통하는 것으로 끊임없이 새로운 데이터(소셜 데이터)를 생성하고 소비하는 곳이다. 또한 데이터의 변화 속도가 빠르기 때문에 현재의 데이터를 포함할 가능성이 큰 영역이다. 대규모 데이터 처리 및 가치 있는 현재의 실시간 정보 활용을 위해 데이터 처리 및 분석하는 속도가 매우 중요하다.

신속한 데이터 분석이 더 큰 미래 예측의 가치를 제공한다. 이는 기존의 정형 데이터 분석 기반의 BI(business intelligence) 사고에서 비정형 데이터 분석까지 포함하는 비즈니스 애널리틱스(business analytics) 사고로 확장시켜야 함을 말한다.

(3) 다양성: 데이터의 다양성

빅데이터(variety)의 다양성이란 빅데이터를 구성하는 데이터 유형의 다양화를 말한다. 기존에 관계형 데이터베이스(relational database, RDBMS)에서 처리하는 데이터들은 관계형 데이터베이스에 입력이 가능한 정형화된 데이터들로 구성된다.

그러나 빅데이터에서 처리되는 주요 데이터는 이와 같은 정형화된 데이터들이 아닌 로그(log) 기록, 클릭 스트림(click stream) 데이터, 소셜 데이터, GPS(global positioning system)와 같은 센서(sensor) 데이터, 비디오·오디오 등의 멀티미디어 등과 같이 정형화하기 어려운 비정형 데이터나 XML, RSS Feeds 등과 같은 반정형 데이터가 대부분이다.

또한 빅데이터 처리 기술은 비정형 데이터와 반정형 데이터를 처리하는 데 최고의 성능을 내도록 설계되어 있다. 즉, 과거 데이터 분석은 RDBMS에 입력된 정형 데이터(structured data)를 기반으로 수행되었다. 정형 데이터는 주로 수치화된 정량적 데이터를 의미한다. 그러나 현재 빅데이터가 다루는 데이터의 종류는

[표 1.2]와 같이 반정형 데이터(semi-structured data)와 비정형 데이터(unstructured data)로 대변되는 성성석 데이터까지 포함한다.

표 1.2 빅데이터의 다양성(분류)

정의	설명
정형 데이터 (structured data)	고정된 필드에 저장된 데이터, 연산 가능 예) 관계형 데이터베이스, 스프레드시트, CSV 등
반정형 데이터 (semi–structured data)	고정된 필드에 저장되어 있지는 않지만, 메타데이터나 스키마 등을 포함하는 데이터, 연산 불가능 예) XML, HTML, 로그형태(웹로그, 센서데이터)
비정형 데이터 (unstructured data)	고정된 필드에 저장되어 있지 않은 데이터, 연산 불가능 예) 텍스트, 소셜데이터, 이미지, 동영상, 음성 등

빅데이터는 정형화(structured)된 데이터, 반정형화(semi-structured) 데이터, 비정형(unstructured) 데이터로 구분할 수 있다.

정형화된 데이터는 일정한 규칙을 갖고 체계적으로 정리된 데이터를 의미한다. 고정된 필드에 저장된 데이터로 관계형 데이터베이스 및 스프레드시트 등에 저장된 데이터이다. 예를 들어 매년 통계청에서 발표하는 통계 자료, 방송통신 실태 조사, 각종 과학적 데이터 등을 말한다. 정형화된 데이터는 그 자체로 의미 해석이 가능하며, 바로 활용할 수 있는 정보를 내포하고 있다.

반정형화된 데이터는 고정된 필드에 저장되어 있지 않지만, 메타데이터(metadata)나 스키마(schema) 등을 포함하는 데이터이다. 즉, 반정형 데이터는 스키마 형태가 있으나 연산이 불가능한 데이터이다. XML(eXtensible markup language), HTML(hypertext markup language) 문서와 웹로그(weblog), 센서 데이터(sensor data) 등이 이에 해당한다.

비정형화된 데이터는 고정된 필드에 저장되어 있지 않은 데이터이다. 텍스트 분석이 가능한 텍스트 문서 및 이미지, 동영상, 음성 데이터 등을 예로 들 수 있다. 비정형화된 데이터는 개인, 집단, 사회, 국가 등과 관련된 주제를 스마트 미디어(smart media) 이용자들이 상호 의견을 교류함으로써 생산되는 정보들이다. 특히 오늘날 빅데이터는 비정형화된 데이터에 초점을 두고 있다.

기존 데이터 분석과 빅데이터 분석의 차이를 정리하면 빅데이터는 기존 데이터 분석에 비해 첫째, 규모가 매우 큰 데이터를 대상으로 한다. 둘째, 통계 자료나 구매 기록 등 정형 데이터뿐만 아니라 소셜 미디어, 위치, 센서 등 비정형 데이터까지 분석 대상에 포함한다. 셋째, 다양한 데이터들의 관계를 동시에 가능한 빨리 처리할 수 있는 새로운 컴퓨팅 기술을 적용한다. 넷째, 다양하고 신뢰할 수 있는 분석 결과를 제시하여 가치를 창출하는 데이터 처리 방식이라는 점 등에서 차이가 있다.

1.2.2 광의의 빅데이터 개념

최근에는 기존의 '3V' 요소에 빅데이터의 부가적 특성으로 다양한 개념을 포함한다. 글로벌 IT 기업인 IBM은 "빅데이터의 이해(Understanding Big data)"라는 보고서에서 빅데이터의 부가적 특성으로 진실성(veracity)을 언급하였다. 이는 빅데이터의 모호성에서 진실성, 즉 가치(value)를 찾아내라는 뜻이다. 시장조사기관 가트너는 데이터의 폭발적 증가에 대비해야 함을 주장하면서 빅데이터의 추가적 특성으로 복잡성(complexity)을 언급하였다. 이에 따르면, 정형 데이터와 사진, 이메일, SNS 데이터는 사람 수에 비례하고, 결국 폭발적으로 증가할 여지가 큰 데이터는 사물인터넷(IoT) 기기의 확산으로 인한 센서(sensor) 데이터이다. 가트너는 빅데이터에서 복잡성 요소를 빅데이터 분석 및 활용에서 가장 어려운 과제라고 언급하였다. 이처럼 빅데이터의 정의는 빅데이터를 수집, 저장, 분석, 시각화하기 위해 필요한 다양한 분석 기법과 이를 운용하는 인적 자원을 모두 포괄하는 개념으로 확장되고 있다.

다수의 전문가들은 빅데이터를 최소한 5V로 대표되는 규모(volume), 다양성(variety), 속도(velocity), 정확성(veracity), 가치(value)의 다섯 가지 구성 요소를 갖

표 1.3 빅데이터의 5가지 구성 요소(5V)

구분	주요 내용
규모(volume)	• 기술적인 발전과 IT의 일상화가 진행되면서 해마다 디지털 정보량이 기하급수적으로 폭증
다양성(variety)	• 로그 기록, 소셜, 위치, 센서 데이터 등 데이터 종류의 증가(반정형, 비정형 데이터의 증가)
속도(velocity)	• 소셜 데이터, IoT 데이터(센서, 모니터링), 스트리밍 데이터 등 실시간성 데이터 증가 • 실시간성으로 인한 데이터 생성, 이동(유통) 속도의 증가
정확성 (veracity)	• 빅데이터의 특성상 방대한 데이터들을 기반으로 분석 수행 • 데이터 분석에서 고품질 데이터를 활용하는 것이 분석의 정확도(예측정확도)에 영향을 줌
가치(value)	• 빅데이터가 추구하는 것은 가치 창출 • 빅데이터 분석 통해 도출된 최종 결과물은 기업이 당면하고 있는 문제를 해결하는 데 통찰력 있는 정보 제공

출처: 한국소프트웨어기술인협회 빅데이터전략연구소, "빅데이터 개론", 광문각, 2016.

추어야 한다는 점에 대체로 동의하는 편이다. 특정 규모(big volume) 이상을 빅데이터로 칭하는 것을 넘어 원하는 가치(big value)를 창출할 수 있어야 한다.

빅데이터는 해당 데이터를 분석하고 처리함으로써 기존의 데이터에서 볼 수 없었던 새로운 의미를 산출하게 된다. 즉, 수많은 데이터를 분석하여 사용자에게 유용한 정보를 제공할 수 있어야 빅데이터는 효용성을 갖는다.

빅데이터에서 중요한 것은 형식적인 데이터 소스 내에서 외부로 새로운 가치를 창출할 수 있느냐 하는 것이다. 결국 새로운 가치와 의미를 산출하기 위해서는 축적된 데이터를 갖고 무엇을 분석할 것인가에 대한 문제 제기가 필요하다.

빅데이터 분석 기술은 수집된 빅데이터를 기반으로 통계기법 및 인공지능기법을 이용하여 새로운 지식과 가치를 추출하는 기술을 말한다. 이를 위한 분석 기법으로 데이터마이닝(data mining), 텍스트마이닝(text mining), 웹마이닝(web mining), 그리고 소셜마이닝(social mining) 등이 있다.

빅데이터 관련 기술 중 가장 핵심 기술인 분석 기술은 SNS와 클라우드 컴퓨팅(cloud computing), 소셜 컴퓨팅(social computing)의 확산으로 인해 중요성이 날로 강조되고 있다. 빅데이터의 가공과 분석에 따라 상황 인식, 문제 해결, 미래 전망이 가능해지고 데이터가 경제적 자산과 경쟁력의 척도로 부각되고 있다. 빅데이터 분석과 활용을 통해 의미를 발견하고, 분석함으로써 국가 경제의 혁신 및 가치 창출에 기여할 수 있고, 기업에게는 새로운 비즈니스 모델 창출과 시장 기회를 제공할 수 있다.

빅데이터 플랫폼은 빅데이터를 저장, 관리, 분석할 수 있는 하드웨어 및 소프트웨어 기술, 그리고 데이터를 유통 및 활용하는 과정으로 구성된다. 즉, 빅데이터 플랫폼은 확장성 있는 대용량 처리 능력, 이기종 데이터 수집 및 통합 처리 능력, 빠른 데이터 접근 및 처리 능력, 대량의 데이터를 저장 및 관리할 수 있는 능력, 대량의 이기종 데이터를 원하는 수준으로 분석할 수 있는 능력 등으로 구성된다.

빅데이터는 물리적 하드웨어로부터 시작해 애플리케이션과 소프트웨어로 확장되는 플랫폼으로 구성된다. 빅데이터는 데이터 추출, 데이터 저장, 데이터 분석, 분석 결과의 시각화, 미래 행동의 예측, 결과의 적용으로 이루어진 순환 과정을 거치며 지속적인 최적화를 달성하고자 한다.

제조업에서 사용하는 빅데이터의 유형(다양성)에는 무엇이 있는가? 💬

제조업에서 활용 가능한 빅데이터의 범주는 크게 제조 과정에서 생성되는 제조 장비 데이터, 간접적으로 제조 운영에 영향을 미치는 세일즈, 마케팅, 물류 데이터를 결합한 운영 통합 데이터, 그리고 고객의 니즈(needs)와 상품에 대한 의견 등을 통해 제품 설계와 프로세스에 활용할 수 있는 고객 경험 데이터로 구성된다.

제조 장비 데이터는 반도체와 같이 자동화 장비로 구성된 제조 산업에서 장비의 모든 사항을 면밀히 담고 있는 장비 로그 데이터(log data)를 말하며 자동화 장비의 모든 움직임은 이벤트 로그 파일(event log file)에 저장된다. 반도체 장비에서 생성되는 이벤트 로그 데이터는 대표적인 비정형 데이터이다.

세일즈-마케팅-물류 통합 데이터에는 판매시점정보관리(point of sales, POS) 시스템의 고객 구매 데이터, 주문 데이터, 물류 및 생산 통합 데이터를 의미한다. 이들 데이터는 대표적인 정형 데이터에 해당한다.

고객 경험 데이터는 고객의 불만 내용 및 제품의 사용 후기 관련 데이터를 말한다. 고객 댓글, 사용 후기, 애프터 서비스(after service) 자료 등의 비정형 데이터를 통해 고객이 제품에 느끼는 일종의 느낌이나 감정(sentiment) 등을 파악하여 구체적인 고객의 니즈를 파악할 수 있다. 또한 제품에 부착된 센서 정보(반정형 데이터)를 바탕으로 고객의 사용성을 실시간으로 파악해 고객 경험을 분석하고 맞춤형 상품추천서비스를 제공할 수 있다.

표 1.4 제조업에서 사용되는 대표적인 빅데이터 유형

데이터 구분	데이터 유형	데이터 예시
제조 장비 데이터	장비로그 데이터(비정형)	반도체 장비에서 생성되는 이벤트 로그 데이터(초당 수백 건 이벤트 생성)
운영 통합 데이터	세일즈-마케팅-물류 통합 데이터(정형)	고객 구매(POS) 데이터, 주문 데이터, 물류 및 생산 통합 데이터
고객 경험 데이터	제품 사용 후기(비정형) 혹은 실시간 유입되는 제품 사용 정보(정형)	고객 댓글, 사용 후기 제품 센서로 제품 사용 실시간 파악

출처: 한국디지털정책학회 빅데이터전략연구회, "경영 빅데이터 분석", 광문각, 2016.

1.3 빅데이터 분석가와 데이터 과학자

빅데이터 분석가(big data analyst) 또는 디지털 사이언티스트(digital scientist)라고 불리는 이 직업은 2012년 가트너가 '빅데이터 분석'을 주요 10대 전략 기술로 선정하면서 주목받기 시작하였다. 사물인터넷(IoT) 시대에 급부상하고 있는 전문 직군으로 2012년 〈하버드비즈니스리뷰(Harvard Business Review, HBR)〉가 뽑은 '21세기 가장 유망한 직업'으로 선정되기도 하였다. 빅데이터 분석가는 방대한 양의

데이터를 읽고 이해하여 의미 있는 자료를 찾아내고 그 정보들을 통해 부가가치를 창출할 수 있는 결과물을 도출해내는 일을 담당한다. 축적된 데이터를 분석하여 사람들의 행동 패턴, 트렌드, 시장 경제 상황 등을 예측하기도 한다. 전문가들은 '빅데이터 분석가는 기본적으로 통계학 지식과 비즈니스 컨설팅에 대한 이해, 데이터 분석을 위한 설계 기법 활용 등에 관한 전문적인 역량이 필요하다'고 말한다. 즉, 정보기술(IT) 활용 능력뿐 아니라 그 기술들로 얻어낸 자료들을 통계학적, 경영학적 지식으로 분석하고 가공하여 실전에서 가치를 창출할 수 있는 능력이 필요하다는 것이다.

빅데이터 분석가는 최신 유행이나 트렌드를 주로 다루기 때문에 세계 각 기업이나 분야별 시장 동향을 수시로 파악할 수 있어야 한다. 또한 세계 각국의 빅데이터 관련 새로운 기술과 내용, 기사와 논문 등을 신속하게 찾아내고 수집할 수 있어야 한다. 빅데이터 분석가는 실시간 데이터를 수집·저장하는 것은 물론 데이터를 분석하고 시각화하여 사업 경쟁력 방안까지 도출해야 하는 등 빅데이터를 의미 있는 분석 결과로 도출해 과학적, 합리적 의사결정을 지원하는 것이 주요 업무이다.

데이터 과학(data science)은 필요한 지식으로의 접근과 발견을 위한 가장 강력하고 새로운 형태의 접근 방식을 제공하며, 통계, 컴퓨터 과학, 응용 수학 및 시각화 측면을 결합하여 디지털 시대가 생성하는 막대한 양의 데이터를 새로운 통찰력과 새로운 지식으로 전환할 수 있어야 한다.

데이터 과학자(data scientist)는 빅데이터 분석가에서 좀 더 심화되고 전문화된 직업이다. 빅데이터 분석가가 통계학적 지식으로 관계를 예측분석한다면 데이터 과학자는 그 관계의 원인을 찾고 이후의 일을 예측하는 데 중점을 둔다. 전문가들은 데이터 과학자를 통계학 지식과 넓은 범위의 학문적 지식을 가지며, 이를 바탕으로 데이터 분석으로 가치 있는 결과물을 얻을 수 있는 사람이라고 정의한다.

2012년 HBR의 보고서 'Data Scientist: the Sexiest Job of the 21st Century'는 데이터 과학자를 수학, 통계학, 컴퓨터공학에 대한 이해와 적용하고자 하는 분야에 대한 지식(경영학, 우주공학, 물리학, 사회과학, 생태학, 생물학 등)을 갖춘 사람들로 정의하였다. 이들의 특징은 강력한 호기심과 창의적 사고 능력을 갖추었다는 것이다. 또한 데이터 과학자는 주로 그룹으로 일하므로 소통 능력, 협업 능력, 스토리텔링 능력이 요구된다. [표 1.5]와 같이 데이터 과학자는 응용수학 및 통계학, 프로그래밍 및 데이터베이스, 도메인 지식 및 소프트 스킬, 커뮤니케이션 및 시각화 영역에서 다양한 기술 목록을 필요로 한다.

표 1.5 데이터 과학자의 주요 기술 목록

영역	필요 기술 목록
응용수학 및 통계학	• 기계학습 • 통계적 모형의 이해 • 로지스틱 회귀분석 • 신경망, 의사결정나무 • 클러스터링 • 최적화
프로그래밍 및 데이터베이스	• 컴퓨터 과학 기초 지식 • 파이썬(Python) • R 프로그래밍 • 관계형 DB 및 DB SQL • 맵리듀스(MapReduce) • 하둡(Hadoop)
도메인 지식 및 소프트 스킬	• 빅데이터 분석에 대한 열정 • 데이터에 대한 호기심 • 문제 해결 능력 • 전략적, 주도적인 사고방식 • 창조적, 혁신적인 사고방식
커뮤니케이션 및 시각화	• 경영진과의 협업 및 소통 능력 • 스토리텔링(story telling) 기술 • 데이터 결과 해석 능력 • 의사결정 활용 능력 • 시각화 소프트웨어 도구 활용 능력

글로벌 IT기업 IBM은 "데이터 과학자 인력에 관한 전망 보고서"에서 2020년까지 미국의 데이터 전문가 채용 건수가 2015년 대비 36만4천 건이 증가하여 약 272만 건으로 확대될 것으로 전망하였다(그림 1.2). 데이터 과학 및 분석 시장에

데이터 과학자 인력에 대한 전망	2,350,000 데이터 과학자 채용 건수 (2015년)	데이터 엔지니어 수요 포함한 증가율 39%	데이터 과학자 평균 연봉 $80,265
	신규 빅데이터 분석 프로젝트 증가율(2020년까지) 15%		학위 프리미엄(석사 이상) $8,736
	364,000 신규로 필요한 데이터 과학자 수	45 days 평균 채용 공고 개시일	81% 빅데이터 분석관련 업무경력 3년 이상 필요

그림 1.2 데이터 과학자 인력 시장 전망(출처: IBM, Burning Glass Tech, 2017)

서의 새로운 프로젝트는 15% 이상 확대될 것이며, 데이터 엔지니어 수요를 합하면 39%의 증가세를 보일 것으로 예측하고 있다. 데이터 과학 관련 전문 인력을 구하는 데 기업들은 긴 시간을 할애할 것이며, 관련 인력의 연봉은 8만 달러(약 9천만 원)를 초과할 것으로 전망하고 있다. 데이터 과학 관련 전문 인력에 대한 채용 공고는 시장 평균값(40일)보다 5일 더 길게 게시되고 있는 것으로 나타났다.

빅데이터 관련 일자리 창출 효과는 이미 전 세계적 관심사로 자리 잡고 있다. 미국의 취업 검색 사이트 인디드닷컴(indeed.com)에 의하면 빅데이터 분석가, 데이터 과학자 등의 빅데이터 분석 관련 인력의 수요가 2011년부터 급격히 증가하고 있다. [그림 1.3]은 데이터 과학 분야의 시장 성장과 데이터 과학자에 대한 수요가 거의 동일함을 보여준다.

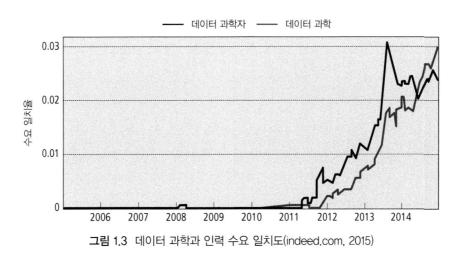

그림 1.3 데이터 과학과 인력 수요 일치도(indeed.com, 2015)

빅데이터에 의한 산업 및 비즈니스 모델의 변화는 직업군 연봉 순위, 유망 직종 순위의 변화로까지 이어지고 있다. 미국의 직업 전문 포털 사이트 커리어캐스트(CareerCast)는 2017년 기준 미국 노동청 통계 등 다양한 자료를 바탕으로 직업별 연봉과 업무 환경, 스트레스, 미래 전망 등을 분석하여 주요 200개 직업군 순위를 발표하였다. 최고의 직업은 통계 전문가(연봉 9,000만 원)로 선정되었고, 데이터 과학자(5위, 연봉 1억 2,500만 원)도 최상위권으로 선정되었다. 빅데이터 관련 업종으로 확대하면 정보보안 분석가(4위, 연봉 1억 200만 원), 수학자(7위, 연봉 1억 2,500만 원), 소프트웨어 엔지니어(8위, 연봉 1억 원)가 선정되는 등 빅데이터 관련 업종이 미래의 유망 직종이라는 사실을 확인할 수 있다.

반면 최악의 직업으로는 신문 기자(200위)와 방송 기자(199위)가 선정되었다.

이들 직업은 노동 강도가 높고 마감 압박과 사회적 압력 등으로 업무 스트레스가 매우 큰 반면, 광고 감소 등으로 관련 산업의 미래가 어둡고 향후 개선될 가능성도 희박하다고 전망하였다.

표 1.6 2017년 미국 200대 직업군 전망

순위	직업	순위	직업
1	통계 전문가	9	직업 치료사
2	의료서비스 관리직	10	언어 치료사
3	공정 분석 전문가		…
4	정보보안 분석가	196	병충해 방제원
5	데이터 과학자	197	직업 군인
6	대학 교수	198	벌목꾼
7	수학자	199	방송 기자
8	소프트웨어 엔지니어	200	신문 기자

자료: 커리어캐스트(CareerCast)

전 세계적으로 빅데이터는 2014년 거품 제거 과정인 각성의 단계(trough of disillusionment)에 접어들었고, 현재 빅데이터는 기술 그 자체보다는 실제 비즈니스 활용 및 의사결정 반영에 초점을 맞추고 있다. 인공지능(AI) 기술의 발달로 빅데이터 활성화 요소인 기계학습(machine learning), 직접 시행하는 고급 분석(advanced analytics with self service delivery), 시민 데이터 과학(citizen data science) 등이 새롭게 등장하였다.

시민 데이터 과학은 비즈니스 현장의 실무자로서 조직 내외의 데이터를 수집하여 분석함으로써 문제를 해결하는 분야를 지칭한다. 시민 데이터 과학의 등장은 데이터 과학이 전통적인 통계학과 분석학에서 벗어나 실용을 추구하는 비즈니스 측면으로 이동하는 것을 의미한다. 현재 다수의 비즈니스 전문가들이 데이터 과학자로 활동하고 있으며 빅데이터 기반 다양한 비즈니스 수익모델을 개발하고 있다.

시장조사기관 가트너가 매년 발표하는 '정보기술(IT) 10대 전략 기술'에서 2015년부터 빅데이터 용어가 빠지고, 대신에 기계학습, 고급 분석, 데이터 과학, 시민 데이터 과학 등이 추가되었다. 이는 빅데이터의 개념보다는 기계학습이나 분석을 통한 활용 가치에 더 주목하고 있다는 것을 의미한다. 현재 각국 정부, 산업계

는 빅데이터를 문제 해결 및 이슈 대응, 미래 전략과 수반되는 전략적 의사결정 도구로 활용하고 있다.

1.4 빅데이터 현황과 전망

ICT 분야는 물론 전 산업에 걸쳐 빅데이터에 대한 관심이 증대되면서, 시장의 긍정적 징후와 함께 다양한 활용 사례가 속속 등장하고 있다. 전 세계 시장에서 빅데이터는 단순한 열풍에서 가치가 입증된 기술로 변모되고 있으며 빅데이터와 예측분석 솔루션을 이용하여 데이터의 가치를 최적화하려는 움직임이 활발히 진행되고 있다. 미국, 영국, 유럽 등 개별 국가 수준에서도 빅데이터 역량을 강화하기 위한 경쟁이 매우 치열해지고 있다.

미국은 2012년 3월, '빅데이터 연구 개발 이니셔티브(Big Data Research and Development Initiative)'를 통해 7개 정부 부처를 중심으로 총 2억 달러(약 2,280억원)를 투자하여 빅데이터 분야에서 주도권을 확고히 하려는 야심찬 계획을 발표하였다. 현재는 빅데이터 연구 개발 프로젝트 수행을 위한 전문 인력 양성 도모, 빅데이터 표준화 노력, 그리고 빅데이터 거버넌스(bigdata governance) 체계 구축을 준비하고 있다.

영국의 경우 빅데이터 활용 기반이 되는 공공 부문 데이터의 공유 및 활용을 활성화하는 오픈 데이터 정책을 추진하고 있다. 빅데이터에 대한 수요와 공급을 전담할 수 있는 체계를 구축하고 고도로 숙련된 빅데이터 분석 인력을 지속적으로 양성하고 있다. 또한 본격적인 빅데이터 시대를 맞이하기 위한 보안과 윤리(정보 윤리 프레임워크)에 대해 대비하고 있다.

EU는 'Horizon 2020 연구 혁신' 프로그램의 일환으로 2016년부터 5년간 빅데이터 혁신 기술 발굴을 위한 사업을 추진하고 있다. 빅데이터 분석 기술, 클라우드 컴퓨팅, 사물인터넷 등을 신흥 혁신 기술로 간주하고, 민관 협력을 통해 빅데이터 산업의 활성화 촉진을 위해 노력하고 있다.

대한민국 정부도 '정부 3.0 정책'을 발표하면서 공공 정보를 적극 개방, 공유하고, 빅데이터 분석을 통해 국민 맞춤형 서비스를 제공하고 있다. 범죄, 자연 재해, 탈세 방지, 맞춤형 복지 제공, 민원 데이터 분석을 통한 정책 수립 등에 빅데이터를 적극 활용하고 있다. 과학기술정보통신부는 시장 창출 지원, 핵심 기술 개발, 고급 인력 양성, 글로벌 전문 기업 육성 등의 목표를 가지고 빅데이터 활성화를 위해 노력하고 있다.

한국정보화진흥원은 과학기술정보통신부와 2013년부터 부처 간 데이터 연계와 빅데이터 이용 활성화, 그리고 국가 현안 해결에 대처하는 차원에서 빅데이터 시범 사업을 추진하고 있다. 민간 기업들의 경우 해외 선진 사례를 통해 데이터 분석의 중요성을 인식하고 이를 활용할 수 있는 제반 인프라를 구축하고 있다. 현재, 제조, 교통, 금융, 보험, 마케팅 등의 다양한 분야에서 빅데이터 분석이 이루어지고 있으며, 향후 전 산업 분야로 확대될 것이다.

빅데이터는 수집과 분석, 활용을 통한 경제 사회 발전의 원동력으로 필수적인 요소가 되었다. 빅데이터는 4차 산업혁명에서 쌀과 같은 존재이다. 빅데이터는 비즈니스 혁신 및 사회 현안 해결을 위한 핵심 수단으로써 의료 · 행정 · 소매 · 제조 · 개인정보에 빅데이터 적용 시 추가 생산성 향상이 기대된다. 과거에는 불가능했던 많은 일들이 빅데이터를 통해 현실화되고 있다.

구글(Google)은 수억 건의 빅데이터를 기반으로 50여 개 언어 자동 번역 기술을 완성하여 상용화에 성공하였다. 또한 구글은 빅데이터 기술을 활용하여 독감 환자의 정보를 수집한 후, 미국 내 독감 유행 지역을 추적하고 예상 경로를 제시하는 역할을 통해 예방 보건에 효율적인 역할을 담당하기도 하였다. 구글 이용자들이 구글 검색 엔진에 독감 혹은 감기라는 단어를 입력하는 빈도수를 측정하여 가장 빈도가 높은 지역에서 낮은 지역까지의 독감 트렌드 지도를 만들고 시간 흐름에 따라 그 변화 추이를 분석하여 독감 예방 대책을 세우고 있다.

전 세계 네트워크 장비 1위 업체인 시스코(Cisco)는 전 세계 모바일 트래픽 분석 보고서를 통해 대한민국이 LTE(4G)와 5G 통신망의 발달로 1인당 모바일 트래픽이 세계 평균의 10배인 데이터 생산 강국으로 성장할 것으로 예측하였으나, 이와 관련 빅데이터 분석과 활용은 매우 저조한 실정이다. 데이터 생산량이 많은 산업(통신 · 제조업 등)이 발달하여 잠재력이 크지만 불확실성에 따른 투자 리스크 등으로 '활용'은 저조한 상황이다.

조직 운영에 있어 빠르고 복잡하게 변화하는 비즈니스 환경은 주먹구구와 직관에 의한 의사결정보다는 실제로 발생하는 사실(fact)을 데이터로 저장하고 분석하여, 과학적이고 합리적인 의사결정을 추구해야 하는 시대적 상황에 직면하였다. 비즈니스 상황과 문제를 실제 빅데이터를 기반으로 이해하고 의사결정지원에 활용할 수 있는 역량을 갖춘 인재가 부족한 현실에서 빅데이터와 4차 산업혁명 시대에 적합한 융합형, 창의적 인재 양성이 필요한 시점이다.

1.5 빅데이터 활용의 문제점과 향후 과제

빅데이터 환경에서는 대량의 정보가 신속하게 축적 가능하고 이를 통한 분석 및 활용이 용이해져 과거보다 개인정보 유출과 프라이버시 침해(invasion of privacy) 가능성이 날로 커지고 있다. 오프라인 및 온라인에서 제공한 개인정보가 자신의 의지와 상관없이 수집되어 활용될 가능성이 높아 개인정보보호가 매우 중요한 시점이다.

개인정보보호는 개인을 식별할 수 있는 개인정보(성명, 주민등록번호 등)를 보호 대상으로 한다. 과거 개인정보 피해의 주요 사례는 이동통신사나 포털 사이트 또는 정보기술(IT) 관련 기업에서의 개인정보 대량 유출 사건이었다. 즉, 빅데이터 시대에는 개별 데이터만으로 개인을 식별하기 힘든 무의미한 정보라도 다양한 통계기법 및 인공지능기법 등의 빅데이터 분석 기술을 이용하여 개인정보의 재식별화와 재생산이 가능하기에 개인정보 유출과 프라이버시 침해 가능성은 높아지고 있다.

이 절에서는 세부 분야별로 빅데이터 활용의 문제점과 향후 과제에 대해 상세히 알아보도록 한다.

(1) 개인정보 유출 및 프라이버시 침해

국내 금융기관 및 온라인(전자상거래) 사업자들이 빅데이터 분석 기반의 개인정보 활용 마케팅을 수행하는 도중 대규모의 고객 정보 유출 사고가 발생하여 2차 피해의 위험성을 유발시킨 사례가 있다. 이들 고객 정보 유출 데이터에는 예금 계좌번호와 비밀번호, 신용카드 비밀번호, 신용한도금액, 신용등급 등 금융거래 관련 민감 정보가 포함되어 타인이 이를 악의적으로 사용하는 경우 금전적 손해가 발생할 수 있다.

이러한 문제점을 안고 있음에도 빅데이터 분석은 기업에게 새로운 비즈니스 모델 수립과 수익을 창출할 수 있고, 고객에게는 맞춤화된 제품과 서비스를 제공할 수 있기에 기업들은 적극적으로 빅데이터를 분석하고 활용하고 있다. 온라인 및 모바일 쇼핑몰이나 블로그 사이트에서는 고객들의 라이프 로그(life log) 정보와 쿠키(cookie) 정보, 구매 이력 등을 축적하고, 빅데이터 분석을 통해 고객 행동에 대한 이해와 예측 능력을 향상시켜 고객의 기호와 요구사항에 부합하는 맞춤형 제품과 서비스를 제공(추천서비스)하고 있다.

빅데이터는 기술적 측면, 비즈니스적 측면, 국가 경쟁력 제고 측면에서 4차 산업혁명 시대의 새로운 패러다임으로 인식되고 있으나, 빅데이터에는 온라인 및 모바일 사용자의 신상 정보와 관계 정보들이 포함되어 있어 빅데이터 분석 및 활용 과정에서 개인정보 유출과 프라이버시(privacy) 침해 문제가 발생할 수 있다.

주요 선진국들은 개인정보 유출 방지 및 프라이버시 보호를 위해 개인정보의 범위를 명확하게 정의하는 등 개인정보보호법 정비에 나서고 있으나 한국은 이에 관한 준비가 부족한 실정이다. 전 세계적으로 개인정보보호 수준이 강화되는 추세이므로 국내 빅데이터 산업 분야에서 프라이버시 문제를 소홀히 한다면 빅데이터 사업 전 분야에 부정적인 인식을 심어주어 산업 활성화에 큰 제약을 받을 수도 있다.

(2) 데이터 신뢰성, 타당성 확보 및 빅데이터 품질 관리

신뢰성(reliability) 있고, 타당한(validity) 데이터를 확보하는지의 여부가 빅데이터의 성공과 실패를 좌우한다. 데이터 양이 많아질수록 데이터의 품질 관리와 신뢰성, 타당성 확보는 매우 중요한 일이다. 아무리 정교한 모형을 갖추고 있더라도 신뢰성 및 타당성이 확보되지 않은 데이터의 입력은 GIGO(garbage in garbage out)의 원칙에 따라 잘못된 의사결정을 내리게 될 것이다.

빅데이터 활용도를 높이기 위해서는 데이터 생산 단계부터 체계적으로 관리하여 신뢰성과 타당성을 확보해야 한다. 빅데이터 분석을 통한 성과 도출의 수준은 적절한 데이터의 수집과 검증에 의해 좌우된다.

빅데이터 분석 중 가장 대중화된 소셜 미디어(social media) 분석의 경우 SNS 데이터를 주로 이용한다. 일부 SNS 데이터의 경우 게시물 데이터 출처 및 정보의 진위 여부를 파악할 수 없고, 부정확한 정보(가짜 정보)를 포함하는 경우도 많아 이것이 신뢰성 문제로 연결된다.

한국의 시장조사전문기업 마크로밀엠브레인(EMBRAIN)은 국내 19~59세 남녀 1,000명을 대상으로 SNS 신뢰성에 대한 설문 조사를 실시한 결과 전체 응답자 41.4%만이 SNS 정보를 신뢰한다고 발표하였다. SNS 데이터를 포함한 모든 데이터 자체의 진위 여부와 데이터 품질 측정을 위한 도구 개발 및 표준화 노력은 해결해야 할 우선 과제이다.

빅데이터 기술을 효과적으로 사용하기 위해서는 빅데이터 활용 전략부터 차근차근 고려해야 한다. 해당 분야에 대한 철저한 이해를 바탕으로 데이터 분석 목적과 활용 방안을 정의하고 이를 통해 필요한 데이터를 수집하고 도출 결과의 활용 방안 등 구체적인 계획을 우선적으로 수립해야 한다. 특히 광범위한 데이터 축적

보다 구체적인 목표 아래 신뢰성, 타당성이 확보된 데이터를 선별적으로 수집하고 가공할 수 있는 능력이 빅데이터 시대의 핵심역량으로 더욱 강조될 것이다.

(3) 빅데이터 전문가 및 데이터 과학자 확보

데이터 과학자는 고도로 숙련된 IT 역량뿐 아니라 수학, 통계학, 심리학, 사회 문화, 인문학 등 다양한 방면의 지식을 갖추어야 한다. 이처럼 데이터 과학자가 되기 위해 갖추어야 할 역량은 '슈퍼맨'에 비유될 만큼 심화된 역량이 요구되기에 데이터 과학자의 수요는 급증하고 있으나 인력 공급은 매우 부족한 상황이다. 기술보다 데이터의 중요성이 높아지는 4차 산업혁명 시대에는 전 세계적으로 빅데이터 전문가 수요가 폭증하면서 인력난이 심각해질 것이다.

글로벌 컨설팅회사 맥킨지(McKinsey)의 빅데이터 분석 보고서에서는 2016년 기준 미국에서만 빅데이터 관리자와 분석가가 약 20만 명 부족하며, 2018년까지 49만 명의 데이터 과학자가 필요하다고 분석하였다. 영국에서는 2020년까지 매년 5만6천 명의 빅데이터 관련 일자리가 창출되어 빅데이터 관련 일자리 성장률이 160%까지 올라갈 것이라고 전망하였다. 세계적인 구직사이트 글래스도어(Glassdoor)는 구인 광고 빅데이터 분석을 통해 2017년 구인 수요가 가장 많은 직업이 데이터 과학자라고 발표한 바 있다.

데이터 과학자란 실제 비즈니스 결과를 끌어내는 활동들 간의 트렌드를 발견하기 위해 빅데이터를 분석하는 사람이다. 데이터 과학자들은 기업이 지속적인 경쟁우위를 위해 무엇이 필요한지를 제시한다. 그들은 빅데이터에서 어떠한 방법으로 최대의 비즈니스 가치를 끌어내고 새로운 정보를 통합할 것인지, 직접 임원들에게 조언하며 변화 담당자로서 부서를 조정하고 정보를 통합한다.

또한 데이터 과학자는 비즈니스와 기술적 역량 사이의 적절한 균형 유지가 요구된다. 정교한 알고리즘(algorithm)과 애널리틱스(analytics), 그리고 초고속 컴퓨팅과 데이터마이닝(data mining), 통계, 인공지능기법(AI technique)에 대한 명확한 이해가 필요하다.

국내 데이터 과학자들은 데이터 분석 및 활용 기술력은 있으나 이것을 실제 생활이나 산업, 비즈니스에 활용하는 기술력은 떨어진다. 중앙 정부 및 지방 정부를 포함한 공공 영역과 민간 IT 교육 기관을 중심으로 비즈니스 빅데이터 프로젝트 중심의 인력 양성 프로그램을 추진하는 등 빅데이터 전문가, 데이터 과학자의 인재 양성 및 인력 확보가 매우 필요한 시점이다.

(4) 빅데이터 윤리와 정보 윤리

지금은 전 세계 사람들이 SNS를 통해 소통하는 시대이나 국가마다 정보 윤리에 대한 법안이 모두 상반되기 때문에 일부 초국적 기업들은 법망을 교묘히 피해 다니며 개인정보를 과도하게 수집하고 남용하기도 한다. 따라서 빅데이터 도입 기업들은 빅데이터 관련 정보 윤리에 관한 정확한 기준(가이드라인)을 갖추어야 한다.

빅데이터 기술의 발전 및 시장 확대로 기업이 수집·보유한 데이터 활용에 대한 윤리적 문제와 데이터 관리에 대한 보안 기술 요건에 대한 논의가 활발해 지고 있다. 미국의 인포메이션 거버넌스 기관인 IAF(The Information Accountability)는 2014년부터 빅데이터 윤리 프로젝트를 수행하고 있다. IAF는 개인의 프라이버시에 대한 권리를 지키면서 데이터가 이끄는 혁신을 위해 정부, 공공기관, 기업, 시민과 협력하는 등 데이터 보호를 위한 공공기관이다. IAF는 "빅데이터 분석을 위한 통합적인 윤리 프레임"을 제시하면서 빅데이터 활용 단계에서 beneficial, progressive, sustainable, respectful, fair의 다섯 가지 가치를 고려해야 한다고 주장하였다. 또한 빅데이터 분석을 시행할 때 고려해야 할 윤리적 문제에 대한 질의표(질의응답 프레임워크)를 제시하였다.

빅데이터를 위한 윤리 프레임워크(data science ethical framework)는 민간 차원에서도 논의가 활발히 진행 중이다. 빅데이터 분석 분야의 기술 컨설턴트인 랜덜 스콧 킹(Randal Scott King)은 빅데이터에 대한 윤리적 조건 충족을 판단하는 자가 진단이 가능한 다섯 가지 질문을 제시하였다.

첫째, 우리가 보유한 데이터는 익명인가, 또는 특정인을 설명하는가?

둘째, 우리는 어떠한 방법으로 데이터를 얻게 되었는가? 개인이 우리에게 데이터를 주었나, 혹은 다른 데이터로부터 추론되어 얻어진 것인가, 혹은 구입한 것인가?

셋째, 이 데이터 사용은 일부 지역(다른 관할권)에서 불법으로 간주될 수 있는가? 그것은 불법적인 의혹이나 혐의가 있는 것이 아닌가?

넷째, 가장 중요한 문제로, 데이터의 주인은 우리가 이 방법으로 데이터를 사용하는지 알고 있는가? 알고 있다면 불편해 할 것인가?

다섯째, 우리는 다른 사람이 우리에 대해 많은 것을 알고 있다는 사실을 받아들일 수 있는가?

이렇게 제시한 다섯 가지 질문을 통해 기업이 활용하고자 하는 데이터에 대한 윤리적 조건이 충족되었는가를 판단할 수 있다. 빅데이터 산업을 촉진하기 위한 공공 및 민간의 다양한 데이터 활용이 장려되지만 이와 함께 프라이버시 보호와 윤리적 요건을 갖추는 것이 필수적이다. 빅데이터 분석·활용이 효율성의 관점뿐 아니라 윤리적 차원에서 논의될 필요성이 있다는 것이다.

이에 미국 정부는 빅데이터 관련 정책을 만드는 데 있어 산업 활성화 정책뿐만 아니라 빅데이터 시대의 프라이버시와 윤리 문제에 집중하기 시작하였다. 한국에서도 빅데이터 분석 관련하여 윤리적 측면에 대해 정부와 민간 차원의 이슈 제기 및 논의 등이 필요한 시점이다.

 사례 연구

국내 빅데이터 분석 시장 활성화를 위한 방안

이번 사례 연구에서는 국내 빅데이터 분석 시장의 활성화 방안을 연구한 사례를 소개한다. 국내 빅데이터 시장 활성화에 필요한 기술적, 제도적 요인을 도출하기 위해 정책 기관, 연구 기관, 학계, 민간 기업 집단의 빅데이터 분석 전문가, 빅데이터 관련 연구자, 그리고 빅데이터 비즈니스 전문가 등 총 10인을 대상으로 전문가 심층 면접 조사를 수행하였다([표 1.7] 참고). 주요 질의 내용은 국내외 빅데이터 시장의 현황 진단, 빅데이터 시장의 요구 사항 분석, 빅데이터 분석 기술 요소 등이다.

표 1.7 전문가 심층 면접 조사 대상자

구분	소속	경력	주요 업무
A	정책기관	16년	빅데이터 사업 발굴 및 추진
B	정책기관	12년	공공 데이터 활용 빅데이터 분석
C	정책기관	8년	빅데이터 기반 분석 시스템 구축
D	연구기관	8년	빅데이터 관련 정책 이슈 분석
E	연구기관	5년	국내외 빅데이터 시장 동향 분석
F	학계(경영정보)	7년	빅데이터 전문가 양성 사업단 운영
G	학계(통계학)	20년	기계학습 및 인공지능 연구자
H	학계(컴퓨터공학)	12년	빅데이터 분석 기법 개발
I	민간기업	8년	빅데이터 분석 도구 개발
J	민간기업	6년	빅데이터 관련 비즈니스 모델 개발

전문가들은 공통적으로 빅데이터 분석 시장 활성화를 위한 기술적, 제도적 요소로 (1) 기계학습과 인공지능기법의 기술력 향상, (2) 비식별 정보 이용 활성화를 위한 개인정보보호법 제도 개선과 빅데이터 진흥법 제정, (3) 데이터 과학자, 빅데이터 분석가 등의 전문 인력 양성 필요, (4) 정부의 공공 데이터 개방과 민간 빅데이터와의 통합 필요, (5) 데이터 거버넌스 프레임워크(data governance framework)의 구성 요소 개발 및 상세화 등의 다섯 가지 요소를 제시하였다.

첫째, 빅데이터 전문가들은 빅데이터 분석의 핵심 기술인 기계학습과 인공지능기법에 대한 이해 및 기술력 향상을 가장 중요한 요소로 선정하였다.

빅데이터 기계학습은 빅데이터를 이용하여 검증과 학습의 과정을 통해 특정 조건에서 예측 값을 얻고 문제를 해결한다. 빅데이터를 정제하는 과정을 통해 추상화하고 이들 추상화된 모형을 기반으로 훈련과 테스트를 통해 일반화된 알고리즘을 도출하는 과정을 거치게 된다. 기계학습은 도출된 알고리즘이 최적화에 이르기까지 학습하고 이를 통해 미래 현상을 추측 및 예측이 가능하기에 전통적인 통계기법(판별분석, 회귀분석 등)과 비교하여 지능형기법(intelligent techniques) 또는 인공지능기법(artificial intelligence techniques)으로 불린다.

대표적인 인공지능기법으로는 연관성 분석(association rule analysis), 인공신경망(artificial neural networks), 의사결정나무(decision trees), 유전자알고리즘(genetic algorithm), SVM(support vector machines) 등이 있다. 이들 인공지능기법을 활용하여 예측과 추측이 필요한 전략적, 선제적 의사결정을 지원할 수 있다. 부도예측, 신용등급예측, 환율 및 금리예측 등의 재무의사결정문제, 고객의 구매패턴예측과 이탈률(가입해지율) 예측 등의 마케팅의사결정문제, 환자질병예측 및 처방 등의 의료의사결정문제 등 다양한 영역에서 빅데이터 분석 기술을 활용하여 지능형 의사결정을 제안할 수 있다. 현재 기계학습을 포함한 국내 인공지능 기술력은 아직 미흡한 수준으로 정부가 적극적으로 기술 투자를 지원하여 기계학습과 인공지능기법의 기술력을 높이고 관련 인재를 양성해야 할 것이다.

둘째, 빅데이터 전문가들은 비식별 정보 이용 활성화를 위한 개인정보보호법 제도 개선과 빅데이터 활성화 관련 법안의 제정이 필요하다고 주장하였다. 빅데이터 분석에서 가장 우려되는 부분이 바로 개인정보 유출과 프라이버시 침해 우려이며 이를 해소하기 위해 개인정보보호 제도와 정보통신망 이용촉진 및 정보보호 등에 관한 법률 등이 제정되어 시행되고 있다. 그러나 전문가들은 빅데이터 시장 활성화를 위해서는 다양한 빅데이터의 확보와 이들 데이터 간의 유통 및 거래가 활성화되어야 하지만 경직된 법 제도가 대표적인 활성화 저항요인이라고 공통적으로 지적하고 있다.

선문가들은 개인을 식별할 수 없도록 가공된 비식별화 정보의 유통을 허용하여 빅데이터 분석 시장을 활성화하자고 주장하였다. 즉, 비식별화된 개인정보를 이용자 동의 없이 할용할 수 있게 하는 개인정보보호 제도 개선을 말한다. 현재 미국과 일본은 본인 동의 없는 개인정보 제공 및 활용이 가능한 '익명 가공 정보' 신설을 포함한 개인정보보호법 개정을 추진하고 있다. 또한 클라우드 서비스(cloud service) 활성화를 위해 "클라우드 컴퓨팅 발전 및 이용자 보호에 관한 법률"이 2015연도에 제정되었듯이 "빅데이터산업 진흥법"이 제정되어 빅데이터 분석의 활용과 투자가 활발하게 진행되어야 하겠다.

셋째, 빅데이터 전문가들은 데이터 과학자, 빅데이터 분석가 등의 전문 인력 양성이 필요하다고 주장하였다. 현재 한국의 빅데이터 시장은 인공지능기법을 활용한 빅데이터 분석 및 활용보다는 주로 감성분석을 포함한 소셜네트워크분석(social network analysis, SNA)에 많은 비중을 차지하고 있다.

SNA에 비해 인공지능기법과 데이터마이닝 분야의 활용은 높은 전문 지식을 필요로 하나, 이에 관한 고급 인력이 부족한 실정으로 개인정보보호 문제로 인력 수급 활성화에도 제한이 따르고 있다. 빅데이터 활용이 공공 분야에서 민간 영역으로 점차 확대되고 있으나 데이터 과학자, 데이터 분석가 등의 전문 인력은 부족한 실정이다.

데이터 과학자 또는 데이터 분석가란 빅데이터 속에서 의미 있는 정보를 찾아 분석하고, 조직의 발전에 기여할 수 있는 방안을 내놓을 수 있는 역량을 가진 인력을 말한다. 국내 데이터 과학자들은 데이터 분석 및 활용 기술력은 있으나 이것을 실제 생활이나 산업, 비즈니스에 활용하는 기술력은 떨어진다고 전문가들은 지적하였다. 전문가들은 중앙 정부 및 지방 정부를 포함한 공공 영역과 민간 IT 교육 기관을 중심으로 비즈니스 빅데이터 프로젝트 중심의 인력 양성 프로그램 추진과 더불어 대학 특성화 사업 등의 예산을 기반으로 빅데이터 관련 기업, 지역 대학, 그리고 연구소와 연계 협력하여 참여하는 빅데이터 산업 클러스터 구축을 대안으로 제시하였다.

넷째, 빅데이터 전문가들은 빅데이터 시장 규모 확대와 빅데이터 활용 분야 확장을 위해 정부의 적극적인 공공 데이터 개방과 민간 빅데이터와의 통합 필요성을 주장하였다. '정부 3.0'을 통해 정부가 공공 데이터를 민간에 개방하면서 데이터들이 수집, 유통 단계로 연결되었으나 상용 및 산업화 측면에서는 아직 미흡하다는 지적이다.

과학기술정보통신부 및 행정안전부를 중심으로 민간 빅데이터 분석 기업에게 공공 데이터를 제공하여 신규 서비스를 발굴하고, 다양한 산업 분야에 적용 가능하도록 사업화를 지원해야 한다. 또한 민간 부분의 데이터도 적극적으로 개방하여 공공 및 민간 영역의 빅데이터 거래 시장 조성과 이들 데이터를 통합하는 통합 빅데이터 센터(Integrated Big Data Center) 구축이 필요하다고 주장하였다.

중앙 정부 및 지자체의 경우 공공 및 민간 빅데이터를 융합 분석함으로써 과학적, 선제적 의사결정의 미래 지향적 시장 정책 구현이 가능하다. 특히 지자체의 경우 관광객 행태 분석, 전통 시장 상권 분석, 지방 행사(축제) 분석, 지역 교통사고 감소 정책 지원 시스템 구축 등 공공 분야에서 빅데이터의 분석 및 활용이 가능하다. 이들 빅데이터 분석을 활용한 비즈니스 성공 사례가 홍보되고 확산된다면 타 지자체에서도 빅데이터 분석 및 활용이 활성화 될 것이다.

다섯째, 전문가들은 빅데이터 환경에서 데이터 거버넌스(data governance)의 취약점을 빅데이터 시장 활성화의 주요 걸림돌이라고 지적하였다. 빅데이터 산업을 활성화시키고 빅데이터가 4차 산업혁명을 이끌어가기 위해서는 실제 데이터를 어떻게 공유하고 관리할 것인지 전문가 의견을 토대로 준비해야 한다.

빅데이터 환경에서 '데이터 거버넌스 프레임워크(data governance frameworks)'의 구성 요소 개발 및 상세화 과정이 필요하며 이를 통해 빅데이터 분석 결과의 신뢰성도 확보할 수 있다. '데이터 거버넌스 프레임워크'란 데이터를 분석하고 활용하는 방법, 데이터 표준화 정책, 품질이나 신뢰성을 확보하기 위한 데이터 활용 권한과 소유권 등을 구체적으로 결정하는 것을 말한다. 데이터 거버넌스 관련 데이터 법을 만들어 시행하고 데이터 거버넌스를 공개하여 효율적으로 활용할 수 있도록 유도해야 한다고 전문가들은 주장하였다.

추가적으로 빅데이터 전문가들은 빅데이터의 본질은 기술이나 분석 자체에 있는 것이 아니라 이를 통해 얻을 수 있는 비즈니스적 가치에 있으며 이들 가치의 효용에 중점을 두라고 주장하였다. 즉, 빅데이터 분석 기술에만 초점을 맞추지 말고 빅데이터 관련 제도적인 요소와 기능적인 요소를 파악하여 비즈니스적 가치를 창출하고, 이를 적극적으로 의사결정에 활용해야 한다는 것이다.

빅데이터(BigData): 디지털 환경에서 생성되는 데이터로 그 규모가 방대하고 생성 주기도 짧으며, 형태도 수치, 문자, 영상 데이터를 포함하는 대규모 데이터

제4차 산업혁명(the fourth industrial revolution): 인공지능, 사물인터넷, 빅데이터, 클라우드 등 첨단 정보통신 기술이 경제·사회 전반에 융합되어 혁신적인 변화가 나타나는 차세대 산업혁명

사물인터넷(internet of things, IoT): 인터넷을 기반으로 모든 사물을 연결하여 사람과 사물, 사물과 사물 간의 정보를 상호 소통하는 지능형 기술 및 서비스

인공지능(artificial intelligence, AI): 인간의 학습 능력과 추론 능력, 지각 능력, 자연 언어의 이해 능력 등을 컴퓨터 프로그램으로 실현한 기술

기계학습(machine learning): 방대한 데이터를 분석해 미래를 예측하는 기술. 컴퓨터가 스스로 학습 과정을 거치면서 입력되지 않은 정보를 습득하여 문제를 해결함

클라우드 컴퓨팅(cloud computing): 인터넷상의 서버를 통하여 데이터 저장, 네트워크, 콘텐츠 사용 등 IT 관련 서비스를 한 번에 사용할 수 있는 컴퓨팅 환경

반정형 데이터(semi-structured data): 관계형 데이터베이스나 다른 형태의 데이터 테이블과 연결된 정형 구조의 데이터 모델을 준수하지 않는 정형 데이터의 한 형태

비정형 데이터(Unstructured Data): 숫자 데이터와 달리 그림이나 영상, 문서처럼 형태와 구조가 복잡해 정형화되지 않은 데이터, SNS의 확산으로 웹 문서, 이메일, 소셜 데이터 등을 말함

데이터마이닝(data mining): DB 내에서 순차 패턴, 유사성 등의 방법에 의해 관심 있는 지식을 찾아내는 과정. 데이터마이닝은 대용량의 데이터 속에서 유용한 정보를 발견하는 과정임

텍스트마이닝(text mining): 비정형 텍스트 데이터에서 새롭고 유용한 정보를 찾아내는 과정 또는 기술

소셜마이닝(social mining): 소셜 미디어에 올라오는 글과 사용자를 분석해 소비자의 성향과 패턴 등을 분석하는 기법, 분석 결과는 판매 및 홍보에 주로 이용하며, 여론 변화나 사회적 흐름이나 트렌드를 파악하기도 함

빅데이터 분석가(big data analyst): 빅데이터 전문가로 '디지털 사이언티스트(Digital Scientist)' 혹은 '데이터 과학자(Data Scientist)'로 불리는 전문가. 빅데이터 분석가는 기본적으로 통계학에 대한 지식과 비즈니스 컨설팅에 대한 이해, 데이터 분석을 위한 설계 기법 활용 등에 관한 전문적인 역량이 필요함

비식별 정보: 주민등록번호처럼 특정한 개인을 구분할 수 있는 정보를 제외한 데이터. 비식별 정보는 사전 동의 없이 기업이나 공공기관이 자유롭게 활용할 수 있으며 특히 빅데이터 산업, 핀테크 산업 등에서 큰 부가가치를 창출할 전망임

관계형 데이터베이스(RDBMS): 관계 데이터 모형을 사용하여 대량의 자료를 체계적으로 구축하고 있는 데이터베이스

소셜 컴퓨팅(social computing): 웹(web)에서 일어나는 모든 사회 과학적인 이슈(issue)들에 대해 연구하는 컴퓨터 과학의 한 분야. 또는 위키, 블로그, e-메일, 북마크, 위젯 등과 같은 소셜 소프트웨어의 사용을 지칭하기도 함

임베디드 시스템(embeded system): 특정 제품이나 솔루션에서 주어진 작업을 수행할 수 있도록 추가로 탑재되는 솔루션이나 시스템

정부 3.0(Government 3.0): 투명한 정부, 유능한 정부, 서비스 정부라는 목표를 가지고 이를 실현하기 위해 공공 정보를 적극 개방·공유하고, 부처 간 칸막이를 없애며 소통·협력함으로써 국민 개개인에 대해 맞춤형 서비스를 제공하는 노력에 역점을 두는 새로운 정부 운영의 패러다임

시민 데이터 과학(citizen data science): 비즈니스 현장의 실무자로서 조직 내외의 데이터를 수집하여 분석함으로써 문제를 해결하는 분야를 지칭

애널리틱스(analytics): 빅데이터를 분석하는 기술

전반을 말함

하둡(Hadoop): 대량의 자료를 처리할 수 있는 대규모 컴퓨터 클러스터에서 동작하는 분산 애플리케이션을 지원하는 오픈 자바 소프트웨어 프레임워크, 하둡은 분산 처리 시스템인 구글 파일 시스템을 대체할 수 있는 하둡 분산 파일 시스템 HDFS와 분산 처리 시스템인 맵리듀스(MapReduce)를 구현한 것

소셜네트워크분석(social network analysis, SNA): 수학의 그래프 이론을 이용하여 사람, 그룹, 데이터 등 객체 간의 관계 및 관계 특성 등을 분석하고 시각화하는 측정 기법. SNS상에서 정보의 허브 역할을 하는 사용자를 찾는 데 주로 활용되고 텍스트마이닝 기법에 의해 주로 이루어짐

데이터 거버넌스(data governance): 기업에서 사용하는 데이터의 가용성, 유용성, 통합성, 보안성을 관리하기 위한 정책과 프로세스를 다루며 프라이버시, 보안성, 데이터 품질, 관리 규정 준수를 강조함

◉ 연습문제

단답형 문제

1. 다음 설명에서 Ⓐ와 Ⓑ가 무엇을 말하는지 답하시오.
제4차 산업혁명(The Fourth Industrial Revolution)이란 인공지능, (Ⓐ), 빅데이터, (Ⓑ) 등 첨단 정보통신기술이 경제 · 사회 전반에 융합되어 혁신적인 변화가 나타나는 차세대 산업혁명을 말한다.

    Ⓐ – (   )   Ⓑ – (   )

2. 다음 설명에서 Ⓐ가 무엇인지 답하시오.
세계적인 시장조사기관인 포레스터 리서치(Forrester Research, Inc.)의 "빅데이터 기술 수명주기 예측 보고서"는 빅데이터 기술이 향후 10년간 안정적 성장세를 유지할 것이며, 비즈니스적 가치가 높은 핵심 기술이라고 언급하였다. 위 보고서는 상위 5개 빅데이터 기술로 (Ⓐ), 빅데이터 처리(BigData preparation, NoSQL databases), 데이터 통합(data integration), 인공지능(artificial intelligence), 기계학습(machine learning)을 제시하였다.

        Ⓐ – (   )

3. 다음 설명에서 Ⓐ가 무엇인지 답하시오.
광의의 빅데이터 개념에 따르면 빅데이터의 5가지 구성 요소(5V)로 규모(volume), 다양성(variety), 속도(velocity), (Ⓐ), 가치(value)가 정의된다.

        Ⓐ – (   )

4. 다음 설명에서 Ⓐ가 무엇인지 답하시오.
데이터 과학자는 응용수학 및 통계학, 프로그래밍 및 데이터베이스, (Ⓐ) 및 소프트 스킬, 커뮤니케이션 및 시각화 영역에서 다양한 기술 목록을 필요로 한다.

        Ⓐ – (   )

5. 다음 설명에서 공통적으로 들어가는 Ⓐ가 무엇인지 답하시오.
(Ⓐ)은 비즈니스 현장의 실무자로서 조직 내외의 데이터를 수집하여 분석함으로써 문제를 해결하는 분야를 지칭한다. (Ⓐ)은(는) 데이터 과학이 전통적인 통계학과 분석학에서 벗어나 실용을 추구하는 비즈니스 측면으로 이동하는 것을 말한다.

        Ⓐ – (   )

6. 다음 설명에서 Ⓐ와 Ⓑ가 무엇을 말하는지 답하시오.
기계학습은 도출된 알고리즘이 최적화에 이르기까지 학습하고 이를 통해 미래 현상에 대한 추측 및 예측이 가능하므로 전통적인 통계기법(판별분석, 회귀분석 등)과 비교하여 (Ⓐ) 또는 인공지능기법(artificial intelligence techniques)으로 불린다. 대표적인 인공지능기법은 연관성 분석(association rule analysis), 인공신경망(artificial neural networks), (Ⓑ), 유전자알고리즘(genetic algorithm),

SVM(support vector machines) 등이 있다.

ⓐ – (　　　　　　　　) 　　ⓑ – (　　　　　　　　)

7. 다음 설명에서 ⓐ가 무엇인지 답하시오.
(ⓐ)는 기업에서 사용하는 데이터의 가용성, 유용
성, 통합성, 보안성을 관리하기 위한 정책과 프로세
스를 다루며 프라이버시, 보안성, 데이터품질, 관리
규정 준수를 강조한다.

ⓐ – (　　　　　　　　)

8. 빅데이터 분석 및 활용에 관한 문제점을 서술하
시오.

9. 국내 빅데이터 시장 활성화에 필요한 기술적, 제
도적 요인을 세 가지 이상 서술하시오.

🔍 참고문헌

김병일, 신현철 ,안창원, "빅데이터 분석과 데이터마
　　이닝을 위한 저작권 제한", 계간 저작권, 제30권,
　　제1호, 2017, pp. 29–61.
김상찬, 강재정, "빅데이터 시대의 온라인 마케팅과
　　개인정보보호," 법과정책, 제21권, 제1호, 2015,
　　pp. 97–126.
김여라, "신종플루 뉴스 이용 정도가 개인 및 공중에
　　대한 건강보호 행위의도에 미치는 영향에 관한 연
　　구," 언론정보학보, 제51권, 2010, pp. 5–25.
김정태, 오봉진, 박종열, "빅데이터 핵심 기술 및 표
　　준화 동향", 전자통신동향분석, 제28권, 제1호,
　　2013, pp. 92–99.
김재경, "빅데이터 활용과 개인정보보호," 국제법무,
　　제6권, 제2호, 2014, pp. 157–178.
문상일, "빅데이터와 개인정보보호," 경제법연구, 제
　　14권, 제2호, 2015, pp. 263–281.
박찬욱, 이상우, "인터넷상에서의 개인정보보호행동
　　에 관한 연구: 보호동기이론을 중심으로," 인터넷
　　정보학회논문지, 제15권, 제2호, 2014, pp. 59–71.
박현선, 김상현, "SNS 이용자들의 프라이버시 보호
　　행동에 관한 실증연구," 경영경제, 제46권, 제2호,
　　2013, pp. 69–91.
배재권, "빅데이터 분석 시장 활성화를 위한 기술적,
　　제도적 요인에 관한 연구: 전문가 심층인터뷰 방
　　법을 중심으로", 인문사회과학기술융합학회, 제7
　　권, 제5호, 2017, pp. 885–894.
손영화, "빅데이터 시대의 개인정보보호방안,"기업

법연구, 제28권, 제3호, 2014, pp. 355–393.
이진태, 빅데이터 활성화와 저작권 문제, 계간 저작
　　권, 제26권, 제2호, 2013, pp. 136–173.
장석호, "빅데이터 산업에서의 정보보호 현황과 전
　　망," 정보보호학회지, 제26권, 제2호, 2016, pp.
　　31–34.
하수욱, 이강찬, 인민교, 이승윤, "국내외 빅데이터
　　표준화 현황 및 전망", 전자통신동향분석, 제30권,
　　제2호, 2015, pp. 32–39.
한국디지털정책학회 빅데이터전략연구회, "경영 빅
　　데이터 분석", 광문각, 2016.
한국소프트웨어기술인협회 빅데이터전략연구소,
　　"빅데이터 개론", 광문각, 2016.
한국정보화진흥원, "BigData Monthly 빅데이터 동
　　향과 이슈", BigData Monthly, 제7권, 2015, pp.
　　1–18.
함유근, 채승병, "빅데이터, 경영을 바꾸다", 삼성경
　　제연구소, 2012.
[네이버 지식백과] 소셜네트워크분석 (IT용어사전,
　　한국정보통신기술협회)
[네이버 지식백과] 빅데이터 플랫폼의 정의 (빅데이
　　터 플랫폼 전략, 2013, 한국전자통신연구원)
Philip Russom, "BIG DATA ANLYTICS", The Data
　　Warehousing Institute, TDWI BEST PRACTICES
　　REPORT(Fourth Quarter 2011), September 14,
　　2011, pp. 7–20.

02 빅데이터 활용과 분석 기법

2.1 기계학습과 빅데이터 분석

기계학습(machine learning, 머신러닝)이란 방대한 데이터를 분석해 미래를 예측하는 기술로, 일반적으로 생성(발생)된 데이터를 정보와 지식(규칙)으로 변환하는 컴퓨터 알고리즘(algorithm)을 의미한다.

기계학습은 수집된 다양한 데이터 분석을 할 수 있는 기준(알고리즘)을 가지고 학습을 통해 주어진 일에 대한 해결책 제시(의사결정지원)를 자동화하는 것을 의미한다. 기계학습은 다양한 확률이론과 수학적 최적화기법, 통계기법, 알고리즘, 컴퓨터 구조를 활용하여 이상적인 학습 모델을 구축하는 기술과 연구자의 경험적 지식 습득까지 포함하는 융합 기술이다. 기계학습 개념을 빅데이터 혹은 데이터마이닝과 혼동하는 경우가 있으나, 데이터마이닝은 대용량 데이터 속에서 유효한 정보와 규칙(지식)을 찾아내는 과정이고, 기계학습은 데이터를 이용하여 학습과 검증의 과정을 통해 특정 조건에서 예측 값을 얻는 과정이라는 점에서 차이가 있다.

데이터마이닝은 방대한 데이터에서 숨어 있는 규칙(rule)과 패턴(pattern), 의미를 발견하는 것이고, 기계학습은 여기에 과거의 추이를 통해 미래의 추정과 예측이 추가된다. 기계학습의 가장 기본적인 절차는 데이터를 정제하고 정리하는 과정을 통해 추상화하고, 그렇게 추상화된 모형을 기반으로 훈련과 테스트를 통하여 일반화된 알고리즘을 도출하는 과정을 거친다. 즉, 빅데이터 기계학습은 빅데이터를 이용하여 학습과 검증의 과정을 통해 예측과 추측을 수행하여 의사결정을 지원한다.

빅데이터 전문가들은 빅데이터 분석의 핵심 기술인 기계학습과 인공지능기법(artificial intelligence techniques)에 대한 이해 및 기술력 향상을 가장 중요한 요소로 선정하였다. 빅데이터 기계학습은 빅데이터를 정제하는 과정을 통해 추상화하고 이들 추상화된 모형을 기반으로 훈련과 테스트를 통해 일반화된 알고리즘을 도출하는 과정을 거치게 된다. 기계학습은 도출된 알고리즘이 최적화에 이르기까지 학습하고, 이를 통해 미래 현상에 대한 추측 및 예측이 가능하므로 전통적인 통계기법(판별분석, 회귀분석 등)과 비교하여 지능형기법(intelligent techniques) 또는 인공지능기법(AI techniques)으로 불린다. 인공지능기법으로는 인공신경망(artificial neural network), 의사결정나무(decision trees), 연관성규칙분석(association rule analysis), 유전자알고리즘(genetic algorithm), 서포트벡터머신(support vector machines) 등이 있다.

기계학습기법들은 교사 학습(supervised learning)과 비교사 학습(unsupervised learning)으로 구분된다. 교사 학습은 일반적으로 주어진 입력 데이터 기반으로 출력 데이터를 예측하는 학습기법이고, 비교사 학습은 주어진 입력 데이터가 아닌 비식별 데이터로 출력 데이터를 예측하는 학습기법이다. 교사 학습기법으로는 classification, logistic regression, support vector machines, decision tree, neural networks 등이 있으며 비교사 학습기법으로는 K-means, Gaussian Mixture Model 등이 있다. 기계학습이 효율적으로 동작하기 위해서는 충분한 학습 데이터와 대용량 처리의 지연을 감소시키기 위한 알고리즘의 개선, 대용량 처리가 가능한 빅데이터 플랫폼 기반의 기계학습 알고리즘 적용이 요구된다.

2.2 빅데이터 분석 기법

2.2.1 데이터마이닝

조직이 빅데이터를 보유하고, 이를 활용할 수 있는 IT 인프라를 구축했다고 해서 바로 빅데이터를 분석할 수 있는 것은 아니다. 실제 빅데이터 분석을 위해서는 다양한 통계기법과 인공지능기법의 활용이 필요한데, 이들 기법을 통칭하여 데이터마이닝 기법(data mining techniques)이라고 한다. 데이터마이닝은 축적된 대용량 데이터를 통계기법 및 인공지능기법을 이용하여 분석하고 이에 대한 평가를 거쳐 일반화시킴으로써 새로운 자료에 대한 예측 및 추측을 할 수 있는 의사결정을 지원한다.

데이터마이닝은 대규모로 저장된 데이터 안에서 다양한 분석 기법을 활용하여 전통적인 통계학 이론으로는 설명이 힘든 패턴과 규칙을 발견한다. 데이터마이닝은 빅데이터라는 거대한 광산 속에 묻혀 아직 발견되지 않은 가치 있는 정보를 '발굴'하기 위한 기법이며, '가설'을 세우고 이를 '검증'하는 전통적인 통계학과는 다소 차이가 있다. 데이터마이닝은 대용량의 데이터베이스에 존재하는 은닉된 데이터 간의 관계, 패턴, 새로운 규칙 등을 탐색적으로 찾아내고 모형화해서 유용한 정보로 변환하는 일련의 과정을 의미한다.

데이터마이닝 기법으로는 통계학 분야의 탐색적 자료분석(exploratory data analysis), 가설 검정(statistical hypothesis testing), 시계열 분석(time series analysis), 일반선형모형(generalized linear model), 군집분석(cluster analysis), 판별분석(discrimination analysis) 등의 방법론과 연결분석(link analysis), 연관성규칙(association rule), 의사결정나무(decision tree), 신경망모형(neural networks), 전문가시스템(expert system) 등의 기술적인 방법론이 쓰이고 있다.

데이터마이닝은 분류(classification), 추정(estimation), 예측(prediction), 유사 집단화(affinity grouping), 군집화(clustering)의 다섯 가지 업무 영역으로 구분할 수 있다(표 2.1 참조).

표 2.1 데이터마이닝의 다섯 가지 업무 영역

업무 영역	데이터마이닝 기법	사례
분류 (classification)	의사결정나무, 사례기반추론	부도기업과 건전기업 분류, 신용 우량고객과 불량 고객 분류, 보험사기(정상 청구, 허위 청구) 분류
추정(estimation)	회귀분석, 신경망	수입, 은행 잔고, 배당금 산출, 고객 평생 가치 산출
예측(prediction)	장바구니 분석, 사례 기반추론, 의사결정나무, 신경망	소비자 구매행동예측, 고객 이탈률 예측, 부도확률 예측, 환율 변동성 예측
유사 집단화 (affinity grouping)	장바구니 분석, 연관성 분석	장바구니 분석, 교차 판매, 끼워 팔기 전략 수립
군집화(clustering)	클러스터링	시장 세분화

분류(classification)는 데이터마이닝에서 가장 보편적인 작업으로 어떤 새로운 사물이나 대상의 특징을 파악하여 미리 정의된 분류 코드에 따라 어느 한 범주에 할당하거나 나누는 것을 의미한다. 즉, 클래스들에 대한 명확한 정의가 사전에 존재하며, 미리 분류된 예들로 구성된 훈련 집합을 가진다. 분류는 목표변수가 이산형인 것을 주로 다루며, 이에 대한 예로는 부도예측(부도, 건전), 신용등급 예측(우량, 불량), 보험사기예측(정상 청구, 허위 청구) 등이 있다. 분류 작업을 위해

많이 사용되는 데이터마이닝 기법으로는 의사결정나무(decision tree, DT), 사례기반추론(memory based reasoning, MBR) 등이 있다.

추정(estimation)은 결과가 연속형 값을 갖는 연속형 변수를 주로 다루며 주어진 입력변수로부터 수입(income), 은행 잔고(balance), 배당금(corporate dividends)과 같은 미지의 연속형 변수에 대한 값을 예측하는 작업을 의미한다. 추정은 예측한 결과를 이용하여 분류 작업에 이용할 수 있다. 고객 충성도 지수 또는 고객 평생 가치(customer lifetime value, CLTV)를 추정하여 고객 충성도가 높은 고객과 낮은 고객에 대한 차별화된 마케팅을 수행할 수 있다. 추정 작업에 사용되는 대표적인 방법은 회귀분석(regression analysis)과 신경망(neural network)이 있다.

예측(prediction)은 과거와 현재의 자료를 이용하여 미래를 예측하는 모형을 만드는 것이다. 미래에 대한 것이라는 것만 제외하면 분류, 추정과 근본적으로 유사하다. 예측은 분류와 추정에 사용되는 방법을 이용하여 시간 순으로 정리된 자료에 대하여 미래를 예측할 수 있는 모형을 만들 수 있다. 예측에 관한 사례로는 소비자 구매행동예측, 고객의 이탈률 예측, 부도확률예측, 환율 및 주가 변동성 예측 등이 있다. 예측에 관한 분석 기법으로는 장바구니 분석(market basket analysis, MBA), 사례기반추론(case based reasoning, CBR), 의사결정나무, 신경망 등이 있다.

유사 집단화(affinity grouping)란 유사한 성격을 갖는 사물이나 물건들을 함께 묶어주는 작업을 말한다. 이에 관한 전형적인 예로는 판매시점정보관리(point of sales, POS) 시스템의 구매 내역 데이터(영수증 데이터)를 이용한 장바구니 분석이 있다. 유통업에서는 장바구니 분석을 통해 매장에서의 카탈로그 및 진열대 배치에 어떠한 품목을 같이 진열할 것인가를 결정한다. 또한 장바구니 분석을 통해 번들링(bundling), 교차 판매(cross selling), 끼워 팔기(tying product) 등의 마케팅 전략을 수립하기도 한다. 유사 집단화 관련 분석 기법으로는 장바구니 분석, 연관성 분석(association rule analysis) 등이 있다.

군집화(clustering)란 이질적 사람들의 모집단으로부터 다수의 동질적 하위 집단 혹은 군집들로 세분화하는 작업이다. 군집화가 분류와 다른 점은 군집화는 미리 정의된 집단이 없다는 것이고, 분류는 새로운 원소나 레코드를 미리 정의된 집단에 할당함으로써 모집단을 나누는 방법이다. 군집화에서는 개체들끼리의 유사성에 따라 여러 개의 동질적인 군집(cluster)으로 나누게 되는데, 군집화를 통하여 나누어진 각각의 집단에 대해 분석자가 의미를 부여하여 해석하게 된다. 군집화는 다른 데이터마이닝이나 모델링의 선행 작업으로 사용되기도 한다. 예를 들어 군집화는 시장 세분화 과정의 첫 번째 작업으로 수행될 수 있다. 군집화와 관련된 분석 기법으로는 군집화 또는 클러스터링 기법이 있다.

데이터마이닝의 응용 분야로는 기업부실화 예측모델 개발(prediction model of financial distress), 신용평점시스템(credit scoring system)의 신용평가모형개발, 사기탐지시스템(fraud detection system), 장바구니 분석(market basket analysis), 공정 과정의 최적화(optimization of manufacturing process) 등 다양한 산업 분야에서 광범위하게 사용되고 있다.

Q&A 데이터마이닝 표준 방법론이란 무엇인가?

데이터마이닝 관련 ICT 기업들은 데이터마이닝 작업의 표준화 실행 단계로 CRISP-DM(Cross-Industry Standard Process for Data Mining) 5단계를 발표하였다. CRISP-DM은 (1) 비즈니스 이해 및 데이터 이해, (2) 데이터 준비, (3) 모델링 단계, (4) 모형 평가, (5) 모형 구축(개발)로 구성된다.

첫째, 비즈니스 이해 및 데이터 이해 단계는 해당 비즈니스의 이해와 현업이 보유 및 관리하고 있는 데이터를 이해하는 단계이다.

둘째, 데이터 준비 단계는 자료를 컴퓨터 서버로부터 내려 받고 나서 분석 가능한 상태로 만들기 위하여 데이터 정제(data cleaning) 작업을 하는 단계이다.

셋째, 모델링 단계에서는 자료 기술(data description) 및 탐색(exploration)을 포함하여 필요한 각종 모델링을 한다. 여기에는 신경망, 의사결정나무 등의 지도 학습과 군집화, 연관성 분석 등의 비지도 학습이 포함된다.

넷째, 평가에서는 앞 단계에서 생성된 모형이 잘 해석되는지, 독립적인 새로운 자료에 적용되는지 예측력 성과 등을 측정하는 단계이다.

다섯째, 모형 개발 단계는 검토가 끝난 모형을 실제 현업에 적용하는 단계이다.

2.2.2 텍스트마이닝

빅데이터 기술은 크게 분석 기법과 분석을 위한 처리 기법으로 구성된다. 대부분의 분석 기법들은 통계학과 전산학, 특히 데이터마이닝 분야에서 이미 사용된 기법들이며, 이 분석 기법들의 알고리즘을 대규모 데이터 처리에 맞도록 개선하여 빅데이터 처리에 적용시키고 있다. 최근 소셜 미디어 등 비정형 데이터의 증가로 인해 분석 기법들 중에서 텍스트마이닝(text mining), 오피니언마이닝(opinion mining), 소셜네트워크분석(social network analysis), 이미지 및 오디오 마이닝(image and audio mining) 등이 주목받고 있다.

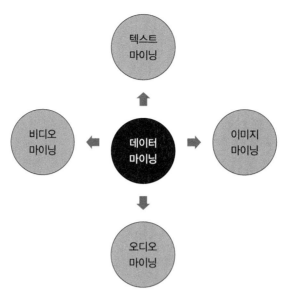

그림 2.1 빅데이터의 형태에 따른 마이닝의 분류

최근 빅데이터 기술이 각광을 받으면서 방대한 양의 데이터를 다루는 기술뿐만 아니라 텍스트, 이미지, 음성 데이터와 같이 정형화되지 않은 비정형 데이터(unstructured data)를 다루는 기술이 빠르게 발전하고 있다. 기업에서 생산되는 데이터의 80% 이상은 비정형 데이터로 이루어져 있으며, 그중 텍스트 데이터는 가장 대표적인 비정형 데이터이다.

온라인 쇼핑몰에서 사람들은 물건을 구매할 때 다른 구매자가 남긴 제품 리뷰 텍스트(구매 후기)로부터 제품에 대한 정보를 수집한다. 특정 상품들에 대해 개인이 평가한 리뷰들은 해당 기업이나 상품에 관심이 있는 잠재적 고객에게 필요한 데이터이다. 또한 소셜 미디어의 발전으로 소셜 네트워크 서비스에서 방대한 텍스트 데이터들이 생산되어 빠르게 확산되고 있으며, 기업들은 이들을 분석해 SNS를 마케팅 채널로 활발히 활용하고 있다.

텍스트마이닝은 텍스트 데이터를 분석하는 방법으로 가장 기본적인 빅데이터 분석 기법 중 하나이다. 텍스트마이닝은 자연어 형태로 구성된 비정형 또는 반정형 텍스트 데이터에서 패턴 또는 관계를 추출하여 의미 있는 정보를 찾아내는 기법으로, 컴퓨터가 사람들이 말하는 언어를 이해할 수 있도록 하는 자연어 처리(natural language processing, NLP)에 기반을 둔 기술이다.

텍스트마이닝 분석을 위해서는 불필요한 정보를 제거하고, 비정형 데이터를 정형 데이터로 구조화하는 작업이 필요한데, 이를 위해 데이터 전처리(data preprocessing) 과정은 필수적이라 할 수 있다. 데이터 전처리 과정은 텍스트 형태로 작성된 문서를 컴퓨터가 자동으로 인식할 수 있도록 사전 작업하는 것이다. 주로 불필요한 기호나 단어를 제거하는 토큰화(tokenization) 과정, 영문의 대소문자를 통일해주는 변환(transform) 과정, 의미 없는 단어나 연구주제와 일치하지 않는 단어를 제거해주는 불용어(stopword) 제외 과정(관사, 전치사, 조사, 접속사 제외)을 거친 데이터를 통해 분석한다.

온라인 쇼핑몰의 특정 상품에 대한 리뷰 데이터는 해당 상품의 전반적인 평가, 장점 및 단점, 품질 불량 등을 파악할 수 있다. 이들 리뷰 데이터를 추출하고 정리하여 정형 데이터로 만들어 분석하는 텍스트마이닝 작업은 다음과 같다.

데이터 추출 및 정제 단계에서 상품 평가 리뷰를 추출하고 자연어 처리를 진행한다. 웹 크롤링(web crawing)을 이용하여 상품에 대한 온라인 리뷰와 공개된 고객의 정보를 수집한다. 각 단어의 연관관계를 분석하기 위한 데이터 파일과 데이터베이스에 저장하기 위한 테이블 형태의 데이터 파일을 구분 지어 리뷰 텍스트를 저장한다. 저장한 텍스트를 통계 분석용 소프트웨어(R 프로그램)를 이용하여 비정형적인 리뷰 데이터를 단어 단위로 추출하고 불용어(stopword)나 의미 없는 문자 및 기호를 제거하는 전처리(preprocessing)를 수행한다. 다음으로 단어 정보 및 키워드를 추출하고, 이들 요소를 군집화를 통해 분류한다. 각 고객 식별자(Customer ID)에서 추출된 키워드에 연관규칙학습(association rule learning)을 수행하여 각 단어 간 관계를 파악하여 연관성이 있는 단어들끼리 결합하고 자료 분류 및 요약 등을 수행한다.

이처럼 텍스트마이닝은 문서 분류(document classification), 문서 군집(document clustering), 정보 추출(information extraction), 문서 요약(document summarization) 등 문서에 숨겨진 고급 지식들을 탐색하는 분야이다. 텍스트마이닝 관련 분야로는 감성분석(sentiment analysis) 또는 오피니언마이닝(opinion mining)이라 불리는 기술이 있다. 현재 이들 용어는 서로 혼용되어 사용되고 있으나 텍스트마이닝은 감성분석과 오피니언마이닝을 포괄하는 기술로 볼 수 있다.

감성분석은 텍스트마이닝 분석의 한 분야로 특정 문서의 긍정, 부정에 대한 감정을 추측하고 분류하는 방법이다. 사용자가 생성한 온라인 텍스트 속에 담긴 감성(sentiment), 정서(affect), 주관(subjectivity), 또는 감정(emotion)을 식별하기 위해 사용된다. 감성분석은 각 문서의 최소 단위인 단어의 감성 극성(sentiment polarity)에 기반을 두어 이루어진다. 즉, 단어의 감성 극성이 정의된 감성사전을 구축한 후, 새로 주어진 문서에 출현한 단어의 감성 극성에 따라 문서 전체의 감성을 분류하게 된다. 따라서 감성분석은 단어의 감성 극성을 정확하게 반영한 감성사전을 사용하는 것이 중요하다. 감성분석은 포럼(forum), 블로그(blog), SNS 등에서 발생하는 텍스트에 적용 가능하며, 주로 소셜 미디어 사용자들의 의견에 대해 긍정(positive), 부정(negative), 중립(neutral)의 선호도를 판별하고, 감정을 추측하여 분류한다.

감성분석은 온라인 쇼핑몰 구매자의 상품 평 검색 효율을 높이기 위해 상품 평 데이터에 순위를 결정할 수 있고, 영화 관람의 후기를 요약하고 긍정 및 부정을 평가할 수 있다. 또한 법률 분야의 블로그를 대상으로 오피니언마이닝을 이용해 고객의 반응이나 법률적 이슈에 대한 모니터링을 수행할 수 있다. 감성분석은 특정 서비스 및 상품에 대한 시장 규모 예측, 상품에 대한 고객 반응 탐지, 입소문 분석 등에 활용되고 있으며, 현재는 제품, 서비스, 영화 등에 대한 리뷰를 대상으로 텍스트마이닝을 이용한 감성분석이 활발히 사용되고 있다.

2.2.3 소셜네트워크분석

소셜 미디어의 성장 및 활성화는 기존의 TV, 라디오, 신문 등으로 대표되는 매스미디어(mass media) 소통 방식에서 유튜브(youtube), 트위터(twitter), 페이스북(facebook) 등의 소셜 미디어 소통 방식으로 변화를 가져왔고, 이는 정부와 국민, 기업과 소비자, 개인 간 소통 방식에 혁신적인 변화를 끼쳤다. 다수의 기업과 기관을 중심으로 상품 브랜드 및 기관에 대한 여론 동향을 파악하고 의사결정을 지원하기 위한 소셜 미디어 분석이 활발하게 이루어지고 있다.

소셜 미디어 분석 중 가장 대표적인 방법인 소셜네트워크분석(social network analysis, SNA)은 소셜 시스템이 관계(relationship)와 이러한 관계에 의해 형성되는 패턴(pattern)에 의해 창조된다는 전제를 출발점으로 한다. SNA는 수학의 그래프 이론(graph theory)을 기반으로 한다. 그래프는 점(node)과 선(link)으로 표현하는 방법으로 점은 행위자를, 선은 행위자들 간의 관계를 표현한다. 그래프 이론의 점과 선의 조합을 통해 사회적 관계(거래, 의사소통, 상호 침투 등)를 표현하는 방법이 그래프이다.

소셜 네트워크는 하나 이상의 관계(relation) 유형으로 연결된 네트워크 구성원의 집합, 즉 액터(actor)의 집합이다. 소셜 네트워크 데이터는 일반적인 테이블 형태의 분석 데이터와는 다른 노드와 노드의 연결을 나타내는 관계 데이터의 형태를 가진다. 소셜 네트워크 연구자들은 소셜 네트워크가 사회를 형성하는 주요 구성 요소라고 인식하고 있으며, SNA는 사회 구성원 간의 관계에 분석의 초점을 맞추어 이들 관계의 패턴으로부터 의미 있는 시사점을 도출한다.

SNA는 사람들 사이의 관계를 다양한 관점에서 해석하기 위해 노드(node)와 링크(link)로 연결된 사회 그래프를 생성하고 이를 분석한다. 이를 통해 사람과 사람 사이의 관계, 친밀도, 그룹 분류, 연결 강도 등을 측정한다. SNA 분석 방법은 분석 수준에 따라 네트워크 수준 분석, 노드 수준 분석, 네트워크 및 노드 수준 분석, 집단(group) 수준 분석의 네 가지로 구분된다.

네트워크 수준 분석은 네트워크의 기본적 특성 파악이 가능하며 밀도(density), 포괄성(inclusiveness), 집중도(centralization) 등의 기법을 이용한다. 노드 수준 분석은 연결 거리(distance), 직경(diameter), 연결 정도(degree), 연결 강도(strength) 등을 이용한다. 네트워크 및 노드 수준 분석은 하이브리드(hybrid) 수준의 분석 지표로 중심성(centrality) 지표를 이용한다. 집단 수준 분석은 노드의 유사성을 기준으로 네트워크의 하위 집단을 분류하고 해당 집단의 특성을 파악하는 지표로 군집(clustering) 분석, 구조적 등위성(structural equivalence) 분석, 컴포넌트(component) 분석 등을 이용한다. 이들 기법 중에서 가장 대표적인 SNA 방법(측정 지표)은 중심성(centrality)이며, 중심성은 차수 중심성(degree centrality), 근접 중심성(closeness centrality), 매개 중심성(betweenness centrality)으로 구분된다.

차수 중심성은 소셜 네트워크의 한 노드가 몇 개의 노드들과 직접적으로 연결되어 있는지를 측정하여 전체 소셜 네트워크에서 차지하는 중요도를 파악하기 위한 지표이다. 근접 중심성은 어느 사용자가 다른 사용자와 얼마나 가까운지를 측정하고, 매개 중심성은 해당 노드가 매개자 역할을 얼마나 잘하는지를 측정하는 지표이다. 이처럼 연결 구조와 연결 강도, 중심성 등을 바탕으로 사용자의 영향력을 측정하고, SNS상에서 정보의 핵심 역할을 수행하는 사용자를 찾을 수 있으며, 사용자들 간의 콘텐츠 유통 및 확산 추이를 분석할 수 있다.

최근에 수행되는 SNA는 트윗(tweet)의 확산 분석 및 영향력자 분석(influencer analysis) 기술에 집중되어 있다. 트윗의 확산 분석은 특정 트윗의 확산 유형을 네트워크 그래프로 분석(network graph analysis)하는 기술이다. 트윗들의 확산 형태를 분석하고 그래프의 유형을 분류함으로써, 해당 트윗이 로봇(robot)에 의해 생성된 스팸(spam)인지 여부를 알 수 있고, 특정 트윗의 초기 확산 형태의 유형으로 향후 트윗의 확산 양상을 예측할 수도 있다.

영향력자(인플루언서influencer) 분석은 트위터를 사용하는 사람들 중 특정 주제에 대해 가장 영향력이 큰 사람을 순위화(ranking)하는 기술이다. 영향력자 분석은 트윗의 확산 분석과 밀접하게 연관되며, 개별 트윗들의 확산 분포를 분석하여 해당 트윗을 작성한 트위터리안(트위터 사용 유저)이 영향력자인지 여부를 결정한다.

다음으로 확산된 트윗의 내용이 어떤 주제에 해당하는지 미리 정의된 주제로 분류한다. 소셜 네트워크 연결 구조, 연결 강도, 중심성 등을 바탕으로 사용자의 명성 및 영향력을 측정하여 영향력자(인플루언서)를 추출하고, 이들 영향력자의 모니터링 및 관리를 통한 고객관계관리 및 마케팅 전략을 수립하고 있다.

2.2.4 이미지 마이닝, 오디오 마이닝, 비디오 마이닝

이미지 마이닝(image mining)은 이미지 데이터로부터 관련된 특성을 적합한 형태로 추출하여 이미지 네이터에 내새된 유용한 정보와 시식 또는 규칙과 패턴을 발견하는 과정이다. 또한 다수의 이미지로부터 주어진 이미지와 유사한 이미지를 추출하기도 한다. 이미지 마이닝은 이미지 처리 및 객체 인식 기술을 활용하여 이미지 내에 존재하는 색상(color), 텍스쳐(texture), 형상(shape) 데이터들을 메타데이터(meta data)화한 후 마이닝 기법(수학적, 통계학적 모델)을 이용하여 메타데이터의 패턴이나 트렌드를 찾아낸다. 이미지 마이닝은 그림, 위성사진, X-ray, 지문, 뇌파, 불량도 등의 다양한 이미지를 대상으로 이들 이미지에서 특성을 추출하여 분석이 가능한 형태로 데이터화하고, 데이터와 분석 목적과의 관계를 모델링하여 이를 해석한다.

이미지 마이닝 관련 연구로는 반도체 생산 공정에서 생성되는 불량품이 생기는 패턴을 추출하여 반도체 생산 공정의 생산성을 향상시키는 연구, 여러 장의 인물 사진을 통해 사람의 나이를 예측하는 연구, 고속도로의 도로 표면 사진을 통해 도로의 결함을 확인하는 연구, 의료영상사진을 통해 암을 진단하는 연구 등의 연구가 수행되었다. 이미지 마이닝의 성공은 이미지 데이터에서 중요한 정보를 내재하고 있는 특성을 추출하는 데 달려 있다.

오디오 마이닝(audio mining)이란 오디오 파일에서 단어(term), 어구(phrase), 멜로디(melody), 박자(beat) 등을 추출해 색인(index)을 만들고 이를 활용하는 기술이다. 색인된 데이터를 통해 읽기가 불가능한(unreadable) 오디오 파일을 검색하거나, 상관관계 또는 연관성 분석을 통해 음악추천서비스 등을 제공하고 있다. 현재 오디오 마이닝은 자동 음성 인식(automatic speech recognition, ASR)과 한국어 음성 인식(korean ASR) 기술 분야에 널리 활용되고 있다.

비디오 마이닝(video mining)이란 비디오 파일 또는 카메라 등의 입력 장치를 통해 획득된 비디오 영상을 분석하는 기술이다. 프레임(frame)별 히스토그램

(histogram)의 변화 형태 등을 고려하여 배경(background)과 사물(object)을 구별해 내거나, 사물의 행위 패턴(action pattern)을 정의할 수 있다. 유통업종에서는 매장에 비디오 카메라를 설치해 고객들의 행태를 분석하여 구매에 연결하는 마케팅 기법을 수행하고 있다. 비디오 카메라를 통해 고객들이 어떤 과정을 거쳐 물건을 구매하는지 면밀히 모니터링해 이들의 성별, 나이에 따라 특성을 분석하여 맞춤형 상품추천서비스를 제공하고 있다.

2.3 빅데이터 분석 단계

빅데이터 분석 단계는 빅데이터 과제 기획 단계와 빅데이터 과제 분석 단계로 구성된다. 먼저, 빅데이터 과제 기획 단계에는 (1) 문제 발굴 및 정의, (2) 문제 해결을 위한 개념적 대안 설계, (3) 데이터 가용성 평가, (4) 문제 해결을 위한 논리적 모형 설계, (5) 과제 추진 방안 수립 및 타당성 평가, (6) 과제 확정 및 분석 계획 수립으로 구성된다(표 2.2 참조).

첫째, 문제 발굴 및 정의는 빅데이터 분석을 통해 향상된 고객 서비스 제공 및 합리적, 과학적 의사결정지원을 위한 기회 식별이나, 경영 목표 달성을 위해 해결해야 할 문제를 식별하는 단계이다. 식별된 문제들 중 조사 연구 등을 통해 시급히 해결할 문제를 사용자 관점에서 정의해야 하다. 문제 정의 및 해결 요구 사항 분석은 분석 결과의 최종 사용자 관점에서 이루어져야 한다. 문제가 정의되면 그 문제를 해결하기 위해 다양한 시각에서 가설을 설정해보는 절차도 요구된다.

둘째, 문제 해결을 위한 개념적 대안 설계는 도출된 여러 가설 중 분석을 위해 필요한 가설을 추려내는 과정을 통해 이루어진다. 가설에 대한 검정은 과제 분석 단계의 본격적인 데이터 분석을 위한 사전적인 대안 설계 작업이라 할 수 있다. 이때에는 식별된 가설의 검정에 필요한 샘플 데이터(sample data)를 수집한다. 샘플 데이터 분석을 통해 가설이 채택될 경우 데이터의 가용성을 평가하게 된다. 그러나 가설 기각 시에는 가설 조정 및 샘플 데이터 보완을 통해 유효한 가설이 도출될 때까지 반복한다.

셋째, 데이터 가용성 평가는 관련된 데이터 존재 여부와 데이터 확보 여부를 검토하는 단계이다. 만약 데이터 가용성이 미비하다고 판단될 경우에는 문제 해결을 위한 개념적 설계를 조정한 다음 재차 데이터 가용성을 평가해야 한다. 이러한 과정을 반복하여 가용성 있는 데이터 확보가 가능한 경우 비로소 문제 해결을 위한 논리적 모델을 설계하는 단계로 나아갈 수 있다.

넷째, 문제 해결을 위한 논리적 모형 설계는 논리적 모형과 필요한 변수를 선정하거나 문제 해결 대안을 수립한다. 발굴된 문제를 해결하기 위한 분석 모형과 필요한 변수들을 선정하고 분석 결과 제시를 위한 산출물과 시각화(visualization) 등에 관한 방안 등을 설계한다.

다섯째, 과제 추진 방안 수립 및 타당성 평가 단계는 본격적으로 빅데이터 분석 과제(project) 추진 방안을 다양하게 검토한다. 엑셀(excel) 프로그램 등 오피스 프로그램을 이용하는 방법, 통계 프로그램(SPSS, SAS)을 이용한 기초 통계 분석, 그리고 R 프로그램과 데이터마이닝 분석 도구 등을 활용하는 방법 등 여러 대안이 도출될 수 있다. 앞에서 제시한 여러 대안을 평가하고, 적정 방안을 선정하기 위해 경제적, 기술적 타당성 분석이 수행된다. 타당성 평가 후 타당성이 있다고 판단되는 과제의 해결 대안이 결정되면 과제를 확정하게 된다.

마지막 여섯째, 과제 확정 및 분석 계획 수립 단계는 여러 대안 중에서 평가 과정을 거쳐 가장 우월한 대안을 선택하여 이를 과제(project)화하고, 계획 단계의 입력물로 설정한다. 빅데이터 분석 기획 단계에서 최종 선정된 프로젝트를 어떻게 수행하여 소기의 목적을 달성할 것인가에 대한 계획을 수립하게 된다. 이 단계는 프로젝트의 목표를 명확히 정의하고, 프로젝트 추진 시 필요한 데이터나 기술적 요구사항 등을 파악하고, 프로젝트 수행 예산 수립, 그리고 프로젝트 관리 계획을 수립하는 과정으로 구분된다.

표 2.2 **빅데이터** 과제 기획 단계 프로세스

빅데이터 분석 단계	세부 단계	역할 및 활동
빅데이터 과제 기획 단계	문제의 발굴 및 정의	• 해결 요구 사항 분석 • 가설 설정
	문제 해결을 위한 개념적 대안 설계	• 가설 검정 • 샘플 데이터 수집
	데이터 가용성 평가	• 관련 데이터 존재 여부 파악 • 데이터 확보 여부 검토
	문제 해결을 위한 논리적 모형 설계	• 논리적 모형과 변수선정 • 문제 해결 대안 수립
	과제 추진 방안 수립 및 타당성 평가	• 경제적 타당성 분석 • 기술적 타당성 분석 수행
	과제 확정 및 분석 계획 수립	• 프로젝트 목표 정의 • 프로젝트 수행 예산 수립 • 프로젝트 관리 계획 수립

출처: 한국소프트웨어기술인협회 빅데이터전략연구소, "빅데이터 개론", 광문각, 2016.

과제가 기획되고 추진 계획이 수립되면, 해당 계획에 의거하여 과제 분석을 수행한다. 빅데이터 과제 분석 단계는 (1) 데이터 수집, (2) 데이터 전처리와 정제, (3) 데이터 분석과 정리 및 처리 결과의 수용, (4) 해석과 결과 제시로 구성된다 (표 2.3 참조).

첫째, 데이터 수집은 선정된 변수에 의해 구성된 분석 모형이나 과제를 해결하기 위해 관련 데이터를 수집하고 분석하는 단계이다. 데이터를 수집하는 방법은 내부의 데이터웨어하우스(data warehouse)나 데이터베이스 내의 데이터, 조직 외부의 데이터 소스 등을 통해 이루어진다. 어떠한 데이터를 어떠한 방법으로 선택하여 수집할 것인가에 대한 판단은 문제의 성격과 측정해야 하는 변수의 특징(속성)에 달려 있다.

둘째, 데이터 전처리(data preprocessing)와 정제(refinement)는 다양한 소스로부터 획득한 데이터 중 분석에 부적합하거나 수정이 필요한 경우 데이터를 전처리하거나 정제하는 과정이다. 빅데이터 분석 과제의 경우 데이터 확보 및 데이터 전처리와 정제 과정이 프로젝트의 90% 이상을 차지하는 것으로 조사되었다. 이는 빅데이터 분석 프로젝트에서 데이터 전처리와 정제가 얼마나 중요한지를 말해주는 것이다.

셋째, 데이터 분석과 정리 및 처리 결과의 수용에서는 분석 대상과 관련된 변수의 데이터가 수집되면 이를 분석하는 과정이다. 데이터 분석이란 모아 놓은 데이터에서 변수들 간의 관련성을 파악하는 것이다. 기초적인 통계 분석에서 매우 정교한 데이터마이닝 기법에 이르기까지 각각의 상황에 필요한 데이터 분석과 기법(도구)을 이용한다. 분석과 정리를 통해 나온 처리 결과는 수용 가능한지 여부를 판단해야 한다. 수용하지 못할 경우에는 반복적인 분석과 정리 작업을 통해

표 2.3 **빅데이터** 과제 분석 단계 프로세스

빅데이터 분석 단계	세부 단계	역할 및 활동
빅데이터 과제 분석 단계	데이터 수집	• 관련 데이터 수집
	데이터 전처리와 정제	• 데이터 전처리 및 정제 실시
	데이터 분석과 정리 및 처리 결과의 수용	• 데이터 분석 실시 • 처리 결과 수용 여부 결정 • 모형의 정확성 향상
	해석과 결과 제시	• 의사결정자에게 조언 • 시각화 도구 활용

출처: 한국소프트웨어기술인협회 빅데이터전략연구소, "빅데이터 개론", 광문각, 2016.

결과의 활용성을 제고하고, 모형의 정확성(예측정확도)을 향상시켜야 한다.

넷째, 분석의 마지막 단계는 분석 결과의 의미를 제시하는 단계이다. 즉, 데이터 분석을 통해 변수 간의 관련성이 분석되면, 그 결과가 의미하는 바를 명료하게 해석하여 의사결정자에게 구체적으로 조언하는 것이다. 특히 주요 분석 결과를 간단명료하게 요약하여 어떠한 의사결정이 바람직한 것인지 차트나 그래프 또는 시각화 도구를 적극적으로 활용하여 결과를 제시하는 것이 중요하다.

2.4 분야별 빅데이터 활용 사례

빅데이터는 국가 경제의 혁신 및 가치 창출에 기여하고, 기업에게는 새로운 비즈니스 모델 창출과 시장 기회를 제공하고 있다. 현재 빅데이터 분석은 제조업의 스마트화에서 시작해서 마케팅(CRM), 금융, 의료, 재난 관리, 범죄 예방, 교통, 통신 분야 등 다양한 분야에서 활용되고 있다. 다음 절에는 분야별로 빅데이터 분석을 통한 활용 사례를 소개하고자 한다.

2.4.1 고객 빅데이터 분석을 통한 구매 성향 예측

고객관계관리(customer relationship management, CRM) 분야는 최근 빅데이터 분석이 가장 많이 활용되는 분야로 고객 분석을 통해 차별적인 경쟁력을 확보하여 높은 성과로 연계시킬 수 있다. 현 고객에 대한 서비스의 이용 성향, 취향 등의 분석을 통해 고객을 세분화(segmentation)하고, 각 고객 군에 맞는 맞춤형 전략을 추진하는 것이 특징이며, 고객의 불만 사항 등을 실시간으로 파악하여 고객 충성도를 증진시킨다. 현재의 충성도 높은 고객뿐 아니라 이탈 가능성이 있는 고객 파악은 물론 잠재 고객 파악에도 활용된다.

효율적인 고객관계관리를 위해서는 고객의 니즈(needs)를 파악하고 실제 고객이 필요로 하는 제품이나 서비스를 제공(추천)하는 것이 중요하다. 그러나 갈수록 고객의 니즈가 다양화되고 복합성의 특징을 가지므로 이를 파악하기가 매우 어려워지고 있다. 게다가 경쟁이 심한 산업의 기업 환경은 기업과 관계를 맺고 있는 고객 정보의 규모가 매우 커 일일이 고객의 니즈를 파악하는 일이 불가능하다. 따라서 빅데이터 분석(big data analytics)을 기반으로 한 니즈 유형화 및 분류가 고객의 니즈 분석을 위해 필요하게 되었다. 도출된 니즈의 유형화를 기반으로 각 니즈 유형에 따른 고객관리 전략을 수립하여 효과적인 고객관리가 가능하도록

할 수 있다.

미국의 마케팅 솔루션 기업인 카탈리나 마케팅 코퍼레이션(Catalina Marketing Corporation, 이하 카탈리나 사)은 CRM 빅데이터 분석을 통해 고객의 구매 성향을 예측하여 고객 니즈에 맞는 제품과 서비스를 제공하고 있다. 카탈리나 사에서는 2.5 페타바이트(peta bytes)의 방대한 고객 데이터를 데이터웨어하우스(data warehouse)로 운영하고 있다. 고객이 대형 할인마트의 매장 계산대에서 결제를 하는 순간 구매 이력 데이터가 분석되어 고객을 위한 맞춤형 쿠폰이 인쇄된 영수증이 출력된다. 이때 여러 명의 소비자가 동일 제품을 구매해도 각 구매 이력에 따라 각각 다른 쿠폰이 출력된다. 고객의 개인별 구매 성향이 실시간으로 반영된 쿠폰 제시를 통해 구매를 유도하는 것이다. 그 결과 쿠폰 사용을 통한 추가 구매율이 기존 10%에서 25%로 크게 향상되었고, 고객의 마케팅 반응률이 향상되어 카탈리나 사의 수익이 크게 증가하였다.

이러한 결과를 얻기까지 카탈리나 사는 CRM 분석용 데이터웨어하우스를 기반으로 다양한 데이터마이닝 기법(인공지능기법)을 이용하여 실시간으로 고객의 구매 성향을 예측하였다. 즉, 고객에게 맞춤형 쿠폰을 발행할 때 실시간으로 고객 행동에 대한 프로파일링(profiling)을 수행하였으며, 기존에 4.5시간 걸리던 예측모형에 대한 스코어링 시간도 불과 60초 이내로 단축시켰다. 카탈리나 사는 CRM 빅데이터를 활용하여 구매예측모형의 예측력 향상과 더불어 맞춤형 고객 밀착 서비스에 성공하였다.

이처럼 CRM 분야에서는 고객(CRM) 빅데이터를 활용하여 고객생애가치(customer lifetime value, CLTV)를 추정하여 우수한 새 고객 유치(customer acquisition)에 이용하고, 고객 이탈률을 추정하여 고객 유지율(customer retention)을 향상시키고 있다.

2.4.2 금융 분야에서의 빅데이터 분석 및 활용

최근 가장 활발하게 빅데이터 분석 및 활용이 이루어지고 있는 분야가 바로 금융 분야이다. 금융서비스는 대다수의 국민들과 기업들이 항상 이용하고 있고, 우리 생활의 일부분이므로 데이터의 유입량, 보유량, 집적량이 광대하며, 그 증가 속도도 매우 빠르게 실시간으로 이루어지고 있다. 다른 산업 분야에 비해 금융 분야의 빅데이터는 활용 범위가 다양하고 비즈니스적 가치가 매우 큰 것이 특징이다.

금융 분야의 가장 대표적인 업종인 은행 업종에서는 대출의사결정과 관련하여 해당 기업에 대한 도산예측(bankruptcy prediction)과 개인의 신용등급예측(credit rating prediction)에 금융 빅데이터 분석을 적극 활용하고 있다. 독일의 금융기관은 당좌예금(결제) 계좌 상태, 신용 기간, 신용 이력, 신용대출 목적, 신용대출 합계, 저축성예금의 평균 잔액, 인구통계학적 자료(거주 기간, 근무 기간, 직업 상태) 등을 포함한 개인의 금융거래 빅데이터를 활용하여 개인신용평가 및 신용등급예측을 수행하고 있다.

보험 업종에서는 해약 가능성이 높은 고객, 고객 가치가 높은 고객, 금융 리스크가 높은 고객 등을 추정하기 위해 빅데이터 분석을 주로 활용하고 있다. 또한 보험 계약 및 보험금 심사 등의 업무에도 빅데이터 분석을 활용하고 있다. 회사 내부의 고객 보험 관련 데이터와 보험개발원, 보험협회 등의 외부 고객 데이터를 통합하여 보험료 산정 및 사고 보험금 심사에 활용하고 있다.

신용카드 업종에서는 신용카드의 도용(fraudulent transaction) 패턴을 탐색하기 위해 빅데이터 분석을 이용한다. 또한 고객 맞춤형 서비스 제공을 위해 고객의 신용카드 사용 이력(소비 성향 패턴)을 분석하여 고객의 니즈를 파악하고, 이를 유형화함으로써 효과적인 고객관계관리를 위한 기반 정보 구축에 힘쓰고 있다. 빅데이터 이용을 통한 소비 패턴 분석을 통해 선호도가 가장 높은 품목에 할인 혜택을 제공하는 등 맞춤형 서비스를 제공하고 있다. 이 밖에도 글로벌 금융기관에서는 이자율, 환율, 유가 변동의 예측(forecasting)에 금융 빅데이터 분석을 적극적으로 이용하고 있다.

금융 빅데이터 분석 및 활용과 관련된 사항은 제6장 기업의 신용등급분석 및 예측부터 제10장 기업의 배당과 배당정책예측까지 자세히 설명한다.

2.4.3 의료 분야에서의 빅데이터 분석 및 활용

의료 분야는 각종 임상 및 검진 의료기기(device) 데이터의 통합, 병원 간 검사 기록과 연구 데이터 공유를 통해 질병의 징후를 조기에 발견하고 질병을 예측하는 데 빅데이터 도입과 활용이 확대되는 추세이다. 미국의 경우 빅데이터와 관련해 가장 주목받는 영역 중 하나가 의료 분야이다. 미국의 의료개혁과 관련되어 의료기관, 환자, 정부, 의료보험 회사를 하나로 통합하는 'Health 2.0' 프로젝트에서 빅데이터 분석이 가장 큰 역할을 담당하고 있다. 미국 세튼 헬스케어 패밀리(Seton Health Care Family) 사는 연간 200만 명에 달하는 환자들의 복잡한 진료 정보를 IBM의 왓슨(Watson) 시스템을 도입하여 환자가 미래에 겪을 수 있는 질환이나 증상을 미리 예측하여 이를 예방하는 통합된 빅데이터 기반 의료서비스를 제공하고 있다. IBM의 인공지능(AI) 왓슨(Watson)은 매일 쏟아지는 300개 이상의 의학 저널, 200개 이상의 의학 교과서, 1,500만 페이지에 달하는 의료 정보, 지료 가이드라인과 전 세계 암환자 2만 명의 치료 사례를 분석해 각 환자에게 최적의 치료법을 제안하고 있다.

빅데이터를 활용하면 미국의 의료 부문은 연간 3,300억 달러(미 정부 의료 예산의 약 8%, 378조 원)의 직·간접적인 비용 절감 효과를 보일 것으로 전망하고 있다. 특히 임상 분야에서는 의료기관 별 진료 방법, 효능, 비용 데이터를 분석하여 보다 효과적인 진료 방법을 파악하고, 환자 데이터의 의료협회 간 데이터 공유로 치료 효과를 제고하며 공중 보건 영역에선 전국의 의료 데이터를 연계하여 전염병 발생과 같은 긴박한 순간에 빠른 의사결정을 가능케 할 전망이다.

미국 국립암연구소(National Cancer Institute)는 암 환자에 대한 빅데이터 분석을 실시하여 암 발생의 원인을 제시하였다. 환자의 상태와 가족력 등을 분석하여 이를 고려한 식단, 운동, 치료가 가능한 맞춤형 의료서비스를 제공하고 있다. 빅데이터가 의료 분야에 응용되면서 의료 패러다임이 바뀌고 있다. 의료는 병에 걸리면 치료를 한다는 치료의 개념이 강했지만 빅데이터 분석을 활용하면 질병을 원천적으로 차단하는 예방 의료가 가능해진다.

2.4.4 빅데이터 분석을 통한 재난 관리

국가정보화전략위원회(http://17cis.pa.go.kr)에서는 2012년에 발표한 "스마트 국가 정보화를 위한 빅데이터 마스터 플랜 16개 대상 과제" 중 예측 기반의 자연 재해 조기 감지 대응을 우선적으로 추진해야 할 과제로 제시한 바 있다. 현재 미국, 일본 등의 재난 관리 선진국들은 재난 관리 분야에 빅데이터를 적극적으로 활용하고 있다. 환경 센서(sensor) 데이터를 통한 지진 감지, SNS를 활용한 현황 파악 및 복구 지원, 위성 데이터를 활용한 재난 지역 파악 등을 빅데이터 분석을 통해 수행하고 있다.

미국 국립해양대기청(National Oceanic and Atmospheric Administration, NOAA)은 빅데이터 분석을 통해 기상 정보 및 지질 정보를 추정하고 있다. 50년 전부터 기상 및 지질 데이터를 수집하고 분석하고 있으며, 최근에는 위성, 선박, 항공기, 부표, 기타 센서 등으로부터 매일 35억 건 이상 30페타바이트(peta byte)의 신규 데이터를 수집하여 저장하고 있다. 기온과 상대 습도의 조합으로 계산되는 열지수의 강도와 지속 시간을 기준으로 3단계 여름철 폭염 특보와 고온 건강 경보 시스템 등을 제공하고 있으며, 눈보라 및 돌풍, 돌발 홍수주의보, 강한 바람과 낮은 습도 및 높은 기온이 겹치는 날에 산이나 들에서 화재가 일어날 가능성이 높은 레드 플래그(red flag) 경고를 비롯한 총 24개의 기상 관련 경고 지도를 구축하여 운영하고 있다. 미국 국립해양대기청은 빅데이터를 기반으로 신경망과 의사결정 나무 등의 인공지능기법을 이용하여 기상예측모형을 구축하였으며, 예측모형의 결과를 미국 국방부, 나사(NASA) 등의 정부 기관을 포함한 여러 공공기관과 기상 정보 분석 정보를 공유하고 있다.

미국지질조사소(United States Geological Survey, USGS)는 1900년 이래 발생한 각종 지진을 유형별, 크기별로 조사할 뿐만 아니라 그 피해 정도까지 분석하여 지진이 발생한 경우, 어떤 형태로 발전할지 재난 상황을 미리 시뮬레이션함으로써 각종 재난 피해를 예측하고 있다. 다양한 기계학습 및 인공지능기법을 활용하여 예측성과가 뛰어난 자연재해예측모형을 구축하여 미래 재난에 대처할 수 있는 기반을 마련하였다.

우리나라는 재난 관리 분야에 빅데이터 활용을 위한 주요 전략과 고려 사항을 다음과 같이 제시하였다. 첫째, 정부 3.0(government 3.0) 기반의 빅데이터 공유 환경의 마련이다. 민간 및 공공 부문 간 개방과 공유의 확산을 통해 다양한 기관 간 이종 데이터의 융합을 통해 새로운 가치를 창출해야 한다. 둘째, 과거 데이터의 현재화이다. 과거의 재난 및 기상 자료를 디지털화하여 과거와 현재의 데이터를 종합하여 분석함으로써 예측정확도를 높일 수 있다. 셋째, SNS를 통한 참여형 재난 관리 체계의 구축이다. 민간 부문과 지역 사회의 적극적인 참여로 재난 정보의 수집과 전달에 중요한 매체로 활용될 수 있다. 마지막으로 재난 관리 분야의 공공 및 민간 데이터를 통합한 데이터센터(data center)를 구축하여 빅데이터 기반의 재난관리예측모형을 구축하는 것이다.

2.4.5 범죄 예방 및 수사에서의 빅데이터 분석 및 활용

미국, 영국, 독일, 싱가포르 등에서 범죄 예방 및 수사에 빅데이터를 적극 활용하고 있다. 2013년 보스턴 마라톤 테러 용의자를 사흘 만에 검거할 수 있었던 것은 바로 빅데이터 분석을 통해 용의자 추적 기술을 활용한 것이다. 미국 연방수사국 (FBI)은 테러 직후 주변 600여 대의 CCTV 데이터, 시민들이 현장에서 촬영한 사진과 영상 데이터, 트위터와 페이스북 글, 현장 기지국 통화 로그 기록 등을 수집하여 빅데이터 분석 전문가에게 넘겼고, 분석가들은 용의 추정 인물들의 유형을 뽑아내 일일이 식별 코드를 붙이는 방식으로 용의자를 식별하였다.

미국은 2008년 글로벌 금융위기로 인한 재정 위기의 확산이 바로 개인과 기업의 탈세에 따른 낭비성 제정 지출에서 문제가 발생한다고 판단하고 빅데이터 분석을 활용한 탈세 방지 시스템 구축 프로젝트를 수행하였다. 미국 국세청(Internal Revenue Service, IRS)은 SAS 사와 공동으로 2011년에 빅데이터와 인공지능기법(신경망 등)을 활용하여 통합형 탈세 및 사기범죄방지시스템을 구축하였다. 소셜 데이터를 활용하여 범죄자와 관련된 계좌, 전화번호, 납세자 간 연관관계 등을 분석해 고의 세금 체납자를 선별하고 있다. 이들 시스템 덕분에 미국 국세청은 연간 3,450억 달러(약 388조 원)에 이르는 세금 누락 및 불필요한 세금 환급을 줄일 수 있게 되었다.

로스앤젤레스 경찰국(City of Los Angeles Police Department, LAPD)은 범죄 예측 서비스(프레드폴, PredPol)를 개발하여 과거 범죄 데이터들을 분석하고, 패턴을 파악함으로써 범죄 발생 위험이 높은 장소와 시간을 예측하여 경찰관들의 범죄 예방을 위한 직관을 보완해주고 있다. LAPD는 빅데이터를 활용한 이후 강도와 폭력 범죄가 감소했다고 언급하였다.

뉴욕 경찰청은 2012년에 마이크로소프트(MS) 사와 공동으로 최첨단 범죄 감시 시스템인 DAS(domain awareness system)를 구축하였다. DAS는 빅데이터 기술을 활용하여 공공 안전 및 테러 활동을 탐지하고 예방할 수 있다. 뉴욕 경찰청은 도시 내 3,000개의 감시 카메라, 2,600개의 자동차 번호판 인식기, 911 신고 전화, 차량 정보 데이터베이스를 실시간으로 수집하여 이를 범죄 수사를 위한 빅데이터 분석에 활용하고 있다.

DAS 시스템을 활용하면 위치 정보를 통해 범죄 용의자 차량이 현재 어디에 있는지, 과거 어느 지역에 있었는지 추적할 수 있다. 또한 DAS 시스템은 자동차 번호판을 용의자 정보와 비교해서 차량 소유자와 관계된 모든 범죄 기록을 실시간으로 제공할 수 있다. 범죄 집단이 갈수록 첨단 기술을 범죄에 악용하고 있는 만큼 시민의 안전과 자유를 지키기 위해 빅데이터 분석은 범죄 예방 및 수사에 필요한 수단이 되고 있다.

2.4.6 빅데이터 분석을 통한 디지털 데이터 마케팅과 맞춤형 추천 서비스

최근 소비자는 불특정 다수를 대상으로 하는 매스미디어 광고보다 타 소비자의 행동에 영향을 받는 경향이 커지고 있다. 과거에는 대형 언론 중심의 매스미디어 마케팅이 주를 이루었으나 현재는 빅데이터를 활용한 디지털 데이터 마케팅(digital data marketing)이 활발히 적용되고 있다. 디지털 데이터 마케팅이란 소비자가 온라인상에서 제품이나 서비스를 구매하기 위해 단순히 검색을 하는 것부터 구매에 대한 의사결정을 내리기까지 이루어지는 모든 흔적을 단계별로 분석하여 소비자의 구매 촉진에 영향을 주는 요인을 찾아 마케팅 인사이트(insight)를 도출하고 유의미한 전략을 창출하는 것을 말한다.

디지털 데이터 마케팅을 수행하기 위해서는 빅데이터 분석이 필수적이며, 이를 위한 도구로 소셜 비즈니스 인텔리전스(social business intelligence, Social BI)가 활용되고 있다. Social BI는 웹과 소셜 미디어의 실시간 모니터링으로 제품 및 소비자 욕구와 관련 데이터들을 통해 의미를 찾아내고 지속적으로 통찰력을 도출하여 효율적인 의사결정을 지원하는 프로그램이다. Social BI는 시장의 정적, 동적 요인을 보다 정밀하게 분석하여 이에 따른 적시 수요 예측 및 선제적 경영 지원에 초점을 두어 맞춤형 마케팅에 필요한 의사결정을 지원하고 있다.

디지털 데이터 마케팅은 고객 맞춤형 마케팅을 위한 전략으로 사용되며 향상된 고객 맞춤형 서비스를 위해 추천 시스템(recommendation systems) 연구가 현재 활발히 진행되고 있다. 글로벌 IT 기업 아마존(Amazon)은 모든 고객들의 구매 내역을 데이터베이스에 기록하고 이를 분석하여 소비자의 소비 패턴과 관심사를 파악하고 있다. 아마존은 빅데이터를 활용한 항목(item, 상품) 기반 협업 필터링(item-to-item collaborative filtering)이라는 추천 시스템을 개발하였다.

기존의 온라인 쇼핑몰에서는 주로 소비자의 패턴 분석에 의한 추천 방식(user based filtering)을 이용하였으나, 아마존은 구매한 아이템(제품) 혹은 검색한 제품을 중심으로 추천하는 방식이다. 상품 간의 상관관계를 결정(상품 간 유사성 측정)하는 아이템 매트릭스를 만든 후 고객의 최신 입력 데이터를 기반으로 고객의 기호를 유추하여 맞춤형 상품과 서비스를 추천한다. 아마존의 추천 시스템은 아마존 성장의 일등 공신으로 매출의 40% 이상이 추천 상품에서 발생하고 있다. 현재 다수의 전자상거래 업체에서 아마존의 추천 시스템을 활용하고 있으며 추천 상품의 예측정확도를 높이기 위해 다양한 데이터마이닝 기법을 적용하고 있다.

추천 시스템은 방송 영역에서도 해당 시청자의 최근 행동, 구매 이력, 유사한 타이용자의 행동을 토대로 맞춤형 광고를 제공하고 있다. 페이스북은 '페이스북 익스체인지(Facebook Exchange)'라는 실시간 맞춤형 광고 서비스를 제공하고 있다. 페이스북에 접속하면 해당 방문 기록을 분석하여 관련 광고를 사용자의 페이스북 이용 화면에 보이게 하는 방식이다. 빅데이터 기술을 활용하여 페이스북과 게재 광고를 연계시키는 시스템으로 페이스북 전체 매출에서 상당한 비중을 차지하고 있다.

2.5 빅데이터 분석 기업 사례

빅데이터를 통한 경쟁우위를 확보하기 위해서, 또는 빅데이터 시장에서 새로운 비즈니스 모델을 발굴하기 위해서 글로벌 ICT 기업뿐 아니라 스타트업(startup) 기업들까지 빅데이터 분석 시장에 뛰어들고 있다. 이에 따라 빅데이터 시장 규모는 향후 5년간 지속적으로 확대될 것으로 전문가들은 예측하고 있다. 빅데이터는 하드웨어와 소프트웨어, 서비스가 모두 절묘하게 융합되고, 성숙된 조직 문화를 갖추고 있어야 빅데이터를 활용해 성과를 낼 수 있다. 이 절에서는 빅데이터 분석을 성공적으로 활용하고 있는 빅데이터 분석 기업을 소개하고자 한다.

2.5.1 페이스북

미국의 유명 SNS 기업인 페이스북(Facebook)은 이용자들이 하루에 올리는 텍스트와 사진의 크기로 인해 하루에 500TB(terabyte) 이상의 데이터를 생산하고 있으며, 페이스북 하둡(Hadoop)은 100PB(petabyte) 이상의 정보가 처리되고 있다. 105TB의 정보가 30분마다 스캔되고 있으며, 이들 데이터베이스를 통해 하루에 7만 개의 쿼리(query)들이 실행되고 있다. 하루에 17억 명이 넘는 이용자(2016년 9월 기준)가 생산해내는 데이터들을 제대로 처리하기 위해서는 빅데이터 분석 기술이 필수적이다.

페이스북은 본사 엔지니어에게만 실시했던 빅데이터 툴(분석 도구) 교육 프로그램의 대상을 확대해 5,000여 명의 전 직원에게 교육을 실시하였다. 당시 페이스북은 약 100명의 빅데이터 분석 팀을 운영하면서도 외부 전문가들을 영입하고 있었지만, 빅데이터 분석 책임자인 켄 루딘(Ken Rudin)은 '모든 직원들이 데이터를 감각적으로 활용할 수 있는 기본적인 능력을 갖추길 원한다. 그렇다면 몇 명의 분석 팀이 데이터를 활용하는 데 어려움을 겪지 않을 것'이라고 주장하며, "빅데이터 분석 툴이 중요한 것이 아니라 이용하는 사람들의 올바른 사고가 중요하다. 모든 직원이 데이터를 자신의 작업의 일부로서 중요한 요소임을 느낄 수 있는 문화를 만들어야 한다"고 강조했다.

페이스북 엔지니어링 담당 부사장인 제이 파리크(Jay Parikh)는 "빅데이터란 단순한 데이터 양을 의미하는 것이 아니라, 그 데이터에서 중요한 정보를 추출하고 비즈니스상의 의사결정에 활용할 수 있어야 진정한 빅데이터라 할 수 있다. 활용할 수 없거나 비즈니스 가치가 떨어지는 빅데이터는 아무리 많은 데이터를 수집, 저장해도 빅데이터라고 할 수 없다"고 말하면서 빅데이터 분석을 통한 의사결정 활용의 중요성에 대해 주장하였다.

전 직원 교육을 통해 기업의 빅데이터 분석 수준이 올라간 후 페이스북의 기업 가치는 꾸준히 상승하고 있다. 2014년 페이스북의 매출액은 124억 달러(14조 원)에서, 2015년에 179억 달러(21조 원), 2016년에는 276억 달러(31조 원)로 급성장하고 있으며, 2017년 6월 기준 페이스북의 시가총액은 497조 원(삼성전자 시가총액 298조)이다.

마케팅, 기획, 서비스, 인사, 재무 등 모든 부서에서 데이터를 이용하며 굳이 빅데이터 분석 팀을 거치지 않더라도 각 부서의 업무가 가능하고, 분석 팀까지 포함한 전 부서가 데이터를 효율적으로 사용할 수 있게 되었다. 또한 분석 팀이 심화된 기술(인공지능기법)을 이용해서 데이터를 분석하고 자료를 만들어내더라도, 각 부서에서 이를 활용하지 못한다면 그것 또한 낭비일 것이다. 이를 방지하고 효율적인 데이터 활용을 위해 페이스북은 빅데이터에 대한 CEO의 관심과 노력, 전 직원 빅데이터 교육을 통해 인식을 바꾸고 능력을 더해 수준 높은 빅데이터 분석 기업으로 성장하고 있다.

2.5.2 와이즈넛

와이즈넛(WISE nut)은 2000년 5월 국내에 설립된 인공지능 기반 빅데이터 수집 및 분석, 검색 솔루션 전문 기업이다. 빅데이터 분석과 인공지능 기술을 비즈니스 모델로 구축하여 2017년 기준 216억 원의 매출액을 달성하였다. 와이즈넛은 빅데이터 검색 기술과 시각화 기술을 결합한 빅데이터 검색엔진 '서치 포뮬러 원(Search Formula-1)'을 개발하였다.

서치 포뮬러 원은 한국어, 영어, 일본어, 중국어 등 다국어 언어 분석 기술을 중심으로 검색 서비스, 소셜 빅데이터 감성분석, 통계 및 데이터마이닝 분석 등의 서비스를 제공한다. 다수의 공공기관에서 제품의 신뢰성과 안정성을 입증 받은 차세대 빅데이터 검색 서비스로 서치 포뮬러 원을 도입하고 있다.

와이즈넛은 2013년부터 미래창조과학부와 한국정보화진흥원이 주관하는 '빅데이터 활용 스마트 서비스 시범 사업'에서 빅데이터 기반의 '의약품 안정성 조기 경보 서비스' 구축 사업을 수주하며 빅데이터 사업을 수행하였다. '의약품 안정성 조기 경보 서비스'는 병원에서 일어날 수 있는 의약품 사고에 대비하여 보건, 의료 등 모든 데이터를 모니터링하며 자동으로 유해 사례를 검출해내어 경고를 보내는 서비스이다. 서비스 도입 전에는 부작용 또는 오남용에 대한 자발적인 신고로 조치를 시행하였으나 의약품 부작용, 오남용 사례를 조기 검출하고 예방 또는 빠른 조치를 통해 예상되는 피해와 사회경제적 손실을 최소화하기 위해서 도입을 추진하였다.

한국의약품안전관리원이 보유한 유해 사례 신고 데이터와 인터넷 포털, 소셜 사이트, 커뮤니티 등에서 모든 빅데이터를 활용하여 의약품 부작용, 오남용 의심 정보 등을 수집하고 분석한다. 그 이후에 자연어 처리 기술을 이용한 텍스트마이닝 기법을 사용하고, 부작용 검증을 위해 '환자/대조군 비교 알고리즘'을 개발하여 의약품 부작용 및 오남용을 조기에 발견이 가능한 서비스를 구축하였다. 우리나라에 적합한 약물 부작용 조기 경보 시스템 개발을 통해 빅데이터를 활용한 약물 부작용 조기 경보 기술 확보 및 유용성 검증이 가능해졌으며 의약 정보와 규정에 기반한 분석으로 추출된 데이터에서 실제 부작용 가능성을 판단하고, 향후 의심되는 의약품에 대한 정보를 관련 기관 및 일반 소비자에 공유하는 시스템을 구축할 예정이다.

와이즈넛은 인공지능기법을 이용하여 빅데이터 기반의 '만성 질환자를 위한 라이프 스타일 기반 대화형 의료 문진 시스템'을 개발하였다. 대화형 의료 문진 시스템은 다년간 축적된 와이즈넛의 빅데이터 분석 기술과 인공지능 기반 기계학습 기술, 하이브리드 구문 이해 기술, 계획 기반 능동형 대화관리 기술 등이 통합되어 매일 환자를 문진하고 환자의 질문에 답변과 조언을 제공하는 서비스이다. 환자 문진 관련 빅데이터가 축적되어 이들을 의사에게 전달하여 보다 정확하고 신속한 진단이 가능하다.

2.5.3 씨제이이앤엠

씨제이이앤엠(CJ E&M)은 CJ그룹 계열의 미디어, 엔터테인먼트 업체로 디지털 마케팅 수행을 위해 빅데이터 분석에 많은 투자를 하고 있다. 씨제이이앤엠은 '티버즈(TIBUZZ)'라는 소셜 분석 및 빅데이터 분석 솔루션을 이용하여 CJ의 디지털 마케팅 및 고객 맞춤형 서비스를 제공하고 있다. 티버즈는 국내 디지털 마케팅 솔루션 기업인 메조미디어(MezzoMedia) 사가 개발한 것으로 메조미디어는 2012년에 씨제이이앤엠에 인수 합병되었다.

티버즈는 인스타그램(Instagram), 페이스북, 트위터 등 SNS와 블로그, 커뮤니티 사이트, 유튜브 등 온라인상의 방대한 데이터를 수집(2016년 기준 78억 건), 분류, 분석, 시각화하여 실시간 온라인 이슈 감지를 위한 모니터링과 장기적 관점으로 트렌드를 분석하는 인사이트를 제공하는 소셜 데이터 분석 솔루션이다. SNS상의 버즈(SNS 등에서 작성된 글)를 분석하여 단시간 동안 급격히 변화하는 버즈에 대한 이상 징후 파악, 데이터에 대한 긍정 및 부정 등의 감성분석, 연관어와 연관어에 따른 흐름 분석, 경쟁사 비교 및 랭킹 파악 기능 등을 제공한다.

티버즈는 감성지수 특허를 보유하여 10가지 상세 감성지수를 제공한다. 기존 빅데이터 분석 업계의 감성분석의 경우 긍정, 부정으로만 의미를 나누고 있어 감성분석의 정확도가 높지 않으나 티버즈는 만족, 안심, 기쁨, 재미, 긍지, 분노, 혐오, 슬픔, 공포, 불만 등 기본과 정서를 포괄하는 감성분석이 가능하여 정확도 (85% 이상)가 높다. 또한 자체 개발한 감성사전을 바탕으로 시간, 채널에 따른 소비자 감정의 흐름, 성별에 따른 감정 등 소비자의 세부 감정 흐름을 탐지할 수 있다.

최근 티버즈는 데이터마이닝 분석을 강화하여 브랜드 맞춤 속성 분석을 수행하고 있다. 가격, 디자인, 기능 속성에 따라 브랜드와 상품 관련 키워드들을 분류하여 브랜드 이미지 진단뿐 아니라 상품이나 서비스 개발에 실질적으로 활용할 수 있는 분석 결과를 제공한다. 또한 소셜 빅데이터를 쉽게 이해할 수 있는 다양한 데이터 시각화 도구도 제공하고 있다.

티버즈는 소비자 가치를 발굴할 수 있는 비정형 데이터의 중요성이 커지면서 이용과 관심도가 지속적으로 증가하고 있으며, 현재 신상품 전략, 브랜드 관리, 마케팅 성과 분석 및 리스크 관리 등 마케팅 활동 전반에 걸쳐 다양하게 활용되고 있다.

2.5.4 네이버

네이버(NAVER)는 1999년에 설립된 국내 검색 시장점유율 1위의 인터넷 회사이다. 주요 서비스로는 국내 No.1 검색 포털 '네이버'와 자회사를 통해 글로벌 시장에 선보인 메신저 '라인(LINE)' 등이 있다. 네이버는 현재 미래 성장 동력 발굴을 위한 기술 개발과 관련 스타트업(startup) 투자를 강화하고 있으며, 이 중에서 빅데이터 분석에 많은 투자를 하고 있다. 네이버는 하루에 검색창에 입력되는 검색어가 약 3억 개이고, 수많은 메일과 이미지, 새 글이 등록되는 엄청난 양의 데이터가 축적되는 기업이다. 네이버는 보유하고 있는 빅데이터를 이용자들이 스스로 가공하여 가치 있게 활용하도록 돕겠다는 취지로 2016년에 네이버 데이터랩(DataLab)이라는 빅데이터 플랫폼을 구축하였다.

네이버의 사내 임원은 "빅데이터 경쟁력 강화를 위해서는 빅데이터 분석 기술의 뒷받침과 생태계 조성이 무엇보다 중요하다"고 주장하였다. 현재 네이버는 데이터센터를 오픈하고, 빅데이터 기술 개발을 통해 다양한 데이터를 융합하고 가치 있는 데이터를 만드는 빅데이터 생태계 조성에 힘쓰고 있으며 이에 대한 실행 방안으로 네이버 데이터랩 서비스를 제공하고 있다.

네이버 데이터랩은 창업을 계획하거나 또는 이미 창업한 소상공인들에게 상권 분석에 필요한 검색어 트렌드와 업종별 인기 지역 정보를 제공하고 있다. 네이버가 보유한 데이터를 비롯해 기관 및 일반 사용자가 보유한 데이터를 활용하여 의미 있는 정보를 생산할 수 있도록 다양한 서비스를 지원한다. 네이버에서 검색된 내용을 바탕으로 데이터랩에서 개별 검색어의 검색량 변화 추세를 파악하여 검색어 트렌드를 분석할 수 있다. 사용자들은 성별, 연령별, 플랫폼별(PC, 모바일), 기간별로 세분화된 조건을 적용하여 최대 5개 검색어에 대한 검색량 변화 추세를 보다 자세하게 비교할 수 있다. 또한 지역별 업종별 관심사 및 트렌드를 비교해 볼 수 있으며 아파트 실거래 지표를 지도상에서 편리하게 비교해 볼 수 있는 등 실생활에 필요한 다양한 빅데이터 분석 서비스를 제공하고 있다.

빅데이터는 미래 산업의 새로운 원유라 불릴 정도로 다양하게 활용되며 가치를 인정받고 있지만 중소 사업자들(소상공인)은 이러한 데이터를 확보하는 것이 현실적으로 어렵다. 현재 빅데이터 활용의 독과점에 대한 문제가 제기되는 시점에서 중소 사업자를 포함한 다양한 이용자들이 빅데이터 환경에서 새로운 비즈니스 모델 개발을 위해 빅데이터 분석 및 활용 소프트웨어를 제공해 주는 노력이 필요하다.

◎ 핵심용어

기계학습(machine learning), 머신러닝: 방대한 데이터를 분석해 미래를 예측하는 기술, 컴퓨터가 스스로 학습 과정을 거치면서 입력되지 않은 정보를 습득, 문제를 해결함

인공신경망(artificial neural network): 기계학습과 인지과학에서 생물학의 신경망에서 영감을 얻은 통계학적 학습 알고리즘. 두뇌의 정보 처리 과정을 모방한 인공신경망

판별분석(discriminant analysis): 계량적 방법으로 판단 기준 즉, 판별함수를 만들어 평가 대상이 어떤 상태인가를 식별하는 분석 방법

회귀분석(regression analysis): 하나 또는 그 이상의 독립변수의 종속변수에 대한 영향의 추정을 할 수 있는 통계기법

데이터마이닝(data mining): DB 내에서 순차 패턴, 유사성 등의 방법에 의해 관심 있는 지식을 찾아내는 과정. 데이터마이닝은 대용량의 데이터 속에서 유용한 정보를 발견하는 과정임

텍스트마이닝(text mining): 비정형 텍스트 데이터에서 새롭고 유용한 정보를 찾아내는 과정 또는 기술

군집분석(cluster analysis): 관찰 대상인 개체들을

유사성에 근거하여 보다 유사한 동류 집단으로 분류하는 다변량 분석 기법

오피니언마이닝(opinion mining, 평판 분석): 웹 사이트와 소셜 미디어에서 특정 주제에 대한 여론이나 정보(댓글이나 게시글)를 수집, 분석해 평판을 도출하는 빅데이터 처리 기술

자연어 처리(natural language processing): 컴퓨터를 이용하여 사람 언어의 이해, 생성 및 분석을 다루는 인공지능 기술

데이터 시각화(data visualization): 데이터 분석 결과를 쉽게 이해할 수 있도록 시각적으로 표현하고 전달하는 과정. 데이터 시각화의 목적은 도표(graph)라는 수단을 통해 정보를 명확하고 효과적으로 전달하는 것

비즈니스 인텔리전스(business intelligence): 기업이 보유하고 있는 수많은 데이터를 정리하고 분석해 기업의 의사결정에 활용하는 일련의 프로세스

지능형 지속 공격(advanced persistent threat, APT): 조직이나 기업을 표적으로 정한 뒤 장기간에 걸쳐 다양한 수단을 총동원하는 지능적 해킹 방식. '지능형 지속 위협', '지능형 지속 가능 위협'이라고도 함

감성분석(sentiment analysis): 소비자의 감성과 관련된 텍스트 정보를 자동으로 추출하는 텍스트마이닝(text mining) 기술의 한 영역. 주로 온라인 쇼핑몰에서 사용자의 상품 평에 대한 분석이 대표적 사례임

버즈 마케팅(buzz marketing): 구전 마케팅(viral marketing)의 일종으로 상품을 이용해본 소비자가 자발적으로 그 상품에 대해 주위 사람들에게 긍정적인 메시지를 전달케 함으로써 긍정적인 입소문을 퍼트리도록 유도하는 것

소셜 미디어(social media): 트위터(twitter), 페이스북(facebook) 등의 SNS에 가입한 이용자들이 서로 정보와 의견을 공유하면서 대인 관계망을 넓힐 수 있는 플랫폼을 말함

OLAP(on-line analytical processing): 온라인 분석 처리는 다차원 데이터 구조를 이용하여 다차원의 복잡한 질의를 고속으로 처리하는 비즈니스 인텔리전스(business intelligence) 기술

전문가 시스템(expert system): 전문가가 지닌 전문 지식과 경험, 노하우 등을 컴퓨터에 축적하여 전문가와 동일한 또는 그 이상의 문제 해결 능력을 가질 수 있도록 만들어진 시스템

CRISP-DM(Cross-Industry Standard Process for Data Mining): 데이터마이닝 방법론으로 (1) 비즈니스 이해 및 데이터 이해, (2) 데이터 준비, (3) 모델링 단계, (4) 모형 평가, (5) 모형 구축(개발)으로 구성됨

침입탐지시스템(intrusion detection system): 기업의 전산 시스템에 설치해 서버나 네트워크에 대한 해커의 공격을 실시간으로 탐지하고 이에 대응하는 보안 시스템

시맨틱 네트워크(semantic network): 네드워크를 기초로 한 지식 표현 방법으로, 객체(object), 개념(concepts), 사건(events)들을 표현하는 노드(node)의 집합과 노드 사이의 관계(predicates 또는 속성)를 표현하며 연결하는 아크(arc)의 집합으로 구성됨

하둡(Hadoop): 대량의 자료를 처리할 수 있는 대규모 컴퓨터 클러스터에서 동작하는 분산 애플리케이션을 지원하는 오픈 자바 소프트웨어 프레임워크, 하둡은 분산 처리 시스템인 구글 파일 시스템을 대체할 수 있는 하둡 분산 파일 시스템 HDFS과 분산 처리 시스템인 맵리듀스(MapReduce)를 구현한 것

데이터웨어하우스(data warehouse): 사용자의 의사결정에 도움을 주기 위하여 다양한 운영 시스템에서 추출, 변환, 통합되고 요약된 데이터베이스를 말함

빅데이터 과제 기획 단계: (1) 문제 발굴 및 정의, (2) 개념적 대안 설계, (3) 데이터 가용성 평가, (4) 논리적 모형 설계, (5) 추진 방안 수립 및 타당성 평가, (6) 과제 확정 및 분석 계획 수립으로 구성

빅데이터 과제 분석 단계: (1) 데이터 수집, (2) 데이터 전처리와 정제, (3) 데이터 분석과 정리 및 처리 결과의 수용, (4) 해석과 결과 제시로 구성

단답형 문제

1. 다음 설명에서 Ⓐ와 Ⓑ가 무엇을 말하는지 답하시오.

데이터마이닝은 분류(classification), (Ⓐ), (Ⓑ), 유사 집단화(affinity grouping), 군집화(clustering)의 다섯 가지 업무 영역으로 구분할 수 있다.

　　Ⓐ – (　　　　　　)　　Ⓑ – (　　　　　　)

2. 다음 설명에서 공통적으로 Ⓐ가 무엇인지 답하시오.

데이터마이닝 관련 ICT 기업들은 데이터마이닝 작업의 표준화 실행 단계로 (Ⓐ) 5단계를 발표하였다. (Ⓐ)은(는) (1) 비즈니스 이해 및 데이터 이해, (2) 데이터 준비, (3) 모델링 단계, (4) 모형 평가, (5) 모형 구축(개발)로 구성된다.

　　　　Ⓐ – (　　　　　)

3. 다음 설명에서 Ⓐ가 무엇인지 답하시오.

빅데이터 과제 기획 단계는 (1) 문제 발굴 및 정의, (2) 문제 해결을 위한 개념적 대안 설계, (3) 데이터 가용성 평가, (Ⓐ), (5) 과제 추진 방안 수립 및 타당성 평가, (6) 과제 확정 및 분석 계획 수립으로 구성된다.

　　　　Ⓐ – (　　　　　　)

4. 다음 설명에서 Ⓐ가 무엇인지 답하시오.

과제가 기획되고 추진 계획이 수립되면 그 계획에 의거 과제 분석을 수행하게 된다. 빅데이터 과제 분석 단계는 (1) 데이터 수집, (Ⓐ), (3) 데이터 분석과 정리 및 처리 결과의 수용, (4) 해석과 결과 제시로 구성된다.

　　　　Ⓐ – (　　　　　　)

5. 다음 설명에서 Ⓐ가 무엇인지 답하시오.

(Ⓐ)은(는) 웹 사이트와 소셜미디어에서 특정 주제에 대한 여론이나 정보(댓글이나 게시글)를 수집, 분석해 평판을 도출하는 빅데이터 처리 기술을 말한다.

　　　　Ⓐ – (　　　　　　)

6. 다음 설명에서 Ⓐ가 무엇인지 답하시오.

고객 빅데이터 분석 활용 분야에서는 주로 고객(CRM) 빅데이터를 활용하여 (Ⓐ)을(를) 추정한다. 이를 기반으로 우수한 새 고객의 유치(customer acquisition)에 이용하고, 고객 이탈률을 추정하여 고객 유지율(customer retention)을 향상시키고 있다.

　　　　　Ⓐ – (　　　　　　)

7. 다음 설명에서 Ⓐ가 무엇인지 답하시오.

보험업종에서는 (Ⓐ)이(가) 높은 고객, 고객 가치가 높은 고객, 금융 리스크가 높은 고객 등을 추정하기 위해 빅데이터 분석을 주로 활용하고 있다. 또한 보험 계약 및 보험금 심사 등의 업무에도 빅데이터 분석을 활용하고 있다.

　　　　Ⓐ – (　　　　　　)

8. 다음 설명에서 Ⓐ가 무엇인지 답하시오.

(Ⓐ)(이)란 소비자가 온라인상에서 제품이나 서비스를 구매하기 위해 단순히 검색을 하는 것부터 구매에 대한 의사결정을 내리기까지 이루어지는 모든 흔적을 단계별로 분석하여 소비자의 구매 촉진에 영향을 주는 요인을 찾아 마케팅 인사이트(insight)를 도출하고 유의미한 전략을 창출하는 것을 말한다.

　　　　Ⓐ – (　　　　　　)

9. 다음 설명에서 Ⓐ가 무엇인지 답하시오.

글로벌 IT기업 아마존(Amazon)은 (Ⓐ)이라는 추천 시스템을 개발하였다. 기존의 온라인 쇼핑몰에서는 주로 소비자의 패턴 분석에 의한 추천 방식(user based filtering)을 이용하였으나, 아마존은 구매한 아이템(제품) 혹은 검색한 제품을 중심으로 추천하는 방식이다. 상품 간의 상관관계를 결정(상품 간 유사성 측정)하는 아이템 매트릭스를 만든 후 고객의 최신 입력 데이터를 기반으로 고객의 기호를 유추하여 맞춤형 상품과 서비스를 추천한다.

　　　　Ⓐ – (　　　　　　　)

10. 산업별 또는 분야별 빅데이터 분석 활용 사례는 무엇이 있는가?

참고문헌

곽기영, "소셜네트워크분석", 청람출판사, 2014.

권양섭, "범죄 예방과 수사에 있어서 빅데이터 활용과 한계에 관한 연구", 법학연구, 제65권, 제1호, 2017, pp. 179-198.

김동완, 빅데이터의 분야별 활용 사례, 경영논총, 제34권, 제1호, 2013, pp. 39-52.

김주영, 김동수, "텍스트마이닝 기반의 온라인 상품 리뷰 추출을 통한 목적별 맞춤화 정보 도출 방법론 연구", 한국전자거래학회지, 제21권, 제2호, 2016, pp. 151-161.

김종우, 김선태, "경영을 위한 데이터마이닝", 한경사, 2012.

데이코산업연구소, "글로벌 전자책 시장 실태와 관련 산업 동향(급성장하는 MID단말 시장)", 데이코산업연구소출판부, 2010.

배화수, 조대현, 석경하, 김병수, 최국렬, 이종언, 노세원, 이승철, 손용희, "SAS Enterprise Miner를 이용한 데이터마이닝", 교우사, 2005.

손종수, 조수환, 권경락, 정인정, "SNS에서의 개선된 소셜네트워크분석 방법", 지능정보연구, 제18권, 제4호, 2012, pp. 117-127.

임상규, "빅데이터를 활용한 스마트 재난 관리 전략", 한국위기관리논집, 제10권, 제2호, 2014, pp. 23-43.

양종모, "수사 기법으로서의 데이터마이닝에 대한 법적 고찰", 형사법의 신동향, 제40권, 2014, pp. 1-15.

장영재, "아마존닷컴, 현대의 서점 아저씨", 비즈니스북스, 2012.

최도현, 박중오, "빅데이터 환경에서 기계학습 알고리즘 응용을 통한 보안 성향 분석 기법", 디지털융복합연구, 제13권, 제9호, 2015, pp. 269-276.

하병국, 장용수, 조재희, "소셜네트워크 서비스 사용자 패턴 발견을 위한 사회 네트워크 분석 활용에 관한 연구: 페이스북을 중심으로", 서비스연구, 제2권, 제1호, 2012, pp. 13-27.

한국디지털정책학회 빅데이터전략연구회, "경영 빅데이터 분석", 광문각, 2016.

한국정보화진흥원, "더 나은 미래를 위한 데이터 분석, Big Data 글로벌 선진 사례", 한국정보화진흥원 연구보고서, 2012.

한국소프트웨어기술인협회 빅데이터전략연구소, "빅데이터 개론", 광문각, 2016.

황승구, 최완, 장명길, 이미영, 허성진, "빅데이터 플랫폼 전략: 빅데이터가 바꾸는 미래 비즈니스 플랫폼 혁명", 전자신문사, 2013.

허명회, 이용구, "데이터 모델링과 사례", SPSS아카데미, 2003.

허정, 이충희, 오효정, 윤여찬, 김현기, 조요한, 옥철영, "소셜 빅데이터마이닝 기반 이슈 분석 보고서 자동 생성", 정보처리학회논문지, 제3권, 12호, 2014, pp. 553-564.

[네이버 지식백과] 추천 시스템(IT용어사전, 한국정보통신기술협회)

[네이버 지식백과] 소셜 미디어(뉴스 미디어 역사, 커뮤니케이션북스)

[네이버 지식백과] 감성분석(IT용어사전, 한국정보통신기술협회)

[네이버 지식백과] 침입탐지시스템(NEW 경제용어사전, 미래와경영)

[네이버 지식백과] 데이터 시각화(빅데이터, 커뮤니케이션북스)

[네이버 지식백과] 빅데이터 시대의 소통과 창조(빅데이터, 커뮤니케이션북스)

[네이버 지식백과] Hadoop(스마트과학관– 빅데이터, 국립중앙과학관)

[네이버 지식백과] 빅데이터 플랫폼 전략, 빅데이터 시장을 준비하는 자세

Chen, H. and D. Zimbra, "AI and Opinion Mining," *IEEE Intelligent Systems*, Vol. 25, No. 3, (2010), pp. 74-80.

D-H. Choi and J-O. Park, "Security Tendency Analysis Techniques through Machine Learning Algorithms Applications in Big Data Environments", *Journal of Digital Convergence*, (2015), Vol. 13, No. 9, pp. 269-276.

Forrester Research, "2016 Top 10 Hot Bigdata Technologies", (2016), pp. 1-13.

J. Heo, C. H. Lee, H. J. Oh, Y. C. Yoon, H. K. Kim, Y. H. Jo and C. Y. Ock, "Web Science: Automatic Generation of Issue Analysis Report Based on Social Big Data Mining", *KIPS Tr. Software and Data Eng*, (2014), Vol. 3 No. 12, pp. 553-564.

M-H. Jang and Y-I. Yoon, "Research into Changes in Government Policies and Public Perceptions on Camping via Analyses of Big Data from Social Media", *Korean Journal of Tourism Research*, (2016), Vol. 31 No. 1, pp. 91-112.

C. N. Jun and I. W. Seo, "Analyzing the Bigdata for Practical Using into Technology Marketing: Focusing on the Potential Buyer Extraction", *Journal of Marketing Studies*, (2013), Vol. 21 No. 2, pp. 181-203.

H. Kim, D-H. Jeon and S. Jee, "Bigdata Analysis Project Development Methodology", *Journal of the Korea Society of Computer and Information*, (2014), Vol. 19 No. 3, pp. 73-85.

Y. Kim, M. Hwang, T. Kim, C. Jeong and D. Jeong, "Big Data Mining for Natural Disaster Analysis", *Journal of the Korean Data & Information Science Society*, (2015), Vol. 26 No. 5, pp. 1105-1115.

J. S. Lee and S. C. Hong, "Study on the Application Methods of Big Data at a Corporation-Cases of A and Y corporation Big Data System Projects", *Journal of Internet Computing and Services*, (2014), Vol. 15 No. 1, pp. 103-112.

National Information Society Agency, "BigData Industry Trends Analysis and Top News", *Report of National Information Society Agency*, (2015), pp. 1-25.

National Information Society Agency, "IT & Future Strategy", *Strategic Report of National Information Society Agency*, (2015), pp. 1-37.

Yang, J.-Y., J. Myung, and S.-G. Lee, "A Sentiment Classification Method using Context Information in Product Review Summarization," *Journal of KIISE: Databases*, Vol. 36, No. 4, (2009), pp. 254-262.

Yune, H., H.-J. Kim, and J.-Y. Chang, "An Efficient Search Method of Product Review using Opinion Mining Techniques," *Journal of KIISE: Computing Practices and Letters*, Vol. 16, No. 2, 2010, pp. 222-226.

03 빅데이터 비즈니스 모델과 분석 방법론

3.1 빅데이터 비즈니스 모델 및 구성 요소

비즈니스 모델이란 고객들이 원하는 가치를 찾고 제공하는 프로세스와 이를 통한 수익의 창출 과정을 말한다. 빅데이터 비즈니스 모델은 빅데이터를 이용하여 수익모델을 실현하는 것이다. 비즈니스 모델은 크게 가치 창출과 이익 실현으로 구성된다. 가치 창출은 누구를 대상으로 어떠한 가치를 어떻게 만들어 제공하는가의 문제이고, 이익 실현은 제공된 가치를 어떻게 수익모델로 연결시키느냐의 문제이다.

매사추세츠공과대학교(MIT) 경영대학원(Sloan School of Management)의 피터 웨일(Peter Weill)과 스테파니 워너(Stephanie Woerner) 교수는 빅데이터 시대의 디지털 비즈니스 모델 개념을 제시하였다. 디지털 비즈니스 모델은 콘텐츠, 고객 경험, 플랫폼의 세 가지 요소들이 결합되어 고객 가치를 창출하는 비즈니스 모델이다. 즉, 이들 세 가지 요소를 통해 빅데이터 비즈니스의 차별성이 생긴다. 빅데이터를 활용한 비즈니스는 IT 기반 위에서 이루어지는데, IT 활용이 성공을 거두기 위해서는 정보, 시스템, 서비스의 세 가지 요소가 필요하다. 이들 세 가지 요소는 각각 콘텐츠, 플랫폼, 고객 경험과 대응된다. 빅데이터 비즈니스 모델을 분석하기 위해서는 데이터(콘텐츠), 플랫폼, 고객 경험에 초점을 맞추어야 한다.

(1) 데이터(콘텐츠)

피터 웨일(Peter Weill)과 스테파니 워너(Stephanie Woerner) 교수가 정의한 콘텐츠는 디지털화된 제품(예, e-Book)뿐만 아니라 이들에 대한 정보를 포함해야 한다(예, 상품과 관련된 설명이나 고객 정보 등)고 말한다. 따라서 콘텐츠는 바로 데이터(정보)로 볼 수 있다. 데이터는 빅데이터 비즈니스 모델의 가장 중요한 구성 요소이다. 데이터의 의미는 시대에 따라 달라진다.

1990년대와 2000년대 초까지 기업이 축적한 데이터는 일종의 자산(asset)이었다. 현재는 데이터를 쉽게 만들 수 있는 디지털 시대이며 데이터 소유의 어려움은 점차 줄어들고 있다. 이제는 누구나 데이터를 소유할 수 있지만 이를 통해 비즈니스를 어떻게 혁신시키느냐가 데이터의 존재 의미가 되었다. 결국 실질적인 데이터 혁명은 비즈니스 구조와 프로세스, 그리고 정보의 활용 방법에 있다고 볼 수 있다.

데이터는 이제 비즈니스를 구성하는 하나의 요인으로 보는 것이 적절하다. 데이터는 경영의사결정을 돕는 요인이지만 빅데이터 비즈니스 모델에서 데이터는 고객에게 제공되는 상품과 서비스 가치의 일부로서 이들의 일부가 되거나 이들의 가치를 높이는 물질이 된다.

(2) 플랫폼

플랫폼이란 다양한 제품이나 서비스를 제공하기 위해 사용되는 토대를 말한다. 빅데이터 비즈니스 모델에서 플랫폼은 고객이 데이터를 이용하는 공간이며, 새로운 가치를 경험하는 통로이다. 데이터를 중심으로 보면 데이터 공급자와 수요자가 쉽게 만나서 자신이 필요한 서비스, 기능 등을 활용할 수 있는 창구이기도 하다. 즉, 콘텐츠와 경험을 지속적으로 담아낼 수 있어야 한다.

성공한 플랫폼은 틈새시장(niche market)의 고객을 찾고, 기존 플랫폼의 장점을 활용하며, 새로운 니즈(needs)에 기반한 차별성을 확보하고 보완적인 사업자들을 위해 비즈니스 모델을 단순화한다. 플랫폼 차별성을 유지하지 못하는 단순한 성장 정책은 소셜커머스(social commerce)의 그루폰(Groupon) 사례와 같이 사업의 실패를 맞을 가능성이 높다. 기존 시장과 틈새시장 모두를 한꺼번에 노리는 플랫폼의 경우 양쪽 모두의 고객 기반을 확보하기 어려운 것이 현대 경영의 현실이다.

플랫폼의 차별성은 기능보다는 신뢰도가 더 큰 역할을 한다. 사용자들이 플랫폼을 사용할 때 플랫폼의 기능보다는 플랫폼의 신뢰성이 더 큰 만족도를 이끌어내고 있다.

(3) 고객 경험

고객 경험이란 서비스 제공자가 만들어 낸 환경 속의 여러 요소들과 고객 사이에 발생하는 상호 작용을 말한다. 특히 온라인에서는 이러한 고객 경험이 경쟁우위의 핵심으로 작용한다. 온라인에서 경쟁력 있는 고객 경험을 개발하는 것은 오프라인 환경보다 더 중요하다. 온라인에서의 입소문이 다수 사용자들의 방문을 이끌어내는 가장 중요한 요인이 고객 경험이기 때문이다.

웹 사이트에서 제공되는 감각적인 정보들을 인지적이고 감성적으로 처리하면서 형성되는 고객 경험을 통해 고객의 기억 속에 해당 플랫폼의 선호도가 형성된다. 즉, 고객이 플랫폼에 대해 반복적으로 노출되면서 이에 대한 선호도가 결정된다. 마지막으로 고객 경험은 고객이 서비스나 제품을 제공하는 기업과의 상호 작용을 말하는데, 같은 온라인 쇼핑몰이라도 지마켓(Gmarket)과 아마존(Amazon)에서 쇼핑할 때의 구매 경험은 다르다. 즉, 서비스를 통한 고객과의 상호 작용에서 느끼는 가치가 고객 경험이다.

이처럼 비즈니스 모델의 구성 요소인 가치 창출과 이익 실현을 빅데이터 비즈니스 모델의 세 가지 요소인 데이터, 플랫폼, 고객 경험과 결합하여 빅데이터 비즈니스 모델을 설명할 수 있다.

첫째, 가치창출 영역에서 데이터는 '어떻게 데이터를 활용해 가치를 창출할 것인가', 플랫폼에서는 '어떤 플랫폼의 형태로 가치를 제공할 것인가', 고객 경험에서는 '고객이 경험하는 가치는 무엇인가' 이것들이 핵심적인 고려 사항이다.

둘째, 이익 실현 영역에서 데이터는 '데이터에 대해 어떻게 과금하여 이익을 실현할 것인가', 플랫폼에서는 '고객과의 어느 플랫폼에서 이익을 실현할 것인가', 고객 경험에서는 '어떤 고객 경험으로 이익을 실현할 것인가'에 대해 고민해 보아야 한다.

3.2 빅데이터 분석 프로젝트 개발 방법론(6단계)

빅데이터 환경에서 기업은 경쟁우위 확보를 위해 빅데이터 분석을 수행하고 있으며 성공적인 빅데이터 분석을 위해서는 체계적인 분석 과정과 표준화 방법론이 필요하다. 이를 위해 빅데이터 분석 프로젝트 개발 방법론(big data analysis project development methodology, 이하 빅데이터 분석 방법론)이 대두되었다.

빅데이터 분석 방법론은 정보전략기획(information strategic planning, ISP)과 비즈니스 인텔리전스(business intelligence, BI) 방법론, 데이터웨어하우스(data warehouse) 구축 방법론, 소프트웨어 개발 방법론 등을 참조하여 개발되었다. 빅데이터 분석 방법론은 문제 정의, 데이터 준비, 모델 설계, 모델 구현, 결과 평가, 서비스 구현의 6단계로 구성된다. 특히 모델 설계와 모델 구현 단계는 긴밀한 협조가 필요하므로 반복 수행되기도 한다.

표 3.1 빅데이터 분석 프로젝트 개발 방법론

세부 단계	역할 및 활동
1단계: 문제 정의 단계	• 문제 인식 및 요구 사항 분석 • 가설 설정 • 환경 분석, 현황 분석, 목표 정의 • 프로젝트 계획 수립
2단계: 데이터 준비 단계	• 분석 환경 마련 • 데이터의 이해 • 데이터의 정제 및 통합 • 속성 도출과 데이터 형식 적용
3단계: 모델 설계 단계	• 독립변수와 종속변수 설정 • 분석모델(모형화 기법) 선택 • 분석모델의 실행 가능성 점검
4단계: 모델 구현 단계	• 학습용, 검증용, 테스트 데이터 구성 • 분석모델(연구모형) 구축 • 모형 평가 및 프로세스 검토
5단계: 결과 도출 단계	• 최종 결과물 점검 • 사업적 가치 판단 • 최종 결과물 발표 및 최종 보고 작성
6단계: 서비스 구현 단계	• 파일럿 서비스, 운영계 시스템 구축 • 프로젝트 최종 산출물 배포 • 유지 계획 수립(모니터링)

각 단계에서 필요한 정보를 충분히 얻었는지 그리고 충분한 진척이 있는지 판단하여 다음 단계로 진행한다. 여러 단계가 동시에 수행될 수도 있고, 필요시 이전 단계로 언제든지 돌아갈 수 있다.

첫 번째 단계는 '문제 정의 단계(problem definition stage)'이다. 발주 기관의 사업적 핵심 문제점을 발견하고, 이들 문제점을 해결한 경우의 사업적 가치를 파악한다. 사업적 문제를 데이터 분석의 문제로 정형화하고 성공과 실패를 판별할 수 있도록 가설(hypothesis)을 수립한다. 문제를 해결하기 위해 필요한 데이터 유형과 분석용 프로그램, 프로젝트 인원, 기술 등의 자원을 파악한다. 빅데이터 프로젝트 수행 시 체계적인 의사소통이 가능하도록 참여자별 담당 업무와 책임을 명확히 한다.

문제 정의 단계는 환경 분석, 현황 분석, 목표 정의의 세 부분으로 구성된다.

환경 분석 부분은 외부 환경과 내부 환경을 분석(SWOT 분석)하고 발전 전략을 마련한다. 현황 분석 부분은 업무 현황, 정보시스템 현황, IT 아키텍처 분석, 데이터 현황 분석으로 구성된다. 목표 정의 부분은 분석 목표를 수집하고 시스템 구조를 설계하며, 보고서 산출물의 형식 정의(schema)를 포함한다. 빅데이터 문제를 데이터마이닝 문제로 해석하기 위해서는 데이터마이닝 작업(분류, 추정, 예측, 유사 집단화, 군집화 등)으로 재구성해야 한다. 이들 작업이 완료되면 프로젝트 계획을 수립하고 데이터 준비 단계로 넘어간다.

두 번째 단계는 '데이터 준비 단계(data preparation stage)'이다. 프로젝트 수행 기간 동안 분석 작업을 수행할 시스템을 구축하고, 분석 환경을 마련한다. 현업이 보유 및 관리하고 있는 데이터를 이해해야 한다. 레코드의 수, 변수의 종류, 자료값의 질(quality), 데이터 관리 체계 등을 파악해야 한다.

또한 다양한 분석이 가능하도록 분석에 필요한 모든 데이터를 분석 시스템에 적재한다. 식별된 가설을 검정하는 데 필요한 샘플 데이터, 실험용 데이터, 설문 조사를 통한 응답 등을 확보한다. 적재된 시스템 내 데이터의 기초분석, 오류 정제, 표준화 등 데이터 품질을 높이는 작업을 수행한다. 비정형 데이터는 분석모델이 이용할 수 있도록 변형(데이터 정제, data cleaning)한다. 다음으로 데이터 통합 작업을 수행하고 분석모델에 사용가능한 유의한 속성 도출과 데이터 형식을 정의한다.

세 번째 단계는 '모델 설계 단계(model design stage)'이다. 다양한 데이터 소스로부터 수집된 테이블의 속성들 간의 관계를 파악하여 업무 흐름과 데이터에 대한 개념적 이해를 명확히 한다. 필요한 경우 분석모델(모형화 기법)을 이해하기 쉽도록 속성을 재생산한다. 분석 목적에 해당하는 속성(반응변수, 종속변수)과 상관관계가 높은 속성(설명변수, 독립변수)을 선별한다. 입력변수와 출력변수로 사용할 속성의 특성과 데이터의 양, 목적 등을 고려하여 분석모델을 결정한다. 또한 샘플 데이터를 이용하여 분석모델의 실행 가능성을 점검한다.

네 번째 단계는 '모델 구현 단계(model development stage)'이다. 분석모델을 실행하기 위해 학습용 데이터 집합(training data set), 검증용 데이터 집합(validation data set), 그리고 테스트 데이터 집합(test data set)으로 구성한다. 학습용 데이터 집합은 모형을 적합화하기 위해 사용되는 데이터를 말한다. 검증용 데이터 집합은 구축한 모형 중에서 가장 좋은 모형을 찾는 데 사용된다. 테스트 데이터 집합은 사전에 알지 못했던 데이터에 대해 모형이 어떠한 성능(예측정확도 등)을 내는지 결정하는 데 사용한다.

다음으로 데이터마이닝 업무 영역인 분류, 추정, 예측, 유사 집단화, 군집화를 위한 신경망(neural networks), 의사결정나무(decision trees), 연관성 분석(association rules), 통계적 기법(판별분석, 회귀분석 등) 등의 다양한 데이터마이닝 기법을 이용하여 연구모형(분석모델)을 구축한다. 분석모델을 실행하기 위한 최적의 시스템 환경을 구성하고, 성능(예측성과)을 높일 수 있는 방안을 강구한다. 분석모델을 실행하고 결과를 평가한다. 모형 평가에는 모형이 얼마나 정확한가, 모형이 관찰된 데이터를 얼마나 잘 설명하는가, 모형의 예측에 대해 얼마나 자신할 수 있는가, 모형이 얼마나 이해하기 좋은가 등을 평가하고 만족하지 못한 결과가 나온다면 모델 설계 단계와 반복 수행한다.

표 3.2 데이터 유형에 따른 데이터마이닝 기법의 분류

데이터 유형	연속형 종속변수	범주형 종속변수	종속변수 없는 경우
연속형 독립변수	• 선형회귀분석 • 신경망모형	• 로지스틱 회귀분석 • 판별분석	• 주성분분석 • 군집분석
범주형 독립변수	• 선형회귀분석 • 신경망모형 • 회귀나무	• 로지스틱 회귀분석 • 신경망모형 • 분류나무	• 연관성규칙

다섯 번째 단계는 '결과 도출 단계(result extraction stage)'이다. 분석모델을 실행하여 도출된 최종 결과물을 점검하고, 사업적 측면에서 결과의 가치를 재평가한다. 주요 발견 사항의 사업적 가치를 발주 기관의 관계자가 판단할 수 있도록 명확한 보고서와 시연(데모)을 준비한다. 발주 책임자에게 최종 결과물을 발표하고, 업무에 활용할 방안을 마련한다.

마지막 단계는 '서비스 구현 단계(service development stage)'이다. 분석모델을 파일럿 서비스(pilot service)를 통해 실 서비스에서 운영한 다음 안정적으로 확대하여 운영계 시스템에 구축한다. 일정 기간 분석모델을 운영계 시스템에 운영한 후, 예상한 대로 수익이 증가하고 목표한 효과가 나타나는지 확인한다. 시스템 운영 상황도 정기적으로 재점검한다. 프로젝트의 최종 산출물을 발주 기관에 전달한다. 서비스 구현 단계는 소프트웨어 개발 방법론에 따라 기본적으로 필요한 일련의 산출물을 종합적으로 정리한다. 서비스 구현 단계는 분석 결과로 만들어진 분석모델을 실 운영계 시스템에 적용하므로 분석, 설계, 구현, 시험의 반복 수행이 필요하다.

3.3 빅데이터 역량평가를 위한 참조모델

기업이 빅데이터를 활용하기 위해서는 체계적인 도입 전략과 함께 관련 역량 관리 및 추가 비용 부담이 없는 선에서 보완이 가능해야 하며 기업의 빅데이터 성숙도 단계 및 보유 역량이 어느 정도 수준인지 평가할 수 있는 프레임워크가 필요하다.

빅데이터 역량평가 참조모델(bigdata capability evaluation reference model, BCERM)은 기업이 빅데이터를 분석 또는 활용하기 이전에 시행하는 기업의 역량 수준 평가이며, 이를 기반으로 빅데이터 수준 진단 시스템을 통하여 기업의 빅데이터 도입 전략 수립과 과정을 진단할 수 있다.

빅데이터 역량평가 참조모델은 기업의 빅데이터 수준을 나타내는 성숙도 단계, 중점적으로 관리가 필요한 평가 영역, 각 단계 및 영역별 빅데이터 역량을 판단하기 위한 평가 요소로 구성된다. 빅데이터 역량평가 참조모델은 한국정보화진흥원의 빅데이터 역량 진단 도구(Big-CAT)와 CMM(capability maturity model)의 5단계 성숙도 개념을 기반으로 하고 있다.

3.3.1 CMM의 5단계 성숙도

CMM(capability maturity model)은 1992년 미국 카네기멜론대학의 소프트웨어공학연구소(Software Engineering Institute, SEI)에서 개발한 소프트웨어 프로세스 품질 측정(성숙도)을 위한 평가 모델 방법론이다. CMM의 프로세스 성숙도(개발 경험 성숙도)는 초기(initial), 반복(repeatable), 정의(define), 정량적 관리(quantitatively managed), 최적화(optimizing)의 5단계 레벨로 구성된다.

레벨 1은 초기 단계이다. 1단계에서는 소프트웨어 개발 과정이 임시방편이며 때로는 무질서한 상태이다. 프로세스가 정확히 정의되어 있지 않고 개인의 능력에 많이 의존한다. 소프트웨어 개발 조직이 소프트웨어 개발이나 유지 보수를 위한 환경을 안정적으로 지원하지 않으며, 프로세스의 성과도 예측할 수 없다. 조직에 정의된 프로세스가 거의 없고 계획 없이 코딩과 시험에 집중한다.

레벨 2는 반복 단계이다. 2단계에서는 기본적인 프로젝트 관리 프로세스가 확립되어 소프트웨어의 크기 및 비용, 일정, 자원, 위험, 기능에 대한 예측과 추적이 가능하다. 새로운 프로젝트에 대한 계획과 관리가 이전의 성공한 프로젝트에 근거하여 이루어진다(문서화 가능). 소프트웨어 프로젝트를 효과적으로 관리하는 프로세스가 전사적으로 정착되어 기본적인 소프트웨어 관리가 이루어진다. 성공한 프로젝트의 실무 활동을 반복하기 때문에 유사한 응용 분야에서의 프로젝트 성공이 가능하다.

레벨 3은 정의 단계이다. 3단계에서는 관리와 엔지니어링을 위한 소프트웨어 프로세스가 문서화되어 규격으로 만들어지는 등 표준으로 확립된 프로세스를 따른다. 소프트웨어 프로세스 능력은 표준화와 일관성이 중요한 특징이다. 개발 공정, 비용, 일정, 기능이 통제되고 소프트웨어 품질에 대한 추적이 가능하다. 표준과 일관성 있는 프로세스의 정립 단계이다. 조직 전체에 걸쳐 소프트웨어의 개발 및 유지에 관한 표준 프로세스가 문서화되고 통합되는 단계이다.

레벨 4는 관리 프로세스가 핵심인 정량적 관리(quantitatively managed) 단계이다. 4단계는 소프트웨어 프로세스와 프로덕트(프로그램)의 품질에 대한 자세한 측정이 이루어진다. 소프트웨어 프로세스와 프로덕트가 정량적으로 이해되고 통제된다. 프로세스와 제품의 정량적 관리 평가가 가능하고 프로세스 성과를 정확히 예측할 수 있다. 조직은 선택한 표준 프로세스의 품질 지표에 대해 능력 수준을 파악하고 이를 근거로 각 지표들에 대한 목표치를 정의할 수 있다.

레벨 5는 가장 상위 단계인 최적화 단계이다. 5단계에서는 프로세스에 대한 정량적인 피드백과 획기적인 아이디어 및 기술로 지속적으로 프로세스를 향상시킬 수 있다. 최고의 소프트웨어 엔지니어링 기술을 찾아내고 이를 이용하여 혁신을 추구한다. 조직은 지속적인 프로세스 개선을 추진한다. 새롭고 혁신적인 기술과 프로세스를 적용하여 프로세스 능력 수준을 높인다. 프로세스 개선에 대한 아이디어를 지속적으로 수집한다. 검증된 개선 아이디어는 표준 프로세스에 반영되어 전사에 적용된다. 문제의 원인들을 파악하여 미리 예방함으로써 품질 수준을 개선한다.

3.3.2 빅데이터 역량평가 참조모델(2차원 모델)

빅데이터 역량평가 참조모델은 5단계의 성숙도 단계(capability maturity level)와 평가 영역(evaluation dimension)으로 구성된다. 먼저, 5단계 성숙도 단계는 CMM의 성숙도 단계의 명칭과 기존 빅데이터 수준 진단 모델의 성숙도 단계를 결합하여 임시(ad hoc), 반복(repeatable), 정의(defined), 관리(managed), 최적화(optimizing)의 5단계로 구성된다.

레벨 1은 임시 단계이다. 전반적으로 빅데이터에 대한 인식이 낮고, 빅데이터 분석을 위한 전략도 없으며, 경영층으로부터 특별한 지원도 받지 못하는 상태이다. 사용 가능한 데이터가 거의 없고 제한된 범위 내에서만 분석이 운용되는 단계이다.

레벨 2는 반복 단계이다. 빅데이터에 대한 구성원의 인식 변화가 일어나며 빅데이터 지식 및 기술을 습득하고 기업 고유의 데이터 인프라스트럭처(infrastructure)와 플랫폼을 구성하나 빅데이터 분석 툴과 데이터마이닝 기법의 활용 수준은 제한적인 단계에 있다.

레벨 3은 정의 단계이다. 빅데이터 분석 활동이 시작되며 효율적인 데이터 사용이 가능하고 다양한 종류의 빅데이터 기술과 데이터 거버넌스(data governance)가 존재하며 외부 데이터의 이해도가 높은 단계이다.

레벨 4는 관리 단계이다. 빅데이터 분석이 중요해지고, 조직 내 분석 문화가 정착되는 단계, 그리고 예측분석과 시각화 어플리케이션 사용이 가능하며 IT 아키텍처가 내부 자원의 보안을 보장하는 단계이다. 레벨 4에서는 다양한 인공지능기법을 이용하여 빅데이터 예측모형을 개발할 수 있고 앙상블 기법(ensemble technique) 등 최신 데이터마이닝 기법을 이용하여 다양한 의사결정문제를 해결할 수 있다.

레벨 5는 최적화 단계이다. 빅데이터 분석이 비즈니스 모델 수립에 깊게 연관되며 데이터가 강력한 데이터 거버넌스하에 조직 전체로 공유되는 상태, 예측분석에 대한 보완이 가능하고 발전된 데이터 시각화가 수행되는 단계이다. 다양한 분야의 의사결정문제를 해결하기 위해 추측 및 예측모형을 개발할 수 있으며 예측성과를 향상시키기 위해 지속적으로 예측모형을 보완 수정하는 단계이다.

빅데이터 역량평가 참조모델의 또 다른 영역인 평가 영역은 빅데이터 역량평가에 있어 중점적으로 다루는 영역이다. 경영정보시스템(MIS)의 프로젝트 운영관리 3요소인 조직(organization), 사람(people), 기술(technology)에 따른 영역 구분을 이용하여 '기술'을 하드웨어 부분과 소프트웨어 부분으로 분리시켜 인프라스트럭처(infrastructure)와 분석 도구로 구분하였다. 또한 빅데이터 역량에 있어 가장 중요한 데이터 자원 영역도 추가된다. 따라서 빅데이터 역량평가 참조모델의 평가 영역은 조직(organization), 자원(resource), 인프라(infrastructure), 사람(people), 분석 도구(analytics)의 5개 요소로 구성된다.

첫째, 조직 영역은 빅데이터에 대한 경영층의 인식 및 리더십, 분석 중심의 조직 문화, 빅데이터 지원 및 수행 프로세스, 전략과 연계된 데이터 거버넌스 등에 대한 성숙도를 평가하는 영역이다.

둘째, 자원 영역은 빅데이터 분석에 사용되는 데이터의 보유와 품질 관리, 신뢰도, 데이터의 인프라스트럭처 지원, 원천 데이터(original data)와 가공된 데이터

(processed data) 간 통합 여부 및 보안 관리 등 데이터 자원의 성숙도를 평가하는 영역이다.

셋째, 인프라스트럭처 영역은 빅데이터를 지원하는 인프라스트럭처와 플랫폼, 기업과 잠재적 고객 간의 연결 지원 아키텍처, 보안 문제, 빅데이터 관리 기술 역량 등 기술 하드웨어 측면에 대한 성숙도를 평가하는 영역이다.

넷째, 구성원 영역은 기업 구성원의 빅데이터 분석 수준과 경영–IT 부서 간 협력, 관리 시스템 수행 능력, 빅데이터 관련 교육 및 컨퍼런스 참여 등 조직 구성원의 빅데이터 보유 기술 및 수행 능력에 대한 성숙도를 평가하는 영역이다.

마지막, 분석 영역은 기업의 데이터 분석 역량과 예측분석 등의 분석 기술, 비즈니스 모델 수립 시 분석 기술 적용, 데이터 시각화 기술 등 기술 소프트웨어 측면에 대한 성숙도를 평가하는 영역이다.

표 3.3 빅데이터 역량평가 참조모델 프레임워크

주요 요소	1단계: 임시	2단계: 반복	3단계: 정의	4단계: 관리	5단계: 최적화
조직 영역					
자원 영역					
인프라 영역					
구성원 영역					
분석 영역					

Q&A

빅데이터 생태계란 무엇인가?

빅데이터 생태계는 데이터 생산자(기업 또는 개인), 유통자(플랫폼), 소비자, 솔루션 제공자 간 참여와 협력을 위한 일종의 네트워크를 말한다. 한국정보화진흥원(2012)은 빅데이터 생태계는 서비스 사용자, 서비스 공급자, 그리고 애플리케이션 공급자로 구성된다고 정의하였다. Fein-leib(2012)은 기술, 데이터베이스, 데이터 제공자, 분석 인프라, 운영 인프라, 서비스 인프라, 서비스 데이터, 비즈니스 인텔리전스, 분석과 시각화, 응용 프로그램으로 구성된다고 정의하였다. 빅데이터 생태계는 노드(node)와 링크(link)로 나타낼 수 있다. 노드는 구성원이며 링크는 구성원과의 관계를 나타낸다. 즉, 데이터 제공자, 데이터베이스, 인프라, 분석 및 시각화, 응용 프로그램, 기술의 6개 구성원과 이들 구성원들 간의 관계로 빅데이터 생태계가 구성된다.

빅데이터는 데이터 생성, 수집, 분석, 소비에 이르는 일련의 가치 사슬을 통해 문제를 해결하는데, 이러한 가치 사슬은 구성원 간 협력과 새로운 가치를 창출하기 위한 가치 네트워크로 발전되고 궁극적으로 다양한 가치 네트워크가 결합되어 올바른 빅데이터 생태계가 조성된다.

빅데이터 생태계를 구축하면 비즈니스를 효율화하고 빅데이터 분석의 예측력을 높일 수 있다. 참여자 간 협력을 통해 비용, 위험, 자원을 공유할 수 있을 뿐만 아니라 참여자 간 단순 협력, 경쟁 관계에서 협력적 경쟁과 공진화를 통해 새로운 가치를 창출할 수 있다는 이점이 있다.

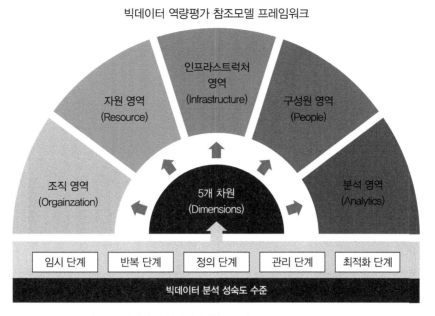

빅데이터 역량평가 참조모델 프레임워크

그림 3.1 빅데이터 역량평가 참조모델(출처: 천민경, 백동현, 2016)

3.4 빅데이터 기반의 예측분석모델

빅데이터 예측분석 전문가인 에릭 시겔(Eric Siegel)은 빅데이터 분석 시대에 예측분석모델(predictive analytics model)이 필요한 이유를 기업의 주요 전략 목표들(key strategic objective)과 연계하여 설명하였다. 에릭 시겔은 기업들이 경쟁(compete), 성장(grow), 강화(enforce), 개선(improve), 만족(satisfy), 학습(learn), 행동(act)의 7가지 주요 전략 목표를 달성하기 위해 예측분석이 필요하다고 주장하였다.

기업에서는 각 사업 부서별로 필요한 예측모델들이 있으며 학습이라는 전략 목표에서 축적된다. 에릭 시겔은 기업의 경쟁우위 유지에 필수적인 핵심적 기업 실행(core enterprise practice)으로 예측분석의 중요성을 인지하였으며, 이들 기술이 조직의 학습 과정을 통해 여러 사업 분야에 특화된 데이터 기반 리스크 관리 체제를 구현하여 기업의 진화에 있어 완전히 새로운 단계(new phase)를 실행시킨다고 주장한다. 에릭 시겔은 기업 데이터는 조직 경험의 집합체이자 고객과 나눈 상호 작용의 역사이기 때문에 값으로 환산할 수 없는 중요한 전략적 자산이다.

예컨대, 고객의 반응 내지 무반응, 구매의사결정, 고객 유치 및 이탈, 부정 및 사기행위, 고객파산, 제품 결함에 대한 불만 등은 기업에게 다양한 학습 경험을 제공한다. 그리고 다양한 예측모델들은 데이터마이닝 기술을 통해 문제 해결을 위한 규칙(지식)과 해결 방안을 제시해준다. 따라서 예측모델은 데이터에서 찾은 경험으로부터 나오는 학습 활동이다. 즉, 예측모델 자체가 학습의 결과물이 되는 것이다.

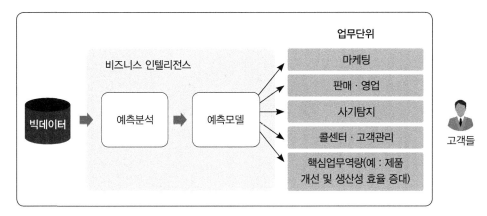

그림 3.2 사업 부서별로 관찰된 기업의 예측분석모델 프레임워크(E. Siegel, 2010)

에릭 시겔이 제시한 7가지 전략 목표들을 살펴보면, 첫 번째 전략 목표인 경쟁(compete)에서는 가장 강력하고 독보적인 경쟁력의 원천을 확보하는 것이 핵심이다. 기업이 제공하는 제품이나 서비스가 범용화되면 결국 경쟁우위는 업무 프로세스(business process) 개선 여부에 달려 있다.

예측분석모델들은 판매나 고객 유지에 활용할 비즈니스 인텔리전스(business intelligence)의 원천을 제공하며, 고객 세분화의 형태로 정교하게 고객의 구매 패턴을 예측할 수 있다. 이 전략 목표는 세부적인 예측모델들의 개발을 위한 상위의 전략 목표가 된다.

두 번째 전략 목표인 성장(grow)은 경쟁 상황에서 매출 증대와 고객 유지가 핵심이다. 예측분석을 마케팅, 영업에 활용하여 고객별 구매, 반응, 이탈, 클릭 수등 판매 관련 행동에 대한 예상 점수가 책정될 수 있으며, 이는 마케팅, 영업, 고객관리, 기업의 웹사이트 활동 등 운영 전반에 영향을 준다. 특히 다이렉트 마케팅(direct marketing)에 대한 반응예측모델은 비즈니스 모델 혁신 가운데 가장 확실하게 입증된 부문이다. 왜냐하면 반응할 가능성이 낮은 고객을 제외시키면 비용이 대폭 줄고 수익이 늘어나기 때문이다.

예컨대, 전체 고객 중 반응할 가능성이 매우 높은 40%에 전체 반응 고객의

80%가 포함되어 있다면 나머지 60% 중 상당 부분이 제외될 것이므로 마케팅 비용이 크게 절감되어 최종 수익이 대폭 증가하게 된다.

세 번째 전략 목표인 강화(enforce)는 부정행위 관리를 통한 비즈니스 무결성 유지가 핵심이다. 다양한 업종에 걸쳐 송장, 신용카드 구매, 세금 환급, 보험금 청구, 휴대폰 통화, 온라인 광고 클릭 수, 가계수표 등과 관련된 부정 및 사기 거래가 막대한 비용을 초래하곤 한다. 예측모델을 통한 거래 평가와 분류는 사기행위와 관련된 해당 기업의 기록된 경험을 활용하여 사기 탐지 및 적발 능력을 획기적으로 높일 수 있다. 예로 자동차 보험금 부정 청구 적발률은 보험금 청구 평가나 채점 수단이 없었던 시기에 비해 약 6.5배나 증가했다고 한다.

네 번째 전략 목표인 개선(improve)은 핵심 사업 역량의 경쟁력 강화가 핵심이다. 매출 증대와 사업 거래 무결성 확보 외에 예측분석이 가장 활발하게 활용되는 영역은 제품 개선 및 생산성 효율 증대이다. 예측 결과는 핵심 사업역량의 혁신에 기여할 수 있다. 예컨대, 생산 중에 결함 품목이 조립 라인에서 감지될 수도 있고, 제품이 출고되면 고장 가능성이 높거나 수리가 필요한 부품을 파악하여 급송 차량에 적재할 수 있다. 또한 보험사의 경우 보험 상품의 가치와 경쟁력이 위험 점수(risk score) 예측 평가와 관련성이 높다. 많은 보험금을 청구할 가능성이 있는 신청인을 정확히 예측할수록 보험료 책정 효과를 높이게 되어 그만큼 손실률을 최소화할 수 있다.

다섯 번째 전략 목표인 만족(satisfy)은 갈수록 높아지는 고객의 기대 충족이 핵심이다. 예측분석은 기업에 다양한 혁신의 가능성을 부여할 뿐 아니라 고객 역시 더 나은 제품을 더 낮은 가격으로, 더 편리하게, 더욱 안심하면서 구입할 수 있게 해준다. 특히 고객은 갈수록 심해지는 기업의 마케팅 활동에 대해 맞춤형 마케팅 및 서비스를 요구하고 있다. 고객 맞춤화된 제품과 서비스를 제공하기 위해서 다양한 추천 시스템(recommendation system)의 예측성과가 중요해질 것이다.

여섯 번째 전략 목표인 학습(learn)은 가장 진보된 심층 분석(고급 분석, deep learning) 기술을 채택하는 것이 핵심이다. 균형성과표(balanced score card, BSC), 주요성과지표(key performance indicator, KPI) 등은 과거를 분석하고, 현재 상태를 진단하는 것으로 이용되었으나 예측분석 기술은 과거의 경험으로부터 반복적으로 학습해가는 과정을 통해 예측력을 축적하여 미래를 예측하고 이를 의사결정에 실시간으로 반영한다.

예측모델은 고객 이탈률 예측, 공정 과정 최적화, 신용위험예측, 부도확률예측, 보험사기 적발 등과 같은 당장의 현실적인 전략 목표에 최적화되어 있다. 데이터로부터 규칙과 패턴이 발견되어 미래 사례(검증용 데이터)에 적용되었을 경우 유효하다는 차원에서 예측모델들의 최적화 과정 자체는 곧 학습 과정이 된다.

마지막 전략 목표인 행동(act)에서는 비즈니스 인텔리전스(business intelligence, BI)와 예측분석의 실천을 구현하는 것이 핵심이다. 비즈니스 인텔리전스 보고 방식이 제공해주는 인사이트는 즉시 행동으로 실천하기에는 역부족이나, 예측분석은 최종 행동 명령을 도출하도록 설계된다. 예컨대, 개별 고객의 예측 점수(고객생애가치 점수)에 따라 해당 고객에게 수행할 행동이 결정되는 방식인 마이크로 마케팅(micro marketing)이 가능하다. 이러한 차원에서 예측분석은 가장 실천적인 형태의 비즈니스 인텔리전스가 된다.

빅데이터 활용을 통해 비즈니스 모델 혁신이 가능한 주요 비즈니스 업무가 마케팅 및 영업, 부정 및 사기 방지, 핵심 사업 역량의 개선, 그리고 고객 대응 등이다. 에릭 시겔이 언급한 경쟁이라는 전략 목표는 경쟁사의 약점을 먼저 파악하는 등 비즈니스 단위별 전략 목표라기보다는 기업 경영 전반의 전략 목표가 되며, 학습이라는 전략 목표에 나타나는 예측분석은 사업 부서별로 수행된 다양한 예측모델들의 풀(pool)을 최적화해나가는 학습 과정이다. 또한 행동이라는 전략 목표는 기업이 진정한 혁신을 위해 비즈니스 인텔리전스 보고 방식을 개선하여 실행시키는 실천 단계를 의미한다.

 **사례 연구**

❶ 강화 전략의 핵심인 무결성을 달성한 혁신적 기업

온라인 자동화가 확대되면서 이에 대한 반대급부로 범죄 기회도 증가하고 있다. 강화(enforce) 전략의 핵심은 부정행위 관리를 통해 사업의 무결성(integrity)을 확보하는 것이다. 따라서 부정 및 사기 방지가 주요 업무이며, 빅데이터를 활용하여 사기 의심 거래 후보군을 이전보다 정밀하게 예측해서 제공하고, 아울러 허위 정보를 줄여나가는 일이 요구된다.

국내의 대표 사례로 대한생명(현 한화생명보험)은 2007년에 보험사기방지시스템(insurance fraud detection system, IFDS)을 구축하였다. IFDS는 예측분석을 통해 사기 의심 거래 후보군을 정밀하게 실시간으로 예측하고 있다. IFDS는 보험금 청구 고객에 대한 스코어링(scoring) 수단을 토대로 보험금 지급 여부를 판단할 수 있다. 보험사기 청구에 대한 데이터 분석 스코어링이 100여 개 팩터(factor)로 분류되어 사기 방지 프로세스가 구축되고, 사기 징후 감지 기준이 표준화되었다.

이는 보험사기로 적발된 사례들을 수집, 패턴화하여 보험사기 혐의자(사기 의심 거래 후보군)를 자동으로 추출하는 실시간 분석 시스템이다. 사기 유형, 계약 및 사고 유형을 개인, 보험 모집인, 병원, 정비 업소별로 구별하여 다양한 지표들이 개발되었고, 혐의자 선정을 통해 가해자, 피해자, 동승자가 자동 추출되며, 사고 관련성과 공모 여부를 판단할 수 있는 연계 분석 시스템이다.

대한생명은 IFDS를 가동하여 적발률을 제고하였고 이를 통해 보험사기 예방 효과가 나타나 결과적으로 보험 가입자들의 보험 혜택에 기여하게 되었다. IFDS는 보험 사고 허위 사실이나 확대 청구 등 다양한 사기행위들을 객관적이고, 현실적으로 적발하는 지능형 예측모델 시스템이다.

또한 대한생명은 자사 데이터만을 활용하는 한계를 극복하고자 2010년에 IFDS를 고도화하였다. 한층 진보한 IFDS는 자사 데이터뿐만 아니라 보험개발원, 보험협회 등의 공공 빅데이터를 함께 활용할 수 있고, 다양한 인공지능기법을 이용한 빅데이터 분석이 가능하다. 또한 생명보험, 손해보험 전체 계약을 토대로 세부적인 항목을 평가할 수 있게 되었다. 결과적으로 이를 통해 대한생명은 연간 50억 원의 사기 방지 효과를 얻고 있다.

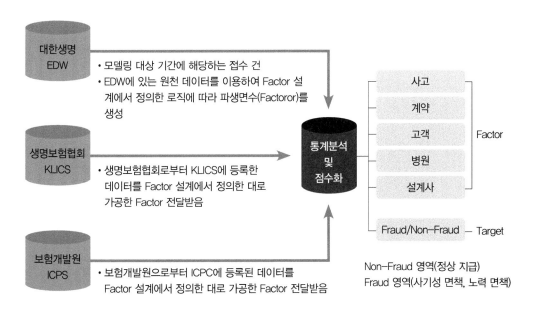

그림 3.3 대한생명의 보험사기방지시스템 분석 흐름도(출처: Fntime.com, 송민정, 2013)

❷ 개선 전략의 핵심인 핵심역량 경쟁력을 확보한 혁신적 기업

개선(improve) 전략의 핵심 업무는 핵심 사업 역량의 강화이다. 여기서 예측분석은 제품의 생산 효율, 검사, 정비 개선에 기여한다. 결국, 생산과 공급의 효율성을 높이는 것이 중요하다. 이와 관련 대표적인 국내 사례는 포스코(POSCO)이다. 포스코는 철광석 가격 예측 및 생산 공정 개선에 빅데이터 분석을 적극 활용하고 있다.

세계적 철강 기업인 포스코는 해외(호주, 브라질)에 20여 개의 광산을 소유하고 있는데, 이는 원재료 가격 상승에 대비한 자급 정책의 일환이다. 포스코의 이러한 원재료 확보를 위한 정책적 노력은 바로 빅데이터 분석에 대한 투자로 이어졌다.

철강 산업은 국제적인 원자재 투기 세력의 개입으로 원료 가격의 변동이 크기 때문에 위험관리 차원에서 빅데이터 분석이 필요하다. 포스코는 남미와 호주 광산의 생산 상황과 해당국의 사회 경제적 상황, 런던금속거래소(London Metal Exchange, LME)의 광물 가격, 해외 지역별 광물 가격을 수집하여 분석함으로써 미래의 철광석 가격을 예측하고 있으며, 고객사의 수요 데이터와 전 세계 철광석 및 현물 거래소의 가격 데이터를 조합한 뒤 철광석 구매의 최적 시기를 결정한다. 그 외에도 생산 과정 중 수십만 가지의 공정별 온도와 습도, 압력, 성분 등의 데이터를 분석함으로써 공정별 불량률(fraction defective)을 감소시키고 있다.

포스코는 철강 생산 공정별 전 과정의 데이터를 0.001초 단위로 수집·분석하여 불량률을 최소화하고, 생산 과정에서 공정별로 어떤 온도·습도·압력에서 어떤 성분을 넣었을 때 실패하고 성공했는지에 대한 빅데이터 분석을 통해 최상의 철을 생산하고 있다.

빅데이터 분석, 도구 및 기술 시장이 이미 매우 역동적이며 급속히 발전하고 있고, 특히 비용 절감이나 효율성 향상을 위해 예측분석이 활용되는 경우에는 직접적인 생산성 향상으로 이어지고 있다. 경쟁이 확대되면서 기업들의 혁신에 대한 절박감은 그 어느 때보다 커지고 있으며, 지난 수년간 선두에 선 기업들이 이미 혁신을 촉진하기 위해 사업 전략 목표에 빅데이터 기반 예측모델들을 의사결정과정에 적극적으로 활용하고 있다.

3.5 빅데이터 분석의 비즈니스적 가치

빅데이터는 기업의 비즈니스 영역에 새로운 사업 방식을 도입하는 변화를 초래할 것으로 보인다. 빅데이터 활용 분야는 무궁무진하며, 각 분야별로 고유한 특성을 갖고 있다. 이 절에서는 빅데이터가 조직에 어떠한 가치를 제공하는지 알아본다.

3.5.1 빅데이터 분석을 통한 생산성 향상과 진보된 수요 예측

1990년대 이후로 기업들은 전사적자원관리(enterprise resource planning, ERP)나 공급사슬관리(supply chain management, SCM) 등의 정보시스템을 기업의 내·외부 핵심 요소(제조, 생산, 물류, 재무, 영업 등)에 도입하기 시작하였다. 그러나 기업 활동 및 중간관리층(지식근로자)의 생산성 향상은 아직까지 개선할 필요성이 있다. 빅데이터를 이용한 생산성 향상은 크게 두 가지 방향에서 이루어진다.

첫째, 센서(sensor) 기술로 실물 움직임을 나타내는 데이터를 포착, 관리하여 인건비와 재고비용 등을 절감하는 것이다. 둘째, 빅데이터로 가치사슬(value chain)에서 불필요한 작업이 최소화되는 업무 흐름을 찾고, 이에 따라 업무 프로세스를 재설계(business process reengineering, BPR)하고 모니터링하여 생산성을 향상시키는 것이다.

독일의 세계적 물류 기업인 DHL 익스프레스(DHL Express)는 2009년에 빅데이터를 도입하여 매일 기록되는 배송 도착지, 크기, 무게, 내용물 등 수백만 건의 배송 관련 데이터를 수집하여 소비자의 물류 서비스 이용 흐름을 파악하고 패턴을 분석하는 데 활용하고 있다. DHL은 빅데이터를 활용한 스마트 트럭(smart truck)을 개발하였다. 스마트 트럭은 실시간 교통 상황, 수신자의 상황, 지리적, 환경적 요소를 고려한 최적화된 배송 경로를 실시간으로 제공하는 배송 차량이다. 스마트 트럭을 도입한 이후 가장 효율적인 경로를 분석하여 배송을 진행하고 있으며, 배송 실패율과 불필요한 연비를 줄일 수 있었다. 또한 빅데이터를 장·단기 투자 규모 예측과 수요 증가를 예측하여 허브 시설 확충, 물류 센터 확장, 차량 증편에 대한 투자 규모를 결정하고 있다.

글로벌 물류 기업인 TNT 익스프레스(TNT Express)는 각 부서에 맞는 빅데이터 분석 시스템을 활용하고 있다. 물류 빅데이터를 분석하여 배송 시간을 단축하고, 비용을 절감하여 정시 배송 서비스 개선에 활용하였다. 각 프로세스 단계별 소요 시간, 정시에 배송되는 비율, 각 국가별 처리 화물량 등 다양한 빅데이터가 배송 서비스 개선에 적극 활용되고 있다. 고객 서비스 센터의 경우 일정 기간 미발송된 화물에 관해 축적된 빅데이터를 기반으로 배송 관련 사고나 배송 지연 등을 미연에 방지하고 있으며, 마케팅 부서는 소비자의 이탈률을 예측하여 이탈을 방지하고 소비자 지향적 서비스와 상품을 개발하고 있다. 또한 빅데이터를 인공지능기법으로 분석하여 소비자의 구매 패턴을 예측하고, 이를 통해 재고를 미리 확보하여 소비자 인근 지역에 전진 배치함으로써 전체적인 물류비도 절감하고 있다.

3.5.2 현재 또는 가까운 미래를 예측할 수 있는 빅데이터

현재 가장 활발하게 빅데이터 분석 및 활용이 이루어지는 영역이 바로 예측 및 추측 관련 의사결정 영역이다. 빅데이터로 인해 과거의 데이터를 바탕으로 미래에 일어날 결과와 상황을 예측하는 일이 가능해지고 있다.

기업들은 소비자들이 온라인상에서 자발적으로 남긴 검색 정보나 리뷰 정보(구매 후기)를 통해 얼마나 소비자를 잘 이해할 수 있을까? 소비자의 관심은 구매 행동으로 이어질 가능성이 높다. 따라서 검색 엔진 및 리뷰 데이터 분석은 소비자 관심의 결과물인 검색 데이터와 매출액 등 실물 데이터의 연관성을 찾는 데 집중하는 경향을 보인다. 검색 데이터와 리뷰 데이터는 개인 소비를 예측하는 지표가 될 수 있고, 가까운 미래의 경제 지표를 예측할 수 있다.

구글의 수석 경제학자 할 베리언(Hal Varian)은 '구글 트렌드로 현재 예측하기(Predicting the present with Google trends)'라는 연구주체를 선정하여 구글 검색량으로 자동차 판매 추세를 어느 정도 파악할 수 있는지 분석하였다. '소비자가 검색을 많이 하는 제품은 실제로도 잘 팔리는가?'

연구결과, 소비자가 어떤 브랜드의 자동차에 대해 검색을 많이 하면 실제 판매량도 증가한다는 점을 입증하였다. 전연도와 전월 판매량 데이터와 해당 구글 검색량 데이터를 기반으로 이번 달 브랜드별 자동차 판매량이 집계되기 전에 미리 판매량을 예측할 수 있다. 또한 구글은 구글 트렌드 서비스(Google trend service)로 독감 유행 예측도 수행하였다. 구글은 검색에 등장하는 단어를 지역별, 시계열별로 분석하여 독감을 의미하는 'flu'라는 단어가 검색된 빈도를 그래프로 보여준다. 독감과 관련된 주제를 검색(주로 독감 증상, 독감 치료, 바이러스 검색 등)하는 사람의 수와 실제로 독감 증상이 있는 사람 수 간에 밀접한 관계가 있다는 것을 발견하였다.

2013년 1월에 미국에서 독감으로 인한 사망자가 100명을 넘어서면서 미국의 보건 당국은 독감주의보를 발령하였으나 구글은 이보다 2주 전에 독감 바이러스 확산을 예측하여 발표한 바 있다. 현재 구글은 [그림 3.4]와 같이 이러한 검색어가 나타나는 빈도를 계산해 전 세계 여러 국가 및 지역에서 독감이 얼마나 유행하는지 예측하고 있다.

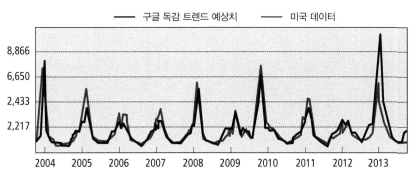

그림 3.4 구글 트렌드에 의한 독감 발생 빈도 분석(출처: 구글 홈페이지)

3.5.3 인간을 건강하게 만드는 빅데이터

의료 분야에서 빅데이터 활용은 인간의 수명을 연장할 수 있을 뿐만 아니라 개인의 건강을 예측해보는 중요한 자료로 활용될 수 있다. 보건 의료는 과거 단순한 치료 중심에서 벗어나 예방이나 관리 중심으로 변하고 있어 질병 발생의 가능성을 예측하고, 맞춤형 의료서비스를 제공하기 위한 빅데이터 분석 및 활용이 매우 중요해지고 있다. 특히 우리나라의 인구 구성이 고령화되는 시점에서 의료 분야의 빅데이터 활용은 국민의 건강을 지키는 일 뿐만 아니라 국가의 안전과 행복을 지키는 중요한 역할을 수행할 것이다.

미국의 의료보험 회사 웰포인트(WellPoint)는 의료진의 진단과 환자의 치료에 슈퍼컴퓨팅과 빅데이터 분석 기술을 이용한 시스템을 도입하여 진단 및 치료율을 향상시킴으로써 효율적인 환자 치료 방식을 제시하고 있다. IBM의 왓슨 솔루션(Watson for Oncology)을 도입하여 보유하고 있는 건강보험 자료들과 환자에 대한 정보를 통합 및 분석하여 치료법을 검색하고 의사들이 환자의 진단과 치료에 이용할 수 있는 응용 프로그램을 제공하고 있다.

환자의 증상과 상담 기록, 진료 결과 및 진단 결과 등의 전자의무기록 데이터와 임상 실험 결과, 다양한 치료 사례 등을 통합한 의료 빅데이터를 IBM 서버에 실시간으로 저장하고, 이를 인공지능기법(신경망)으로 분석한 후 정확한 진단 및 치료를 위한 가이드라인을 제시하고 있다. 이를 통해 진료 및 치료를 위한 불필요한 시간과 노력을 줄이고, 환자와 건강보험 회사의 경제적 낭비를 줄이는 효과를 기대하고 있으며 환자 중심의 의료 시장 도약을 위한 발판으로 삼고 있다.

캐나다의 온타리오(Ontario) 공과대학 병원에서는 인큐베이터 내의 미숙아로부터 얻은 다양한 데이터를 분석하여 병원균의 감염을 예측하고 감염 징후를 조기 발견하여 미숙아 및 의사 전달이 어려운 환자들을 위한 진단 및 치료 시스템을 구축하였다. 인큐베이터 내의 미숙아를 모니터링함으로써 생성되는 생리학적 데이터 분석(혈압, 체온, 심장 박동 및 호흡을 통해 얻은 데이터)을 바탕으로 감염의 징후를 판단하여 신속하게 조기 치료를 실시하고 있다. 지역 대학기관과 연구소에서는 빅데이터 기업의 분석 기술력과 소프트웨어를 제공받아 의료 빅데이터를 분석하고, 이를 다시 병원의 환자 진단과 치료에 이용하는 다중 협력(산학연) 시스템을 구축함으로써 효율적인 '빅데이터 기반 스마트 헬스케어' 시스템을 추진하고 있으며, 이는 미숙아의 병원감염 방지부터 다른 질병으로의 적용까지 점차 확대하고 있다.

영국의 국가건강서비스(National Health Service)에서는 전국의 약국과 병원의 처방 데이터를 수집하여 국민 건강에 대한 예측을 수행하는 CPRD(clinical practice research data link) 웹 사이트를 통해 다양한 의료 빅데이터를 연구자들에게 제공하고 있다. 현재 이용 가능한 데이터는 1차 및 2차 의료기관으로부터 수집된 질병 등록 자료를 모두 포괄하고 있으며, 인구학적, 사회 경제적 변수가 포함되어 있다. 이와 같이 영국 의료계는 빅데이터 활용이 민간과 공공 부분 모두 활성화되고 있다. 현재 유행하고 있는 질병의 발생 장소 및 전염 속도, 주요 질병의 분포, 연도별 증가 등에 대한 통계치를 확보하여 효율적이고 신속한 질병 예측 및 관리가 가능하다.

의료 분야의 빅데이터 활용은 나날이 그 중요성과 필요성이 커지고 있다. 최근에는 생체 신호 감지, 무선 컴퓨터 기술과 웨어러블 디바이스(wearable device)의 상용화 등으로 인하여 IT 기술과 의료를 융합한 기술 발전으로 환자 맞춤형 치료뿐 아니라 향후 발생될 질병 예방까지 가능하여 의료비 절감과 건강 증진에 기여하고 있다.

3.5.4 공공 서비스 증진을 위해 기여하는 빅데이터

'정부 3.0(Government 3.0)'은 국민에게 일방적으로 정보를 제공하던 '정부 1.0'에서 쌍방향 소통이 가능해진 '정부 2.0'을 거쳐 국민 개개인에게 맞춤형 행정 정보를 제공할 수 있도록 진화한 새로운 정부 형태를 말한다. 정부 3.0에서는 개방과 공유, 소통과 협력을 기반으로 가능한 모든 원천 데이터를 민간이 자유롭게 이용할 수 있도록 공공 정보를 일괄 제공하기 위한 범정부 단일 플랫폼인 공공 데이터 포털(http://www.data.go.kr)을 운영하고 있다. 공공 빅데이터와 민간 빅데이터를 통합하고 이를 적극 개방, 공유하여 빅데이터에 기반을 둔 과학적 행정 구현과 국민들에게 개인 맞춤형 공공 서비스 제공이 주 목적이다. 이를 위해 중앙 정부와 지방 정부 모두 빅데이터 분석을 적극 활용하고 있다.

서울시에서는 빅데이터 기반의 심야 버스 노선 수립 지원 시스템을 구축하였다. 서울시는 KT와 합작으로 심야에 휴대전화를 거는 사람들의 위치와 이들의 등록된 주소를 기반으로 심야 버스의 수요를 추정하여 노선을 선정하고 배차 간격을 조정하는 작업을 진행하였다. 서울시는 2013년 4월부터 두 개의 심야 버스 노선이 운행을 시작하였고, 2013년 7월부터 운행할 심야 버스 6개 노선을 선정함에 있어 기존의 버스 노선 선정 방식에서 벗어나 거주지 및 휴대폰 발신 위치 자료(빅데이터)를 기반으로 노선을 선정하였다.

빅데이터 기반 버스 노선 선정은 심야에 휴대전화를 사용하는 사람이 해당 시간대에 귀가를 한다는 가정하에 휴대전화 통화 위치를 출발 지점으로, 실제 주소지를 도착 지점으로 가정하고 이에 따라 이들 개별 데이터를 공간적으로 연계하여 수요가 많은 지점을 기반으로 6개 노선을 선정하였다.

미국 보스턴 시는 수많은 도로에서 발생하는 도로 파손을 직접 눈으로 확인하고 정보를 수집하는 데 필요한 인력과 예산을 절감하기 위해 스마트폰 앱(애플리케이션)을 통해 GPS와 센서(sensor) 등을 활용하여 실시간으로 도로 파손을 감지하는 시스템을 구축하였다.

미국의 벤처기업에서 개발한 스트리트 범프(Street Bump)라는 모바일 앱을 시민들에게 무료로 제공하여 운전자가 직접 주변 환경 데이터를 수집하고 전송하는 인간 센서 역할을 담당하게 하였다. 스트리트 범프는 운전자가 파손된 도로를 지나면 스마트폰의 GPS와 센서 등을 활용해 진동을 감지하여 이를 도로관리국 도로 정보 수집 서버에 전송한다. 수집된 정보는 시청의 인터랙티브(interactive, 대화형) 지도상에 파손 위치가 기록되어 보스턴 시는 곧바로 도로 파손 보수를 실시한다.

보스턴 시는 실시간으로 수집된 도로 노면 관련 빅데이터를 데이터마이닝 기법으로 분석하여 신속한 도로 유지 보수 및 인력과 예산을 절감하고 있다. 위 사례는 다양한 주체(개인, 민간 사업자 등)가 참여하여 공공 빅데이터를 생성하고 공유하게 되었다는 점에서 주목할 만하다.

3.6 　빅데이터 분석을 이용한 브랜드 평판 지수 모형

제4차 산업혁명의 핵심 원천 기술 중 하나인 빅데이터는 다양한 분야에서 활용되고 있다. 상품의 이미지 및 브랜드 가치 인식, 소비자 의견과 여론 동향을 파악하기 위해 소셜 미디어 영역에서 빅데이터 분석이 활발히 활용되고 있다. 또한 재무의사결정(부도예측, 신용등급, 채권금리예측) 문제와 고객의 구매패턴예측과 이탈률(가입해지율) 예측 등의 마케팅의사결정문제 해결을 위해 빅데이터 분석이 실시되고 있다. 그 이외에도 사이버 공격, 사이버 테러 등의 보안 위협 예방과 의료 빅데이터를 활용한 환자질병예측 및 처방 등의 의료의사결정문제 해결을 위해서도 빅데이터 분석 기술이 활용되고 있다.

　마케팅 영역에서는 브랜드 평판 지수(brand reputation index)를 체계적 과학적으로 분석하기 위해 빅데이터 분석을 활용하고 있다. 브랜드는 판매자 혹은 판매자들의 상품이나 서비스를 식별시키고 경쟁사와 차별화하기 위해 사용하는 독특한 이름이나 상징물(로고, 등록 상표, 포장 디자인 등)을 말한다.

　브랜드 평판(brand reputation)은 과거에서 현재에 이르기까지 축적된 브랜드(기업, 상품, 사람)에 대한 지각된 믿음이나 견해를 의미한다. 브랜드 평판은 하루아침에 생겨나는 것이 아니라 오랜 세월을 거치면서 기업의 특징, 성과, 행동에 대한 지각에 기초하여 생겨난다. 브랜드 평판은 소비자의 지각에 영향을 미치고, 행동의 방향을 유도하는 잠재적 힘을 가지고 있기 때문에 특정 브랜드 제품이 소비자의 마음속에 좋은 브랜드로 형성될 수 있도록 각 기업체들은 브랜드 평판을 높이기 위해 노력하고 있다.

한국기업평판연구소(http://www.rekorea.net, 소장 구창환)는 브랜드 빅데이터 분석을 통해 브랜드 평판 지수, 기업 평판 지수, CEO 평판 지수 등을 제공하고 있다. 브랜드 평판 지수는 브랜드 빅데이터를 추출하고 소비자 행동을 분석하여 참여 가치, 소통 가치, 미디어 가치, 소셜 가치로 분류하고 가중치를 부여한 지표이다. 브랜드 평판 분석을 통해 브랜드에 대해 누가, 어디서, 어떻게, 얼마나, 왜, 이야기하는지를 알아낼 수 있다.

한국기업평판연구소는 빅데이터 분석을 통한 기업 평판 분석, 브랜드 평판 분석, 소비자 평판 분석, 시장 평판 분석을 진행하면서 분석 대상 기업과 평판에 대한 분석과 정보를 교류하고 있다. 한국기업평판연구소는 2019년 2월 4일부터 2019년 3월 5일까지의 6개 국내 백화점 브랜드 빅데이터 6,591,548개를 분석하여 소비자들의 브랜드 참여, 소통량, 소셜언급량(버즈량)을 측정하였다([그림 3.5]와 [그림 3.6] 참조).

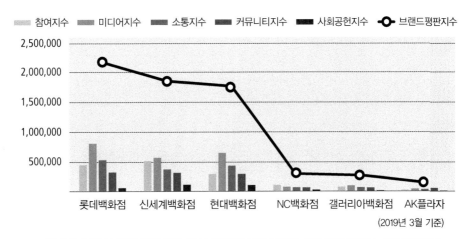

그림 3.5 브랜드 평판 빅데이터 분석: 백화점 브랜드(출처: 한국기업평판연구소 공식 홈페이지)

백화점	참여지수	미디어지수	소통지수	커뮤니티지수	사회공헌지수	브랜드평판지수
롯데백화점	448,184	815,657	537,272	328,659	57,401	2,187,172
신세계백화점	513,392	568,007	373,043	316,009	107,842	1,878,293
현대백화점	295,504	649,638	435,621	295,543	105,521	1,781,827
NC백화점	102,018	73,626	63,389	59,683	8,264	306,979
갤러리아백화점	70,180	90,949	63,459	58,811	5,467	288,866
AK플라자	21,138	39,766	29,491	54,902	3,115	148,411

백화점	2018년 7월	2018년 8월	2018년 9월	2018년 10월	2018년 12월	2019년 3월
롯데백화점	2,192,269	1,783,058	1,835,332	2,173,353	2,375,645	2,187,172
신세계백화점	1,528,228	1,338,087	1,173,379	1,591,172	1,743,413	1,878,293
현대백화점	1,785,659	1,929,084	1,364,314	1,573,866	1,863,264	1,781,827
NC백화점	306,263	268,085	223,739	307,598	342,772	306,979
갤러리아백화점	260,450	197,581	220,703	293,671	280,329	288,866
AK플라자	163,375	137,632	149,974	163,853	217,438	148,411

(2019년 기준)

그림 3.6 브랜드 평판 빅데이터: 백화점 브랜드 지수 변화량(출처: 한국기업평판연구소 공식홈페이지)

브랜드에 대한 평판 지수는 브랜드에 대한 소비자들의 활동 빅데이터를 참여 가치, 소통 가치, 소셜 가치, 시장가치, 재무 가치로 구성된다. 백화점 브랜드 평판 조사에서는 참여 지수와 미디어 지수, 소통 지수, 커뮤니티 지수, 사회 공헌 지수로 분석하였다. 브랜드 평판 지수는 매달 측정되며, 매달 측정된 브랜드 평판 지수의 변화량을 분석하여 세부 지표에서 향상 및 개선점도 파악할 수 있다.

[그림 3.6]과 같이 롯데백화점의 2019년 3월 6일 기준 브랜드의 참여 지수(448,184), 미디어 지수(815,657), 소통 지수(537,272), 커뮤니티 지수(328,659), 사회 공헌 지수(57,401)가 측정되면서 브랜드 평판 지수는 2,187,172로 분석되었다. 2018년 8월(1,783,058)부터 12월(2,375,645)까지 브랜드 평판 지수는 계속 상승하였으나 2019년 3월에는 전분기(2018년 12월)보다 7.93% 하락한 것으로 나타났다. 신세계백화점 브랜드는 참여 지수(513,392), 미디어 지수(568,007), 소통 지수

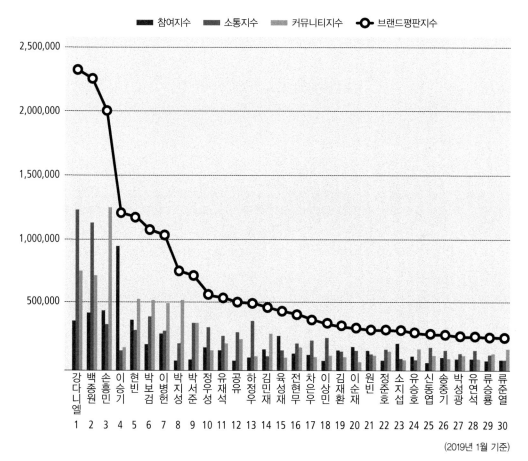

그림 3.7 브랜드 평판 빅데이터 분석: 남자 광고 모델 브랜드(출처: 한국기업평판연구소 공식 홈페이지)

(373,043), 커뮤니티 지수(316,009), 사회 공헌 지수(107,842)로 측정되면서 브랜드 평판 지수는 1,878,293으로 분석되었다. 2018년 12월 브랜드 평판 지수(1,743,413)와 비교하면 7.74% 상승한 것으로 나타났다. 이처럼 브랜드 빅데이터 분석을 통한 소비자 소비 패턴과 긍정 부정 비율을 분석하여 브랜드 평판 지수의 변화량을 분석할 수 있다.

한편 한국기업평판연구소는 2018년 12월 24일부터 2019년 1월 25일까지 남자 광고 모델 50명의 브랜드 빅데이터 23,601,929개를 분석하여 소비자들의 브랜드 참여와 소통 확산량을 측정하였다(([그림 3.7]과 [그림 3.8] 참조). 남자 광고 모델 브랜드 평판 분석에서는 소비자가 브랜드에 영향을 끼치는 참여 지수와 소비자가 소비자에게 영향을 주는 소통 지수, 브랜드의 확산량으로 측정한 커뮤니티 지수로 브랜드 평판 지수를 분석하였다. 일반 시민들의 행동 분석, 온라인 습관, SNS상의 긍정·부정 평가, 미디어 관심도 노출 횟수, 시민들의 관심과 소통량을 측정(SNS 버즈량)하여 브랜드에 대한 참여 지수, 미디어 지수, 소통 지수, 커뮤니티 지수를 측정하여 분석한 결과이다.

순위	광고모델	참여지수	소통지수	커뮤니티지수	브랜드평판지수
1	강다니엘	360,279	1,227,059	748,085	2,335,423
2	백종원	417,527	1,126,694	713,530	2,257,752
3	손흥민	439,649	326,063	1,245,660	2,011,372
4	이승기	943,451	117,512	145,680	1,206,642
5	현빈	361,670	280,221	528,381	1,170,272
6	박보검	165,234	386,756	516,889	1,068,879
7	이병헌	251,344	273,118	494,865	1,019,327
8	박지성	37,036	175,622	521,000	733,658
9	박서준	48,453	333,008	331,638	713,100
10	정우성	146,163	302,174	118,574	566,911
11	유재석	123,899	231,796	176,887	532,582
12	공유	36,394	262,728	209,014	508,136
13	하정우	65,616	353,827	75,414	494,857
14	김민재	129,636	76,835	254,827	461,298
15	육성재	234,275	122,032	62,307	418,613
16	전현무	92,590	171,748	142,508	406,846
17	차은우	84,883	201,449	70,148	356,480
18	이상민	39,230	220,819	78,214	338,263
19	김재환	125,255	120,740	70,990	316,985
20	이순재	148,108	120,740	32,588	301,436
21	원빈	116,906	91,685	80,524	289,115
22	정준호	40,900	130,016	114,061	284,978
23	소지섭	173,195	56,819	44,207	274,221
24	유승호	77,454	45,197	139,092	261,743
25	신동엽	24,155	140,110	80,779	245,045
26	송중기	64,884	117,512	59,380	241,776
27	박성광	50,612	99,433	88,287	238,332
28	유연석	55,286	119,449	56,326	231,061
29	류승룡	42,941	89,102	95,952	227,995
30	류준열	44,992	47,134	133,453	225,580
31	유혜진	20,730	151,732	48,779	221,241

(2019년 1월 기준)

그림 3.8 남자 광고 모델 브랜드에 대한 평판 지수(출처: 한국기업평판연구소 공식 홈페이지)

3.7 대학에서의 통합정보시스템 기반 빅데이터 분석

현재 우리나라 대학은 대부분 통합정보시스템 또는 전사적자원관리(enterprise resource planning, ERP) 시스템 기반으로 학사 관리가 이루어지고 있다. 국내 A대학의 경우 통합정보시스템을 기반으로 빅데이터 분석을 이용하여 경영의사결정을 지원하고 있다. 국내 A대학의 통합정보시스템은 학사, 행정, 연구 활동에서 발생하는 대량의 데이터를 수집하고 처리하여 학생이나 교직원들이 직접 빅데이터 분석을 수행할 수 있도록 지원하고 있다. 통합정보시스템은 일반 관리에 해당하는 인사, 재무, 회계, 시설, 자산관리에 관한 모든 업무 처리의 비즈니스 프로세스와 데이터를 저장하고, 통계 및 데이터마이닝 기법을 이용해 빅데이터를 분석하여 경영 합리화를 위한 의사결정지원에 활용할 수 있는 기반을 구축하였다.

그림 3.9 국내 A대학 통합정보시스템 기반 빅데이터 분석

이밖에도 통합정보시스템은 입학부터 졸업과 취업까지 발생하는 학생들의 생애(life-cycle) 기록을 수집하고 저장하여 빅데이터 분석을 수행하고 있다. 통합정보시스템의 학생 생애 데이터에는 개별 학생들의 수강 기록과 성적, 장학금을 비롯하여 과외 활동에 해당하는 학생회나 동아리 활동, 이력서, 학업 계획서, 자기소개서, 기타 스펙(연수, 상담, 봉사, 독서 활동, 어학 성적, 공모전, 자격증 취득) 데이터가 있으며 이들을 완전히 통합하여 빅데이터 분석을 실시하고 있다.

통합정보시스템에서 누적되는 학생 생애 기록 데이터의 수집, 정제, 분석 작업에 학생과 교직원들이 직접 참여하고, 빅데이터 분석을 이용하여 개별 학생들의 학업과 취업, 학과(전공)의 지원 전략을 수립하는 데 활용하고 있다.

또한 국내 A대학은 학사, 행정, 연구 데이터베이스로부터 졸업생들의 성적과 생애 기록 데이터를 수집, 저장하여 다양한 데이터마이닝 기법을 이용한 빅데이터 분석을 시도하였다. 이를 통해 취업률에 영향을 미치는 각종 요인들을 도출하여 학생들에게 취업 성공 요인을 제시하고, 교수들에게는 향후 학업 및 진로 지도, 그리고 신입생 선발 지침에 도움이 되는 정보를 제공하고 있다.

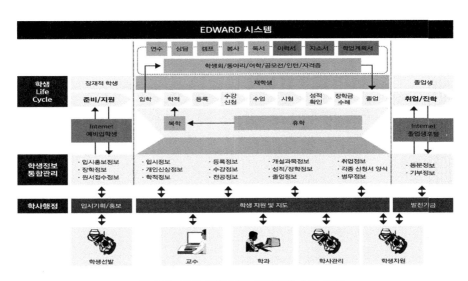

그림 3.10 학생 취업 관련 빅데이터 수집 현황

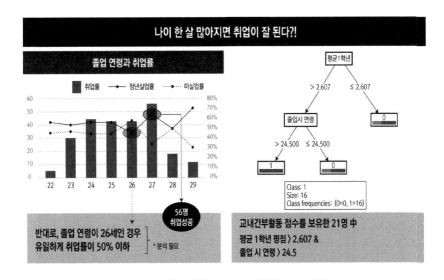

그림 3.11 학생 취업 관련 빅데이터 분석 사례

빅데이터 분석 방법론: 문제 정의, 데이터 준비, 모델 설계, 모델 구현, 결과 평가, 서비스 구현의 6단계로 구성됨

CMM(Capability Maturity Model): 소프트웨어 프로세스 품질 측정을 위한 평가 모델로 카네기멜론 대학의 소프트웨어공학연구소(SEI)에서 개발한 방법론

CMM의 프로세스 성숙도(개발 경험 성숙도): 초기(initial), 반복(repeatable), 정의(define), 정량적 관리(quantitatively managed), 최적화(optimizing)의 5단계 레벨로 구성됨

빅데이터 역량평가 참조모델: 5단계 성숙도 단계는 임시(ad hoc), 반복(peatable), 정의(defined), 관리(managed), 최적화(optimizing)의 5단계로 구성됨

빅데이터 역량평가 참조모델의 평가영역: 조직(organization), 자원(resource), 인프라(infrastructure), 사람(people), 분석 도구(analytics)의 5개 요소로 구성됨

빅데이터 생태계: 데이터 생산자(기업 또는 개인), 유통자(플랫폼), 소비자, 솔루션 제공자 간 참여와 협력을 위한 일종의 네트워크를 말함

에릭 시겔의 7가지 주요 전략 목표: 경쟁(compete), 성장(grow), 강화(enforce), 개선(improve), 만족(satisfy), 학습(learn), 행동(act)

주요성과지표(key performance indicator, KPI): 목표를 성공적으로 달성하기 위해 핵심적으로 관리해야 할 요소들에 대한 성과 지표

비즈니스 인텔리전스(business intelligence, BI): 데이터를 수집 분석해 이를 근거로 올바른 의사결정을 내릴 수 있도록 해주는 솔루션 및 기술

전사적자원관리(enterprise resource planning, ERP): 기업 내 생산, 물류, 재무, 회계, 영업, 구매, 재고 등 경영 활동 프로세스들을 통합적으로 연계해 관리해주며, 기업에서 발생하는 정보들을 서로 공유(통합)하고 새로운 정보의 생성과 빠른 의사결정을 지원하는 전사적 통합정보시스템

오피니언마이닝(opinion mining): 소셜 미디어 등의 정형/비정형 텍스트의 긍정(positive), 부정(negative), 중립(neutral)의 선호도를 판별하는 기술임, 특정 서비스 및 상품에 대한 시장 규모 예측, 소비자의 반응, 입소문 분석(viral analysis) 등에 활용됨

소셜네트워크분석(social network analytics): 수학의 그래프 이론(graph theory)에 기반하고 있으며 소셜 네트워크 연결 구조 및 연결 강도 등을 바탕으로 사용자의 명성 및 영향력을 측정하여, 소셜 네트워크상에서 입소문의 중심이나 허브(hub) 역할을 하는 사용자를 찾는 데 주로 활용됨

하둡(Hadoop): 오픈 소스 분산 처리 기술 프로젝트로 정형/비정형 빅데이터 분석에 가장 선호하는 솔루션. 주요 구성 요소로는 하둡 분산 파일 시스템인 HDFS(Hadoop Distributed File System), 분산 컬럼 기반 데이터베이스인 Hbase, 분산 컴퓨팅 지원 프레임워크인 MapReduce가 포함됨

NoSQL: Not-Only SQL 혹은 No SQL을 의미, 전통적인 관계형 데이터베이스(RDBMS)와 다르게 설계된 비관계형 데이터베이스를 의미

R: 통계 계산 및 시각화를 위한 언어 및 개발 환경을 제공하며, R 언어와 개발 환경을 통해 기본적인 통계기법부터 모델링, 최신 데이터마이닝 기법까지 구현 및 개선이 가능. 구현한 결과는 그래프 등으로 시각화 가능하며, Java나 C, Phthon 등의 다른 프로그래밍 언어와의 연결도 용이한 장점이 있음

1. 다음 설명에서 공통적으로 Ⓐ가 무엇인지 답하시오.

(Ⓐ)(이)란 고객들이 원하는 가치를 찾고 제공하는 프로세스와 이를 통한 수익의 창출 과정을 말한다. 빅데이터 (Ⓐ)은(는) 빅데이터를 이용하여 수익모델을 실현하는 것이다.

Ⓐ – (   )

2. 다음 설명에서 Ⓐ와 Ⓑ가 무엇을 말하는지 답하시오.

빅데이터 분석 방법론은 문제 정의, 데이터 준비, (Ⓐ), 모델 구현, 결과 평가, (Ⓑ)의 6단계로 구성된다.

Ⓐ – (   )   Ⓑ – (   )

3. 다음 설명에서 Ⓐ가 무엇인지 답하시오.

문제 정의 단계(problem definition stage)는 발주기관의 사업적 핵심 문제점을 발견하고, 이들 문제점을 해결한 경우의 사업적 가치를 파악한다. 사업적 문제를 데이터 분석의 문제로 정형화하고 성공과 실패를 판별할 수 있도록 가설(hypothesis)을 수립한다. 문제를 해결하기 위해 필요한 데이터 유형과 분석용 프로그램, 프로젝트 인원, 기술 등의 자원을 파악한다. 문제 정의 단계는 (Ⓐ), 현황 분석, 목표 정의의 세 부분으로 구성된다.

Ⓐ – (   )

4. 다음 설명에서 Ⓐ가 무엇인지 답하시오.

CMM(capability maturity model)의 프로세스 성숙도(개발 경험 성숙도)는 Initial(초기 단계), Repeatable(반복 단계), (Ⓐ), Quantitatively Managed(정량적 관리), Optimizing(최적화 단계)의 5단계 레벨로 구성된다.

Ⓐ – (   )

5. 다음에서 설명하는 CMM의 프로세스 성숙도(개발 경험 성숙도) 단계에 해당하는 것은?

① 소프트웨어 프로세스와 프로덕트의 품질에 대한 자세한 측정이 이루어짐

② 소프트웨어 프로세스와 프로덕트가 정량적으로 이해되고 통제됨

③ 조직은 선택한 표준 프로세스의 품질 지표에 대해 능력 수준을 파악하고 이를 근거로 각 지표들에 대한 목표치를 정의할 수 있음

Ⓐ – (   )

6. 다음 설명에서 Ⓐ가 무엇인지 답하시오.

빅데이터 역량평가 참조모델의 정의(defined) 단계는 효율적인 데이터 사용이 가능하고 다양한 종류의 빅데이터 기술과 (Ⓐ)가(이) 존재하며 외부 데이터에 대한 이해도가 높은 단계이다.

Ⓐ – (   )

7. 다음 설명에서 Ⓐ와 Ⓑ가 무엇을 말하는지 답하시오.

빅데이터 역량평가 참조모델의 평가 영역은 조직(organization), 자원(resource), (Ⓐ), 사람(people), (Ⓑ)의 5개 요소로 구성된다.

Ⓐ – (   )   Ⓑ – (   )

8. 다음 설명에서 Ⓐ가 무엇인지 답하시오.

빅데이터 예측분석 전문가 에릭 시겔(Eric Siegel)은 『빅데이터 분석 시대』에서 예측분석모델(predictive analytics model)이 필요한 이유를 기업의 주요 전략 목표들(key strategic objective)과 연계하여 설명하였다. 에릭 시겔은 기업들이 경쟁(compete), 성장(grow), (Ⓐ), 개선(improve), 만족(satisfy), 학습(learn), 행동(act)의 7가지 주요 전략 목표를 달성하기 위해 예측분석이 필요하다고 주장하였다.

Ⓐ – (   )

9. 다음 설명에서 공통적으로 Ⓐ가 무엇인지 답하시오.

(Ⓐ)는 데이터를 수집, 분석해 이를 근거로 올바른 의사결정을 내릴 수 있도록 해주는 솔루션 및 기술을 말한다. 즉, 의사결정지원에 사용되는 기술, 프로

세스, 스킬, 응용 프로그램 등을 포함하는 포괄적인 용어이다. (Ⓐ)는(은) 고객, 제품, 서비스, 운영, 공급자, 파트너에 대한 개별 정보 및 모든 관련 거래 데이터를 모으고, 관리하며, 분석한다.

Ⓐ – (　　　　　　　)

10. 다음 설명에서 공통적으로 Ⓐ가 무엇인지 답하시오.
대한생명(현 한화생명보험)은 2007년에 (Ⓐ)을(를)

구축하였다. (Ⓐ)는 예측분석을 통해 사기 의심 거래 후보군을 정밀하게 실시간으로 예측하고 있다. (Ⓐ)는 보험금 청구 고객에 대한 스코어링(scoring) 수단을 토대로 보험금 지급 여부를 판단할 수 있다.

Ⓐ – (　　　　　　　)

🔍 참고문헌

국가정보화전략위원회, "빅데이터를 활용한 스마트 정부 구현안," 2011.

김진영, 홍태석, "의료 분야에 있어 빅데이터의 활용 동향과 법적 제 문제: 일본의 논의를 참고로", 단국대학교 법학연구소, 법학논총, 제40권, 제3호, 2016, pp. 339–365.

김종우, 김선태, "경영을 위한 데이터마이닝", 한경사, 2012.

김형래, 전도홍, 지승현, "빅데이터 분석 프로젝트 수행 방법론", 한국컴퓨터정보학회 논문지, 제19권, 제3호, 2014, pp. 73–85.

배화수, 조대현, 석경하, 김병수, 최국렬, 이종언, 노세원, 이승철, 손용희, "SAS Enterprise Miner를 이용한 데이터마이닝", 교우사, 2005.

변대호, "빅데이터 생태계의 건강성 평가 방법", e-비즈니스연구, 제15권, 제3호, 2014, pp. 157–171.

서울시정보시스템담당관실, "빅데이터 기반 심야 버스 노선 수립 지원 시스템 구축", 서울시, 2013.

송민정, "빅데이터가 만드는 비즈니스 미래 지도", 한스미디어, 2012.

송민정, "빅데이터(Big Data)를 활용한 비즈니스 모델 혁신", 과학기술정책, 제192권, 2013, pp. 86–97.

신택수, 홍태호, "비즈니스 인텔리전스를 위한 데이터마이닝", 사이텍미디어, 2009.

이석주, 연지윤, 천승훈, "빅데이터를 이용한 교통 정

책 개발 및 활용성 증대방안", 연구총서, 제1권, 2013, pp. 1–124.

이지혜, 제미경, 조명지, 손현석, "보건의료 분야의 빅데이터 활용 동향", 한국통신학회지(정보와통신), 제32권, 제1호, 2014, pp. 63–75.

장우성, 노순석, 계상진, "화장품 브랜드 평판과 정서적 충성도, 행동적 충성도 간의 관계 및 정서적 충성도의 매개 효과 검증 연구", 광고학연구, 제20권 제5호, 2009, pp. 131–153.

조영복, 우성희, 이상호, "웰니스를 위한 빅데이터 분석과 의료 질 관리", 한국컴퓨터정보학회 논문지, 제19권, 제12호, 2014, pp. 101–109.

조성우, "Big Data 시대의 기술", kt종합기술원, 2012.

천민경, 백동현, "빅데이터 역량평가를 위한 참조모델 및 수준 진단 시스템 개발", 산업경영시스템학회지, 제39권, 제2호, 2016, pp. 54–63.

한국디지털정책학회 빅데이터전략연구회, "경영 빅데이터 분석", 광문각, 2016.

한국방송통신진흥원, "빅데이터(Big Data) 활용 단계에 따른 요소 기술별 추진 동향과 시사점", 2013, pp. 6–9.

한국소프트웨어기술인협회 빅데이터전략연구소, "빅데이터 개론", 광문각, 2016.

한국정보화진흥원, "빅데이터 시대: 에코시스템을 둘러싼 시장 경쟁과 전략 분석", IT & Future

Strategy 보고서, 제4권, 2012.

한국정보화진흥원, "글로벌 기업의 빅데이터 활용 현황(The Power of IoT and Big Data)", 한국정보 화진흥원, 2015.

한국정보화진흥원, "최근 빅데이터 관련 Mega Trends", 한국정보화진흥원, 2015.

함유근, 이석준, "구성 요소들로 본 빅데이터 비즈니스 모델의 특성: 한미 화장품 빅데이터 비즈니스 사례 비교분석", 정보기술아키텍쳐연구, 제13권, 제1호, 2016, pp. 63-75.

함유근, 채승병, "빅데이터, 경영을 바꾸다", 삼성경제연구소, 2012.

허명회, 이용구, "데이터 모델링과 사례", SPSS아카데미, 2003.

Arnaout R. "Elementary, My Dear Doctor Watson," *Clinical Chemistry*, Vol. 58, No. 6, 2012, pp. 986-988.

Fern, H. and Krish, K., "TDWI Big Data Maturity Model Guide: Interpreting Your Assessment Score", *The Data Warehousing Institute*, 2013.

IBM. "University of Ontario Institute of Technology: Leveraging key data to provide proactive patient care," 2010.

IBM. "Wellpoint and IBM announce agreement to put Watson to work in health care," (http://www-03.ibm.com/press/us/en/pressrelease/35402.wss), 2011.

Siegel, Eric, "Seven Reasons You Need Predictive Analytics Today", Prediction Impact Inc, 한국 IBM, 2010.

금융 빅데이터 이론

04 금융산업의 빅데이터 활용

타 산업에 비해 금융산업은 데이터의 보유량이 많고 빅데이터의 잠재적 활용 가치가 높아 은행, 보험사, 카드사를 중심으로 빅데이터 활용 사례가 급증하고 있다. 따라서 향후 금융 빅데이터는 미래의 경쟁우위를 가늠하는 핵심역량이 될 것이다. 시장조사기관 가트너(Gartner)는 '2016년 산업별 빅데이터 수요 현황 조사'에서 빅데이터 수요가 가장 높은 분야는 금융산업이며, 빅데이터의 활용 잠재 가치도 가장 높다고 언급한 바 있다.

국내외 금융기관들은 주로 고객과의 거래 이력에 따라 시의적절하게 판촉 활동을 전개하는 고객관계관리(customer relationship management, CRM)와 이벤트 기반 마케팅(event-based marketing, EBM)에 금융 빅데이터를 활용하고 있다. 외국의 금융기관들은 마케팅, 투자 관리 및 트레이딩, 리스크 관리, 고객 서비스 등 경영 활동의 다양한 분야에서 빅데이터를 활용하고 있으며, 나아가 사내에 축적된 빅데이터 분석 결과를 외부에 제공하여 수익을 창출하고 있다.

미국의 민간 상업은행인 웰스파고(Wells Fargo & Company)는 고객의 ATM(automatic teller's machine) 조작 이력을 토대로 화면에 표시되는 버튼을 고객별로 최적화(personalize)하고 있다. 정기적인 일정 금액 인출과 예금계좌 입금의 빈도가 높은 고객이면 화면 상단에 이 두 가지 버튼만 표시된다. 이후 정기적으로 ATM 조작 이력을 반영하여 가장 빈번히 사용되는 서비스 버튼이 상단에 자동적으로 교체 또는 배치된다. 타행 계좌의 카드 이용자에 대해서도 자행의 ATM을 이용하면 조작 이력이 기록되기 때문에 동일하게 거래 화면의 최적화가 이루어지고 있다. 웰스파고 은행은 속도(speed), 개인 최적화(personalize), 이해 용이성(understandability) 등의 경영 목표 달성을 위해 금융 빅데이터를 적극 활용하고 있다.

미국의 체이스뱅크(Chase Bank)는 금융 빅데이터를 활용하여 계좌 해약 조짐 패턴의 고객을 예측하여 특별 관리를 실시한다. 계약 해지 고객의 인터넷거래와 콜센터, 메일 내용, 영업점 설문 조사 등으로 수집한 빅데이터를 토대로 계좌 해약 패턴을 추출하여 계좌 해지율(churn rate)을 낮추고 있다. 비자(VISA Inc.) 신용카드사는 고객의 결제 위치 및 시점, 구매 품목을 실시간으로 파악하고, 타깃 마케팅(target marketing) 구매 이력 및 성향을 감안하여 주유소에서 결제를 마치면 인근 카페의 쿠폰을 발송하는 등 타깃 마케팅을 실시하고 있다.

일본의 은행들도 신용카드 이용 이력에 근거하여 빈번히 이용되는 점포의 쿠폰을 발송하는 거래 이력에 기초한 쿠폰 발급 서비스를 실시하고 있다. 또한 콜센터와 웹사이트에 대한 고객의 문의 등 텍스트 데이터를 분석하여 수수료, 주택대출금리, 연회비 등에 대해 부정적인 고객이 증가하고 있는지를 판단하는 빅데이터 기반 감성분석을 실시하고 있다.

이처럼 국내외 금융기관들은 빅데이터 분석 시스템을 활용하여 수익성 및 업무 효율 제고와 의사결정 프로세스를 개선하고 있다. 또한 빅데이터 분석정보를 고객관계관리(CRM)에 활용하고 자금 세탁 추적과 신용 리스크 관리에도 활용하고 있다.

향후 금융기관들은 빅데이터 분석 및 활용에 있어서 목적의 명확화, 데이터의 수집 범위 결정, 업무 부문과의 결합도, 기획·실행·평가의 시행착오 등 네 가지 요소에 대해 고려해야 한다. 첫째, 목적의 명확화는 빅데이터 분석 결과를 어디에 활용할 것인지 목직을 분명히 설정해야 한다. 둘째, 데이터의 수집 범위 결정은 분석에 필요한 데이터의 범위를 어느 정도로 설정할 것인지에 대한 검토를 말한다. 셋째, 업무 부문과의 결합도는 고객과 직접 접촉하고 있는 영업 현장과 분석 대상 데이터 및 출력 이미지 등을 세밀히 조율해야 빅데이터 분석 결과가 현장에 제대로 적용될 수 있다(적용 가능성, 시연성). 마지막 구성 요소인 기획·실행·평가의 시행착오는 빅데이터의 활용에는 기획, 실행, 평가의 시행착오 과정이 어느 정도 필요한 만큼 반드시 단기간에 성과를 거두려는 접근 방식은 바람직하지 않다.

사례 연구

국내 은행들의 이상금융거래 탐지시스템 구축

이상금융거래 탐지시스템(Fraud Detection System, FDS)이란 금융거래에 있어서 비정상적인 행위를 탐지하여 금융사고를 예방하고자 하는 기술적 접근 방법의 시스템이다. FDS는 실시간으로 단말기(PC, 모바일 등) 정보와 거래 내용, 이용자 유형 등 이용자의 데이터 및 결제 데이터를 종합적으로 분석한 후 평소 거래 패턴 데이터와 다른 거래임을 탐지(이상 징후 파악)하여 금융기관과 이용자에게 탐지 사실을 알리거나 임의로 금융거래를 중단시킨다.

인터넷, 스마트폰 뱅킹 및 텔레뱅킹을 이용한 이상전자금융사고의 발생 가능성이 높아지면서 이를 사전에 적발하는 FDS 구축이 금융권 전반으로 확산되고 있다. 스마트 기기 및 인터넷 보급이 확산되고 이에 대한 위험이 증가함에 따라 금융거래에 대한 안전성 강화를 위해 FDS의 고도화 및 확대 도입이 필요한 시점이다.

따라서 국내 금융기관들은 이상금융거래에 대한 다양한 형태의 정형/비정형 금융거래 이벤트 데이터를 실시간으로 수집/저장하고 과학적 연관분석기법을 활용하여 비정상 행위를 탐지 및 차단할 수 있는 빅데이터 기반 FDS 시스템을 구축하고 있다.

FDS는 다양하게 수집된 정보를 종합적으로 분석하여 이상금융거래 유무를 판별하는 복합적인 시스템으로 크게 정보 수집 기능, 분석 및 탐지 기능, 대응 기능, 모니터링 및 감시 기능의 네 가지 기능으로 구성된다.

정보 수집 기능은 이상금융거래 탐지의 정확성을 위해 '이용자 매체 환경 정보'와 '사고 유형 정보'의 수집 기능을 담당한다. 분석 및 탐지 기능은 수집된 정보를 이용하여 이용자 유형별, 거래 유형별 다양한 상관관계 분석 및 규칙 검사 등을 통해 이상 행위를 탐지하는 기능이다. 대응 기능은 분석된 이상금융거래 행위에 대한 거래 차단 등의 대응 기능을 수행한다. 마지막으로 모니터링 및 감시 기능은 수집, 분석, 대응 등의 종합적인 절차를 통합하여 관리하는 모니터링 기능과 해당 탐지시스템을 침해하는 다양한 유형에 대한 감시 기능을 수행한다.

향후 핀테크(Fin-Tech) 서비스의 지속적인 성장으로 인해 다양한 비대면 채널을 통한 전자 금융의 비율은 더욱 증가할 것이며, 이면에는 다양한 형태의 정보보안 위협도 발생할 것이다. 따라서 이상금융거래에 대응한 진화된 FDS 시스템 구축이 필요하므로 인공지능(AI) 기반의 빅데이터 분석 기법의 중요성은 날로 커질 것이다.

4.1 핀테크와 금융 빅데이터 분석

4.1.1 핀테크와 금융산업

2016년 1월에 개최된 세계경제포럼은 인공지능(AI), 사물인터넷(IoT), 빅데이터 등 기술 융합을 토대로 '제4차 산업혁명'시대의 도래를 예고하였다. 특히 금융산업은 인공지능과 빅데이터 기술을 적용한 '금융-IT 융합형' 산업으로 빠르게 발전할 것으로 전망하고 있다.

국내외 금융산업은 2008년 글로벌 금융위기 이후 지속된 저금리 기조 및 투자심리 위축으로 수익성 악화와 강력한 금융 규제로 어려움을 겪는 시점에서 정보기술(information technology, IT) 분야와의 융합을 통해 새로운 수익모델 개발과 혁신 서비스 제공으로 위기를 극복하고 있다.

핀테크 서비스는 금융(finance)과 기술(technology)이 융합된 것으로 지급결제와 간편결제의 금융거래 및 결제서비스 혁신을 만들어가면서 다양한 수익모델을 제공하고 있다. 1세대 핀테크(핀테크 1.0)는 간편결제, 송금, 펀드, 자산관리 등 기존 금융서비스를 IT와 결합하여 기존 금융서비스의 해체 및 재해석에 중점을 두고 있다.

진화된 핀테크 2.0은 혁신 융합 기술을 통해 기존 금융기관과 핀테크 기업과의 다양한 협업으로 온라인 · 모바일 환경에서 소비자 중심의 새로운 비즈니스 모델 창출 및 금융서비스 제공을 목표로 하고 있다. 핀테크 2.0은 인터넷전문은행, 크라우드 펀딩, P2P 대출, 자산관리 등 금융 전반에 걸쳐 다양한 서비스가 제공되고 있다.

시장조사 및 통계분석기관 스태티스타(Statista)는 전 세계 핀테크 시장거래 금액이 2016년부터 4년간 평균 20.9%로 성장하여 2020년에는 5조 330억 달러(약 5,647조 원)까지 증가할 것이고, 기업 금융에서 확대되어 소상공인 및 개인 금융 이용자의 수가 지속적으로 증가할 것으로 전망하였다. 또한 글로벌 시장조사기관 리서치앤마켓(Reserch & Markets)의 '글로벌 핀테크 산업 전망 보고서'는 전 세계 핀테크 투자 시장이 2016년부터 2020년까지 연평균 54.83%의 성장을 기록할 것이라고 예측하는 등 핀테크 분야가 벤처캐피털(venture capital) 분야에서 가장 빠르게 성장하고 있다.

글로벌 핀테크 시장의 선도 국가인 미국은 지급결제서비스 시장에서 매년 40%의 거래 성장률을 나타내고 있다. 현재는 지급결제뿐 아니라 IT를 이용한 대출, 개인 자산관리, 보험 등 전통 금융업의 고유 영역까지 서비스를 확대하고 있다.

미국과 함께 핀테크 산업을 주도하고 있는 영국은 유럽 최대의 핀테크 클러스터인 '테크 시티(Tech City)'를 기반으로 핀테크 사업을 추진하고 있으며, 2015년 기준 약 200억 파운드(약 29조 원)의 시장 규모를 갖추게 되었다. 미국과 유럽 외에도 아시아·태평양 지역에서 핀테크 산업의 성장률과 시장 규모는 급속하게 늘어나고 있으며 시장 경쟁도 치열해지고 있다.

미국의 시장조사기관 프로스트앤설리반(Frost & Sullivan)의 '2017년 핀테크 시장 전망 보고서'에 의하면 아시아·태평양 지역의 핀테크 산업은 2016년부터 2020년까지 연간 성장률 72.5%를 기록하여 2020년에는 719억 달러(약 81조 원)까지 핀테크 시장 규모가 커질 것으로 전망하였다. 4차 산업혁명 시대에 주요 선진국들은 핀테크 서비스에 투자를 지속적으로 늘리고 있으며, 핀테크 기술개발을 위한 네거티브(negative) 규제와 전폭적인 정부 지원을 통해 경쟁력 있는 핀테크 스타트업(start-up) 기업을 배출하고 있다.

그러나 한국의 핀테크 산업은 각종 법적 규제와 해킹 위협으로 주요 선진국에 비해 경쟁력이 떨어지는 것이 현실이며 세계적인 핀테크 기업과 핀테크 전문 인력 또한 부족한 실정이다. 경직된 금융 규제 법안과 강력한 보안 심의 제도로 인해 핀테크 관련 지원 및 투자가 활발하지 못하였다. 금융 보안 산업 발전을 저해하던 공인인증서 의무 규정 및 'ActiveX(액티브X)' 보안 모듈 폐지와 핀테크 스타트업의 보안성 심의 완화로 인해 핀테크 시장은 이제 확산 초기 단계에 있으며, 핀테크 산업의 주요 비즈니스 모델인 지급결제서비스가 IT 기업 주도하에 시행되고 있다. 국내 핀테크 시장은 간편결제 부분에서 경쟁력을 갖추고 있으나 지능형 핀테크 영역인 인공지능과 빅데이터 관련 원천 기술은 주요 선진국에 비해 경쟁력이 취약하여 핀테크 산업 자체의 지속적인 성장과 발전에 저해가 되고 있다. 핀테크 산업 활성화를 위해 핀테크 창업 기업 육성 정책을 적극적으로 시행해야 한다.

최근의 핀테크 시장은 다양한 모바일 디바이스 확산으로 인한 모바일 금융거래 증가, 인공지능기법을 활용한 금융 빅데이터 분석, 결제 소프트웨어의 지능화 등 지능형 핀테크 서비스(intelligent fintech)로 진화하고 있다. 인공지능(artificial intelligence, AI), 블록체인(blockchain), 빅데이터(big data), 핀테크 보안, 로보어드바이저(robo-advisor) 등의 영역에도 적극적인 투자가 필요한 시점이다.

4.1.2 핀테크 서비스 유형과 국내외 핀테크 시장 동향

핀테크 서비스가 출시되기 이전에는 모바일 기기를 활용하여 제품이나 서비스

결제를 지원해주는 서비스가 소비자들에게 제공되었다. 모바일 결제서비스는 지급결제뿐 아니라 IT를 활용한 금융 데이터분석, 개인자산관리, 크라우드 펀딩(crowd funding) 등을 제공하는 핀테크 서비스로 진화하고 있다.

핀테크 서비스는 기능적인 측면과 비즈니스 모델 측면으로 분류할 수 있다. 핀테크 서비스의 기능에 따른 분류는 결제 및 송금, 대출 및 자금조달, 자산관리, 금융플랫폼으로 구성된다. 비즈니스 모델에 따른 분류는 지급결제(payments), 금융 데이터 분석(financial data analytics), 금융 소프트웨어 시장(financial software market), 대출과 투자 중개의 플랫폼(platforms) 등 네 가지 요소로 구성된다.

다시 말해, 좁은 의미로의 핀테크는 간편결제를 포함한 지급결제서비스를 말하고, 넓은 의미로는 지급결제를 포함한 금융 소프트웨어나 솔루션, 플랫폼을 개발하기 위한 기술과 의사결정, 위험관리, 포트폴리오 재구성, 성과 관리, 시스템 통합 등의 금융시스템 혁신을 위한 개선을 포함한다.

대표적인 글로벌 핀테크 서비스로는 이베이(eBay)의 페이팔(Paypal), 구글(Google)의 안드로이드 페이(Android Pay), 애플(Apple)의 애플 페이(Apple Pay), 알리바바(Alibaba) 그룹의 알리페이(Alipay) 등이 있다(표 4.1 참조).

표 4.1 글로벌 핀테크 업체의 서비스 시행 현황

업체명	페이팔 (Paypal)	안드로이드 페이 (Android Pay)	애플 페이 (Apple Pay)	알리페이 (Alipay)
서비스 시작일	2001년 5월	2011년 8월 (구글 월렛)	2014년 10월	2004년 3월
이용자 수 (2017년 3월)	1억 9,700만 명	2,400만 명	8,500만 명	9억 5,000만 명
시장점유율 (2016년 12월)	58%(미국 모바일 결제 시장)	5%(미국 모바일 결제 시장)	36%(미국 내 매장 수 기준)	65%(중국 모바일 결제 시장)
특징	•지급결제서비스 핵심역량 • 이베이(eBay) 고객 · 가맹점 확보 • 보안 기술력 강화 • P2P와 해외 송금서비스 시행	• 오프라인 결제 시장에 중점 • NFC 기술 이용 • 다수의 신용카드 가맹점 이용 가능 • 지메일 첨부 파일을 통한 이용자 간 송금 서비스 가능	• 미국 상인 대상 모바일 결제 역량 집중 • 이용 가맹점 수 시장점유율 1위 • 지문 인식과 NFC 기술 이용 • 하드웨어 수준의 보안 기술 활용	• 제3자 지급결제 자국 시장 선점 • 알리바바 그룹의 이용 고객 확보 • 중국 정부의 전폭적인 지원과 규제 완화 • 핀테크 인터넷전문은행 설립

글로벌 핀테크 대표 기업인 페이팔(Paypal)은 2016년 기준 미국 모바일 결제 시

장에서 약 58%의 점유율과 200개국에서 1억9천만 명의 고객을 보유하고 있다. 2015년 기준 페이팔의 총자산은 288억 달러(33조 원), 매출액은 92억 달러(10조8천억 원)로 매년 두 자릿수 성장을 나타내고 있다. 페이팔은 결제 시 비밀번호 입력만을 이용하여 결제 완료하는 지급결제서비스에 핵심역량을 지니고 있다. 페이팔은 다수의 보안 업체와 모바일 결제 기업을 인수 · 합병하는 전략을 통해 보안 분야를 포함한 기술력을 강화시키는 등 개인정보보호와 지급결제시스템의 고도화에 주력하고 있다.

최근 페이팔은 페이팔미(PayPal.Me)라는 개인 간 금융거래 서비스(peer to peer, P2P)를 시행하고 있고, 해외 송금 서비스 업체를 인수하여 해외 송금 서비스를 시행하고 있다.

구글이 개발한 모바일 결제 시스템인 안드로이드 페이(Android Pay)는 2011년 8월부터 구글 월렛(Google Wallet)이라는 이름으로 핀테크 서비스를 시작하였으며, 페이팔이 장악하고 있는 온라인 시장보다 오프라인 결제 시장에 중점을 두고 있다. 오프라인 결제는 근거리 무선 통신(near field communication, NFC) 기능이 내장된 모바일 기기를 통해 직불카드, 신용카드, 멤버십 카드 등의 기능을 대체하고 있으며, 약 30만 개 이상의 마스터카드(MasterCard) 가맹점 및 비자(Visa Inc.) 가맹점에서 사용이 가능하다. 2013년에 구글은 구글 월렛과 지메일(Gmail)을 통합하여 지메일 첨부 파일을 통한 이용자 간 송금 서비스를 시행하였다. 2015년 9월에 구글은 구글 월렛에 NFC 기능을 제거하고 새로운 핀테크 서비스인 안드로이드 페이를 발표하여 간편결제 중심의 핀테크 서비스를 시행하고 있다. 구글은 안드로이드 운영체제 기반의 스마트 기기에 안드로이드 페이를 기본 탑재하여 시장점유율을 늘리고 있다.

2014년 10월에 애플이 출시한 애플 페이(Apple Pay)는 애플 운영체제(iOS) 기반 모바일 기기를 통해 비접촉식 단말기나 iOS 앱(app)에서 결제가 가능한 지급결제 및 전자지갑 서비스이다. 후발 주자임에도 이용 가능한 매장 수 기준(2016년)으로 미국 내 모바일 결제서비스 시장점유율 1위를 기록하고 있으며 미국 내 소매점의 36%에서 애플 페이 이용이 가능하다.

애플 페이는 지문 인식(TouchID) 기술과 비접촉 통신 방식(NFC) 기술의 결제 서비스로 카드 정보를 등록한 후 가맹점에서 NFC 단말기에 아이폰 기기를 접촉하여 지문 인증 과정만으로 결제가 가능하다. 애플 페이는 결제 편의를 제공하기 위해 지문 인식 기술을 활용하면서 더불어 보안 수준도 높이기 위해 하드웨어 수준의 보안 기술을 활용하는 등 모바일 간편결제에 핵심역량을 지니고 있다.

글로벌 핀테크 신흥 강국 중국의 대표적인 핀테크 기업은 알리바바(Alibaba) 그룹의 자회사인 알리페이(Alipay)이다. 2004년에 설립된 알리페이는 2016년 기준 약 5억 명의 고객을 보유하고 있으며, 중국 모바일 결제(제3자 지급결제) 시장에서 약 65%의 점유율을 기록하고 있다. 알리바바 그룹과 같은 전자상거래 관련 비(非)금융회사가 전자상거래 분야에 지급결제시스템을 선도적으로 구축하여 중국 온라인 및 모바일 지급결제시스템 발전에 기여하고 있다. 소비자들이 알리페이에 가입하고 은행 계좌, 신용카드를 연동시키면 인터넷·스마트폰으로 송금과 결제뿐 아니라 대출, 펀드 가입 등의 금융서비스를 제공받을 수 있다. 알리바바 그룹은 2015년 6월 '마이뱅크(MYBank)'라는 인터넷전문은행을 설립하여 알리페이와 연계된 소액 대출플랫폼을 출시하는 등 핀테크 관련 비즈니스 모델을 지속적으로 개발하고 있다.

국내의 경우 인터넷 플랫폼 업체인 카카오(Kakao Corp.)와 네이버(Naver Corp.), 그리고 삼성전자와 LG전자 등 대형 ICT 업체들이 핀테크 서비스를 제공하고 있다. 카카오의 '카카오페이'와 네이버의 '라인페이'는 앱 기반 간편결제서비스를 제공하고 있고, '삼성페이'와 'LG페이'는 하드웨어 기반 모바일 간편결제서비스를 제공한다. 이들 기업은 핀테크 시장 규모가 작은 국내에서 모바일 간편결제 분야에 경쟁을 벌이고 있으나 다양한 규제 때문에 핀테크 사업 확장에 어려움을 겪고 있어 세계 시장으로 빠르게 영역을 확장해 나가고 있다.

'카카오페이'는 중국 알리페이의 모회사인 앤드파이낸셜 서비스 그룹(Ant Financial Services Group)으로부터 투자를 유치하고 전략적 파트너십을 체결하여 글로벌 시장 진출의 교두보를 확보하였다. 네이버의 '라인페이'는 일본을 중심으로 한 동남아시아 지역에서 핀테크 서비스를 출시하여 영향력을 확대하고 있다. 이처럼 국내 핀테크 서비스 기업들은 글로벌 핀테크 기업과의 전략적 제휴와 공격적인 투자를 통해 해외 시장 사업을 확대하고 있으며, 이들 시장에 차별화된 비즈니스 모델과 서비스 제공을 위해 노력하고 있다.

 사례 연구 --

핀테크 서비스 활성화 방안에 대한 연구-전문가 인터뷰

핀테크 시장의 활성화 방안을 강구하기 위해 전문가 인터뷰를 실시하였다. 금융기관 핀테크 담당자, 핀테크 스타트업 실무자, 핀테크 비즈니스 모델 전문가, 핀테크 보안 전문가, 그리고 핀테크 관련 연구자 등을 대상으로 심층 면접 조사를 수행하여 아래의 연구 문제에 관한 공통된 해답을 찾고자 하였다. 주요 심층 면접 질의 내용은 국내외 핀테크 시장의 현황 진단, 핀테크 법적 과제, 핀테크 관련 정책적, 제도적, 기술적 요소 등이다.

[연구 문제] 국내 핀테크 시장의 활성화 저해 요인에는 무엇이 있는가? 그리고 핀테크 시장 활성화에 필요한 정책적, 제도적, 기술적인 요소에는 무엇이 있는가?

표 4.2 전문가 심층 면접 조사 대상자

구분	소속	경력	주요 업무
A	금융기관	6년	핀테크 비즈니스 모델 수립
B	금융기관	8년	핀테크 스타트업 지원과 제휴협약 추진
C	금융기관	11년	핀테크 기업 발굴과 육성
D	정책기관	15년	핀테크 규제정책 수립
E	정책기관	6년	핀테크 인력양성 방안
F	연구기관	7년	핀테크 보안위협 연구
G	연구기관	7년	핀테크 관련 정책이슈 분석
H	핀테크 스타트업	5년	간편결제, P2P 서비스 제공
I	핀테크 스타트업	3년	송금, 결제, 금융데이터 분석서비스
J	민간기업	7년	핀테크 빅데이터 분석

첫째, 핀테크 전문가들은 핀테크 관련 법적 규제 완화와 핀테크 산업 생태계에 적합한 법 제정의 필요성을 주장하였다. 전문가들은 공통적으로 현행 사전 예방 중심 규제가 핀테크 산업 발전을 저해한다고 지적하였다. 전문가들은 정부 및 정책 기관에서 열거한 업무만 제한적으로 할 수 있는 '포지티브 방식' 규제에서 벗어나 금융 당국이 금지하는 특정 업무만 제외하면 나머지는 자유롭게 할 수 있도록 허용하는 '네거티브 방식'의 규제 전환이 필요하다고 주장하였다.

핀테크 선도 국가들은 핀테크 산업 활성화를 위해 '선 허용 후 보완'정책을 내세우고 있다. 또한 지급결제의 전자금융거래법, 송금 · 환전에 관한 은행법과 금융실명법, 여신전문금융업법, 투자 중개의 자본시장법 등의 금융관련 법 제도가 기술 혁신 속도를 따라 잡지 못해 핀테크 경쟁력이 떨어진다고 주장하면서 기존 법률의 정비와 법적 규제 완화를 대안으로 제시하였다. 클라우드 서비스 활성화를 위한 '클라우드 컴퓨팅 발전 및 이용자 보호에 관한 법률'과 빅데이터 활성화를 위한 '빅데이터 진흥법'이 제정되었듯이 핀테크 산업 활성화를 위한 '핀테크 산업 진흥법'을 제정하여 핀테크 관련 세제·금융 지원 및 투자 활성화를 유도해야 한다고 주장하였다.

둘째, 핀테크 전문가들은 국내 핀테크 환경에 적합한 내부통제(internal control) 및 보안 거버넌스(security governance)의 필요성을 주장하였다. 핀테크 서비스는 안정성보다는 이용 용이성, 편의성, 신속성 등의 개선을 고려하므로 심각한 보안 위험에 노출되어 있다. 핀테크 기기의 보안 취약점으로 인한 개인정보 및 금융정보 유출 방지를 위해 내부통제 체계를 구축해야 한다. 즉, 보안 사고에 대비한 정보보호 시스템 구축과 금융거래 정보처리 및 정보보호를 위한 내부통제 체계가 확보되어야 한다.

핀테크 사업 구조의 경우 ICT 기업, 금융기관, PG(payment gateway) 기업 등 다양한 기관 간의 제휴 및 연계를 기반으로 두기 때문에 개인정보 및 금융정보가 금융기관에만 집중되었던 과거보다 정보 유출 가능성이 높은 것이 현실이다. 관리대상의 증가에 따라 기관 간 보안 책임 영역이 모호해지거나 보안 관리 체계의 수준이 상이한 경우, 한 곳에서 보안 사고가 발생하면 제휴 및 연계된 금융시스템 전체로 보안 사고가 확산될 가능성이 높다. 따라서 핀테크 기업들은 기업·기관 간 협의체를 설립하여 금융 보안 정책 수립에 필요한 국내외 법규와 제도를 분석하고 이를 바탕으로 공통된(표준화된) 정보보호 및 보안 정책을 수립할 수 있는 핀데크 보안 거비넌스 구축이 필요하다.

핀테크 보안 거버넌스의 주요 내용은 기관 간 협의된 표준화된 핀테크 보안 정책 수립, 정보보호에 관한 최고경영층의 의사결정권한과 책임 수립, 비즈니스와의 전략적 연계, 컴플라이언스(compliance) 보장을 위해 지켜야 할 원칙 등이 있다. 핀테크 보안 거너넌스를 통해 연계된 기관과 공동으로 보안 위협을 사전에 파악하고 대응할 수 있는 보안 관리 체계가 수립될 수 있다.

셋째, 핀테크 전문가들은 핀테크 이용자 인증 방법 중 생체 인증(biometric)과 데이터 보호 방식 중 하나인 블록체인(blockchain)의 기술력 향상이 중요하며, 이들 핵심 기술의 국제 표준화를 위한 노력이 필요하다고 주장하였다. 전문가들은 핀테크 서비스에서 이용자 인증은 보안성이 확보되어야 하는 핵심 기술이라고 주장하였다.

현재 가장 많이 사용되고 있는 이용자 인증 기술은 IC카드 사용 방법(접촉식, 비접촉식)과 생체 인증 방식이다. 전문가들은 생체 인증 방식의 기술력 향상과 중요성을 강조하였다. 생체 인증은 얼굴 형태, 홍채, 지문, 정맥 구조 등 개인의 고유한 생물학적 특성을 자동화된 장치를 통해 개인을 식별하거나 인증하는 기술이다. 생체 정보는 변경이 어렵기 때문에 정보 유출 가능성이 매우 적다. 생체 인증은 공인인증서를 대체하는 본인 인증 기술로 사물인터넷(IoT)을 포함한 다양한 산업에 연계가 가능하여 미래 핀테크 산업 및 금융산업의 성장 동력으로 주목받고 있다.

또한 전문가들은 핀테크 단말의 데이터 보호 방식 기술의 중요성을 언급하였다. 핀테크 단말의 데이터 보호 방식에는 단말 제조사에서 제공하는 신뢰된 실행 환경(trust execution environment, TEE), 결제 토큰화(tokenization) 기술, 블록체인 기술이 있다. 이 중에서 전문가들은 블록체인 기술력 향상이 매우 중요하다고 언급하였다. 현재 전 세계 많은 금융기관에서 블록체인 기술을 이용한 다양한 금융 서비스와 비즈니스 모델을 개발하고 있다.

블록체인은 거래 정보(블록)가 중앙 서버(mainframe)에 집중되지 않고 네트워크의 여러 컴퓨터에 분산 저장되는 것으로 분산성, 보안성, 무결성의 특징을 지닌다. 기존 메인프레임 방식의 금융시스템에서는 금융 공동망 해킹으로 정보 유출이 가능하나 블록체인은 여러 서버에 거래 정보를 나누어 저장하기 때문에 모든 컴퓨터를 해킹하지 않은 이상 정보 유출 가능성이 희박하다. 전문가들은 4차 산업혁명을 이끌 핵심 기술인 블록체인을 활용한 핀테크 비즈니스 모델 개발과 기술 활성화가 필요하다고 주장하였다. 블록체인은 인공지능(AI) 기술과 결합하여 다양한 금융서비스 제공뿐 아니라 다양한 산업군으로 확장·발전될 것이다. 전문가들은 생체 인증과 블록체인 기술 관련 스타트업 기업을 육성하고 이들 핵심 기술의 세계 시장 선점을 위해 국제 표준화 노력을 기울여야 한다고 주장하였다.

넷째, 전문가들은 핀테크 스타트업(start-up) 생태계 조성의 중요성을 주장하였다. 국내는 핀테크 지원 센터를 설립하여 우수 스타트업을 금융 회사와 연계시키고 다양한 지원 서비스를 제공하고 있으나, 이것이 일회성에 그치거나 단기적 컨설팅 지원 등 보여주기식 정책으로 일관하고 있다고 비판하였다.

회계컨설팅 기업 프라이스워터하우스쿠퍼스(PwC)는 전 세계 71개국 1,308개 금융기관 및 핀테크 기업을 대상으로 실태 조사를 실시하여 '글로벌 핀테크 조사 2017 보고서'를 발표하였다. 보고서에는 한국 금융기관이 핀테크 기업과 협력(partnership)을 맺는 비율이 14%로 세계 평균(45%)의 3분의 1 수준에 불과하다고 주장하였다. 전문가들은 정부 및 정책기관뿐 아니라 국내 금융기관들도 로보어드바이저, P2P 금융, 금융 빅데이터 분석 등 핀테크 영역에 진입하려는 기업들을 위한 체계적이고 지속적인 사업화 지원, 혁신적 창업자 양성, 신사업 발굴 지원 등을 통해 이들 기업과 상생할 수 있는 생태계 구축이 필요하다고 주장하였다.

금융기관은 핀테크 스타트업 기업 간 협력 관계를 통해 다양한 핀테크 비즈니스 모델을 창출할 수 있고, 스타트업 기업은 금융기관의 고객을 대상으로 핀테크 서비스 지원이 가능하다. 금융기관은 스타트업 기업에게 입주 공간 제공, 투자 유치, 전문가 컨설팅 지원 등 맞춤형 인프라를 통해 향후 해외 핀테크 시장에 진출할 수 있는 교두보를 마련하는 등 금융권과 핀테크 스타트업 기업이 상생 모델을 만들어 시너지를 창출할 수 있을 것이다.

다섯째, 전문가들은 생체 인증 및 블록체인 기술 전문가, 핀테크 빅데이터 분석가, 핀테크 보안 전문가, 로보-어드바이저(robo-advisor) 개발자 등의 핀테크 전문 인력 양성이 필요하다고 주장하였다. 핀테크 산업의 선도 국가 실현을 위해서는 전문적이고 창의적인 인력 풀(pool)이 필요하나 2016년 기준 국내 금융 종사자 가운데 핀테크 인력은 약 0.2%이며, 핀테크 특화 인력도 매우 부족한 실정이다. 금융감독원은 2017년 7월 소액 해외 송금업을 허용하는 외국환거래법 개정안을 발표하면서 소액 해외 송금업을 영위하는 핀테크 기업은 전산 전문가를 포함한 핀테크 인력을 5명 이상 보유해야 한다고 규정하였다. 이처럼 핀테크 분야의 새로운 시장 수요에 대비한다면 핀테크 전문 인력을 지속적으로 양성해야 한다.

전문가들은 핀테크 투자사, 금융기관, 스타트업, 지역 대학, 연구소 등이 공동으로 네트워크를 구축하는 산학 협력 핀테크 산업 클러스터를 조성하여 실무형 전문가를 양성해야 한다고 주장하였다. 대학 내 핀테크 인재 양성 센터를 설립하여 핀테크 특화 인력을 양성하고 클러스터 참여 기업을 대상으로 취업 알선 및 연계 프로그램을 추진할 필요성이 있다. 또한 지역 내 핀테크 산업 기반 확충을 위해 지역 내에서도 핀테크 핵심 인력에 대한 전문 교육을 실시해야 한다. 핀테크 인력 양성을 위한 교육 내용에는 핀테크 비즈니스 모델 개발, 핀테크 사업 수립 및 창업 실무, 그리고 생체 인식 및 블록체인 등 핀테크 핵심 기술과 서비스 모델 개발 등이 포함되어야 한다.

마지막으로 전문가들은 핀테크 보안 위협과 대응 방안에서 핀테크 이용자의 정보보안 인식 및 정보보호 역량 강화를 위한 정보보안 및 개인정보보호 교육의 필요성을 주장하였다. 핀테크 서비스의 개인정보보호 및 보안 행동은 법적·제도적 장치 마련과 기술적인 노력만으로는 해결될 수 없다. 핀테크 서비스 이용자들은 결제 환경에서 개인정보의 중요성을 인식하고 스스로 위험관리 노력과 정보보호 정책을 준수하는 노력을 기울여야 한다.

현재 핀테크 이용자들은 보안 도구를 적극적으로 이용하지 않으며, 정보 유출 가능성을 최소화하기 위한 대책이나 정보보안 지침을 준수하지 않는 경우가 많다. 정보보안 관련 공공기관, 정보보호 교육 센터, 그리고 민간 보안 관제 서비스 기업들을 중심으로 정보보안 및 개인정보보호 교육을 지속적으로 강화할 필요가 있다. 또한 핀테크 서비스 이용자는 핀테크 단말 보안 또는 서비스의 취약점 보안 패치 및 업데이트도 지속적으로 수행해야 한다.

4.2 핀테크와 인터넷전문은행

4.2.1 인터넷전문은행

핀테크는 인공지능(AI), 빅데이터(BigData), 사물인터넷(IoT) 등 4차 산업혁명의 핵심 원천 기술과 금융서비스가 결합하여 기존 금융거래 방식과는 차별화된 금융 혁신 서비스를 말한다. 핀테크 서비스의 대표적인 비즈니스 모델이 인터넷전문은행(internet primary bank)으로, 2017년도 국내 정보통신기술(ICT)과 금융 분야의 가장 큰 이슈가 인터넷전문은행의 공식 출범이다.

인터넷전문은행이란 인터넷과 모바일, 현금자동입출금기(ATM), 콜센터 등 비대면 인증 방식으로 금융서비스를 제공하는 무점포 은행을 말한다. 인터넷전문은행은 지점 방문이 필요 없는 비대면 계좌 개설 및 자금 이체 서비스, 시중은행 대비 높은 예금 금리와 낮은 대출 금리, 저렴한 수수료 등을 내세워 시중은행과 차별화된 전략을 내세우고 있다. 인터넷전문은행은 4차 산업혁명 시대의 디지털 혁신에 따른 금융업의 새로운 형태로 고객은 편의성, 접근성, 그리고 수익성을 제고할 수 있으며, 정부는 새로운 경쟁 도입으로 금융 혁신을 제고할 수 있다. 인터넷전문은행은 편의성과 접근성 니즈를 반영한 비대면 채널로의 영업 채널 확장 트렌드를 반영한 것이며, 전통 금융산업의 예대 마진(loan-deposit margin) 위주의 수익 구조에 대한 개혁 의지가 반영된 것이다.

미국과 유럽에서는 1990년대부터, 일본은 2000년대부터 금융산업의 경쟁력 강화와 소비자 편익 증대를 위해 인터넷전문은행을 도입·운영하고 있다. 초창기에는 낮은 브랜드 인지도와 기술력, 예대 마진 위주의 비즈니스 모델 등으로 일부 인터넷전문은행이 부도(bankruptcy)가 발생하였으나, 2000년대 중반부터는 인터넷·모바일 뱅킹 이용률 증가와 차별화 전략으로 규모와 수익성이 모두 향상되어 선도적인 인터넷전문은행들이 등장하기 시작하였다. 미국은 증권사, 보험사, 자동차 제조사 등이 인터넷전문은행을 설립하였고, 일본은 증권사, 통신사, 인터넷 회사, 유통업체들이 인터넷전문은행을 설립하였다. 이처럼 대부분 비은행 금융기관과 비금융 기업이 인터넷전문은행 시장을 주도하고 있다.

우리나라는 2017년에 국내 최초의 인터넷전문은행인 케이뱅크(제1호)와 카카오뱅크(제2호)가 출범하여 영업을 개시하여 금융 빅데이터 기반의 개인 및 기업 신용등급평가와 이를 반영한 중금리 대출 등 정보통신기술(ICT) 기반의 차별화된 금융서비스를 제공하고 있다.

2017년 설립 초기 국내 인터넷전문은행은 '은산분리 규제'로 인해 혁신적인 서비스 제공이 현실적으로 어려운 상황에 직면하였다. 은행법상 '은산분리'는 비금융 주력자(산업 자본)의 의결권이 있는 은행 주식 보유한도를 4%로 제한하고, 의결권 없는 주식 6%를 추가로 보유할 수 있어 최대 10%까지 제한하는 규제를 말한다.

국내 금융시장은 우수한 금융-ICT 인프라와 높은 인터넷·모바일 뱅킹 사용률, 핀테크 기술력 등 ICT 강국으로서 핀테크 산업 발전의 여건은 조성되었으나, 산업 자본의 은행 지분 보유 규제로 인해 핀테크 발전을 이끌 인터넷전문은행 운영에 어려움을 가지고 있었다. 그러나 2018년 9월에 인터넷전문은행 설립 및 운영에 관한 특례법(이하 인터넷전문은행법)이 국회 본회에 통과되면서 ICT 대기업에 한해 의결권 지분을 최대 34%(기존 4%, 의결권 기준)까지 늘릴 수 있는 여건이 마련되어 새로운 경쟁기업의 출현 유도와 정체된 금융산업의 성장 모멘텀 부여에 따른 혁신 성장이 기대되고 있다.

4.2.2 국내외 인터넷전문은행 산업 동향

인터넷전문은행으로는 세계 최초로 미국에서 1995년 10월에 SFNB(Security First Network Bank)가 설립되었다. 설립 초기에 시중은행보다 높은 예금 금리 등 공격적인 가격 정책을 내세웠다. 하지만 초기 금융시스템 구축에 따른 고정 비용과 안정적 고객 확보를 위한 막대한 마케팅 비용이 투입되면서 재무상태가 악화되어 결국 부실화되었다. 그러나 2000년대 중반 이후 미국의 인터넷전문은행은 ICT 도입과 빅데이터 분석 기반의 금융의사결정제도를 마련하는 등 시중은행과의 차별화 전략을 수행하여 지속적인 순 영업이익 증가세를 보였다.

2015년 미국 내 인터넷전문은행들의 총자산은 미국 전체 상업은행의 7.2%를 차지하였다. 미국의 인터넷전문은행 설립은 주로 비은행 금융기관과 비금융 기업(산업 자본)이 주도했다. 미국의 최대 인터넷전문은행인 찰스슈왑뱅크(Charles

Schwab Bank)와 이트레이드뱅크(E-Trade Bank)는 온라인 증권사를 기반으로 설립되었고, 고객 자산을 직접 운용하여 수익률을 확보하는 방식에서 최근에는 금융 빅데이터와 인공지능 알고리즘을 융합한 로보어드바이저 시스템을 통해 경쟁력을 확보하고 있다. 또한 디스커버뱅크(Discover Bank)와 아메리칸익스프레스뱅크(American Express Bank) 등의 신용카드사가 인터넷전문은행을 설립하여 고객의 신용카드 결제·이체 등에서 발생하는 각종 수수료 수익을 얻고 있다. 이것은 미국 인터넷전문은행의 가장 안정적인 수익모델이다. 미국의 인터넷전문은행은 고객이 원하는 특화된 금융서비스를 제공하여 각종 수수료 수입을 확보하는 등 다양한 수익모델을 갖추고 있다.

유럽 최초의 인터넷전문은행은 보험사 푸르덴셜(Prudential)이 1995년 영국에 설립한 에그뱅킹(Egg Banking)이다. 유럽연합 출범 이후 유럽 국가별 영업 기반을 가지고 있는 금융기관들이 지역적 한계를 극복하고자 인터넷전문은행을 적극 설립하였고, 2016년 기준 50여 개의 인터넷전문은행이 운영되고 있다. 유럽은 대형 보험사가 주도하여 인터넷전문은행을 설립하여 운영하고 있다. 영국 대형 보험사 푸르덴셜, 네덜란드의 ING 그룹, 스웨덴의 스칸디아(SKandia) 등은 인터넷전문은행 영업에 있어 계약자 만기 보험금의 내부 유보금을 적극 활용하고 있다. 이는 인터넷전문은행 설립을 통해 보험 계약의 만기 혹은 연금 지급 개시 시, 해당 자금을 인터넷전문은행이 관리하고, 이들 자금을 복합 금융상품 판매로 유도하여 지속적인 수익 구조를 창출하고 있다.

또한 유럽의 대형 일반 은행들은 젊은 고객층을 확보하기 위해 인터넷전문은행을 운영하고 있다. 포르투갈 최대 은행인 밀레니엄 BCP는 자회사 액티보뱅크(Activobank)를 활용하여 IT 기기에 익숙한 젊은 고객층을 확보하는데 주력하고 있으며, BNP 파리바는 헬로뱅크(Hello Bank)라는 인터넷전문은행을 설립하여 SNS를 이용하는 젊은 고객층에게 다양한 금융상품을 SNS상에서 홍보하고 있다.

유럽의 인터넷전문은행은 미국과는 달리 대형 금융기관들이 주도하여 설립하였고, 새롭게 금융 소비자들을 유치하여 자금을 확보하기보다는 모 금융기관의 자금을 관리하고 재유치하는 형태로 발전하고 있다.

중국의 인터넷전문은행은 민간 주도가 아닌 정부가 금융 개혁을 목적으로 민간 금융기관 설립 및 규제 완화 정책을 시행하고 있다. 중국 3대 IT 기업인 알리바바(Alibaba), 바이두(Baidu), 텐센트(Tencent)가 핀테크 혁신을 주도하면서 인터넷전문은행을 설립하였다. 텐센트(Tencent)는 2014년 7월에 중국 최초의 인터넷전문은행인 위뱅크(WeBank)를 설립하여 기존의 대출을 받지 못한 개인 금융서비스와 기업의 해외 송금 서비스를 제공하고 있다. 알리바바는 자회사인 안트파이낸셜서비스그룹(Ant Financial Service Group)을 통해 인터넷전문은행 마이뱅크(My Bank)를 설립하였다. 마이뱅크는 소셜 앱과 플랫폼을 활용해 빅데이터 기반으로 차별화된 신용대출을 실행하고 있다.

중국 인터넷전문은행의 경쟁력은 모기업의 인터넷 플래폼에 내장된 고객 정보에 있다. 중국의 인터넷전문은행은 출범 초창기 적은 비용으로 짧은 기간 내에 모기업 인터넷 플래폼을 통해 확보한 수억 명의 고객 정보를 이용해 다양한 수익 모델을 개발하고 있다. 또한 금융 보안 기술 측면에서 홍채 인식 및 안면 인식 등의 신기술을 도입하여 비대면 채널에 발생할 수 있는 보안 문제도 개선해 나가고 있다.

국내에서는 2015년 6월에 인터넷전문은행 도입을 발표하였고, 2016년 12월에 케이뱅크(제1호)와 카카오뱅크(제2호)에 인터넷전문은행 영업을 인가했다. 케이뱅크(K Bank)는 2017년 4월에 KT가 주도하여 설립한 대한민국의 제1호 인터넷전문은행이다. 2,500억 원의 자본금(3차 증자 후 5,000억 원)으로 21개 사가 출자했으며, 주요 주주는 우리은행(10.0%), NH투자증권(10.0%), GS리테일(10.0%), 다날(10.0%), 한화생명보험(10.0%), KT(8.0%), KG이니시스(8.0%) 등으로 구성되었다.

케이뱅크는 산업 자본(비금융 사업자)의 은행 지분 소유 한도(최대 10%, 의결권 4%)로 인해 우리은행(지분율 10%)이 최대 주주이다. 케이뱅크는 2017년에 대규모 유상증자에 실패하는 등 은산분리 규제로 인해 공격적인 대출 영업이 어려운 상황에서 자본적정성 규제를 고려한 자본 확충을 추진하고 있다.

한국카카오은행(Kakao Bank of Korea, 이하 카카오뱅크)은 2017년 7월에 설립된 두 번째 인터넷전문은행(자본금 3,000억 원)으로 주요 주주는 한국투자금융지주(50%), 카카오(기존 10%, 유상증자 18%), 국민은행(10%), SGI서울보증, 우정사업본부, 넷마블 등 9개의 주주사가 출자하였다. 카카오뱅크는 2017년 9월에 5,000억 원의 유상증자를 실시하였고, 2018년 4월에 추가로 5,000억 원의 유상증자를 완료하여 납입자본금(자기자본)이 1조 3천억 원으로 증가하였다. 카카오뱅크는 2018년 8월말 기준 수신 금액이 9조원, 여신 금액이 7조 4,780억 원 규모로 단기간에 급성장하고 있다. 2018연도 2분기 기준 카카오뱅크의 총자산은 케이뱅크에 비해 10배가 큰 10조 1,538억 원을 나타내고 있다.

인터넷전문은행은 점포 운영비, 인건비 등이 최소화되므로 시중은행보다 예금 금리를 높이거나 대출 금리를 낮출 수 있는 여력이 있다. 현재 대출시장은 금리한 자릿수의 시중은행 대출과 연 20%대 후반의 제2금융권으로 대표되어 제1금융권 이용이 어려운 저신용자들이 고금리 대출로 유입되고 있다. 이러한 상황에서 국내 인터넷전문은행이 핵심 서비스로 중금리 대출을 내세우고 있어 중금리 신용대출 활성화가 기대되고 있다.

4.2.3 국내 인터넷전문은행 산업 활성화 및 발전 방향

국내 인터넷전문은행 산업의 활성화를 위해서는 다음과 같은 법적, 제도적, 기술적 요인이 필요하다.

첫째, 인터넷전문은행의 자본건전성 확보 방안과 리스크관리시스템 구축이 필요하다. 바젤 III(Basel III)는 국제결제은행(BIS)이 2010년에 확정한 강화된 재무건전성 기준으로 대표적인 바젤 III 규제 비율에는 자본적정성, 자산건전성, 유동성 등이 있다. 인터넷전문은행은 바젤 III 규제 비율(자기자본비율 규제 비율 8%) 이상으로 유지해야 한다. 국내 인터넷전문은행은 설립 이후 모바일 뱅킹 사용자 비중이 늘어나면서 급성장하고 있으나, 한편으로는 재무건전성 부분에서 취약한 부분이 나타나고 있다(표 4.3 참조).

표 4.3 인터넷전문은행과 시중은행의 주요 경영 지표

(2018년 6월말 기준, 단위: 억원, %)

	케이뱅크	카카오뱅크	국민은행	신한은행	우리은행
총자산	18,000	96,596	3,982,835	3,828,374	3,538,827
당기순이익(순손실)	−395	−120	13,318	11,190	12,048
BIS총자본비율	10.71	16.85	15.92	16.18	15.26
고정이하여신비율	0.22	0.08	0.2	0.28	0.24
연체율	0.44	0.06	0.25	0.25	0.31
순이자마진	2	2.03	1.71	1.62	1.51

출처: 각 은행 정기 경영공시, 전국은행연합회(www.kfb.or.kr)

현재 국내 인터넷전문은행의 문제점은 연체율의 지속적인 상승과 당기순손실 발생이다. 중금리 대출의 만기가 도래하기 시작하면서 연체율(1개월 이상 원리금 연체 기준)과 고정이하여신비율이 계속 급증하고 있다. 케이뱅크는 2018년 상반기(1–2분기) 기준으로 395억 원의 당기순손실을 기록하였다. 케이뱅크는 대출 자산 성장의 부진과 순이자 마진 하락으로 낮은 이자 부문, 영업활동 부진, 그리고

대출 만기 도래 고객의 늘어나는 연체로 당기순손실이 발생되었다.

특히 케이뱅크는 총자산 대비 판매비·관리비 비율(5.6%)이 카카오뱅크(1.3%)보다 4배 이상 높아 향후 실적 상승에도 악영향을 끼칠 것으로 분석되었다. 카카오뱅크는 2018년 상반기(1-2분기) 기준으로 120억 원의 당기순손실이 발생되었다. 카카오뱅크는 자동입출금기(ATM) 및 포인트 수수료 비용, 판매비·관리비, 이자비용 등으로 인해 당기순손실이 발생되었다. 인터넷전문은행은 지속적인 신상품 개발과 기존 상품에 대한 공격적 마케팅을 통해 수익을 창출하고 관리비를 줄여 적자 폭을 줄여야 한다. 국내 인터넷전문은행은 시중은행에 비해 자본적정성과 자산건전성이 떨어지는 것으로 나타나 바젤 규제 비율을 높이는 노력이 필요하다.

둘째, 인터넷전문은행의 차별화된 수익 구조 및 비즈니스 모델 개발이 필요하다. 인터넷전문은행의 핵심 금융서비스는 지급결제 부문, 여신 부문, 수신 부문, 고객 서비스의 네 가지 영역으로 구성된다. 인터넷전문은행은 기존 시중은행과의 지속적인 경쟁우위를 위해 핵심 금융서비스에서 차별화전략을 세워야 생존할 수 있다. 시중은행보다 대출 조건을 완화한 금융상품을 주력으로 홍보하고, 중신용자를 위한 중금리 대출에 주력해야 한다. 또한 잠재적 금융 소비자의 의견이 반영된 금융상품 개발과 신용대출 이외의 담보 대출, 소상공인 대출 등의 다양한 금융서비스를 제공해야 한다.

마지막으로, 금융 빅데이터를 활용하여 인공지능 기반 신용평점시스템 구축이 필요하다. 시중은행과 차별화된 신용등급 기준을 마련하여 고신용자 보다 중신용자 대출 비중을 늘려야 한다. 또한 통계적 기법(판별분석, 로지스틱 회귀분석)이 아닌 인공지능기법을 이용한 신용평가시스템은 신용등급의 예측정확도를 향상시킬 수 있다. 국외의 인터넷전문은행은 인공지능 알고리즘을 기반으로 금융 소비자에게 금융상품을 추천하는 로보어드바이저(robo-advisor) 서비스를 시행하고 있다. 이처럼 빅데이터 분석 기술을 활용한 금융상품 개발, 금융 이자를 현금 이외에 디지털 콘텐츠 및 가상 화폐로 전환 제공, 로보어드바이저를 활용한 금융상품 추천 등을 통해 시중은행과의 차별화된 비교우위를 유지해야 한다.

우리보다 앞서 인터넷전문은행을 운영한 미국, 일본, 중국의 경영 전략과 비즈니스 모델을 학습할 필요가 있다. 이들 국가의 인터넷전문은행은 시중은행과 차별화 전략을 내세워 수익성을 높였으며 빅데이터를 활용한 중금리 신용대출 상품을 지속적으로 개발하고 있다. 중국의 인터넷전문은행은 금융 빅데이터를 활용하여 은행 계좌조차 없는 농어민과 영세상인 약 2억 명에게 중금리 대출을 제공하고 있으며 동시에 연체율 관리를 위해 리스크관리시스템 구축을 체계화하여 수익성과 자산건전성을 유지하고 있다. 국내 인터넷전문은행은 ICT 기업이 대주주로서 주도권을 가지고 인공지능(AI) 기반 핀테크 서비스 제공과 금융 빅데이터를 이용한 중금리 대출상품을 지속적으로 개발할 필요성이 있다.

4.3 로보어드바이저의 금융 빅데이터 활용

4.3.1 로보어드바이저의 탄생

최근 빅데이터와 인공지능(AI) 기술이 발달함에 따라 금융기관에서는 위험을 분산하고 투자 안정성을 높이면서 정기예금 이상의 수익률을 올릴 수 있는 방안으로 로보어드바이저(Robo-Advisor) 서비스를 개발하여 제공하고 있다. 로보어드바이저는 AI 알고리즘과 금융 빅데이터 분석 기반으로 고객에게 온라인으로 포트폴리오를 관리해주는 금융 자문 서비스를 말한다. 개인별 위험 성향을 고려한 자산 배분 전략에 따라 포트폴리오를 구성하여 맞춤형 투자 자문 및 자산관리 서비스를 제공하고 있다.

2008년 글로벌 금융위기 이후 미국에서 탄생한 로보어드바이저는 일반 대중에게 저렴한 수수료와 높은 수익률을 기반으로 개별 투자 성향에 따른 자산관리 서비스를 제공하며 빠르게 성장 중이다. 금융위기 이후 개인이 시장 상황에 따라 적극적으로 대응하기를 원하는 투자 행태의 변화가 일어났고, 로보어드바이저가 이러한 니즈를 반영한 고객 맞춤형 리밸런싱 서비스를 제공하였다. 이에 신생 기업(start-up)들은 전문적인 로보어드바이저 서비스를 통해 고객을 확보하면서 급성장하였고, 최근에는 기존 대형 금융기관과 은행들도 유사한 서비스를 제공하면서 경쟁적으로 새로운 상품과 서비스를 출시하고 있다.

2016년 2월 말 기준, 미국의 로보어드바이저 시장은 순수 로보어드바이저 133개, 하이브리드 5개, 플랫폼 개발자는 18개가 운영되고 있으며, 4년간 운용 규모는 연평균 48.5%씩 급증하고 있다. 운용 자산은 약 2,200억 달러(251조 원)로 추산되며, 계좌 수는 200만 개를 돌파하였고 계좌당 평균 투자금액도 약 10만 달러(1억1천만 원)에 달하는 것으로 나타났다. 로보어드바이저 신생 기업들은 차별화 전략으로 고객층을 확대하여 절세, 연금, 은퇴 계획 등으로 투자 자문 영역을 넓히고 있다.

월가(Wall Street)에서는 향후 금융 소비자들 사이에 로보어드바이저 서비스가 주류가 될 것이며, 서비스 분야가 확대되고 다양한 출처의 투자자산(소규모 예금 자금 등)이 유입될 것으로 예상하였다. 또한 '금융자산 5만 달러(5,700만 원) 이상의 대중 부유층(mass affluent) 고객 대상의 자산운용 서비스 시장조사'에 따르면 로보어드바이저를 주요 자산 운용 서비스로 이용하는 투자자는 2016년 6월 기준 전체의 10%에 불과했지만, 향후 5년간 25%까지 확대될 것으로 전망하고 있다. 투자 자문의 대상과 금융투자 상품의 유형이 다양해지면서 추가적인 투자 자금도 유입될 것이며, 미국 로보어드바이저의 운용 자산은 2020년까지 연평균 약 68%씩, 2.2조 달러(2,511조 원)까지 증가할 것으로 예상하고 있다.

로보어드바이저가 성장하게 된 배경은 다음과 같다. 첫째, 정기예금의 이자율이 너무 낮아 적극적인 투자에 대한 필요성이 증가하였다. 둘째, 인공지능과 빅데이터를 이용한 핀테크 기술의 발달은 전문적인 투자 상담 서비스를 대체할 만한 기술의 개발을 가능하게 하였다. 셋째, 투자자들은 자산관리 서비스의 높은 수수료율을 낮추면 수익률이 높아진다는 것을 인지하게 되었다. 기존 자산관리 서비스의 경우 연간 1%가 넘는 운용 수수료를 지불하지만 로보어드바이저의 경우는 이보다 훨씬 낮은 0.5% 정도의 수수료율만 부과되어 소액 투자자들의 수요가 확대되고 있다.

로보어드바이저는 금융 빅데이터를 기반으로 자동화된 인공지능(AI) 알고리즘을 통해 고객에게 온라인으로 포트폴리오를 관리하고 있다. 투자자가 정형화된 설문을 통해 본인의 투자 성향과 위험 성향을 비롯한 각종 데이디를 입력하면 로보어드바이저는 프로파일(profile)을 형성하여 적정 투자 포트폴리오를 제시하는 동시에 운용 및 리밸런싱(rebalancing, 운용 자산의 편입 비중 재조정) 서비스까지 제공한다.

미국 로보어드바이저 서비스는 공적 규제 기관인 증권거래위원회(Securities and Exchange Commission, SEC)에서 직접적으로 감독하고, 자율 규제 기관인 금융산업규제청(Financial Industry Regulatory Authority, FINRA)에서 로보어드바이저 실행의 한계점을 지적하고, 로보어드바이저의 건전한 지배구조 확보와 감독 방안 및 투자자 보호 방안을 제안하고 있다. FINRA는 로보어드바이저의 투자자 분석이 투자 자문 회사나 금융 회사가 준수하는 적합성의 원칙과 일반적인 투자 자문의 수탁자 기준을 제대로 준수할 수 없으므로 금융 전문가의 개입이 필연적임을 강조하며, 이익 충돌의 경우를 완전히 제거하지 못하기 때문에 투자자는 스스로 투자 목적 및 위험 허용 범위가 투자 조언에 반영되었는지 인식하고, 서비스를 통해 부과되는 각종 비용과 서비스의 수행 방법 등을 이해해야 한다고 강조한다.

4.3.2 로보어드바이저의 특성과 포트폴리오 배분 프로세스 단계

이 절에서는 로보어드바이저의 특성과 로보어드바이저의 구체적인 포트폴리오 배분 프로세스 단계를 설명하고자 한다. 로보어드바이저의 특성은 [표 4.4]와 같이 다섯 가지 특성으로 구분할 수 있다.

첫째, 자산관리 서비스 분야 중에서 투자에 특화된 서비스이다. 기존 펀드 투자의 경우 수익을 얻기 위해 펀드 매니저의 경험과 능력을 기대하는 데 반해, 로보어드바이저는 전적으로 시스템에 의존하여 투자한다. 금융 빅데이터 기반으로 고객의 위험 성향과 목적을 구분하여 투자를 운용하며 인공지능을 통해 투자 경험을 반복적으로 학습시켜 고객에게 맞는 개별 종목 및 최적의 투자 비중을 산출한다.

둘째, 투자 금액의 제약과 저렴한 수수료가 장점이다. 로보어드바이저를 통한 투자 서비스의 수수료는 기존의 투자 서비스인 랩어카운트(Wrap Account)의 수수료에 비해 절반이다.

셋째, 상장지수펀드(Exchange Traded Funds, ETF)를 활용한 분산 투자를 특성으로 한다. ETF의 특징은 주식과 동일한 결제 기간으로 펀드보다 환금성이 높고 개별 주식에 비해 위험과 가격 변동성이 상대적으로 작다. 1주를 매입하더라도 추종 지수 전 종목에 분산 투자 효과가 있고, 펀드보다 낮은 수수료율과 보수율에 따른 비용을 지급한다. 또한 납입 자산의 구성 내역 공시 제도를 통해 펀드의 포트폴리오를 매일 확인할 수 있고, 인덱스 펀드(index fund)와 달리 차익 거래가 가능하다.

넷째, 로보어드바이저는 분산 투자를 통해 중위험·중수익의 투자를 추구한다. ETF를 통한 분산 투자로는 고위험·고수익을 목표로 할 수 없다. 중위험·중수익의 고객군에게 적합하고, 소비자들은 본인의 위험 성향과 포트폴리오에 따라서 로보어드바이저를 선택·이용해야 한다.

마지막으로 로보어드바이저는 인공지능(AI) 알고리즘에 기반한 자산 배분과 리밸런싱(rebalancing)까지 빠르고 정확하게 수행할 수 있고, 사람의 감정이 개입되지 않기 때문에 자산 배분의 일관성을 유지할 수 있다.

종합하면 로보어드바이저는 투자자 측면에서 위험 분산, 투자 안정성의 향상, 금융상품 및 서비스 선택의 폭 증가, 은행 비용 감소 등의 장점을 가지고 있다. 로보어드바이저의 단점은 분산 투자가 주목적이기 때문에 상승장 혹은 하락장에서 다른 공격적인 투자 방법보다 수익률이 낮을 수 있다. 로보어드바이저는 과거의 빅데이터(역사적 데이터)와 알고리즘을 활용하기 때문에 예측 가능한 박스권

(box pattern) 장세에서는 유용하지만, 금융위기나 특정 이벤트 기간의 주가 흐름에 제대로 대응하기 어렵다는 것도 극복해야 할 과제이다.

표 4.4 전통적 자산관리 서비스와 로보어드바이저

구분	전통적 자산관리 서비스	로보어드바이저
주요 고객	고액 자산가	IT에 친숙한 대중 투자자
서비스 방법	영업망을 통한 대면 서비스(면담 통한 고객 성향 조사)	온라인 중심의 질의응답(설문으로 고객 성향 조사)
서비스 범위	투자 포트폴리오 재무 설계, 세금 이슈 등	투자 포트폴리오 중심
투자 수단	패시브펀드, 액티브펀드 모두 포괄	ETF, 인덱스펀드 등 패시브 상품 중심
자문 수수료	연간 0.75% ~ 1.5% + α(투자 형태별로 다양함)	연간 0.25% ~ 0.5%
경쟁력	전담 인력에 의한 맞춤형 자산관리	낮은 진입 장벽, 저비용

로보어드바이저의 구체적인 포트폴리오 배분 프로세스 단계는 아래와 같다. 로보어드바이저는 투자자의 성향을 분석하고 인공지능 알고리즘을 기반으로 포트폴리오를 산출하여 체계적으로 자문 서비스를 제공하는 바, 일반적으로 5단계 과정을 통해 투자자의 자산을 관리한다.

첫째, 개별 질문을 통해 투자자의 투자 성향과 위험 성향을 파악하고 투자 목적 등을 분석하여(customer profiling) 투자 자금의 성격을 파악한다. 둘째, 투자자의 성향 및 목적에 따른 자산군별 투자 비중을 결정한다(asset allocation). 셋째, 금융 빅데이터 기반으로 인공지능 알고리즘을 이용하여 최적의 맞춤 포트폴리오를 추천하고 선택하여 자산군별 최적의 금융상품을 추천한다(portfolio selection). 넷째, 로보어드바이저가 추천한 투자를 집행한다(trade execution). 다섯째, 투자가 실행되는 시장과 투자 자산을 모니터링(monitoring)하면서 포트폴리오를 자동적으로 재조정(portfolio rebalancing)한다.

로보어드바이저 포트폴리오 배분 프로세스 단계

customer profiling → asset allocation → portfolio selection → trade execution → portfolio rebalancing

---

4.3.3 로보어드바이저의 이슈와 향후 과제

2016년 3월 금융위원회가 로보어드바이저의 활성화 방안을 제시하면서 본격적인 시행을 위해 금융 규제 테스트 베드(regulatory sandbox, Test Bed)를 통해 적정성 등을 검증하고 있다. 투자자 보호 등 일정 요건을 충족한 로보어드바이저에 한하여 전문 인력의 개입 없이 투자 자문에 응하거나 일임 재산을 운용할 수 있도록 '자본시장과 금융투자업에 관한 법률(이하 '자본시장법') 시행령'을 개정하여 시행하고 있다.

국내 금융산업에서는 2017년도 5월부터 로보어드바이저 자산관리가 본격적으로 시행될 예정이다. 로보어드바이저 시대에는 일반 투자자들도 낮은 수수료로

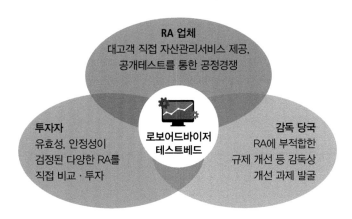

그림 4.1 국내 금융산업의 로보어드바이저 테스트 베드 구조(출처: 코스콤)

자산관리 서비스를 받을 수 있어 자산관리의 대중화가 이루어질 것이다. 2017년 5월부터 '로보어드바이저 제1차 테스트 베드 최종 심의위원회'에서 테스트 베드를 실시하고 있다. 금융과 보안, IT, 법률 등 관련 분야 총 10명의 전문가로 구성된 최종 심의위원회에서 알고리즘 합리성, 투자자 맞춤성, 법규 준수성, 시스템 보안성 및 안정성 등을 심사한다(그림 4.1 참조).

테스트 베드 최종 심의위원회에서는 특히 자산 운용을 위한 분산 투자, 투자자 성향 분석, 해킹 방지 체계 등 투자 자문 및 일임을 수행하기 위한 최소한의 규율이 제대로 작동하는지 여부를 확인하고 평가한다. 테스트 베드를 통과한 알고리즘은 서비스를 상용화할 경우 안정 추구형, 위험 중립형, 적극 투자형 등 각 유형별 1개씩 계좌를 운용한다. 1차 테스트 베드를 통과한 로보어드바이저는 바로 자산관리를 진행할 수 있다.

현재까지는 인간이 로보어드바이저를 활용하여 자문이나 일임을 대신하는 구조로 상품이 운용되었으나, 향후에는 로봇이 인간의 개입 없이 스스로 일임 및 자문을 직접 할 수 있다. 로보어드바이저 규제 완화 내용을 담은 자본시장법 시행령 개정안이 시행되면서 로보어드바이저 자산관리 서비스 시장이 본격적으로 형성되고 있다. 투자자들은 다양한 금융시장의 위험 요소를 고려해 알고리즘별 투자 전략과 투자 자산, 운용 능력 등을 비교할 필요가 있다.

향후 국내에서 로보어드바이저의 대중화를 위해서는 투자자가 신뢰를 갖고 투자할 수 있도록 투자자 보호 장치가 마련되어야 한다. 그러나 현재 우리의 법제상 로보어드바이저의 지위에 대한 정의가 모호하고, 금융 당국이 제시한 투자자 보호 요건도 전문 인력 1인을 요구할 뿐 구체적인 자격 요건 등에 대해서는 기술이 부족하여 다양한 위험성을 내포하고 있다. 따라서 로보어드바이저의 법적 지위를 명확히 하는 등 투자 자문·일임법 허용 등에 관한 규제 체계를 정비해야할 필요가 있고, 적절한 투자자 보호 장치도 마련되어야 한다.

또한 투자자의 안정적인 시장 참여를 유도하기 위해 로보어드바이저로 인해 피해를 본 경우 신속하게 구제할 수 있는 보험 및 투자자 피해 기금 제도의 설치도 고려되어야 한다. 마지막으로 투자자가 로보어드바이저 서비스를 제공받기 이전에 로보어드바이저의 투자 접근법 및 주요 가정을 숙지하고 있는지, 자산 배분에 대한 권고가 어떻게 도출되고 진행되는지 등을 이해하는 과정을 거쳐 투자자가 충분한 정보에 근거하여 투자 판단이 가능하도록 교육 프로그램과 제도적 장치가 마련되어야 한다.

딥러닝과 주가지수예측

딥러닝(deep learning)은 사람의 뇌와 유사한 동작 방식을 가지고 있는 알고리즘으로 최근 기계학습 알고리즘 중에서 가장 많은 주목을 받고 있다. 특히 딥러닝 알고리즘의 일종인 합성곱신경망(convolutional neural network, CNN)은 이미지 인식 및 분류에 효과적인 성능을 보이고 있다.

합성곱 신경망은 패턴이나 물체를 인식하는 생물의 시각 처리 과정을 모방한 모형으로써 LeCun et al.(1998)에 의해 발전 계기가 마련되었다. 합성곱 신경망은 하나의 입력계층과 출력계층, 하나 이상의 합성곱 계층(convolution layer)과 풀링 계층(pooling layer), 그리고 완전 연결 계층(fully connected layer)으로 구성되어 있다.

딥러닝은 신경망의 층이 깊어지면서 생기는 막대한 연산량을 GPU(graphic processing unit)를 활용한 학습이 가능(기존 CPU보다 10배 이상 연산이 빠름)하여 복잡한 의사결정문제에 활발하게 활용되고 있다.

국내외 주식시장에서 발생하는 다양한 요인들로 인해 개별 주식의 주가예측 또는 주가지수예측은 해결하기 어려운 예측 문제 중 하나이다. 현업에서는 기술적 분석 전문가들이 과거의 주가 지수나 거래량 등 주식시장에서 나타나는 데이터와 차트를 분석하여 주가 동향과 투자 심리 등을 예측하고 있다. 기술적 분석을 위한 기술 지표들을 입력변수(독립변수)로 설정하여 인공신경망, SVM(support vector machine) 등 전통적인 기계학습 알고리즘으로 주식시장을 예측하는 연구들이 수행되었고, 최근에는 합성곱 신경망을 포함한 딥러닝 기법을 이용하여 주가지수예측모형을 개발하고 있다.

출처: LeCun, Y., L. Bottou, Y. Bengio and P. Haffner, "Gradient-based learning applied to document recognition," Proceedings of the Institute of Electrical and Electronics Engineers, Vol.86, No.11(1998), 2278~2324.
이모세, 안현철, 합성곱 신경망을 이용한 주가지수 등락 예측, 지능정보연구, 2017.

인공지능(artificial intelligence, AI): 인간의 학습 능력과 추론 능력, 지각 능력, 자연 언어의 이해 능력 등을 컴퓨터 프로그램으로 실현한 기술

감성분석(sentiment analysis): 소비자의 감성과 관련된 텍스트 정보를 자동으로 추출하는 텍스트마이닝(text mining) 기술의 한 영역, 주로 온라인 쇼핑몰에서 사용자의 상품 평에 대한 분석이 대표적 사례임

이상금융거래 탐지시스템(FDS, fraud detection system): 금융거래에 있어서 비정상적인 행위를 탐지하여 금융 사고를 예방하고자 하는 기술적 접근 방법의 시스템

사물인터넷(internet of things): 인터넷을 기반으로 모든 사물을 연결하여 사람과 사물, 사물과 사물 간의 정보를 상호 소통하는 지능형 기술 및 서비스

핀테크(FinTech): 금융(financial)과 기술(technology)의 합성어로 정보기술(IT)로 진화된 금융서비스 기술을 의미하며 송금, 모바일 결제, 개인 자산관리, 크라우드 펀딩 등이 속함

인터넷전문은행: 물리적인 점포가 없거나 매우 적은 영업점을 가지고 온라인으로 사업을 벌이는 은행, 카카오가 이끄는 '한국카카오은행' 컨소시엄과 KT가 주도한 '케이뱅크' 컨소시엄이 있음

크라우드 펀딩(crowd funding): 자금을 필요로 하는 수요자가 온라인 플랫폼 등을 통해 불특정 다수 대중에게 자금을 모으는 방식

P2P 대출(peer-to-peer lending): 금융기관을 거치지 않고 온라인 플랫폼에서 개인 간에 필요 자금을 지원하고 대출하는 서비스

테크 시티(Tech City): 런던 북동부 지역 올드스트리트에 위치. 글로벌 ICT 및 스타트업 기업(신생 벤처기업)의 허브로 부상하고 있는 지역

스타트업(start-up): 설립한 지 오래되지 않은 신생 벤처기업을 뜻하며 미국 실리콘밸리에서 생겨난 용어

바젤 Ⅲ: 국제결제은행(Bank for International Settlements, BIS)이 2010년 9월에 확정한 은행 자본 규제에 관한 새로운 국제 협약, 바젤 Ⅲ는 자본적정성(capital adequacy), 스트레스 검정(stress testing), 시장유동성 위험(market liquidity risk) 등을 표준화하는 은행 자본의 건전화 방안

바젤 Ⅲ 규제 비율: 자본적정성, 자산건전성, 유동성

자본적정성 규제 측정 항목: BIS 기본자본비율(BIS tier 1 capital ratio), 단순자기자본비율(tangible common equity ratio)

자산건전성 규제 측정 항목: 고정이하여신비율(non-performing loan ratio, NPL), 대손충당금 적립률(NPL coverage ratio)

유동성 규제 측정 항목: 원화 및 외화 유동성 커버리지 비율(liquidity coverage ratio), 순 안정 자금 조달 비율(net stable funding ratio)

로보어드바이저(Robo-advisor): 로봇(robot)과 투자 전문가(advisor)의 합성어, 고도화된 알고리즘과 빅데이터를 통해 인간 프라이빗 뱅커(PB) 대신 모바일 기기나 PC를 통해 포트폴리오 관리를 수행하는 온라인 자산관리 서비스를 말함

리밸런싱 서비스(rebalancing services): 운용하는 자산의 편입 비중을 재조정하는 행위, 투자자 스스로 포트폴리오가 본래의 목표 비중에 맞게 운용되고 있는지 살펴보고, 이를 분석하여 자산 간 비중을 조절하는 것

대중 부유층(mass affluent): 일반 대중(Mass)을 포함한 보유 자산 5만~100만 달러 정도의 부유층을 말함, 프라이빗 뱅킹 서비스 유형

미국 증권거래위원회(Securities and Exchange Commission, SEC): 1934년 증권거래법에 의해 설립된 독립 감독관청으로 미국 증권 업무를 감독하는 최고 기구이며, 투자자 보호 및 증권 거래의 공정성 확보를 주목적으로 하고 있음

내부통제(internal control): 영업의 효율성, 재무 보고의 신뢰성, 법규 및 규정 준수 등 조직 목표를 효과적, 효율적으로 달성하기 위해 조직 자체적으로 제정하여 이사회 및 임직원 등 조직의 모든 구성원들이 이행하여야 하는 절차

로보어드바이저 포트폴리오 배분 프로세스 단

계: customer profiling → asset allocation → portfolio selection → trade execution → portfolio re-balancing

베타 값: 시장 수익률에 대한 포트폴리오 수익률의 변동성을 의미함

인덱스 펀드(index fund): 증권 시장의 장기적 성장 추세를 전제로 하여 주가 지표의 움직임에 연동되게 포트폴리오를 구성하여 운용함으로써 시장의 평균 수익을 실현하는 것을 목표로 하는 포트폴리오 운용 기법

상장지수펀드(exchange trade fund, ETF): 특정 주가 지수(예, KOSPI 200)와 연동되는 수익률을 얻을 수 있도록 설계된 '지수 연동형 펀드(index fund)'로 거래소에서 주식처럼 거래됨

랩어카운트(wrap account): 고객이 예탁한 자산에 대해 증권사의 금융자산 관리사가 고객의 자산 규모와 투자 성향 및 위험 수용도를 파악하여 적절한 운용 배분과 투자 종목 추천 등의 서비스를 제공하고 그 대가로 일정률의 수수료(wrap fee)를 받는 서비스

테스트 베드(Test Bed): 새로운 기술·제품·서비스의 성능 및 효과를 시험할 수 있는 환경 혹은 시스템, 설비를 말함

금융 규제 테스트 베드(regulatory sandbox): 금융회사들이 현행 규제에 구애 받지 않은 가상 공간에서 금융 및 IT 등이 융합된 신개념 금융상품 및 서비스 등을 미리 검증할 수 있는 새로운 금융 모델 시험

자본시장과 금융투자업에 관한 법률(자본시장법): 자본시장의 금융 혁신과 공정한 경쟁을 촉진하고 투자자를 보호하며 금융투자업을 건전하게 육성함으로써 자본시장의 공정성·신뢰성을 높여 국민 경제 발전에 이바지하기 위하여 제정한 법률, 금융투자업 상호 간의 겸영을 허용하고 금융상품에 대한 규제를 철폐하며, 투자자 보호를 확대하는 것 등을 주요 내용으로 함

◉ 연습문제

단답형 문제

1. 다음 설명에 공통적으로 들어가는 Ⓐ가 무엇인지 답하시오.

(Ⓐ)(이)란 금융거래에 있어서 비정상적인 행위를 탐지하여 금융 사고를 예방하고자 하는 기술적 접근 방법의 시스템이다. (Ⓐ)는 실시간으로 단말기(PC, 모바일 등) 정보와 거래 내용, 이용자 유형 등 이용자 데이터 및 결제 데이터를 종합적으로 분석한 후 평소 거래 패턴 데이터와 다른 거래임을 탐지(이상 징후 파악)하여 금융기관과 이용자에게 탐지 사실을 알리거나 임의로 금융거래를 중단시킨다.

Ⓐ – (   )

2. 다음 설명에서 Ⓐ가 무엇인지 답하시오.
진화된 핀테크 2.0은 혁신융합기술을 통해 기존 금융기관과 핀테크 기업과의 다양한 협업으로 온라인·모바일 환경에서 소비자 중심의 새로운 비즈니스 모델 창출 및 금융서비스 제공을 목표로 하고 있다. 핀테크 2.0은 인터넷전문은행, (Ⓐ), P2P 대출, 자산관리 등 금융 전반에 걸쳐 다양한 서비스가 제공되고 있다.

Ⓐ – (   )

3. 다음 설명에서 Ⓐ가 무엇인지 답하시오.
핀테크 서비스는 기능적인 측면과 비즈니스 모델 측면으로 분류할 수 있다. 핀테크 서비스의 기능에 따른 분류는 결제 및 송금, 대출 및 자금 조달, 자산관리, 금융플랫폼으로 구성된다. 비즈니스 모델에 따른 분류는 지급 결제(payments), 금융 데이터 분석(financial data analytics), 금융 소프트웨어 시장(financial software market), (Ⓐ)의 네 가지 요소로 구성된다.

Ⓐ – (   )

4. 다음 설명에 공통적으로 들어가는 Ⓐ가 무엇인지 답하시오.

핀테크 기업들은 기업·기관 간 협의체를 설립하여 금융 보안 정책 수립에 필요한 국내외 법규와 제도를 분석하고 이를 바탕으로 공통된(표준화된) 정보보호 및 보안 정책을 수립할 수 있는 (Ⓐ) 구축이 필요하다. (Ⓐ)의 주요 내용은 기관 간 협의된 표준화된 핀테크 보안 정책 수립, 정보보호에 관한 최고 경영층의 의사결정권한과 책임 수립, 비즈니스와의 전략적 연계, 컴플라이언스(compliance) 보장을 위해 지켜야 할 원칙 등이 있다.

Ⓐ – (   )

5. 다음 설명에서 Ⓐ가 무엇인지 답하시오.

2018년 9월에 (Ⓐ)이(가) 국회 본회의 통과되면서 ICT 대기업에 한해 의결권 지분을 최대 34%(기존 4%, 의결권 기준)까지 늘릴 수 있는 여건이 마련되어 새로운 경쟁기업의 출현 유도와 정체된 금융산업의 성장 모멘텀 부여로 혁신 성장이 기대되고 있다.

Ⓐ – (   )

6. 다음 설명에서 Ⓐ가 무엇인지 답하시오.

바젤 III(Basel III)는 국제결제은행(BIS)이 2010년에 확정한 강화된 재무건전성 기준이다. 대표적인 바젤 III 규제 비율로는 (Ⓐ), 자산건전성, 유동성 등이 있다.

Ⓐ – (   )

7. 다음 설명에서 공통적으로 Ⓐ가 무엇인지 답하시오.

로보어드바이저(Robo-Advisor)는 (Ⓐ)를(을) 활용한 분산 투자를 특성으로 한다. (Ⓐ)의 특징은 주식과 동일한 결제기간으로 펀드보다 환금성이 높고 개별 주식에 비해 위험과 가격 변동성이 상대적으로 작다. 1주를 매입하더라도 추종 지수 전 종목에 분산투자 효과가 있고, 펀드보다 낮은 수수료율과 보수율에 따른 비용을 지급한다.

Ⓐ – (   )

8. 다음 설명에서 공통적으로 Ⓐ가 무엇인지 답하시오.

로보어드바이저는 투자자의 성향을 분석하고 인공지능 알고리즘을 기반으로 포트폴리오를 산출하여 체계적으로 자문 서비스를 제공하는 바, 일반적으로 5단계 과정을 통해 투자자의 자산을 관리한다. 첫째, 개별 질문을 통해 투자자의 투자 성향과 위험 성향을 파악하고 투자 목적 등을 분석하여(customer profiling) 투자 자금의 성격을 파악한다. 둘째, 투자자의 성향 및 목적에 따른 자산군별 투자 비중을 결정한다(Ⓐ). 셋째, 금융 빅데이터 기반으로 인공지능 알고리즘을 이용하여 최적의 맞춤 포트폴리오를 추천하고 선택하여 자산군별 최적의 금융상품을 추천한다(portfolio selection). 넷째, 로보-어드바이저가 추천한 투자를 집행한다(trade execution). 다섯째, 투자가 실행되는 시장과 투자 자산을 모니터링(monitoring)하면서 포트폴리오를 자동적으로 재조정(portfolio rebalancing)한다.

로보-어드바이저 포트폴리오 배분 프로세스 단계:
customer profiling → (Ⓐ) → portfolio selection → trade execution → portfolio rebalancing

Ⓐ – (   )

서술형 문제

9. 국내 핀테크 시장 활성화에 필요한 기술적, 제도적 요인을 세 가지 이상 서술하라.

10. 국내 인터넷전문은행 산업의 활성화에 필요한 법적, 제도적, 기술적 요인을 두 가지 이상 서술하라.

🔍 참고문헌

강재구, 이지연, 유연우, 빅데이터 기술을 활용한 이상금융거래 탐지시스템 구축 연구, 한국융합학회논문지, 제8권 제4호, 2017, pp. 19-24.

고윤승, 우리나라 로보어드바이저 도입을 위한 활성화 방안 탐색, 한국과학예술포럼, 제25권, 제1호, (2016), pp.19-32

김범준, 엄윤경, 로보-어드바이저(Robo-Adviser)의 활용과 금융투자자 보호, 법학연구, Vol.65 No.-[2017], 71-98.

금융동향센터,"미국 핀테크와 자산 운용 업무 변화", 「주간 금융 브리프」, 25권36호, 한국금융연구원, 2016.9.

박나영, 정순희, 펀드 투자자의 로보어드바이저(Robo-Advisor) 이용 의도에 미치는 영향 요인 연구, Financial Planning Review, 제10권 제1호, 2017.2, pp. 147-171.

박상민, 인터넷전문은행 도입이 금융 소비자에게 미치는 영향: 개인정보보호와 관련하여, KHU 글로벌 기업법무 리뷰, 제9권 제1호, 2016, pp. 65-101.

서민교, 국내 금융기관의 빅 데이터(Big Data) 활용 사례에 관한 연구, 전자무역연구, 제11권 제4호, 2013, pp. 115-134.

서보익(2016), "로보-어드바이저가 이끌 자산관리 시장의 변화," 2016년 하반기 산업 전망: 증권.

손위창(2015), "로보 어드바이저, WM서비스 대중화에 도전장," Quant & Asset Allocation.

안성학, "국내 로보 어드바이저 시장의 현황과 전망", 「주간하나금융포커스」, 제6권 제28호, 하나금융연구소, 2016.7., 5면.

이성복, "로보어드바이저가 미국 자산관리시장에 미친 영향", 「자본시장리뷰」, 자본시장연구원, 2016 여름호, 107면.

이경진, "美 로보어드바이저 업계, 신규 사업 확대", 「주간하나금융포커스」, 제6권 제23호, 하나금융연구소, 2016.6., 10면.

한국금융연구원, 국제금융 이슈 : 해외 금융기관들의 빅데이터 활용 사례와 유의점, 한국금융연구원 주간 금융 브리프, 제23권 제36호, 2014, pp. 14-15.

네이버 지식백과, 상장지수펀드 (시사상식사전, 박문각), (한경 경제용어사전)

네이버 지식백과, 미국 증권거래위원회 (시사상식사전, 박문각)

네이버 지식백과, 자본시장과 금융투자업에 관한 법률, 두산백과

Hana Institute of Finance , "US robo advisors industry, expanding new business", *weekly hana financial focus*, 6(23), 2016. pp. 1-13.

Gartner, Forecast: FinTech Security, Worldwide, 2016, *Gartner Special Report*, (2016).

Statista Research Institute, Trends and Long Term Outlook for the FinTech Market, *Special Report of Statista*, (2017).

Frost and Sullivan Research, FinTech Industry Outlook and Issues 2016, 360 *Research Report*, (2017).

Accenture Consulting, The Present Status and Future Prospect of FinTech Market, *Trending Now Magazine*, (2016).

Yano Research Institute, FinTech & Future Strategy, *Strategic Report of Yano Research Institute*, (2017), pp.1-449.

B. S. Moon, Fintech Trend and Legal Challenge: Focusing on the Personal Data Protection Regulations, *Korean Journal of Banking and Financial Law*, (2015), Vol.8, No.1, pp.29-53.

J. You and S. Huh, Fintech Security Issues and Fundamental Strategy, *Communications of the Korean Institute of Information Scientists and Engineer*, (2015), Vol.33, No.5, pp.33-36.

Y. Kang, Y. Lee, H. Kwon, K. Han and H. Jeong, A Study on the Information Security System of Fin-Tech Business, *Journal of Convergence for Information Technology*, (2016), Vol.6 No.2, pp. 19-24.

R. A. Krueger and M. A. Casey, *Focus Groups: A*

Practical Guide for Applied Research, (2000), 3rd ed. Thousand Oaks, CA: Sage.

Kwon, D.-C., and B.-Y. Kang, "CPU and GPU Performance Analysis for Convolution Neural Network," *The Journal of Korean Institute of Information Technology*, Vol.15, No.8(2017), 11–18.

LeCun, Y., L. Bottou, Y. Bengio and P. Haffner, "Gradient-based learning applied to document recognition," Proceedings of the Institute of Electrical and Electronics Engineers, Vol.86, No.11(1998), 2278~2324.

Park, J. Y., J. R, and H. J. Shin, "Predicting KOSPI Stock Index using Machine Learning Algorithms with Technical Indicators," Journal of Information Technology and Architecture, Vol.13, No.2(2016), 331–340.

05 재무분석과 빅데이터

이 장은 재무분석과 빅데이터에 관한 이론으로 주로 재무분석 방법과 재무비율 분석에 대해 학습한다. 재무분석과 재무비율의 이론은 6장부터 시작되는 금융 빅데이터 의사결정문제(신용등급예측, 부도확률예측, P2P 대출 채무불이행예측, 상장 폐지예측, 배당정책예측)를 해결하기 위해 반드시 숙지해야 할 재무학ㆍ회계학 이론이다. 재무관리 및 회계학 원론을 수강한 경영학 전공자들은 이번 장을 학습할 필요는 없으나 경영학 비전공자들은 반드시 학습해야 한다.

5.1 재무분석과 재무비율분석

재무분석(financial analysis)의 목적은 기업이 설정한 목표와 전략의 측면에서 기업 성과를 평가하는 것이다. 경영자는 적절한 자본조달 방법을 선택하여 최소의 비용으로 필요 자금을 조달하고, 최상의 수익을 올릴 수 있도록 투자해야 한다. 재무분석은 기업의 경영성과 및 재무상태의 진단과 문제점을 분석하는 것이다.

기업의 경영성과와 재무상태를 분석하기 위한 대표적인 방법은 재무제표 (financial statement)를 이용한 재무분석이다. 재무분석은 재무관리의 두 가지 주요 기능인 투자결정과 자본조달결정을 위한 기초적 자료를 제공한다. 기업이 재무적 성과(financial performance)나 재무상태(financial condition)를 파악하기 위해 통상적으로 이용하는 것이 재무비율(financial ratio)이다.

재무비율을 구성 짓는 기초 자료는 회계 정보가 공시된 주요 재무제표로서 재무상태표, 손익계산서, 현금흐름표가 있으며 각각 기업의 일정 기간 동안의 영업 실적, 일정 시점에의 재무상태를 집약적으로 나타낸다. 이와 같은 과거의 자료를 분석하여 현재 기업의 상황과 미래 기업의 가치를 예측하고 경영성과와 관련된 다양한 지표를 이용하여 기업의 경쟁력과 수익성 등 기업의 전반적인 재무상태를 파악할 수 있다. 따라서 재무비율분석(financial ratio analysis)은 재무제표상의 개별 항목들 간의 비율을 산출하여 기업의 재무상태와 경영성과를 분석, 판단하는 기법을 의미한다.

재무비율분석을 통해 기업의 실적과 현황을 객관적으로 평가하고 비교함으로써 기업의 강점과 약점을 파악하고, 이를 통해 경영 계획을 수립하거나 장기적이고 전략적인 목표를 설정할 수 있다. 특히 중대한 경영 환경이 변하는 상황에서는 재무비율분석을 통해 기업 자체에 대한 진단은 물론 경쟁사 또는 전체 산업과의 비교를 통해 과거의 예측에 대한 평가와 현재의 상황, 약점 그리고 미래에 대한 기회를 발견할 수 있다.

한국은행의 기업경영분석에 따르면 수익성, 안정성, 성장성, 활동성, 생산성을 측정하는 지표로 재무비율분석을 구분하고 있다. 재무비율분석은 전문 투자자들의 투자분석 수단과 경영자의 경영분석 수단으로 이용된다. 재무비율분석은 자료의 준비와 계산이 쉽고 이해가 용이하다. 다수의 복잡한 항목들이 이해하기 쉬운 적은 수의 의미 있는 지표로 표시되며, 기업의 지급능력, 안전성, 효율성, 수익성 등에 관한 다양한 정보를 제공한다. 또한 재무비율을 계산하여 기업의 재무상태나 경영성과를 평가하는 비교분석의 기준이 되는 표준비율(standard ratio)을 이용하는 등 비교 가능성도 강점이다.

재무비율 비교분석은 각종의 회계자료를 비교·관찰하여 기업의 재무상태와 수익성 등의 적부를 판단하는 기법이다. 재무비율 비교분석은 재무제표에 표시된 숫자를 그대로 관찰하는 방법으로, 기간적 비교분석과 재무상태표와 손익계산서 항목의 백분율을 산출하여 구성비율을 검토하는 구성비율분석을 통해 다수 기업의 상호 간 비교분석을 실시할 수 있다.

최근의 재무비율을 이용한 재무제표 분석은 이해관계자들의 중요한 의사결정에 이용되면서 적용 범위가 넓어지고 있다. 즉, 재무비율분석이 부실기업예측, 우량대출과 불량대출의 판단 여부, 배당금예측, 포트폴리오 투자결정, 상장폐지 예측 등 다양하게 활용되고 있다.

재무정보를 토대로 이루어지는 재무 애널리틱스(financial analytics)는 기업의 경영분석 및 현금흐름분석, 여신자의 기업신용분석 등을 통한 의사결정을 지원한다. 의사결정의 목적에 따라 유형별 재무비율을 분석한 재무정보가 의사결정자에게 제공되고, 의사결정자는 재무정보를 근거로 이익계획과 수익계획 등의 재무계획과 예산편성 등의 재무 통제 활동을 추진하게 된다. 재무 애널리틱스를 통해 재무성과에 대한 가시성과 비즈니스 통찰력 확보, 경영성과 및 수익성 분석을 통한 과학적, 합리적 의사결정지원 등을 수행할 수 있다.

5.2 재무비율과 재무제표

재무비율(financial ratio)은 재무제표상에 표기된 한 항목의 수치를 다른 항목의 수치로 나눈 것으로 기업의 재무상태나 경영성과를 파악하는 데 사용되는 비율이다.

5.2.1 재무상태표

재무상태표(statement of financial position)는 일정시점 현재 기업이 보유한 경제적 자원인 자산과 경제적 의무인 부채, 그리고 자본에 대한 정보를 제공한다. 재무상태표는 일정 시점에 현재 기업이 보유한 재무상태를 나타내는 회계 보고서로 차변에 자산, 대변에 부채 및 자본으로 구성되며, 기업 활동에 필요한 자금을 어디서 얼마나 조달하여 투자했는지 등을 알 수 있다. 재무상태표는 정보 이용자들이 기업의 유동성, 재무적 탄력성, 기업의 수익성, 그리고 위험도 등을 평가하는

표 5.1 한국주식회사의 재무상태표

재무상태표

한국주식회사   2018년 12월 31일 현재

(단위: 천원)

자산	금액	부채와 자본	금액
I. 유 동 자 산	1,391,500	I. 유 동 부 채	864,000
1. 현　금	10,000	1. 지급어음	415,000
2. 예　금	5,500	2. 외상매입금	311,000
3. 유가증권	9,500	3. 미지급금	88,000
4. 외상매출금	467,000	4. 단기차입금	50,000
5. 재고자산	899,500	II. 비유동부채	100,000
II. 비유동자산	375,000	1. 장기차입금	55,000
1. 토지 및 건물	220,000	2. 사　채	45,000
2. 기　계	80,000	III. 자　본	802,500
3. 설　비	65,000	1. 보통주	428,000
4. 기타비유동자산	10,000	2. 유보이익	374,500
자산 총계	1,766,500	부채와 자본 총계	1,766,500

데 유용한 정보를 제공하는 기본적인 회계자료로 상법에 의거 의무적으로 작성해야 한다.

[표 5.1]은 한국주식회사의 재무상태표를 예시하고 있다. 먼저 재무상태표라는 재무보고서의 명칭, 기업의 명칭, 그리고 재무상태표 날짜가 머리 부분에 표시된다. 특히 재무상태표 날짜는 특정일 현재를 나타낸다. 재무상태표는 회계의 가장 기본적인 등식의 형식을 갖는다. 총자산(자산 총계)의 합계는 항상 총부채(부채 총계)와 총자본(자본 총계)의 합계액과 정확하게 일치한다. 자산 항목을 왼쪽에, 부채와 자본 항목을 오른쪽에 표시한다. 자산은 일반적으로 현금화 속도가 빠른 유동자산을 먼저 표시하고, 부채와 자본도 먼저 갚아야 할 유동부채, 비유동부채, 그리고 자본의 순서로 배열한다.

5.2.2 손익계산서

손익계산서(income statement)는 한 회계기간 동안의 기업 실체의 경영성과를 보고하는 재무보고서로서 회계기간 동안 발생한 모든 수익과 비용을 보고하는 재무보고서이다. 손익계산서에서 가장 중요한 지표는 당기순이익(net income)으로, 당기순이익은 수익에서 비용을 차감한 금액이다. 수익이 비용보다 크면 당기순이익이, 수익이 비용보다 작으면 당기순손실이 보고된다.

손익계산서는 다음과 같이 다섯 가지 규칙으로 작성한다. 첫째, 손익계산서는 회사의 경영성과를 명확히 보고하기 위해 회계기간에 속하는 모든 수익과 이에 대응하는 모든 비용 및 총 포괄손익을 적정하게 표시해야 한다. 둘째, 모든 수익과 비용은 발생한 기간에 정당하게 배분되도록 처리해야 한다. 단, 수익은 실현시기를 기준으로 계산하고 미실현수익은 당기의 손익계산에 산입하지 않는 것을 원칙으로 한다. 셋째, 수익과 비용은 그 발생원천에 따라 명확하게 분류하고 각 수익항목과 이에 관련된 비용항목을 대응 표시해야 한다. 넷째, 수익과 비용은 총액에 의해 기재하는 것을 원칙으로 하고 수익항목과 비용항목을 직접 상계하여 그 전부 또는 일부를 손익계산서에서 제외하지 말아야 한다. 다섯째, 손익계산서는 매출총손익, 영업손익, 경상손익, 법인세비용차감전순손익과 당기순손익으로 구분 표시해야 한다.

[표 5.2]는 한국주식회사의 손익계산서를 예시하고 있다. 가장 중요한 수익항목인 매출에서 가장 중요한 비용항목인 매출원가를 차감한 금액을 매출총이익(gross profit)으로 표시한다. 매출총이익에 기타수익을 더하고 비용을 항목별로 나열하여 차감한 후 법인세비용차감전순이익을 구한다. 다음으로 법인

표 5.2 한국주식회사의 손익계산서

손익계산서

한국주식회사   2018년 1월 1일~2018년 12월 31일

(단위: 천 원)

I. 매출		3,500,000
II. 매출원가		2,100,000
III. 매출총이익		1,400,000
IV. 판매비와 관리비		
1. 판매비	180,000	
2. 일반관리비	240,000	
3. 감가상각비	70,000	490,000
V. 영업이익		910,000
VI. 영업외비용		
1. 차입금이자	44,000	
2. 사채이자	25,000	69000
VII. 법인세비용차감전순이익		841,000
VII. 법인세비용(50%)		420,500
IX. 당기순이익		420,500

세비용차감전순이익에서 법인세를 차감하여 최종적으로 당기순이익을 보고한다.

5.3 재무비율의 종류와 분석

재무비율은 유동성비율, 레버리지비율(안정성), 성장성비율, 활동성비율, 수익성비율, 시장가치비율 등으로 분류할 수 있다. 재무비율분석은 기업의 재무상태와경영성과를 분석하는 방법이다. 즉, 재무제표의 자료를 기초로 기업의 경제적 실체를 알려줄 수 있는 재무비율을 계산한 다음 이를 관찰하여 기업의 현재와 미래의 모습을 분석하는 것이다.

재무비율분석을 효과적으로 적용하기 위해서는 비교 대상이 되는 표준비율의결정이 매우 중요하다. 표준비율로는 분석 기업의 과거 비율, 경험적 재무비율,산업평균비율, 경쟁기업의 재무비율 등이 있다. 일반적으로 알려진 이상적 표준

비율에는 유동비율 200% 이상, 당좌비율 100% 이상, 부채비율 100% 이하 등이
있다.

5.3.1 유동성비율

유동성(liquidity)은 보통 기업이 단기부채를 상환할 수 있는 능력으로 정의된다.
유동성이란 기업이 현금을 동원할 수 있는 능력으로 유동성을 보여주는 비율을
유동성비율이라 한다. 유동성비율은 단기채무지급능력을 평가하는 것으로 기업
에 운영자금을 대출해준 금융기관(채권자)이 가장 중요시하는 비율이다.

현금 및 현금성자산, 단기투자자산, 매출채권, 재고자산 등과 같은 유동자산은
판매 활동을 지원하기 위해 보유하는 자산이기 때문에 수익성이 낮고 유동성이
높은 자산이다. 기업은 유동성 부족으로 인한 손실과 높은 유동성 확보로 인한
수익성 감소의 두 측면을 고려하여 적절한 수준에서 유동성을 유지해야 한다. 일
반적으로 유동성비율은 유동비율과 당좌비율로 측정된다.

(1) 유동비율

유동비율(current ratio)은 재무상태표상에 있는 유동자산을 유동부채로 나눈 비율
이다. 유동자산은 현금, 시장성 있는 유가증권, 외상매출금과 재고자산 등이 포
함되며, 유동부채에는 장기부채 중 1년 내에 만기가 되는 부분과 외상매입금 등
단기부채, 그 밖에 미지급비용(accrued expenses) 등이 포함된다.

유동비율은 기업이 보유하는 지급능력 또는 그 신용능력을 판단하기 위해 쓰
이는 것으로 신용 분석 및 평가 관점에서 매우 중요하다. 유동비율은 200% 이상
(표준비율 기준)으로 유지되는 것이 이상적으로, 2 대 1 원칙(two to one rule)이라고
한다. 그러나 유동비율의 표준비율이 절대적인 것은 아니므로 기업의 신용도를
정확히 평가하기 위해서는 업종, 기업규모, 경기 동향, 영업활동의 계절성, 조업
도, 유동자산의 질적 구성 및 유동부채의 상환기간 등에 대한 실질적 내용을 검
토해야 한다.

유동비율(%) = (유동자산/유동부채)×100

유동비율이 높다는 것은 단기부채의 지급능력(단기채무지급능력)이 높다는 것이
다. 그러나 유동자산은 높은 수익을 가져오는 자산이 아니기 때문에 다른 기업에
비해 유동자산이 많을 경우 수익성은 낮아지는 염려가 있다.

(2) 당좌비율

당좌비율(quick ratio)은 유동자산 중 재고자산을 차감한 당좌자산을 유동부채로 나눈 비율이다. 유동자산 중에서 재고자산은 유동성이 가장 낮은 항목일 뿐만 아니라 처분할 때에도 손실을 입을 위험이 크다. 당좌비율은 재고자산의 처분을 고려하지 않은 상황에서 단기채무를 상환할 수 있는 능력을 측정하는 비율이기 때문에 유동비율보다 유동성 측면을 더 강조하는 비율이다.

당좌비율(%) = [(유동자산 − 재고자산)/유동부채]×100

당좌비율 산식처럼 현금·예금·매출채권, 시장성 있는 유가증권 등으로 구성된 당좌자산 합계액을, 외상매입금·단기차입금 등의 유동부채 합계액으로 나누어 구할 수 있다. 유동비율은 양호한데도 불구하고 당좌비율이 불량한 경우에는 그 원인이 바로 재고자산의 과다한 보유 때문인 것으로 추정할 수 있다. 당좌비율의 표준비율은 100% 이상이다.

5.3.2 레버리지비율(부채성비율)

레버리지비율(leverage ratios)은 부채성비율이라고도 하며 기업이 타인자본에 의존하고 있는 정도를 나타내는 비율이다. 특히 장기부채의 상환능력을 측정하는 것이다. 레버리지비율은 회사의 재무구조 분석 결과로 단기채무지불능력인 유동성과 경기대응능력인 안정성을 측정하는 지표다. 즉, 차입금에 대한 지급능력 및 타인자본의존도 등을 측정하는 것이다.

자기자본은 금융비용을 부담하지 않고 기업이 운용할 수 있는 자본이므로 이 비율이 높을수록 기업의 안정성은 높다고 볼 수 있다. 그러나 주주 입장에서는 타인자본의 비중이 커질수록 적은 자본으로 기업 지배권을 행사할 수 있으며, 이자비용으로 인한 법인세 절감 효과를 얻을 수 있다는 이점이 있다. 일반적으로 레버리지비율은 부채비율, 이자보상비율, 그리고 차입금의존도로 측정한다.

(1) 부채비율

부채비율(debt to equity ratio)은 총자본을 구성하고 있는 자기자본과 타인자본의 비율을 말하는 것으로, 타인자본은 유동부채, 장기차입금, 사채 등을 포함하며, 자기자본에는 보통주, 유보이익, 자본준비금 등이 포함된다. 부채비율이 낮은 기업이 파산하거나 청산하는 경우에는 채권자의 손실을 막을 수 있기 때문에 채권자의 입장에서는 부채비율이 낮을수록 좋다.

부채비율(%) = (타인자본/자기자본)×100

부채비율은 타인자본의 의존도를 표시하며 경영분석에서 기업의 건전성 정도를 나타낸다. 기업의 부채액은 적어도 자기자본액 이하인 것이 바람직하므로 부채비율은 100% 이하가 이상적이다. 채권자 입장에서는 낮은 부채비율을 선호하지만 주주의 경우 높은 부채비율을 선호할 수 있다.

경기가 호전되어 투자수익이 이자비용을 초과할 것으로 예상되는 경우에는 주주들의 몫이 확대되는 효과를 기대할 수 있으며, 보통주 발행은 기존 주주들의 지배권을 약화시킬 우려가 있으나 부채사용은 지배권의 영향을 미치지 않기 때문이다.

(2) 이자보상비율

이자보상비율(times interest earned or interest coverage ratio)은 타인자본의 사용으로 발생하는 금융비용, 즉, 이자가 기업에 어느 정도의 압박을 가져오는가를 보는 것으로 기업의 채무상환능력을 나타내는 지표이다. 기업의 영업이익(EBIT)이 매년 지급해야 할 금융비용의 몇 배에 해당하는가를 나타내는 비율이 바로 이자보상비율이다. 영업이익 대신에 현금흐름표상의 '영업활동으로 인한 현금흐름'을 이용하여 이자보상비율을 측정하기도 한다. 이자비용은 법인세비용차감전순이익에서 지출되므로 이자지급능력은 세금의 영향을 받지 않는다.

이자보상비율(배) = (영업이익/이자비용)×100
이자보상비율(배) = (영업활동으로 인한 현금흐름/이자비용)×100

이자보상비율이 1배이면 영업활동에서 창출한 돈을 이자지급비용으로 모두 사용한다는 의미이며 이자보상비율이 1보다 큰 경우는 자체 수익으로 금융비용을 능히 부담하고 추가 이익도 낼 수 있다는 것이다. 반대로 이자보상비율이 1보다 작다는 것은 기업이 영업활동으로 창출한 이익을 갖고 대출금이나 발행 회사채에 대한 이자 등 금융비용조차 감당할 수 없는 상태를 의미한다. 영업이익이 적자인 경우 이자보상비율은 당연히 1 이하가 되며, 잠재적 부실기업으로 볼 수 있다. 이자보상비율이 통상 1.5배 이상이면 이자지급능력이 충분하다고 분석된다.

이 밖에도 이자보상비율과 유사한 현금흐름이자보상비율이 있다. 현금흐름이자보상비율은 영업활동을 통해 창출한 현금으로 이자비용을 얼마나 충당할 수 있는가를 보여주는 비율로서 높을수록 양호함을 나타낸다.

> 현금흐름이자보상비율 = (영업활동 현금유입+이자비용)/이자비용

 **사례 연구**

금리 인상 속도 빨라지면 국내 한계기업의 부도확률 급증!!

한계기업이란 최근 3개 회계연도 말 재무제표상 영업이익을 이자비용으로 나눈 이자보상비율이 연속으로 1 미만인 기업을 말한다. 즉, 영업이익으로 이자비용도 충당 못하는 기업을 말한다.

금융감독원은 2016년에 국내 중소기업 대상으로 신용위험을 평가한 결과 구조조정 대상(C·D등급)으로 선정된 중소기업이 176곳으로 나타났다.

업종별로는 △금속 가공품 제조업(22개 사), △전자 부품 제조업(20개 사), △기계 장비 제조업(19개 사), △고무·플라스틱 제조업(14개 사) 등의 순으로 나타났다.

오랜 경기 침체로 영업이익으로 이자비용도 충당하지 못하는 한계기업의 수가 꾸준히 증가하고 있다. 중소기업 10곳 중 2곳은 '경쟁력 위기 한계기업'에 해당한다. 3년 연속 이자보상비율이 100% 미만을 기록한 기업은 2010년 말 2,400곳에서 2015년 말 3,278곳으로 급증하고 있다.

(3) 차입금/자기자본, 차입금/총자본, 차입금/매출액 비율

차입금/자기자본은 차입금을 자기자본으로 나눈 것이며, 차입금/총자본(총자산)은 차입금을 총자본으로 나눈 것으로 차입금의존도라 한다. 차입금/매출액 비율은 차입금을 매출액으로 나눈 것을 말한다. 차입금은 단기차입금, 장기차입금, 회사채를 포함한다.

> 차입금의존도 = (차입금/총자본(부채와 자본))

5.3.3 성장성비율

성장성비율(growth ratios)은 기업의 자산, 자본 등 경영 규모와 기업 활동의 성과가 당해연도 중 전년에 비해 얼마나 증가하였는가를 나타내는 지표이다. 성장성비율은 기업의 경쟁력이나 성장 잠재력 그리고 수익 창출 능력 등을 간접적으로 알려주는 지표이다. 성장률을 측정하는 대표적인 항목으로는 총자산, 매출액, 순이익 등이 있다. 성장성비율과 관련된 대표적인 지표에는 총자산증가율, 유형자산증가율, 자기자본증가율, 매출액증가율, 영업이익증가율 등이 있다.

(1) 총자산증가율

총자산증가율(growth rate of total assets)은 기업에 투자된 총자산이 전기 말 대비 얼마나 증가하였는가를 나타내는 비율로서 기업의 전체적인 성장성을 측정하는 지표이다.

총자산증가율(%) = [(기말 총자산 − 기초 총자산)/기초 총자산]×100

총자산증가율이 높다는 것은 투자활동이 적극적으로 이루어져 기업규모가 빠른 속도로 증가하고 있다는 것을 의미한다.

(2) 매출액증가율

매출액증가율(growth rate of sales)은 기준 연도 매출액에 대한 비교 연도 매출액의 증가율을 말한다. 매출액증가율은 기업이 일정기간 동안 얼마나 성장하고 있는지를 알 수 있는 성장성분석에 사용되는 대표적인 지표이다.

매출액증가율(%) = [(당기 매출액 − 전기 매출액)/전기 매출액]×100

판매 단가의 인상이나 판매량의 증가에 따라 매출액이 증가하기 때문에 증가 원인에 대한 분석이 필요하며, 매출액이 증가하여도 순이익이 감소하는 경우가 있으므로 실질적인 성장 지표인 순이익증가율에 대한 분석이 병행되어야 한다.

(3) 순이익증가율

순이익증가율(growth rate of net income)은 일정기간 동안 순이익이 얼마나 증가하였는가를 나타내는 비율로서 실질적인 성장의 지표가 된다. 경상이익에서 당기의 영업활동과 관계없이 비경상적으로 발생하는 특별손익을 가감하여 산출한 순이익의 증가를 나타내는 지표이다. 즉, 기업의 최종적인 경영성과인 당기순이익이 전년도에 비해 어느 정도 증가하였는지 보여준다. 순이익증가율은 성장성분석에서 매출액증가율과 더불어 가장 많이 이용되는 비율이다.

순이익증가율(%) = [(금기 말 당기순이익 − 전기 말 당기순이익)/전기 말 당기순이익]×100

이 밖에도 영업이익증가율과 주당순이익증가율도 성장성비율로 자주 이용된다. 영업이익증가율은 전년 대비 영업이익이 얼마나 증가했는가를 보여주는 성장성지표이다.

영업이익증가율(%) = [(당기영업이익 − 전기영업이익)/전기영업이익]×100

일정기간 동안 자본금의 변화가 있는 경우에는 순이익증가율이 왜곡될 수 있다. 따라서 주주에게 귀속되는 주당순이익의 증가율이 더 바람직한 실질적 성장 지표로 볼 수 있다. 최근에는 주당순이익증가율의 중요성도 날로 강조되고 있다.

주당순이익증가율(%) = [(당기주당순이익 − 전기주당순이익)/전기주당순이익]×100

5.3.4 활동성비율

활동성비율(activity ratios)은 기업이 소유하고 있는 자산들을 얼마나 효율적으로 이용하고 있는가를 측정하는 비율이다. 기업에 투하된 자본이 기간 중 얼마나 활발하게 운용되었는가를 비율로 나타낸 지표이다. 즉, 수익의 발생원천이 매출액이기 때문에 자산의 이용도는 매출액을 기준으로 측정된다.

활동성비율은 자산을 몇 번 회전시켜 매출액을 달성했느냐를 나타내는 것으로서 매출액을 자산 항목으로 나누어 계산한다. 활동성비율은 일반적으로 재고자산회전율, 매출채권회전율, 총자산회전율, 유형자산회전율 등으로 측정한다.

(1) 재고자산회전율

재고자산회전율(inventory turnover)은 매출액을 재고자산으로 나눈 비율로서, 재고자산이 한 회계연도, 즉 1년 동안에 몇 번이나 당좌자산(현금 또는 매출채권)으로 전환되었는가를 측정하는 것이다. 재고자산회전율이 낮다는 것은 매출액에 비해 과다한 재고를 소유한다는 것이고, 재고자산회전율이 높다는 것은 적은 재고자산으로 생산과 판매 활동을 효율적으로 수행하고 있다는 의미이다. 재고자산회전율에서 매출액은 시장가치(market value)로 계산되나, 재고자산은 역사적 원가(historical cost)로 기록되어 있다. 이 경우 양쪽의 항목을 원가 또는 시가로 통일시키는 작업이 필요하다.

재고자산회전율(회) = (매출액/재고자산)

(2) 매출채권회전율

매출채권회전율(receivables turnover)은 매출액을 매출채권(외상매출금)으로 나눈 비율로서 매출채권의 현금화 속도를 측정하는 지표이다. 매출채권회전율이 높을수록 매출채권의 현금화 속도가 빠르다는 것을 의미한다. 그러나 과다한 신용 판매 확대, 고객의 지급 불능, 매출채권의 회수 부진 등이 매출채권회전율을 떨어뜨리는 원인이 되기도 한다. 매출액에 비해 매출채권이 적을수록 매출채권 관리를 잘하고 있다고 판단할 수 있으므로 매출채권회전율이 클수록 좋은 것이다.

매출채권회전율(회) = (매출액/매출채권)

(3) 총자산회전율

총자산회전율(total assets turnover, 총자본회전율)은 매출액을 총자산으로 나눈 것이다. 총자본은 자기자본과 타인자본을 합한 것으로 총자산과 같은 크기를 가지므로 총자산회전율은 총자본회전율이라고도 한다. 총자산회전율은 기업의 총자산(또는 총자본)이 1년에 몇 번이나 회전하였는가를 나타내므로 기업이 사용한 총자산의 효율적인 이용도를 측정하는 것이다. 총자산회전율이 높으면 유동자산 및 비유동자산이 효율적으로 이용되고 있다는 것이고, 총자산회전율이 낮으면 과잉 투자와 같은 비효율적인 투자를 하고 있는 것으로 해석할 수 있다.

총자산회전율(회) = (매출액/총자산)

(4) 유형자산회전율

유형자산회전율(tangible assets turnover)은 유형자산이 1년 동안 몇 번 회전되어 매출을 실현하고 있느냐를 측정하는 것으로서 매출액을 유형자산으로 나누어 계산한다. 유형자산회전율은 유형자산의 이용 효율성을 측정하는 지표이다. 유형자산회전율이 높다는 것은 보유하고 있는 유형자산에 비해 높은 매출을 실현하고 있음을 의미하므로 유형자산이 효율적으로 이용되고 있다고 해석할 수 있다.

$$\text{유형자산회전율(회)} = (\text{매출액/유형자산})$$

5.3.5 수익성비율

수익성비율(profitability ratios)은 기업의 모든 활동이 종합적으로 어떤 결과를 나타내는가를 측정한다. 수익성비율은 기업의 이익창출능력을 측정하는 동태적 비율로 경영성과를 수익 창출의 바탕이 되는 요소로 나누어 산출하고 분석한다. 수익성비율은 기업이 주주와 채권자로부터 조달한 자본을 영업활동, 투자활동, 재무활동에 투자하여 얼마나 효율적으로 이용하였는가를 나타내므로 이해관계자들의 의사결정에서 중요한 정보원으로 이용된다.

수익성비율은 재무상태표 항목과 손익계산서 항목을 함께 사용하는 특징이 있다. 재무상태표 항목은 기초잔액(전연도 기말잔액과 동일)과 기말잔액의 평균을 사용한다. 수익성비율에는 일반적으로 총자산순이익률, 매출액순이익률, 자기자본순이익률 등으로 측정한다.

(1) 총자산순이익률

총자산순이익률(return on total assets)은 순이익과 총자산(총자본)의 관계를 나타내는 것으로서 기업의 수익성을 대표하는 비율이다. 이 비율을 투자수익률(return on investment, ROI)이라고도 한다. 순이익의 경우 세후순이익을 쓰는 경우가 더 많다. ROI는 주로 세후순이익을 총자산으로 나눈 것을 많이 사용한다.

$$\text{총자산순이익률(\%)} = (\text{세후순이익/총자산}) \times 100$$

위의 식에서 보는 바와 같이 세후순이익(당기순이익)을 총자산 평균으로 나누어 계산하는데, 이때 총자산 평균은 전연도 말 총자산과 당해연도 말 총자산의 평균을 말한다.

(2) 매출액순이익률

매출액순이익률(net profit to sales)은 순이익을 매출액으로 나눈 것으로 매출액 1원에 대한 순이익이 얼마인가를 나타낸다. 매출액순이익률은 기업의 영업활동 성과를 총괄적으로 파악하는 비율이며, 매출마진(margin on sales)이라는 용어로 쓰인다.

매출액순이익률(%) = (순이익/매출액)×100

(3) 자기자본순이익률

자기자본순이익률(return on equity, ROE)은 순이익을 자기자본으로 나눈 것으로, 1원의 자기자본으로 순이익을 얼마만큼 발생시켰는가를 나타낸다. 자기자본순이익률은 주주들이 요구하는 투자수익률을 의미하며, 자기자본순이익률이 높다는 것은 자기자본이 효율적으로 운용되고 있음을 의미한다.

자기자본순이익률(%) = (순이익/자기자본)×100

5.3.6 시장가치비율

시장가치비율(market value ratios)은 기업의 시장가치를 나타내는 주가와 주당순이익, 장부가치 등의 관계를 분석하는 비율로 시장에서 특정 기업의 과거 성과 및 미래 전망이 어떻게 평가되고 있는지를 보여주는 지표이다.

기업의 유동성, 안정성, 활동성, 수익성, 성장성 등에 대한 과거 성과가 양호하다면 시장가치비율도 높아진다. 시장가치비율에는 주당순이익, 주당배당금, 주가수익비율(주가수익배수), 주가장부가치비율, 토빈의 q비율 등이 있다.

(1) 주당순이익

주당순이익(earnings per share, EPS)은 주식을 평가할 때 가장 기본이 되는 자료로서, 발행 주식 1주당 순이익이 얼마인가를 보여주는 수치이다. EPS가 클수록 해당 기업의 주식가격이 높은 것이 보통이다. 주당배당금(dividend per share, DPS)은 배당금을 발행주식수로 나눈 것으로 1주낭 지급된 배당금을 말한다.

주당순이익 = (순이익/발행주식수)

주당배당금 = (배당금/발행주식수)

---

(2) 주가수익비율

주가수익비율(price earnings ratio, PER)은 주가를 주당순이익(EPS)으로 나눈 것으로서 P/E 비율 또는 PER라고 하며, 그 단위는 배가 된다. PER는 주당순이익의 몇 배가 주식가격으로 형성되는가를 보여준다. 높은 성장이 기대되는 기업은 이 비율이 높게 나타나며, 성장이 낮을 것이라고 생각되는 기업은 이 비율이 낮다.

주가수익비율 = (주가/주당순이익) = (PER = 주가/EPS)

---

(3) 주가장부가치비율

주가장부가치비율(price book value ratio, PBR)은 주식가격을 주당순자산(장부가치)으로 나눈 비율로 주가순자산비율이라고도 한다. 주식가격은 시장에 평가된 가치이므로 주가장부가치비율(PBR)을 시장가치 대 장부가치비율이라고도 한다. 즉, PBR은 장부상으로 소유주 지분과 시장에서 평가되는 가치를 비교한 것이다.

높은 수익률을 내는 기업은 장부가격보다 비싼 가격으로 주가가 형성되기 때문에 PBR로 기업의 수익성을 평가할 수 있다. PBR은 산업이나 기업에 따라 커다란 차이가 있다. 높은 성장이 기대되는 회사는 주식의 장부가치보다 훨씬 높게 시장가치가 형성되고 성장이 크지 않은 기업들은 PBR이 낮게 형성되어 있다.

주당순자산 = (자본금+유보이익)/발행주식수

주가장부가치비율 = (주가/주당순자산)

---

(4) 토빈의 q 비율

토빈의 q 비율(Tobin's q-ratio)은 주식시장에서 평가된 기업의 시장가치를 기업 보유 자산의 대체원가(replacement cost)로 나눈 비율이다.

토빈의 q 비율은 주가장부가치비율(PBR)과 유사하다. 그러나 q 비율의 경우 분자가 주식과 부채 모두를 시장가격으로 평가한 값이며, 분모는 그 기업의 보유 자산을 장부상의 취득원가가 아닌 대체원가로 측정한 것이라는 점에서 PBR과 다르다.

토빈의 주장에 의하면, q 비율이 1보다 큰 경우에는 자본설비(capital equipment)의 시장가치가 대체원가보다 큰 가치를 가지므로 기업들이 투자하려는 유인(incentive)을 갖게 된다. 이와 반대로 q 비율이 1보다 작으면 그 기업은 신규 투자할 유인이 없어진다. 즉, q 비율은 투자결정기준으로 활용된다. 경쟁에서 우위를 점하고 있는 회사는 보통 q 비율이 높고, q 비율이 낮은 기업은 일반적으로 사양업종일 가능성이 크다.

---

q-ratio = 주식시장에서 평가된 기업의 시장가치/기업 실물 자산의 대체원가

5.4 재무비율분석의 유용성과 한계점

재무비율분석은 일반 기업은 물론 다양한 금융기관에서 많이 이용하고 있다. 재무비율분석을 주로 이용하는 이유는 첫째, 간단하며 이해가 쉬워 경영학자가 아닌 사람도 쉽게 사용할 수 있다는 점이다. 둘째, 의사결정을 위한 자료수집이 거의 필요 없다. 단순히 이미 작성된 재무제표를 사용함으로써 많은 시간과 비용을 절약할 수 있다. 셋째, 구체적이고 복잡한 기업 분석을 실시하기 이전의 예비 분석으로서 가치가 있다. 재무분석의 기초 단계에서 비율분석을 통해 재무상의 문제점을 쉽게 발견할 수 있으며, 문제점을 정밀하게 분석 및 평가할 때는 고차원적인 분석 방법을 적용할 수 있다.

재무비율분석은 유용한 점이 많으나 재무비율분석에 지나치게 의존하는 것은 매우 위험한 태도이다. 재무비율분석의 한계점은 아래와 같다.

첫째, 재무비율분석은 역사적 자료인 재무제표를 근거로 과거 일정기간의 경영성과와 재무상태가 미래에도 계속될 것이라는 가정하에 분석된다. 경영분석의 실질적인 목적은 정책 수행의 결과로 나타나는 미래의 재무상태와 경영성과를 예측하는 데 있다. 그러나 시간에 따라 경제 상황이 변하고, 생산 방식이 달라지며, 경영 기법들이 날로 발전하는 현대 경영에서 과거 자료를 기준으로 미래를 예측한다는 것은 예측성과의 향상 측면에서 한계가 있다.

둘째, 재무비율분석은 재무제표상의 회계 숫자를 기본으로 이용하기 때문에 재무상태나 경영성과에 영향을 미치는 요소인 기업의 신용도, 브랜드 가치, 경영자의 자질, 조직의 효율성, 시장점유율, 종업원의 기술 수준 등은 기업의 수익성, 생산성, 안전성에 크게 영향을 미치고 있지만 이들은 회계 계수적 측면에서 직접 파악되지 않는다.

셋째, 비율분석은 재무제표를 중심으로 계산되어 평가되는데, 재무제표는 일정시점(회계기간 말)과 한 회계기간을 기준으로 작성되므로 회계기간 동안의 계절적 변화, 동적(dynamic)인 경영흐름을 분석하지 못한다는 한계점이 있다.

넷째, 특정 기업에 있어서 일부 재무비율은 양호하고 다른 재무비율은 불량한 경우 그 결과를 종합적으로 판단하기 어렵다. 이 경우에 재무비율들의 순효과(net effects)를 분석하기 위해서 다른 추가적인 분석 방법이 필요하다.

다섯째, 표준비율을 설정하는 데 어려움이 있다. 어떤 기업이 비율을 정확하게 계산하여 이것을 산업평균비율과 비교한다 하더라도 산업평균비율이 그 기업의 특성에 맞는 최선의 비교 기준이라고 단언할 수는 없다. 즉, 표준비율이 진정한 의미의 기준, 절대적인 기준이 될 수 있는 것은 아니라는 점이다. 단순히 한 산업에 속하는 여러 기업의 비율 평균치가 표준이 될 수는 없다. 특정 기업에 맞는 표준비율이 이론상으로는 있을 수 있으나, 실제로 그 비율의 객관적인 계산이 거의 불가능하기 때문에 재무비율분석의 평가 기준에 회의적일 수밖에 없다.

이러한 재무비율분석의 단점을 보완하기 위해서 추세분석, 평점제도, ROI분석, ROE분석 등의 보다 종합적인 비율분석방법이 사용되고 있다.

핵심용어

유동비율(current ratio): 재무상태표상에 있는 유동자산을 유동부채로 나눈 것

당좌비율(quick ratio): 유동자산 중 재고자산을 뺀 부분을 유동부채로 나눈 것

부채비율(debt to equity ratio): (타인자본/자기자본)×100

이자보상비율(times interest earned or interest coverage ratio): 타인자본의 사용으로 발생하는 금융비용, 즉, 이자가 기업에 어느 정도의 압박을 가져오는지를 보기 위한 것으로 기업의 채무상환 능력을 나타내는 지표

차입금의존도: 차입금을 총자본으로 나눈 것

총자산증가율: 기업에 투자된 총자산이 전기 말 대비 얼마나 증가하였는가를 나타내는 비율

매출액증가율(net sales growth rate): 기준 연도 매출액에 대한 비교 연도 매출액의 증가율

순이익증가율(net profit growth rate): 경상이익에서 당기의 영업활동과 관계없이 비경상적으로 발생하는 특별손익을 가감하여 산출한 순이익의 증가를 나타내는 지표

주당순이익증가율(%): [(당기주당순이익 – 전기주당순이익)/전기주당순이익]×100

영업이익증가율: 전년 대비 영업이익이 얼마나 증가했는가를 보여주는 성장성지표

재고자산회전율(inventory turnover): 매출액을 재고자산으로 나눈 비율로, 재고자산이 한 회계연도, 즉 1년 동안에 몇 번이나 당좌자산(현금 또는 매출채권)으로 전환되었는가를 측정하는 것

매출채권회전율(receivables turnover): 매출액을 외상매출금으로 나눈 비율

총자산회전율(total assets turnover, 총자본회전율): 매출액을 총자산으로 나눈 비율

유형자산회전율(tangible assets turnover): 유형자산이 1년 동안 몇 번 회전되어 매출을 실현하고 있느냐를 측정하는 비율로 매출액을 유형자산으로 나누어 산정

총자산순이익률(net profit to total assets) 또는 ROI: 순이익과 총자산(총자본)의 관계를 나타내는 비율로 기업의 수익성을 대표하는 비율

매출액순이익률(net profit to sales): 순이익을 매출액으로 나눈 것으로 매출액 1원에 대한 순이익이 얼마인가를 나타냄

자기자본순이익률(net profit to net worth) 또는 ROE: 순이익을 자기자본으로 나눈 것으로, 1원의 자기자본으로 순이익을 얼마만큼 발생시켰는가를 나타냄

주당순이익(earnings per share: EPS): 주식을 평가할 때 가장 기본이 되는 자료로서, 발행 주식 1주당순이익이 얼마인가를 보여주는 수치

주가수익비율(price earnings ratio: PER): 주가를 주당순이익으로 나눈 것으로서 P/E 비율 또는 PER라고 하며, 그 단위는 배가 됨

주가 대 장부가치비율(price book-value ratio: PBR): 주식가격을 주당 장부가치로 나눈 수치임

토빈의 q 비율(Tobin's q-ratio): 주식시장에서 평가된 기업의 시장가치를 기업의 보유 자산의 대체원가(replacement cost)로 나눈 값

🎯 연습문제

단답형 문제

1. 다음 설명에서 Ⓐ와 Ⓑ가 무엇을 말하는지 답하시오.

재무비율분석(financial ratio analysis)은 재무제표상의 개별 항목들 간의 비율을 산출하여 기업의 (Ⓐ)와 (Ⓑ)를 분석, 판단하는 기법을 의미한다. 재무비율분석은 기업의 실적과 현황을 객관적으로 평가하고 비교함으로써 기업의 강점과 약점을 손쉽게 파악할 수 있고, 이를 통해 경영 계획을 수립하거나 장기적이고 전략적인 목표를 설정할 때 유용한 분석 방법이다.

　　Ⓐ – (　　　　　)　　Ⓑ – (　　　　　)

2. 다음 설명에서 Ⓐ와 Ⓑ, 그리고 Ⓒ가 무엇을 말하는지 답하시오.

표준비율로는 분석 기업의 과거 비율, 경험적 재무비율, 산업평균비율, 경쟁기업의 재무비율 등이 있다. 일반적으로 알려진 이상적인 표준비율에는 유동비율 (Ⓐ)% 이상, 당좌비율 (Ⓑ)% 이상, 부채비율 (Ⓒ)% 이하 등이 있다.

　　Ⓐ – (　　　　) 　Ⓑ – (　　　　) 　Ⓒ – (　　　　)

3. 다음 설명에서 Ⓐ와 Ⓑ가 무엇을 말하는지 답하시오.

레버리지비율(부채성비율, leverage ratios)은 기업이 타인자본에 의존하고 있는 정도를 나타내는 비율

이며, 특히 장기부채의 상환능력을 측정하는 것이다. 레버리지비율은 회사의 재무구조 분석 결과로 단기 채무지불능력인 (Ⓐ)과(와) 경기대응능력인 안정성을 측정하는 지표다. 즉, 차입금에 대한 지급능력 및 (Ⓑ) 등을 측정하는 것이다.

Ⓐ – (　　　　　)　　Ⓑ – (　　　　　)

4. 다음 설명에서 Ⓐ와 Ⓑ가 무엇을 말하는지 답하시오.

(Ⓐ)(이)란 최근 3개 회계연도 말 재무제표상 영업이익을 이자비용으로 나눈 (Ⓑ)이(가) 연속으로 1미만인 기업을 말한다. 즉, 영업이익으로 이자비용도 충당 못하는 기업을 말한다.

Ⓐ – (　　　　　)　　Ⓑ – (　　　　　)

5. 다음 설명에서 Ⓐ와 Ⓑ가 무엇을 말하는지 답하시오.

토빈의 q비율(Tobin's q-ratio)은 주식시장에서 평가된 기업의 (Ⓐ)를(을) 기업 보유 자산의 (Ⓑ)로 나눈 비율이다.

Ⓐ – (　　　　　)　　Ⓑ – (　　　　　)

6. 아래 레버리지비율에 대해 정의하고 산출 식을 작성하시오.

① 이자보상비율 정의:

② 이자보상비율 산출 식:

7. 아래의 활동성비율에 대해 정의하고 산출 식을 작성하시오.

① 매출채권회전율 정의:

② 매출채권회전율 산출 식:

8. 아래의 수익성비율에 대해 정의하고 산출 식을 작성하시오.

① 자기자본순이익률 정의:

② 자기자본순이익률 산출 식:

9. 시장가치비율을 정의하고 그 종류에 무엇이 있는지 설명하시오.

10. 재무비율분석의 유용성 및 한계점을 설명하시오.

🔍 참고문헌

김동주, 박경순, 전미리, 재무비율분석방법을 통한 직업 재활 시설의 경영분석에 관한 사례 연구: 근로 시설 동천모자의 재무비율분석을 중심으로, 재활복지, 제7권 제2호, pp. 1–23.

김영구, 감형규, 에센스 재무관리, 제4판, 박영사, 2010.

박정식, 박종원, 조재호, 현대 재무관리, 제7판, 다산출판사, 2011.

천성용, 김희정, 특급 호텔의 재무비율 차이 분석에 관한 연구, 세무회계연구, 제31권, 제1호, 2012, pp. 53–72

네이버 지식백과, 재무상태표, (예스폼 서식사전, 2013., 예스폼)

네이버 지식백과, 손익계산서, (비즈폼 서식사전, 비즈폼)

Baruch Lev, 1974, Financial Statement Analysis : *A New Approach, Englewood Cliffs. New Jersey* : Prentice-Hall, Inc.

Horrigan, J. O, 1965, "Some Empirical Bases of Financial Ratio Analysis", *The Accounting Review*, (40)3, pp.558–568.

Jones, K. H. and Price, B. and Werner, M. L. and Doran, M. S, 1996, *Introduction Financial Accounting* : A User Perspective, N.J. : Prentice-Hall, Inc.

06 기업신용등급 분석 및 예측

6.1 신용과 신용등급

신용(credit)이란 경제 활동의 주체에 따라 다양하게 정의될 수 있으나 일반적으로 장래의 어느 시점에서 그 대가를 지급할 것을 약속하고 현재의 경제적 가치를 획득할 수 있는 능력을 말한다. 금융기관은 필연적으로 이러한 능력을 갖춘 자(또는 기업)에게 자금을 안정적으로 운용하고 신용 공여를 함으로써 국민 경제의 건전한 발전은 물론 금융기관 자신의 안정적인 경영과 수익성을 도모하고자 한다. 금융기관은 신용대출 대상의 건전성, 자금 용도의 타당성 및 상환능력에 관한 사항들을 정확하게 파악한 후, 여신의 가부 판단과 신용대출 가부를 결정해야 하는데, 이를 신용평가(credit valuation)라 한다.

신용평가의 측정치인 신용등급(credit rating)은 채무자의 채무불이행(default) 가능성에 대해 기업의 경영 능력, 운영 능력, 시장에서의 경쟁력 등 다양한 요인이 반영된 미래 현금흐름과 재무적 융통성을 감안하여 일정한 기호로 나타낸다. 즉, 신용등급은 기업 등이 발행하는 특정 유가증권(CP, 회사채 등)이나 특정 채무의 원리금이 발행 조건대로 상환될 정도에 대해 객관적인 입장에서 분석하여 투자자들이 투자 정보로 활용할 수 있도록 기호(또는 등급)화하는 것이다.

신용평가기관은 알파벳 기호로 표현된 신용등급을 원리금 상환능력의 우열에 따라 "+", "0", "−"의 부호, 즉 노치(notch)를 붙여 세분화하여 발표하고 있다. 「신용정보의 이용 및 보호에 관한 법률」에 의하면, 신용평가기관은 50억 원 이상의 자본금, 공인회계사(CPA) 5인 등을 포함한 20인 이상 상시 고용 인력, 일정 수준의 전산 설비 등을 갖추어 금융위원회의 허가를 받아야 한다. 2019년 현재 한국기업평가, 한국신용평가, NICE 신용평가, SCI 평가정보 등 4개 사가 신용평가 업무를 영위하고 있다.

신용평가(신용등급평가)의 기능은 기업의 신용위험에 대한 정보를 투자자에게 제공함으로써 신용정보의 부족 또는 정보의 비대칭성(information asymmetry)으로 발생할 수 있는 손실로부터 투자자를 보호하고 발행 업체의 자금 조달을 용이하게 하는 기능을 수행하고 있다. 즉, 신용등급평가의 목적은 채권의 원금과 이자가 약속대로 상환될 수 있는 정도로 측정(심사)하여 투자자에게 전달함으로써 이 같은 정보를 알지 못하여 발생할 수 있는 손실로부터 투자자를 보호하는 데 있다.

신용등급평가는 단지 특정 채권의 채무불이행 위험 정도를 파악하여 그 정보를 간략한 기호로서 투자자에게 전달하는 것이지, 특정한 채권을 투자 대상으로 추천하거나 이를 통해 미래의 채권 가격을 예측하는 것은 아니다. 신용등급은 신용평가기관의 의견이기에 신용등급정보만을 이용한 투자 행위는 바람직하지 못하다.

기업신용평가는 크게 회사채 신용등급예측(corporate credit rating prediction)과 기업부도예측(corporate bankruptcy prediction)으로 구분할 수 있다. 회사채 신용등급예측은 대출 혹은 투자 대상 기업의 신용등급 수준을 판별하는 신용등급평가(credit rating) 문제이다. 일반적으로 회사채 신용등급은 적게는 5등급, 많게는 10개 이상의 등급으로 구분되어 회사채 신용등급예측을 위해서는 다분류(multiclass classification) 방법론이 적용되어야 한다.

신용등급이 설정되면 시장에서는 해당 기업을 신용등급별로 동일하게 취급하는 현상이 발생된다. 가령, 재무구조, 사업 구조 및 소유 구조 등이 상이한 기업이라도 신용등급이 'A등급'으로 설정되면 해당 기업 채권의 발행 금리부터 'A등급'을 기준(reference)으로 책정된다.

자본시장에서 신용등급의 정보효과(information effect)가 커질수록 이러한 현상은 심해져 채권발행기업은 목표 신용등급에 맞춰 자본구조를 선택하는 것이 기업가치를 높이는 방법이다. 신용등급은 기업의 사업 운영과 자금 조달에 대한 접근도에 중요한 영향을 미친다. 신용등급이 낮은 기업은 부채비율을 낮추고 신용등급을 상승시켜 조달 금리를 낮추려고 노력할 것이다. 또한 신용등급은 기관투자자와 해외 투자자의 의사결정에 중요 요소로 반영되고 있다. 연기금은 회사채 투자 시 투자적격등급(BBB−등급) 이상의 신용등급을 규정하기도 한다. 1936년 이래 미국 정부는 금융기관이 투기등급채권(투기적등급)을 보유하지 못하도록 규정하고 있다.

기업부도예측 연구는 대출 혹은 투자 대상 기업의 부실 여부를 판별하는 것으로 부도예측문제를 해결하기 위해서는 0(정상) 혹은 1(부실)로 구분되는 종속변수를 예측할 수 있도록 설계된 이분류(binary classification) 방법론이 요구된다. 최근 들어 금융기관들은 자사가 보유하고 있는 금융 빅데이터를 활용하여 신용위험관리를 보다 과학적이고 체계적으로 수행하는 등 예측정확도 향상에 많은 관심을 가지고 있다. 회사채 신용등급예측은 이 장에서 설명하고 기업부도예측 연구는 7장에서 설명한다.

6.2 신용등급의 의미와 기업(개인)신용평가

신용등급(credit rating)의 기본형은 만기가 1년 이상인 장기채권의 신용등급으로, 현재 Moody's와 S&P가 사용하는 장기신용등급의 기호와 의미를 [표 6.1]에 나열하였다.

표 6.1 장기신용등급의 기호와 의미

투자적격등급		의미	투기적등급		의미
Moody's	S&P		Moody's	S&P	
Aaa	AAA	최고위 신용도	Ba1	BB+	채무불이행 가능성 있으나 불확실성 존재함
Aa1	AA+	고위 신용도	Ba2	BB	
Aa2	AA		Ba3	BB−	
Aa3	AA−		B1	B+	신용위험 높음
A1	A+	강한 지급능력	B2	B	
A2	A		B3	B−	
A3	A−		Caa1	CCC+	채무불이행 가능성 높음
Baa1	BBB+	적절한 지급능력	Caa2	CCC	
Baa2	BBB		Caa3	CCC−	
Baa3	BBB−		Ca	CC	채무불이행 중 채권 회수에 중대한 결함 존재
			C	C	
				D	

채권의 신용위험 정도에 따라 Moody's는 Aaa부터 C까지, S&P는 AAA부터 D까지의 등급을 부여한다. 이 중에서 Aaa나 AAA는 채무불이행 위험이 거의 없

어 신용도가 최고인 채권에 부여되며, Moody's의 Caa~C 등급 그리고 S&P의 C~D 등급은 채무불이행 사태가 발생한 채권에 부여된다. Aaa~Baa 등급(Moody's)과 AAA~BBB 등급을 신용위험이 일정한 수준 이하라는 의미로 투자적격등급(investment grade)이라 하고, Ba~C 등급(Moody's)과 BB~D 등급(S&P)을 신용위험이 일정 수준 이상으로 원리금 상환에 문제가 생길 가능성이 높다는 의미로 투기적등급(speculative grade)이라 한다.

신용평가에는 기업신용평가(corporate credit ratings)와 개인신용평가(personal credit ratings)로 구분할 수 있다. 개인신용평가는 소비자 금융거래에 있어서 개인의 신용도를 종합적으로 평가하는 것으로 거래자의 상환 의사(willing to pay)와 상환능력(ability to pay)을 판단할 수 있는 신용정보에 대한 조사 분석 및 평가를 의미한다. 개인신용평가는 일반적으로 개인의 신용 정도를 신용평점제도(credit scoring system) 등을 이용하여 계량해 신용도에 따라 금리 기간과 대출 한도 등 신용 공여 조건을 차등화하고 자금을 합리적으로 배분하기 위함이다. 기업신용평가는 기업의 부도 가능성 및 파산 가능성을 평가하여 신용위험의 상대적 수준을 서열화하고, 위험 수준이 유사한 기업들을 동일한 등급으로 계량화한 지표 값을 예측하는 것이다. 기업신용평가는 비금융 업종 기업을 대상으로 실시한다. 금융업종의 경우는 대부분 신용등급이 있으므로 등급예측의 필요성이 크지 않고, 재무변수의 종류와 의미가 비금융업과는 상당히 다르기 때문이다.

국내외 신용평가기관들은 신용등급평가의 예측정확성을 높이기 위해 1960년대부터 현재까지 신용평가모형과 신용등급예측모형 관련 연구를 수행하고 있다. 1960년대에는 신용평가를 위한 기법으로 로지스틱 회귀분석(logistic regression analysis), 프로빗분석(probit analysis), 다변량판별분석(multiple discriminant analysis) 등의 통계학적 기법과 선형계획법(linear programming)과 같은 경영 과학적 기법을 주로 이용하였다. 1980년대 중반부터 경영 분야에서 인공신경망(artificial neural networks), 의사결정나무(decision trees), 서포트벡터머신(support vector machines) 등의 인공지능기법이 활용되기 시작하였다. 인공지능기법은 통계적 가설이 필요 없으면서도 비선형적 회귀모형을 설명할 수 있어 신용등급의 예측정확도를 높이는 데 크게 기여하고 있다.

6.3 회사채 신용등급평가와 신용등급예측모형

회사채(corporate bond)는 기업이 자금을 조달하는 방법 중 하나로 액면금액, 만기, 금리 등이 명시되어 있는 회사가 발행한 채권이다. 이러한 회사채는 주로 기업의 자금 조달 목적으로 발행되지만 시장의 거래를 통해 기업의 채무상환능력 및 신용위험(credit risk) 등이 회사채 수익률로 반영되어 채무 기업의 현행 시장 이자율(market interest rate) 측정에도 활용된다. 회사채의 발행은 기업 입장에서 자금 조달의 유용한 수단이지만 제약 없는 회사채의 발행은 과도한 차입과 과잉 투자를 이끌 수 있으며 부도(bankruptcy)가 발생된다면 채권자의 손실, 그리고 더 나아가 국가 경제에 심각한 영향을 줄 수 있다. 따라서 기업신용등급평가 또는 신용등급평가예측은 주로 회사채 신용등급(corporate bond rating)평가를 말하는 것이다.

회사채 신용등급평가는 채권의 원금과 이자가 약정대로 지급될 가능성이 어느 정도인가, 즉 채무불이행(default)의 가능성을 평가하여 이를 간략한 문자와 기호로 나타내어 투자자들에게 전달한 데서 출발하고 있다. 회사채나 기업어음(CP) 등 채권의 가치는 주식 등 다른 자산과 마찬가지로 특정 채권이 제공하는 미래의 현금흐름을 그 채권의 위험에 상응하는 할인율로 할인한 현재가치로 평가한다. 신용평가기관은 채권을 발행한 기업의 경영 실적이나 재무상태가 변화함에 따라서 채권의 신용등급을 조정하여 발표하고 있다.

신용등급평가 또는 신용등급예측 연구는 1970년대부터 수행되었고, 주로 재무변수들을 이용하여 회사채 신용등급예측을 시도하였다. 연구변수로는 후순위채 여부에 관한 더미변수, 기업규모, 이익의 변동성, 부채비율, 이자보상비율 및 자본이익률 등을 이용하였고, 신용등급예측모형으로는 최소자승법에 의한 회귀모형(ordinary least squares, OLS)을 주로 사용하였다.

OLS 회귀모형의 장점은 추정 과정이 간단하고 독립변수의 통계적 유의성을 쉽게 파악할 수 있다. 그러나 종속변수인 회사채 신용등급을 동일한 크기를 갖는 비연속적 구간(discrete interval)으로 간주하는 문제점이 있다. OLS의 태생적인 한계로 인해 그 이후에는 다변량판별분석(multiple discriminant analysis, MDA)을 주로 사용하였다. MDA는 집단을 구분할 수 있는 설명변수(독립변수)를 통하여 집단 구분 함수식을 도출하여 소속된 집단을 예측하는 목적으로 사용된다.

판별식은 사전에 정의된 집단을 구분할 수 있는 두 개 이상 독립변수의 선형 조합을 찾아내는 것이다. MDA는 각각의 종속변수 값을 별개의 범주(category)로만 보기 때문에 회사채 등급의 경우 B 등급부터 Aaa 등급까지 일관된 순서가 존재한다는 종속변수의 중요한 정보(구조)를 무시하는 경향이 있다. 또한 MDA는 독립변수의 분포에 대해 다변량정규분포(multivariate normal distribution)와 동분산(homoscedasticity)과 같은 상당히 제약적인 가정을 필요로 한다.

[표 6.2]와 같이 초창기 연구에서는 신용등급예측을 위한 독립변수로 후순위채 여부에 관한 더미변수, 기업규모, 이익의 변동성(순이익증가율), 부채비율, 이자보상비율, 총자산순이익률(ROI), 자기자본순이익률(ROE) 등이 주로 사용되었다.

표 6.2 신용등급예측을 위한 독립변수 예시

신용등급예측을 위한 독립변수	설명(산출 식)
X1: 후순위채 여부에 관한 더미변수	일반 채권보다 변제 순위가 후순위인 채권
X2: 기업규모	총자산
X3: 이익의 변동성(순이익증가율)	[(금기 말 당기순이익 − 전기 말 당기순이익) / 전기 말 당기순이익] × 100
X4: 부채비율	(장기차입금 / 총자산) × 100
X5: 이자보상비율	(이자비용 및 법인세차감전현금흐름 / 이자비용) × 100
X6: 총자산순이익률(ROI)	(세후순이익 / 총자산(총자본)) × 100
X7: 자기자본순이익률(ROE)	(순이익 / 자기자본) × 100

[표 6.3]과 같이 다수의 국내외 연구자들이 회사채 신용등급예측에 관한 연구를 수행하였다. 이 중 대표적인 연구사례를 살펴보면 다음과 같다.

Kaplan과 Urwitz(1979)는 기존 선행연구에서 사용된 OLS 및 MDA의 한계점을 고려하여 N-Probit 모형을 이용한 신용등급예측모형을 구축하였다. 이들은 부채비율, 이자보상비율, 자본이익률, 기업규모, 후순위채 더미변수 등을 독립변수로 사용하였다.

신용등급예측모형의 추정(훈련) 및 검증에 사용된 표본은 1970~1974년에 신규 발행되고 무디스(Moody's)에 의해 등급이 결정된 총 204개의 회사채(industrial bonds)이다. 204개의 회사채 중에서 140개는 예측모형의 훈련용 표본(training sample)에 사용하고, 나머지 64개는 검증용 표본(validation sample)으로 사용되었다. 훈련용 표본과 검증용 표본 모두 회사채 등급은 Aaa, Aa, A, Baa, Ba, B의 6개 등급으로 구성되었다. 검증용 표본에 대한 예측정확도는 68.7%를 나타냈으며, 예측된 등급과 실제 등급이 다른 경우에도 예측 오차가 한 등급 이내인 것으로 나타났다.

Belkaoui(1983)는 1981년에 스탠더드앤드푸어스(Standard & Poor's)에 의해 B 등급 이상으로 회사채 등급이 평가된 기업 중 266개의 제조업종 회사채(industrial bond)를 예측모형의 훈련용 표본으로 구성하고, 115개의 회사채로 검증용 표본을 구성하여 회사채 신용등급예측모형을 개발하였다(6등급 분류 체계). 사용된 재무변수는 총자산, 유동비율, 총 차입금, 부채비율, 이자보상비율, 후순위채의 발행 여부 등 총 9개이다. 연구모형으로는 MDA를 이용하였고, 266개 훈련용 표본에 대한 예측성과는 72.9%, 115개의 검증용 표본에 있어서는 67.8%의 예측정확도를 나타내었다.

김영태와 김명환(2001)은 벤처기업의 신용등급평가를 위해 인공신경망과 MDA를 이용한 신용등급예측모형을 구축하였다. 미국의 나스닥(NASDAQ)에 상장된 벤처기업 중 1997년부터 1999년까지 S&P에 의해 신용평가가 이루어진 300개 기업을 훈련용 표본으로 선택하고, 나머지 100개의 기업을 검증용 표본으로 사용하였다. 사용된 재무변수(독립변수)들은 안정성비율, 수익성비율, 활동성비율, 성장성비율 및 현금흐름비율 등이다. 연구결과, 인공신경망모형의 예측 적중률이 86.0%, MDA의 예측 적중률은 83.0%로 나타나 인공신경망모형이 상대적으로 우월한 것으로 해석하였다.

김권중과 김진선(2002)은 회귀분석(OLS)을 이용한 신용등급예측모형을 개발하였다. 이들 연구에서는 +, 0, − 등 기호로 구분한 13개의 신용등급체계(AA+에서 B까지)와 구분하지 않은 5등급 체계(AA에서 B까지)가 모두 신용등급예측 데이터로 활용되었다. 예측모형에 이용된 변수들은 부채비율, 이자보상비율, 자본이익률, 기업규모, 기업 위험(베타계수)이다. 예측모형의 훈련과 검증에 사용된 표본기업은 1998~1999년에 걸쳐 한국신용평가(주)에 의해 신용등급이 결정된 비금융 상장기업들이다. 표본 기업 수는 총 468개이며, 이 중에서 300개 기업을 무작위 추출(random sampling)하여 등급예측모형의 계수를 추정(훈련)하는 데 사용하고, 나머지 168개 기업을 예측정확도 평가를 위한 검증 표본으로 사용하였다. 13등급 체계의 경우 한 등급 차이 내로 예측힐 수 있는 정확도가 75.6%이고, 두 등급 차이 내로 예측하는 정확도는 95.2%를 나타났다. 5등급 체계의 경우 예측된 등급과 실제 등급이 정확히 일치하는 적중률은 69.6%로서 상당히 높은 수준을 나타내었다.

나영과 진동민(2002)은 신용평가모형개발에 있어서 비재무정보의 유용성을 검증하기 위해 투자·투기등급의 여부를 나타내는 더미변수(dummy variable)를 종속변수로 설정하고 재무 및 비재무변수를 독립변수로 사용하였다. 신용등급예측모형으로는 전통적 통계기법인 로지스틱 회귀분석(logit)을 이용하였다. 연구 데이터는 1997년에서 1999년까지 한국기업평가(주), 한국신용평가(주), 한국신용정보(주)로부터 기업 어음의 신용등급이 공시된 473개의 상장기업을 표본으로 선정하여 325개의 투자등급기업과 148개의 투기등급기업을 종속변수로 사용하였다. 연구결과, 재무변수 중에는 기업규모와 배당률이 신용등급을 예측하는 데 중요한 변수로 나타났으며, 모기업의 평판이나 지급 보증 정도 등을 나타내는 계열 관계와 피평가 기업이 속한 산업의 미래 수익력, 자산 가치, 사업의 다각화에 따른 자금조달 능력 등을 나타내는 산업 성향이 신용등급을 예측하는 데 매우 유용한 비재무정보라고 주장하였다.

표 6.3 회사채 신용등급예측모형에 관한 선행연구

연구자	독립변수	표본의 수	예측정확도(성과)
Kaplan & Urwitz (1979)	부채비율, 이자보상비율, 자본이익률, 기업규모, 후순위채 더미변수	1970-74년 Moody's에 의해 등급이 결정된 총 204개의 industrial bonds	예측모형 훈련(140개) 검증 표본(64개): 68.7% 정확도(Probit)
Belkaoui (1983)	총자산, 총 차입금, 부채비율, 유동비율, 이자보상비율, 후순위채 발행 여부	1981년 S&P에 의해 B등급 이상 회사채 등급평가된 기업 381개 표본	예측모형 훈련(266개), 검증 표본(115개): 67.8% 정확도(MDA)
김영태, 김명환 (2001)	안정성·수익성비율, 활동성비율, 성장성비율 및 현금흐름비율	미국 NASDAQ 상장 벤처기업 중 1997년 ~1999년까지 S&P에 신용평가된 400개 표본	훈련 표본(300개), 검증 표본(100개): 86.0% 정확도(ANN), 83.0%정확도(MDA)
김권중, 김진선 (2002)	부채 및 이자보상비율, 자본이익률, 기업규모, 기업위험(베타계수)	1998~1999년, 한국신용평가(주)에 의해 신용등급이 결정된 비금융 상장기업, 총 468개 표본	훈련 표본(300개) 검증 표본(168개): 75.6% 정확도(OLS)
나영, 진동민 (2002)	재무변수: 기업규모, 배당률 비재무변수: 평판, 지급보증정도, 미래 수익력, 자금 조달 능력	1997~1999년, 국내 신용평가 3사로부터 기업 어음의 신용등급이 공시된 총 473개의 상장기업	훈련 표본(284개), 검증 표본(189개): 69.8% 정확도(LOGIT)

6.4 재무비율분석을 이용한 신용등급예측

기업의 신용등급예측은 부도 가능성을 평가하여 신용위험의 상대적인 수준을 서열화한 뒤 위험 수준이 유사한 기업들을 동일한 등급으로 계량화한 지표 값을 예측하는 것이다. 기업의 경영성과와 재무상태를 분석하기 위한 기본적인 방법은 재무제표를 이용한 재무분석이다. 재무분석을 위해 가장 많이 이용되는 방법은 재무비율분석(financial ratio analysis)이다.

금융 빅데이터 분석에서는 재무비율분석을 통해 기업의 신용등급평가, 부도확률예측, 감사보고서 평가 및 예측, 상장폐지예측, 배당금예측 등을 수행할 수 있다. [표 6.4]는 금융 빅데이터 분석을 이용한 기업신용등급예측에 필요한 재무비율 변수의 예시를 나타낸 것이다. 유동성비율에는 유동비율과 당좌비율이 있으며 이들 비율은 높은 상관성을 가지므로 동시에 사용해서는 안 된다. 레버리지비율(안정성)에는 부채비율, 이자보상비율, 차입금/자기자본, 차입금/총자본, 차입금/매출액 비율 등이 있으며 차입금 관련 변수(3가지)는 하나를 선택하여 연구변수로 지정하는 것이 바람직하다.

표 6.4 신용등급예측을 위한 재무비율과 기업규모 변수 예시

구분	재무비율	산식
유동성비율	유동비율	= (유동자산/유동부채)×100
	당좌비율	= [(유동자산 – 재고자산)/유동부채]×100
레버리지비율 (안정성)	부채비율	= (타인자본/자기자본)×100
	이자보상비율	= (영업이익/이자비용)×100
	차입금/자기자본	= (차입금/자기자본)
	차입금/총자본	= (차입금/총자본)
	차입금/매출액 비율	= (차입금/매출액)×100
성장성비율	총자산증가율	= [(당기 말 총자산 – 전기 말 총자산)/전기 말 총자산]×100
	매출액증가율	= (당기 매출액/전기 매출액)×100
	순이익증가율	= [(금기 말 당기순이익 – 전기 말 당기순이익)/전기 말 당기순이익]×100
활동성비율	재고자산회전율	= (매출액/재고자산)
	매출채권회전율	= (매출액/외상매출금)
	총자산회전율	= (매출액/총자산)
수익성비율	총자산순이익률(ROI)	= (세후순이익/총자산(총자본))×100
	매출액순이익률	= (순이익/매출액)×100
	자기자본순이익률 (ROE)	= (순이익/자기자본)×100
시장가치비율	주당순이익(EPS)	= (순이익/발행주식수)
	주가수익비율(PER)	= (주가/주당순이익)
규모 변수	자산 총계	= (부채+자본)
	자본 총계(자기자본)	= (자산 총계 – 부채 총계) = (납입자본금+잉여금)

성장성비율은 총자산증가율, 매출액증가율, 순이익증가율이 있고, 활동성비율에는 재고자산회전율, 매출채권회전율, 총자산회전율이 있다. 수익성비율에는

총자산순이익률(ROI), 매출액순이익률, 자기자본순이익률(ROE)이 있으며 시장가치비율에는 주당순이익(EPS)과 주가수익비율(PER)이 있다. 마지막으로 규모 변수에는 자산 총계와 자본 총계(자기자본)가 있으며 이들 변수는 자연로그로 치환하는 것이 바람직하다.

Q&A **자본잠식이란 무엇인가?**

자본잠식(impaired capital, impairment of capital, capital impairment)이란 기업의 적자 누적으로 인해 잉여금이 마이너스가 되면서 자본 총계가 납입자본금보다 적은 상태를 말한다. 즉, 납입자본금과 잉여금으로 구성된 자본 총계가 납입자본금보다 적은 상태를 자본잠식이라 한다.

기업의 적자 누적으로 인해 잉여금이 마이너스 금액이 됨에 따라 발생하며, 자본 총계마저 마이너스 금액이 되었을 경우를 완전자본잠식, 자본전액잠식이라고 부른다.

2017년 8월 30일 기획재정부가 발표한 '2017~2021년 공공기관 중장기 재무관리 계획'에 따르면 한국광물자원공사와 대한석탄공사는 향후 5년간 부채가 자본보다 많은 자본잠식 상태가 유지된다고 발표한 바 있다.

대한석탄공사는 2017년도 자산 규모가 8천억 원에 불과한 반면, 부채는 1조7천억 원에 달한다. 자본과 부채를 더한 자산이 부채보다 적다는 것은 자본금이 하나도 없다는 의미이다. 한국광물자원공사 역시 2017년도 자산이 4조4천억 원인 반면, 부채는 5조5천억 원으로 부채가 자산 규모를 넘어선 상황이다. 이들 기관은 해외 자원 개발 손실과 광물 자원 가격 하락의 여파로 2016년 공공기관 기능 조정 대상으로 분류되어 구조 조정 작업이 진행 중에 있다.

전체적으로 우리나라 공공기관들의 재무 상황이 좋지 않은 것으로 보고되고 있다. 공공기관 중 부채비율이 가장 높은 한국석유공사는 2017년도 부채비율이 무려 642%에 달하며 2020년에는 978%까지 치솟을 것으로 예측하고 있다. 에너지 공기업 외에는 한국철도공사(코레일)와 한국토지주택공사(LH) 등이 각각 335%, 312%로 높은 부채비율을 나타내고 있다. LH는 부채 규모가 130조 원으로 38개 기관 중 가장 부채가 많은 것으로 나타나 재무건전성 관리가 필요한 시점이다.

신용평가기관에서는 기업의 신용등급을 분석하기 위해 [표 6.5]와 같이 부실예측모형과 재무평점모형으로 구성된 신용평점을 산출한다. 신용평점은 해당 기업의 자산 규모와 재무제표 연속 보유 기간에 따라 모형을 세분화하고 통계적 유의성을 기반으로 산업(중공업, 경공업, 건설업, 도소매업, 기타 서비스업 등 5개)을 구분하여 기업의 재무적 신용도를 구간 값으로 제시한 것으로 부실예측모형과 재무평점모형을 결합하여 산출한다. 부실예측모형은 추정 부도율, 역사적 부도율(historical PD), 비교 가능성을 위한 무디스 등급 정의에 따라 등급별 구성률 등을 포괄적으로 고려하여 부실예측등급을 산출한다. 재무평점모형은 부도율에 영향을 주는 재무변수들을 정렬·등급화하여 안정성, 수익성, 현금흐름, 성장성, 활

표 6.5 신용평가기관의 신용등급분석을 위한 신용평점

등급 체계			등급 정의	Moody's	S&P
최상급	1등급	97.5 ~ 100 최우수 (extremely strong)	• 차입금 상환능력 최상 • 최소의 신용위험을 가지며, 최고의 신용상태 • 매우 견실한 재무구조, 향후 재무상태가 악화될 전망이 희박	Aaa	AAA
상급	2등급	92.5 ~ 97.5 우량 (very strong)	• 차입금 상환능력이 매우 우수 • 매우 낮은 신용위험, 매우 높은 신용상태 • 견실한 재무구조, 향후 재무상태가 악화될 전망은 거의 없음	Aa1 Aa2	AA+ AA
상급	3등급	85 ~ 92.5 우수 (strong)	• 경제적인 악조건이 지속될 경우 위험에 노출될 수 있으나, 이로 인한 차입금 상환능력에 커다란 문제는 발생하지 않음 • 낮은 신용위험, 우수한 신용상태 • 현재 재무구조는 견실하지만, 향후 재무상태가 악화될 가능성도 적게나마 존재	Aa3	AA−
중급	4등급	75 ~ 85 양호 (good)	• 차입금 상환능력은 양호하지만, 장기적 관점에서는 차입금 상환능력이 다소 저하될 가능성 있음 • 비교적 낮은 신용위험, 양호한 신용상태 • 현재 재무구조는 견실하지만, 향후 재무상태 악화 가능성 존재	A1 A2	A+ A
중급	5등급	65 ~ 75 보통 (adequate)	• 차입금 상환능력은 보통 수준, 장기적 관점에서 경제 환경 악화 시 차입금 상환능력 저하 가능성 • 평균적 신용위험, 보통 수준의 신용상태 • 현재 재무구조는 견실한 편이지만, 환경 변화에 따라 재무상태 악화 가능성	A3	A−
중급	6등급	50 ~ 65 미흡 (less vulnerable)	• 차입금 상환능력은 당장은 문제가 되지 않으나, 장기적인 관점에서 취약해질 가능성이 높은 편 • 감수할 수 있는 신용위험, 다소 제한적 신용상태 • 경제 환경이나 상황의 변동에 따라 다소 가변적 재무구조	Baa1 Baa2	BBB+ BBB
하급	7등급	33 ~ 50 요주의 (more vulnerable)	• 차입금 상환능력이 가변적일 수 있으며, 미래 차입금 상환능력도 의심스러움 • 비교적 높은 신용위험, 매우 제한적 신용상태 • 경제 환경이나 상황의 변동에 따라 가변적 재무구조	Baa3	BBB−
불량	8등급	15 ~ 33 (currently vulnerable)	• 차입금 상환능력이 매우 낮은 수준, 부실화 가능성이 높은 편 • 주의를 요구하는 신용상태, 부실 징후를 보임 • 잠재적 부실화 요인을 가지고 있으며, 차입금 상환능력의 지속적으로 하락 가능성 고조	Ba B Caa	B CC CCC
불량	9등급	5 ~ 15 (currently highly vulnerable)	• 부실화 요인이 가시화, 최종적으로 부도 발생 가능성이 매우 높음 • 매우 높은 신용위험 • 지속적인 부실화 과정을 겪으면서 회사의 자생력이 크게 상실되어 있으며, 자구적 노력뿐 아니라 채권자 등 외부로부터의 적극적인 도움 없이는 정상 업체로 회복될 가능성이 매우 낮음	Ca	C
불량	10등급	0 ~ 5 (extremely vulnerable)	• 채무상환능력의 상실로 원리금 회수가 거의 불가능, 회생 가능성 전무 • 가장 높은 수준의 신용위험, 최악의 신용상태	C	D
		Default	실제 부도 등급		

동성 등에 따라 각각의 가중치를 부여하여 평점을 합산하여 등급화한다.

6.5 신용평가기관의 신용등급체계 및 신용평가시스템

기업신용등급(corporate credit rating)은 기업의 부도 가능성을 평가하여 신용위험의 상대적 수준을 서열화한 뒤, 위험 수준이 유사한 기업들을 동일한 등급으로 계량화한 지표이다.

각 금융기관은 자체적으로 신용평가시스템(credit rating system)을 운영하고 있다. 금융기관 내부의 신용평가시스템은 해당 금융기관의 거래 기업(차주)을 대상으로 재무제표 개요 및 기타 내부 거래 정보 등을 반영하여 기업의 신용위험을 측정하고, 신용평가시스템에서 산출된 신용등급을 기업 여신 업무 전반에 활용하고 있다.

국내 시중은행의 신용평가모형은 계량 모형과 비계량 모형으로 구성된다. 계량 모형은 기업의 재무제표 데이터와 과거 부도 경험과의 관계를 통계적 방법론으로 측정하고, 비계량 모형은 기업의 비재무적 위험 요인을 심사자의 전문가 판단에 의해 평가한다.

신용평가기관은 다음과 같은 다섯 가지 절차에 의해 신용평가를 수행하고 있다. 특정 채권과 채권 발행 기관의 신용위험을 평가하기 위해 (1) 정보수집 및 분석, (2) 적절한 신용등급의 결정, (3) 신용등급정보의 공시, (4) 평가를 받은 채권이나 채권 발행 기관의 신용도에 대한 지속적인 감시, (5) 기초적 요소의 변화에 따른 신용등급의 적시 조정 등이 포함된다.

신용평가 절차 중 신용등급을 결정하는 단계에서 신용평가기관들은 기업의 재무 자료 및 비재무 자료를 활용한다. 즉, 신용평가기관의 신용평점시스템 또한 재무 모형과 비재무 모형으로 구성된다. 재무 모형은 재무정보를 활용한 계량 모형으로 재무제표의 경우 최근 2년간 결산 재무제표를 활용한다. 비재무 모형은 계량 모형에 의해 1차적으로 평가가 이루어지되, 비계량 모형에 의한 심사자의 정성 평가 결과가 추가적으로 반영된다. 비재무 모형의 경우 기업 실태표 등 비재무정보를 적극 활용하며 재무 평가에서 반영하지 못하는 기업의 장기적인 리스크를 평가하기 위해 기업의 과거, 현재, 또는 미래에 예상되는 위험까지 종합적으로 반영한다.

재무 모형은 기업의 재무제표 정보를 이용하여 기업의 부실 가능성을 측정한다. 주요 평가 요소로는 [표 6.6]과 같이 수익성, 안정성, 부채 상환능력, 유동성, 활동성, 성장성으로 구성된다.

표 6.6 재무 모형 평가 요소

평가 요소	상세 내용
수익성	일정 기간 동안 기업의 경영성과 측정
안정성	차입금에 대한 지급능력 및 타인자본의존도 등 측정
부채 상환능력	차입금에 대한 상환능력을 측정
유동성	기업의 현금 지급능력 측정
활동성	자산의 효율적인 운영 능력 측정
성장성	일정 기간 동안 기업의 성장성 측정

비재무 모형은 재무 모형에서 반영하지 못하는 기업의 비재무적 위험을 평가한다. 주요 평가 요소는 [표 6.7]과 같이 산업 위험, 경영 위험, 영업 위험, 재무 위험, 신뢰도로 구성된다. 산업 위험은 기업이 속한 산업 전망을 평가하고, 경영 위험은 경영 관리 능력 및 경영 안정성 등을 평가한다. 영업 위험은 영업 자원, 구매 위험, 생산 위험, 판매 위험 등을 평가하고 재무 위험은 질적 재무 위험을 평가한다. 마지막으로 신뢰도는 거래 신뢰도 및 업체 신뢰도를 평가하여 측정한다.

표 6.7 비재무 모형 평가 요소

평가 요소	상세 내용
산업 위험	기업이 속한 산업 전망 평가
경영 위험	경영 관리 능력 및 경영 안정성 평가
영업 위험	영업 자원, 구매 위험, 생산 위험, 판매 위험 등 평가
재무 위험	질적 재무 위험 평가
신뢰도	거래 신뢰도 및 업체 신뢰도 평가

기업부도(Corporate Bankruptcy)는 1) 채무자가 해당 은행에 부담하는 상당한 정도의 채무에 대해 90일 이상 연체한 경우, 2) 보유 담보물의 처분과 같은 상환 청구 조치를 취하지 않으면 채무자로부터 채무를 일부라도 상환받지 못할 것으로 판단되는 경우, 위 두 사건 중 하나 이상이 발생하는 경우 부도로 간주한다.

부도 가능성이 큰 기업, 자력으로 회생이 불가능할 정도로 부채가 많은 기업은 법원이 지정한 제3자가 자금을 비롯하여 기업 활동을 전반적으로 대신 관리하도록 하는 회생 절차(구 법정 관리)를 진행한다. 회생 절차를 진행하는 이유는 부도 위기에 처한 기업을 파산시키는 것보다 회생시키는 것이 단기적으로 채권자에게 불이익이지만 장기적으로는 기업과 채권자, 그리고 국민 경제에 이익이 되고, 회사의 경영이 유지되면서 인적 자원과 경영 노하우의 손실을 보호할 수 있기 때문이다.

신용평가기관의 기업신용등급은 [표 6.8]과 같이 AAA부터 R 등급까지 총 11개 등급으로 구분된다. AAA는 상거래를 위한 신용능력이 최우량급이며, 환경 변화에 충분한 대처가 가능한 기업을 말한다. 신용평가기관은 신용등급 B 등급 이상을 투자적격등급으로 판단하고 있다. 신용등급 D는 현재 신용위험이 실제 발생하였거나, 신용위험에 준하는 상태에 있는 기업이며, 신용등급 R은 1년 미만의 결산 재무제표를 보유하였거나, 경영 상태 급변(합병, 영업 양수도 등)으로 신용평가등급 부여를 유보한 기업을 말한다.

[표 6.8] 신용평가기관의 기업신용등급체계 및 정의

신용등급	등급 정의
AAA	상거래를 위한 신용능력이 최우량급이며, 환경 변화에 충분한 대처가 가능한 기업
AA	상거래를 위한 신용능력이 우량하며, 환경 변화에 적절한 대처가 가능한 기업
A	상거래를 위한 신용능력이 양호하며, 환경 변화에 대한 대처 능력이 제한적인 기업
BBB	상거래를 위한 신용능력이 양호하나, 경제 여건 및 환경 악화에 따라 거래 안정성 저하 가능성이 있는 기업
BB	상거래를 위한 신용능력이 보통이며, 경제 여건 및 환경 악화 시에는 거래 안정성 저하가 우려되는 기업
B	상거래를 위한 신용능력이 보통이며, 경제 여건 및 환경 악화 시에는 거래 안정성 저하 가능성이 높은 기업
CCC	상거래를 위한 신용능력이 보통 이하이며, 거래 안정성 저하가 예상되어 주의를 요하는 기업
CC	상거래를 위한 신용능력이 매우 낮으며, 거래의 안정성이 낮은 기업
C	상거래를 위한 신용능력이 최하위 수준이며, 거래 위험 발생 가능성이 매우 높은 기업
D	현재 신용위험이 실제 발생하였거나, 신용위험에 준하는 상태에 처해 있는 기업
R	1년 미만의 결산 재무제표를 보유하였거나, 경영 상태 급변(합병, 영업 양수도 등)으로 신용평가등급 부여를 유보한 기업

6.6 회사채 신용등급예측모형 연구사례

6.6.1 OLS 및 N-probit 모형을 이용한 회사채 신용등급예측모형

OLS를 이용한 신용등급예측모형은 인공지능기법에 비해 이해하기 쉽고 추정 과
정도 상대적으로 간단하여 실무에서 용이하게 사용할 수 있다. 신용등급이 범주
형 변수(categorical variable)이지만, 신용등급의 간격이 많아지면 종속변수가 연속
변수(continuous variable)에 가까워지므로 OLS에 내포된 등간척도(interval scale)의
가정이 큰 문제가 되지 않는다.

신용등급예측 관련 선행연구를 토대로 신용등급예측모형에 사용될 독립변수
(재무변수)의 후보로서 기업규모, 차입금비율, 부채비율, 이자보상비율, 자산 및
자본이익률, 기업 위험(베타계수), 그리고 단기지급능력(유동비율)을 선정하였다
(표 6.9 참조). 여기에 Altman(1996)의 연구결과를 근거로 누적수익성(누적이익률)

표 6.9 회사채 신용등급예측모형에 사용된 독립변수 예시

독립변수	정의(산출식)	비고
기업규모	기업규모 1: 총자산 기업규모 2: 매출액	
차입금비율	= 차입금 총액 / 자기자본 = 차입금 총액 / (차입금 총액 + 자기자본)	신용등급과 음(-)의 관계
부채비율	= 부채 총액 / 자기자본 = 부채 총액 / 자산 총계	신용등급과 음(-)의 관계
이자보상비율	= (당기순이익 + 법인세 + 이자비용) / 이자비용 = (영업활동현금흐름 + 법인세 + 이자비용) / 이자비용	
자산이익률	= 영업이익 / 평균 총자산	
자본이익률	= 당기순이익 / 평균 자기자본 = 경상이익 / 평균 자기자본	
기업 위험(베타계수)	최근 1년간의 일별수익률과 동일가중시장수익률 (equally-weighted index return)을 사용하여 측정	시장모형에 의해 측정된 베타계수 신용등급과 음(-)의 관계
단기지불능력(유동비율)	= 유동자산 / 유동부채	
누적수익성(누적이익률)	= 이익잉여금 총계 / 자산 총계	
주가순자산비율 (Price-to-Book ratio)	= 표본 연도 말의 주식시가총액 / 자기자본 총계	비재무적 변수
시장지수조정수익률 (Market Adjusted Return)	= 월별 시장조정수익률의 12개월간의 누적 값	비재무적 변수

을 추가하였다.

누적이익률 변수는 사산 총계에 대한 이익잉여금 총액의 비율로 측정되며 기업의 누적수익성 또는 상대적 업력(age)을 나타낸다. 일반적으로 업력이 짧은 기업이 역사가 오랜 기업에 비해 신용위험이 낮을 가능성이 있다. 차입금비율, 부채비율, 그리고 베타계수는 신용등급과 음(negative)의 관계에 있고, 기업규모, 이자보상비율, 자산 및 자본이익률, 유동비율 및 누적이익률은 신용등급과 양(positive)의 관계에 있는 것이 일반적이다.

재무제표에 반영되지 않은 비재무적 변수로는 기업의 미래 경영성과(수익성)에 대한 시장의 기대를 대표하는 변수로서 주가순자산비율(price-to-book ratio)과 시장지수조정수익률(market adjusted return)을 독립변수로 선정하였다. 주가순자산비율(PBR)은 주가를 주당순자산가치로 나눈 값으로 주식 투자의 기초 지표 중 하나이다. 1주당순자산(net property, 부채를 제외한 자산, 즉 자본금＋자본잉여금＋이익잉여금)에 비해 주가가 어느 정도인지를 평가할 수 있다. 기업의 주가가 주당순자산가치보다 높으면 주가순자산비율(PBR)은 1 이상이 되고, 주당순자산가치가 주가보다 높으면 1 이하가 된다. PBR이 1 이상인 기업은 증권시장에서 고평가되어 주가가 상승할 가능성이 크지 않지만, 1 이하인 기업은 저평가되었다고 볼 수 있어 주가가 상승할 가능성이 높다.

표본 기업은 각 연도 말을 기준으로 한국증권거래소 상장기업과 KOSDAQ 등록기업 중 12월 결산법인으로 하되 금융업종에 속한 기업들은 표본에서 제외해야 한다. 금융업종의 경우 대부분 신용등급이 있으므로 등급예측의 필요성이 크지 않고, 재무변수의 종류와 의미가 비금융업과는 상당히 다르므로 표본에서 제외하는 것이 바람직하다.

앞에서 선정한 독립변수들이 포함된 회사채 신용등급예측모형(OLS)의 구조는 다음과 같다.

$$Y_i = b_0 + b_1 DEBT_i + b_2 LEV_i + b_3 COV_i + b_4 ROA_i + b_5 ROE_i + b_6 SIZE_i + b_7 RISK_i + b_8 CR_i + b_9 PRICE_i + b_{10} RE_i + \varepsilon_i$$

Y_i = 회사채 신용등급을 나타내는 정수(실수로 전환되어 사용)

$DEBT_i$ = 차입금비율(차입금비율 1, 차입금비율 2)

LEV_i = 부채비율(부채비율 1, 부채비율 2)

COV_i = 이자보상비율(이자보상비율 1, 이자보상비율 2)

ROA_i = 자산이익률

ROE_i = 자본이익률(자본이익률 1, 자본이익률 2)

$SIZE_i$ = 기업규모(기업규모 1, 기업규모 2)

$RISK_i$ = 베타계수

CR_i = 유동비율

$PRICE_i$ = 주식가격을 토대로 측정한 주가순자산비율(P-B ratio)과 누적시장
조정수익률(cumulative market-adjusted return)

RE_i = 누적이익률, ε_i = 오차항

Q&A 누적수익성(누적이익률)은 무엇인가?

자산 총계에 대한 이익잉여금 총액의 비율로 측정되며 기업의 누적수익성 또는 상대적 업력 (age)을 나타낸다. 일반적으로 업력이 짧은 기업이 역사가 오랜 기업에 비해 신용위험이 낮을 가능성이 있다.

Q&A 종속변수의 신용등급을 실수로 전환하는 방법은?

회사채 신용등급 'AA+'는 '15'로 'B−'은 '1'로 설정하는 방법이다. 그 다음으로 AA(14), AA−(13), A+(12), A(11), A−(10), BBB+(9), BBB(8), BBB−(7), BB+(6), BB(5), BB−(4), B+(3), B(2), B−(1) 로 설정하면 된다.

6.6.2 신용등급예측모형의 예측력 성과 비교

선행연구에서 주로 사용된 신용등급예측모형을 위한 방법론은 OLS, 판별분석 (MDA), N-probit, 그리고 인공신경망모형으로 정리할 수 있다. 판별분석은 입력변수들의 값에 근거하여 유사한 사례들을 몇 가지 부류로 분별하는 기법이다. 판별분석을 이용하여 고객의 신용을 분류하는 방법은 결과에 대한 수학적 설명(증명)이 가능하여 모니터링할 수 있다는 장점이 있다. 그러나 데이터가 불규칙한 신용 거래 성향을 보이고, 정규분포를 따르지 않는 경우에는 여러 개의 판별함수와 판별점이 존재하여 분류 정확도가 낮아지는 단점이 있다. 또한 MDA는 상당히 제약적인 가정을 요구하고 있고, 독립변수의 유의성 검증이 어렵다는 한계점도 가지고 있다.

OLS와 N-probit 모형의 경우는 MDA와 같이 제약적인 가정을 필요로 하지 않고 독립변수의 유의성 검증도 가능하며 종속변수의 정보 구조를 무시하지 않는다는 장점을 가지고 있어 실무에서 가장 많이 사용된다. 그러나 예측정확도 한계로 인해 최근에는 인공지능기법을 이용한 신용등급예측모형의 고도화에 많은 투자를 하고 있다.

신용평가에 있어 복합적인 정보 처리에 따른 어려움을 해결하고자 인공신경망을 이용한 접근 방법이 활용되고 있다. 인공신경망은 인간의 두뇌를 구성하고 있는 기본적 구성 요소인 뉴런(neuron)과 기능적으로 유사한 디지털 뉴런을 활용한 추론 모델이다. 인공신경망은 자체적으로 학습 기능이 있기 때문에 자료 및 상황의 변화에 따라 자발적인 기능 개선이 가능하다. 인공신경망은 입력자료에 대한 어떠한 가정도 없이 자료 자체로부터 유형을 찾아냄으로써 모형을 형성하는 비모수적 성격을 가지며 다양한 변수와 출력 값을 가지는 다변량 모형을 형성할 수 있다. 따라서 변수의 분포를 정의할 수 없고 변수 관계가 선형적이라고 가정할 수 없는 경우에는 전통적인 통계기법보다 향상된 예측정확도 결과를 얻을 수 있다.

특히 인공신경망의 학습 알고리즘 중에서 역전파 학습 알고리즘(back-propagation learning algorithm)이 신용평가 연구에 많이 이용되고 있다. 그 이유는 역전파 학습 알고리즘이 갖는 넓은 응용력과 높은 일반화 능력 때문이다. 다수의 선행연구에서도 인공신경망 기반 신용평가모형이 다변량판별분석, 로지스틱 회귀분석 등의 전통적인 통계모형보다 추론 능력이 뛰어난 것으로 검증되고 있다. 최근에 다수의 선행연구가 회사채 신용등급평가를 위해 인공신경망모형을 구축하고, 통계적 분석 방법과 예측력 성과를 상호 비교하고 있다.

6.7 개인신용등급예측 적용 사례

앞 절에서는 기업신용등급예측에 대해 기술하였다. 이 절에서는 국내 A 은행의 개인신용예측모형 구축 사례를 소개하고자 한다. IMF 외환 위기와 글로벌 금융 위기 이후 경기 침체와 개인들의 과도한 신용카드 사용 등으로 가계 신용이 타격을 입으면서 금융기관들의 개인 고객에 대한 신용등급예측의 중요성이 부각되고 있다. 금융기관들은 합리적·과학적인 신용등급예측모형 개발에 많은 노력을 기울이고 있다.

이 사례는 국내 A 은행이 보유하고 있는 2004년 개인신용데이터를 이용하여 개인신용등급예측모형을 구축한 것이다. 개인신용데이터는 총 28개 변수와 8,234개의 우량, 불량고객으로 분류된 데이터로 구성되었다.

분석에 사용할 변수들은 모두 [0, 1] 사이의 값을 가지도록 단위를 조정하였다. 이와 같이 자료를 정규화(normalize)하게 되면 분석에 사용되는 모든 변수의 분산이 동일한 범위 내에 있게 되므로 측정 단위에 따른 예측 오차를 줄일 수 있다. 분석에 사용될 변수의 선정으로는 처음에 고려된 28개의 변수 중에서 독립 표본 t−검정(t-test)을 거쳐 1차로 선정된 변수 12개(alpha = 0.05)를 선정하였고, 단계별 로지스틱 회귀분석을 거쳐 2차로 선정된 변수 4개를 최종 분석에 사용할 변수로 선정하였다. 최종 선정된 변수는 은행 측 지급액 6개월 평잔액, 당해 연체 일수 합, 현금서비스 이용액, 타사 총 이용액이다(표 6.10 참조).

표 6.10 개인신용등급예측을 위해 선정된 변수

변수 코드	설명
av_outcome6	은행 측 지급액 6개월 평잔액
sumdangcheilsu	당해 연체 일수 합
CASH_AMT	현금 서비스 이용액
TA_TOT_AMT	타사 총 이용액

개인신용등급모형 구축을 위한 분석 기법으로 로지스틱 회귀분석(LR), 신경망(NN), 빈도행렬(FM), 의사결정나무(C5.0), 그리고 SVM(support vector machine) 등을 활용하였다. 모든 분석은 훈련용과 검증용의 두 가지 데이터 셋으로 구성되며 전체 데이터의 70%(5,764/8,234)는 훈련용 데이터 셋으로 사용하고, 나머지 30%(2,470/8,234)는 검증용 데이터 셋으로 사용하였다. 보다 일반화된 연구결

과를 얻기 위하여 총 5회에 걸친 상호검증방법(cross-validation method)을 실시하였다.

[표 6.11]과 같이 개인신용등급예측모형의 예측성과를 분석한 결과 전통적인 통계기법(LR과 FM)에 비해 인공지능기법의 예측성과가 우수하게 나타났다. 평균 예측력(검증용 데이터 기준)을 비교하여 상위 순서대로 나열하면 신경망(NN), SVM(support vector machine), 빈도행렬(frequency matrix, FM), 로지스틱 회귀분석(logistic regression, LR), 의사결정나무(C5.0) 순이다. 인공지능기법 중에서는 신경망의 예측력 성과(평균 72.75%)가 가장 우수한 것으로 나타났다.

표 6.11 개인신용예측모형의 예측성과 비교표

Data Set no.	Result	LR	NN	FM	C5.0	SVM
Data Set 1	훈련용	70.69%	72.22%	69.00%	71.79%	70.06%
	검증용	66.52%	71.38%	69.35%	69.55%	68.99%
Data Set 2	훈련용	72.41%	72.62%	70.85%	72.95%	69.78%
	검증용	70.53%	72.19%	68.87%	68.42%	66.56%
Data Set 3	훈련용	69.83%	73.11%	72.22%	72.05%	71.34%
	검증용	70.20%	72.71%	69.27%	69.19%	72.23%
Data Set 4	훈련용	72.41%	75.62%	71.95%	72.41%	73.47%
	검증용	69.88%	75.06%	69.15%	67.37%	70.61%
Data Set 5	훈련용	69.83%	73.06%	71.48%	70.35%	72.31%
	검증용	68.14%	72.39%	69.31%	68.91%	71.82%
Avg.	훈련용	71.03%	73.33%	71.10%	71.91%	71.39%
	검증용	69.05%	72.75%	69.19%	68.69%	70.04%

주) 로지스틱 회귀분석(LR, Logistic Regression), 신경망(NN, Neural Networks), 빈도행렬(FM, Frequency Matrix), 의사결정나무(C5.0), 서포트벡터머신(SVM, Support Vector Machines)

기업 어음(commercial paper, CP): 단기 자금을 조달할 목적으로 신용상태가 양호한 기업이 발행한 약속어음으로, 기업과 어음 상품 투자자 사이의 자금 수급 관계에서 금리가 자율적으로 결정됨. CP를 발행하려면 신용평가기관으로부터 B 등급 이상의 신용등급을 얻어야 하나 보통 시장에서는 A 등급 이상 우량기업 어음만이 유통됨

신용등급(credit rating): 금융기관이나 개별 증권들에 대한 신용평가기관의 신용평가 결과 부여된 등급으로 투자 및 거래에 있어 중요한 판단 기준으로 활용함

유가증권: 크게 화폐증권과 자본증권으로 나뉨, 자본증권은 주식·공채·사채 등과 같이 자본 및 수익에 대한 청구권을 나타내는 증권을 말함

후순위채(subordinated debt): 일반 기업 또는 금융사 등 필요한 경영 자금을 조달하기 위해 채권을 발행한 기관이 파산했을 경우, 일반 다른 채권자들의 부채가 모두 청산된 다음에 원리금을 상환받을 수 있는 채권

정보의 비대칭성(information asymmetry): 경제학에서 시장에서의 각 거래 주체가 보유한 정보에 차이가 있을 때, 그 불균등한 정보 구조를 말함. 경제 행위의 과정에서 거래 당사자들이 가진 정보의 양이 서로 다른 경우를 말함

배당의 정보효과(information content of dividends): 배당이 기업의 수익성에 관한 정보를 전달하여 주는 역할을 행하게 됨으로써 주가에 영향을 미치게 된다는 이론

조달 금리: 은행 내부의 기준 금리를 뜻함, 대출 자금을 조달할 때 드는 금융비용의 금리를 말함

투기등급채권: 회사채 신용등급은 신용도에 따라 AAA, AA+, AA, AA−, A+, A, A−, BBB+, BBB, BBB−, BB+, BB, BB−, B, CCC, CC, C, D 등 18개 등급으로 구성, BBB− 이상은 투자등급, BB+ 이하는 투자부적격등급(투기등급)임

총자산순이익률(return on asset, ROA): 기업이 총자산을 이용하여 얼마나 많은 수익을 냈는지를 보여주는 수익성 지표임. = 순이익 / 총자산

자기자본순이익률(return on equity, ROE): 당기순이익을 자기자본으로 나눈 것으로 투자된 자기자본의 효율적 이용도를 측정함. 기업이 자기자본(주주 지분)을 활용하여 1년간 얼마를 벌어들였는가를 나타내는 대표적인 수익성 지표로 경영 효율성을 나타냄, 주식시장에서는 ROE가 높을수록 주가도 높게 형성되는 경향 때문에 투자 지표로도 사용됨

회귀분석: 하나 또는 그 이상의 독립변수의 종속변수에 대한 영향의 추정을 할 수 있는 통계기법

다중회귀분석(multiple regression analysis): 단순회귀분석의 확장으로 독립변수(설명변수)가 두 개 이상인 경우를 분석 대상으로 하는 회귀분석 방법 중 하나

로지스틱 회귀분석(logistic regression): 독립변수의 선형 결합을 이용하여 사건의 발생 가능성을 예측하는 데 사용되는 통계기법, 독립변수의 선형 결합으로 종속변수를 설명한다는 관점에서는 선형 회귀분석과 유사함. 그러나 로지스틱 회귀는 선형 회귀분석과는 다르게 종속변수가 범주형 데이터를 대상으로 하여 입력 데이터가 주어졌을 때 해당 데이터의 결과가 특정 분류로 나뉘기 때문에 일종의 분류(classification) 기법임

인공신경망(artificial neural network): 기계학습과 인지 과학에서 생물학의 신경망에서 영감을 얻은 통계학적 학습 알고리즘. 두뇌의 정보 처리 과정을 모방한 인공신경망

다변량판별분석(multiple discriminant analysis, MDA): 종속변수의 관계성(relationships)을 고려한 상태에서 여러 개의 단변량 분석을 동시에 수행하는 것을 의미. 여러 개의 독립변수에 대한 여러 개의 종속변수를 동시에 분석하는 통계적 방법

무디스(Moody's): 1990년 설립된 미국의 신용평가기관. 영국의 피치, 미국의 스탠더드앤드푸어스와 함께 세계 금융시장의 3대 신용평가기관. 세계 각국을 대상으로 채무상환능력을 종합 평가해 국가와 은행, 채권의 등급을 매겨 발표

스탠더드앤드푸어스(Standard & Poor's): 무디스

(Moody's), 피치(Fitch) 등과 함께 세계 3대 신용평 가기관으로 분류되는 미국의 신용평가 회사, 다우 존스 평균 주가, 나스닥 지수와 함께 미국의 3대 지수로 불리는 S&P 500 지수를 발표

NASDAQ: 1971년 2월 8일 첫 거래가 시작된 미국의 장외주식시장. 미국뿐 아니라 전 세계 벤처기업 들이 자금 조달을 위한 활동 기반을 여기에 두고 있음

자본잠식(impaired capital, impairment of capital): 기업 자본은 납입자본금과 잉여금으로 구성되나 영업 부진으로 회사의 적자 폭이 커져 잉여금이 바닥나고 납입자본금까지 잠식된 상태

주가순자산비율(price book value ratio, PBR): 주가 를 주당순자산가치로 나눈 값으로 주식 투자의 기 초 지표 중 하나. 1주당순자산(net property, 부채 를 제외한 자산, 즉 자본금+자본잉여금+이익잉 여금)에 비해 주가가 어느 정도인지 평가 가능

시장조정수익률(market adjusted return): 한 주식 의 일정 기간의 실제 수익률에서 시장 지수 수익 률을 차감한 수익률

기업 위험(베타계수, beta coefficient): 증권 시장 전체의 변동에 대한 개별 자산의 수익률의 민감도 (sensitivity)를 나타냄. 증권 시장 전체의 수익률의 변동이 발생했을 때 이에 대해 개별 기업 주가수 익률이 얼마나 민감하게 반응하는가를 측정하는 계수

서포트벡터머신(support vector machines, SVM): SVM은 통계학자인 Vapnik에 의해 개발된 분류 기법으로, 입력 공간과 관련된 비선형 문제를 고 차원의 특징 공간에서의 선형 문제로 대응시켜 적 은 수의 표본만으로도 상대적으로 우수한 예측성 과를 기대할 수 있는 분류 기법

⊙ 연습문제

단답형 문제

1. 다음 설명에서 Ⓐ와 Ⓑ가 무엇을 말하는지 답하 시오.

신용평가의 측정치 (Ⓐ)는(은) 채무자의 (Ⓑ) 가능 성에 대해 기업의 경영 능력, 운영 능력, 시장에서의 경쟁력 등 다양한 요인이 반영된 미래 현금흐름과 재무적 융통성을 감안하여 일정한 기호로 나타낸다.

　　Ⓐ – (　　　　　)　　Ⓑ – (　　　　　　)

2. 다음 설명에서 Ⓐ와 Ⓑ가 무엇을 말하는지 답하 시오.

기업신용평가는 크게 회사채 신용등급 예측 (corporate credit rating prediction)과 (Ⓐ)으로 구 분할 수 있다. 회사채 신용등급예측은 대출 혹은 투 자 대상 기업의 신용등급 수준을 판별하는 신용등급 평가(credit rating) 문제이다. 일반적으로 회사채 신 용등급은 적게는 5등급, 많게는 10개 이상의 등급으 로 구분하는데, 회사채 신용등급예측을 위해서는 (

Ⓑ) 방법론이 적용되어야 한다.

　　Ⓐ – (　　　　　)　　Ⓑ – (　　　　　)

3. 다음 설명에서 Ⓐ와 Ⓑ가 무엇을 말하는지 답하 시오.

국내외 신용평가기관들은 신용등급평가의 예측정 확성을 높이기 위해 1960년대부터 현재까지 신용 평가모형과 신용등급예측모형 관련 연구를 수행하 고 있다. 1960년대에는 신용평가를 위한 기법으로 (Ⓐ), 프로빗분석(probit analysis), 다변량판별분석 (multiple discriminant analysis) 등의 통계학적 기 법과 선형계획법(linear programming)과 같은 경 영 과학적 기법을 주로 이용하였다. 1980년대 중 반부터 경영 분야에서 인공신경망(artificial neural networks), (Ⓑ), 서포트벡터머신(support vector machines) 등의 인공지능기법이 활용되기 시작하 였다.

　　Ⓐ – (　　　　　)　　Ⓑ – (　　　　　　)

4. 다음 설명에서 Ⓐ와 Ⓑ가 무엇을 말하는지 답하시오.

회사채(corporate bond)는 기업이 자금을 조달하는 방법 중 하나로 액면금액, (Ⓐ), 금리 등이 명시되어 있는 회사가 발행한 채권이다. 이러한 회사채는 주로 기업의 자금 조달 목적으로 발행되지만 시장에서의 거래를 통해 기업의 채무상환능력 및 (Ⓑ)이 회사채 수익률로 반영되어 채무 기업의 현행 시장 이자율(market interest rate) 측정에도 활용된다.

Ⓐ – (   )   Ⓑ – (   )

5. 다음 설명에서 Ⓐ와 Ⓑ가 무엇을 말하는지 답하시오.

신용등급평가 관련 초창기 연구에서는 신용등급예측을 위한 독립변수로 (Ⓐ) 여부에 관한 더미변수, 기업규모, 이익의 변동성(순이익증가율), 부채비율, 이자보상비율, 총자산순이익률(ROI), (Ⓑ) 등이 주로 사용되었다.

Ⓐ – (   )   Ⓑ – (   )

6. 다음 설명에서 공통적으로 Ⓐ와 Ⓑ가 무엇을 말하는지 답하시오.

(Ⓐ)(이)란 기업의 적자 누적으로 인해 잉여금이 마이너스가 되면서 자본 총계가 납입자본금보다 적은 상태를 말한다. 즉, 납입자본금과 잉여금으로 구성된 자본 총계가 납입자본금보다 적은 상태를 (Ⓐ)(이)라 한다. 기업의 적자누적으로 인해 잉여금이 마이너스 금액이 됨에 따라 발생하며, 자본 총계마저 마이너스 금액이 되었을 경우를 (Ⓑ)(이)라고 부른다.

Ⓐ – (   )   Ⓑ – (   )

7. 다음 설명에서 공통적으로 Ⓐ와 Ⓑ가 무엇을 말하는지 답하시오.

신용평가기관에서는 기업의 신용등급을 분석하기 위해 (Ⓐ)와(과) (Ⓑ)(으)로 구성된 신용평점을 산출한다. 신용평점은 해당 기업의 자산 규모와 재무제표 연속 보유 기간에 따라 모형을 세분화하고 통계적 유의성을 기반으로 산업을 구분하여 기업의 재무적 신용도를 구간 값으로 제시한 것으로 (Ⓐ)와(과) (Ⓑ)를(을) 결합하여 산출한다.

Ⓐ – (   )   Ⓑ – (   )

8. 다음 설명에서 Ⓐ와 Ⓑ가 무엇을 말하는지 답하시오.

기업부도는 1) 채무자가 해당 은행에 부담하는 상당한 정도의 채무에 대해 (Ⓐ)일(日) 이상 연체한 경우, 2) 보유 담보물의 처분과 같은 상환 청구 조치를 취하지 않으면 채무자로부터 채무를 일부라도 상환받지 못할 것으로 판단되는 경우, 위 두 사건 중 하나 이상이 발생하는 경우 부도로 간주한다. 부도 가능성이 큰 기업, 자력으로 회생이 불가능할 정도로 부채가 많은 기업은 법원이 지정한 제3자가 자금을 비롯하여 기업 활동을 대신 관리하도록 하는 (Ⓑ)을 진행한다.

Ⓐ – (   )   Ⓑ – (   )

9. 다음 설명에서 공통적으로 Ⓐ가 무엇인지 답하시오.

(Ⓐ)는 증권 시장 전체의 변동에 대한 개별 자산의 수익률의 민감도(sensitivity)를 나타낸다. 즉, (Ⓐ)는 증권시장 전체 수익률의 변동이 발생했을 때 이에 대해 개별 기업 주가수익률이 얼마나 민감하게 반응하는가를 측정하는 계수이다.

Ⓐ – (   )

서술형 문제

10. 신용평가회사의 신용평점시스템은 재무 모형과 비재무 모형으로 구성된다. 이에 대해 서술하시오.

참고문헌

김성수, 윤종인, "신용등급이 자본구조에 미친 영향", 대한경영학회지, Vol.26 No.8, 2013, pp. 2003-2019.

김성진, 안현철, 기업신용등급예측을 위한 랜덤 포레스트의 응용, 산업혁신연구, 제32권 제1호, 2016, pp. 187-211.

김영태, 김명환, "회사채 신용등급평가를 위한 인공신경망모형과 통계적모형의 예측력 비교: 나스닥 기업을 대상으로", 회계저널, 제10권, 제4호, (2001), pp. 1-24.

김진선, 최영문, "재무변수 및 주식가격 변수를 이용한 회사채 신용등급예측모형의 개발", 회계·세무와 감사연구, 제43호, 2006, pp. 185-217.

나영, 진동민, "기업 어음 신용평가모형의 개발에 따른 비재무정보의 유용성", 회계저널, 제11권 제4호, 2002, pp. 23-64.

박형권, 강준영, 허서욱, 유동현, 국내 회사채 신용등급예측모형의 비교 연구, 응용통계연구, 제31권 제3호, 2018, pp. 367-382.

신동령, 신용평가의 실제와 이론, 다산출판사, 제1판, 1999, pp. 2-20.

안현철, 유전자알고리즘을 이용한 다분류 SVM의 최적화: 기업신용등급예측에의 응용, Information Systems Review, 제16권 제3호, 2014, pp. 161-177.

Altman, E. I., "Distress Classification of Korean Firms", 「은행의 신용위험관리」, 한국금융연구원, 1996, pp.379-410.

Belkaoui, A. Industrial Bonds and the Rating Process. Westport, Conn. 1983, Quorum Books.

Kaplan, R. S. and G. Urwitz, "Statistical Models of Bond Ratings: A Methodological Inquiry", Journal of Business 52 (April), 1979, pp.231-261.

[네이버 지식백과] 조달 금리(시사경제용어사전, 2010. 11., 대한민국정부)

[네이버 지식백과] CP(시사상식사전, 박문각)

[네이버 지식백과] 자기자본순이익률(시사상식사전, 박문각)

[네이버 지식백과] 회생 절차(시사상식사전, 박문각)

[네이버 지식백과] 신용평가[Credit Rating](금융감독용어사전, 2011. 2.)

07 부도확률 분석 및 부도예측

7.1 도산 및 부도의 이해

도산(bankruptcy)이란 자금 부족으로 인해 만기가 도래한 채무 상환이 이루어지지 않는 지급 불능 상태(insolvency)가 외부적으로 공식화된 부도 또는 이와 관련한 법률적 조치인 파산, 청산, 해산과 그 이전의 법정 관리, 화의 등을 말한다. 국내에서는 주로 상장회사를 대상으로 증권거래소의 상장폐지기준을 활용하여 회사 정리 절차 개시, 영업활동 정지, 자본금 전액 잠식, 부도 발생, 관리대상 지정, 상장폐지를 도산으로 정의하고 있다.

도산을 기업의 지급 불능이 외부 거래에서 공식화되는 것으로 규정한다. 일반적으로 기업의 지급 불능이 외부적으로 나타나는 것은 부도이며, 이는 도산의 재무적 개념이다. 또한 지급 불능과 관련된 조치가 공식화되는 청산 및 법정 관리는 법률적 개념을 포괄하고 있다. 즉, 도산은 지급 불능이 공식화된 부도, 법정

표 7.1 도산의 정의

도산의 개념적 정의	키워드
부도 및 은행 거래 정지 처분되거나 은행 관리 업체로 지정된 기업	부도, 은행 거래 정지
증권거래소의 유가증권 상장규정 제38조 규정에 의하여 한국증권거래소에서 상장폐지를 선고하였거나, 한국증권거래소에 의하여 상장이 폐지된 기업	상장폐지
영업활동이 정지되었거나 폐업한 기업	영업활동 정지, 폐업
자본잠식이 3년 이상 계속된 기업으로 현재 법정 관리대상으로 분류된 기업	자본잠식
회사 정리 절차 개시 신청을 하였거나 정리 절차 진행 중 또는 정리 절차가 마감된 기업	정리 절차 개시 신청
화의 절차 개시 신청 기업, 지급 불능 또는 경제적 도산으로 인한 피합병 또는 경영권이 이전된 기업	화의 절차 개시 신청

관리, 화의 신청으로 규정할 수 있다(표 7.1 참조). 이 절에서는 도산의 재무적 개념인 부도를 용어로 사용한다.

부도는 경기 변동에 따른 영업 부진 등의 기업 외적인 요인과 경영자의 경영 능력 부족 등 기업 내적인 요인이 주요 원인이다. 부도는 해당 기업의 경영자, 종업원, 채권자, 투자자, 거래처, 고객 및 지역 경제, 나아가 국가 경제에 미치는 파급 효과의 정도와 양상이 다양하게 나타나며, 또한 부도 과정에서 제반 법적 비용, 매출 감소, 영업활동의 정지 등 직·간접적인 비용이 발생하는 등의 피해가 엄청난 문제를 야기하고 있다.

기업부도에 따른 사회적, 경제적 파급 효과를 구체적으로 살펴보면 다음과 같다. 첫째, 산업의 생산력이 감소된다. 부도가 난 기업이 다른 기업에 피인수되지 않는 한 조업 중단이 불가피하기 때문에 산업의 생산력 감소는 필연적이다. 둘째, 기업의 조업 중단으로 실업자가 증가한다. 셋째, 채권자 및 주주의 부(asset, stock price, wealth)가 감소된다. 일반적인 기업의 경제적 가치는 자본과 노동, 기술의 유기적 결합을 통해 창출되는 가치로 정의되지만, 기업이 부도날 경우 해당 기업의 가치는 물적 자산의 청산 가치로 평가된다.

부도가 발생하면 정상적 상태의 기업가치와 부도 상태의 청산 가치의 차이만큼 주주와 채권자가 부담하여 이들의 자산 감소로 이어진다. 이러한 기업부도의 파급 효과로 인해 금융기관들은 오랫동안 기업부도예측모형을 개발하였다. 이를 통해 이해관계자들에게 부도 발생 징후를 조기에 알려주어 사회적, 경제적 손실을 줄이는 데 노력하고 있다.

1997년 IMF 외환 위기와 2008년 글로벌 금융위기를 거치면서 많은 국내외 기업들이 부실화되어 부도확률이 높아졌다. 또한 시장 개방의 가속화, 경기 침체의 장기화, 부동산 시장 및 소비 시장 침체, 불안한 금융시스템 등 기업을 둘러싼 외부 경영 환경이 급격히 변화되어 부도 위험도가 급증하고, 기업 간 경쟁이 치열해지면서 우량기업조차 지속적인 안정 성장을 장담하기 어려운 실정이다.

특히 우리나라 국민 경제의 근간을 이루는 중소기업의 경영 상태는 대기업의 공세적 경영에 밀려 갈수록 악화되어, 최근 중소기업의 잇따른 부도 사태 및 부실화의 정도는 상식의 한계를 벗어나 심각한 수준에 이르렀다. 우리나라의 중소기업은 사업체 수, 종업원 수에 있어서 모든 산업에서 막중한 비중을 차지하고 있을 뿐 아니라 생산액, 부가가치, 그리고 수출에 있어서 중요한 위치를 차지하고 있어 국민 경제 향상에 기여하는 바가 매우 크다.

과거 20~30년간 우리나라 중소기업은 대기업에 비해 경제적 보호 없이 발전을 해왔으며, 금융위기를 겪으면서 대기업들의 부실과 맞물려 자금난을 겪고 있다. 즉, 기업의 부실은 그 기업 자체의 부실만으로 끝나는 것이 아니라 기업의 직접적인 이해관계를 갖고 있는 주주, 채권자 및 종업원은 물론 은행의 부실로 이어져 국가 경제나 사회 구성원들의 경제적 손실을 초래하기 때문에 부도위험관리는 매우 중요한 일이다.

부도위험관리에 있어 가장 중요한 지표는 채무자에 대한 부도확률(probability of default)을 측정하는 것이다. 대부분의 기업부실화는 갑자기 발생하는 것이 아니라 경영 외적 요인과 경영 내적 요인이 복합적으로 작용하여 점진적으로 진행된다. 따라서 이들 원인 간의 관계를 체계적으로 분석하여 기업의 부도 가능성을 사전에 포착할 수 있다면, 관련 금융기관은 물론 해당 기업의 경영자나 투자자, 그리고 채권자 등과 같은 이해관계자 모두가 조기에 기업 경영의 정상화를 위해 노력하거나 또는 정상적이고 합리적인 청산 절차를 진행함으로써 사회·경제적으로 손실을 최소화할 수 있다.

기업의 부도 원인을 사전에 파악하여 분석할 수 있다면 부실화 원인을 미리 감지하여 그 대응 방안을 마련할 수 있다는 점에서 의의가 크다. 따라서 기업부도예측에 관한 연구는 많은 관심을 갖기에 충분하고 이러한 노력은 매우 중요하다고 할 수 있다.

7.2 기업부도예측모형에 관한 연구

기업의 부도확률을 좀 더 정확하게 예측할 수 있는 기법과 방법론에 대한 생각은 은행과 투자 기업의 주된 관심사 중의 하나였다. 1960년대 이후 약 60년 동안 정교한 부도예측을 위해 다양한 분야의 연구자들이 부도예측모형을 제시하였다. 학계에서는 경영학, 경제학, 경영정보학 분야에서 부도예측에 대한 연구가 광범위하게 수행되었으며 부도예측이 포함된 이론 연구와 사례 연구가 지속적으로 이루어졌다.

기업부도 관련 초기 연구는 주로 재무비율을 이용한 부도예측연구로 시작하였다. 다음으로 부실기업과 건전기업(우량기업) 간의 이분류 검증법을 거쳐 판별함수를 이용한 방법, 로짓(logit) 모형과 프로빗(probit) 모형을 이용한 방법, 인공신경망을 포함한 인공지능 기반의 분석 방법 등 분석 기법에서는 많은 발전을 거듭해 왔다.

Beaver(1966)는 재무비율들을 이용하여 부도기업을 사전에 예측할 수 있다고 주장한 첫 번째 연구자이다. 1954년부터 1964년까지 79개의 부도기업과 무작위로 선정한 79개의 정상기업을 대상으로 재무비율을 이용한 부도예측모형을 구축하였다. 분석 방법은 단순평균비교(comparison of mean values), 이원분류검증(dichotomous classification test), 부실가능성분석(likelihood ratio)의 단일변량분석을 수행하였다. 총부채현금흐름비율(현금흐름/총부채), 총자산순이익률(순이익/총자산), 부채비율(총부채/총자산), 운전자본비율(운전자본/총자산), 유동비율(유동자산/유동부채), 당좌자산회전기간의 6가지 재무비율 변수가 중요하다는 연구결과를 제시하였다.

다음으로 Altman(1968)은 다변량판별분석(MDA)을 이용한 부도예측모형을 제시하면서 관심을 받기 시작하였다. 1945년부터 1965년까지 파산을 신청한 33개 기업과 업종·자산 규모를 고려한 정상기업 33개를 비교기업으로 선정하였다. 유동성, 수익성, 활동성, 레버리지, 지급능력 변수들을 연구변수로 선정하였고, 판별함수의 통계적 유의성, 상관 행렬. 분류 검증을 통해 운전자본비율(순운전자본/총자산), 유보비율(유보이익/총자산), 이자 및 세전이익비율(이자 및 세전이익/총자산), 부채지분율(지분의 시장가액/총부채), 총자산회전율(매출액/총자산) 등 다섯 가지 재무비율이 중요하다는 연구결과를 발표하였다. 이것을 Altman의 Z-Score 모형이라고 한다. Altman은 아래의 식 (1)과 같이 다섯 가지 범주의 재무비율이 포함된 기업부도예측모형을 제시하였다.

$$Z_i = 1.2X_1 + 1.4X_2 + 3.3X_3 + 0.6X_4 + 1.0X_5 \qquad (1)$$

여기서, X_1 = (운전자본/총자산), X_2 = (유보이익/총자산)

X_3 = (영업이익/총자산), X_4 = [자기자본(시장가치)/총부채(장부가액)]

X_5 = (매출액/총자산)

Altman의 Z-Score 모형을 이용하여 판별점수가 산출되면 해당 기업이 부실인지 정상인지 그 여부를 판정하였다. Altman Z-Score의 특징은 부도 판별에 있어서 부채비율보다 수익성비율이 중요한 영향을 미친다는 것이다. 이는 판별함수 계수들의 가중치를 보면 알 수 있다. 부도를 회피하기 위해 판별점수를 높이는 방안은 모형에서 각 변수들의 분자를 늘리거나 아니면 분모인 총자산을 줄이면 된다. Altman Z-Score의 예측 능력은 도산 5년 전 36%, 2년 전 85%, 1년 전 95%의 분류 정확도를 나타내었다.

이후에 Altman은 1996년에 Z-Score 모형을 도출해낸 유사한 방법으로 한국 기업의 부도예측을 위하여 K-Score 모형을 제시하였다. K-Score 모형은 최종적으로 4개의 재무변수가 포함되어 있다. 아래의 식 (2)와 (3)에서와 같이 Altman은 상장기업에 활용할 수 있는 모형(K_1-Score 모형)과 비상장기업에도 동시에 적용할 수 있는 모형(K_2-Score 모형)으로 나누어 제시하였다.

$$K_1\text{-Score} = -17.862 + 1.472X_1 + 3.041X_2 + 14.839X_3 + 1.516X_4 \tag{2}$$

$$K_2\text{-Score} = -18.696 + 1.501X_1 + 2.706X_2 + 19.760X_3 + 1.146X_5 \tag{3}$$

여기서, X_1 = log(총자산), X_2 = log(매출액/총자산), X_3 = (유보이익/총자산)
X_4 = (자기자본의 장부가치/총부채), X_5 = (자기자본의 시장가치/총부채)

K_1-Score 모형과 K_2-Score 모형에 사용된 변수 중에서 K_1 모형의 X_4는 자기자본의 장부가치를 사용하고 있으나 K_2 모형의 X_5는 자기자본의 시장가치를 사용하고 있다는 점에서 차이가 있다. K_1-Score 모형과 K_2-Score 모형의 판정 기준은 [표 7.2]와 같다. 공통적으로 기업에 대한 평가 지수인 Altman의 Z-Score나 K-Score가 낮을수록 기업의 부도가능성은 높아진다.

표 7.2 Altman K-Score 모형의 기업부도 판정 기준

판정 기준	K_1-Score 모형	K_2-Score 모형
건전	K_1-Score > 0.75	K_2-Score > 0.75
판정 유보	$-2.0 <= K_1$-Score $<= 0.75$	$-2.30 <= K_2$-Score $<= 0.75$
부도	K_1-Score < -2.0	K_2-Score < -2.30

이후 다변량판별분석(MDA)보다 향상된 부도예측모형을 구축하고자 많은 연구가 진행되었다. 로짓분석(logit analysis), 프로빗분석(probit analysis), 그리고 다중회귀분석(multiple regression analysis) 등과 같은 다양한 통계 방법론이 제시되었다.

Ohlson(1980)은 부도예측에 사용된 MDA의 태생적 한계점을 지적하면서 로짓모형(logistic regression model)을 이용한 부도예측모형을 제시하였다. 1970년부터 1975년까지 부실화된 105개의 기업과 2,058개의 정상기업을 대상으로 부실 2년 전 및 1년 전 자료를 통해 9개의 재무비율을 채택하였다. 총자산 대 GNP 가격지수, 부채비율, 유동비율, 총자산순이익률, 운전자본 대 총자산 등의 비

율을 점수로 산정하여 O-model이라는 부도예측모형을 개발하였다. 연구결과, 1년 이내에 기업의 부실에 중요한 영향을 미치는 4개 요소로 기업규모, 총부채/총자산, 영업활동현금흐름/총부채, 운전자본/총자산 등이 중요하다고 주장하였다.

Zmijewski(1984)는 Ohlson의 로짓모형을 개선한 프로빗모형 기반의 부도예측모형을 제시하였다. Zmijewski(1983)는 최근 20년간 기업부도예측 연구에 사용된 100개 이상의 재무변수 중 75개 변수를 10개 그룹으로 분류하여 1972년부터 1978년까지 72개의 부도기업과 3,573개의 정상기업 표본을 대상으로 부도예측모형을 구축하였다. 이들은 수익성비율 및 레버리지비율, 이자지급능력 비율, 주가수익률 등이 부도예측에 유의적인 영향을 미치는 변수라고 주장하였다. 로짓모형과 프로빗모형은 사용이 간편하고 이해하기 쉬워 부도예측연구에 널리 사용되고 있으나 예측성과를 지속적으로 높이는 데 한계가 있다. 그 이유는 전통적인 통계기법은 엄격한 가정이 만족되어야 한다는 방법론적인 한계를 지니고 있기 때문이다.

2000년대 들어서 부도예측 관련 연구들은 다양한 인공지능기법(신경망, 의사결정나무, 사례기반추론, 유전자알고리즘) 등이 활용되었고, 최근에는 서포트벡터머신(support vector machine)과 앙상블(ensemble) 기반의 예측모형이 활용되어 전통적인 통계기법에 비해 예측정확도 측면에서 향상된 결과를 보이고 있다. 인공지능기법은 휴리스틱(heuristic)을 강조하는 기법으로 기계학습(machine learning) 방법을 이용하여 특정 통계적 가정을 전제하지 않고 새로운 입력자료에 대한 추론이 뛰어나 예측력 또한 전통적인 통계기법보다 더 높은 성과를 나타내고 있다.

7.3 부도예측모형 구축을 위한 연구변수

앞 절에서 설명한 부도예측 관련 연구에서는 부도예측모형 구축을 위해 재무비율을 포함한 다양한 연구변수(독립변수)들을 제시하였다. 이 절에서는 선행연구를 분석하여 부도예측모형에 이용된 연구변수들의 특징을 파악하고 적절한 연구변수를 추천하고자 한다(표 7.4 참조).

Beaver(1966)는 총자산순이익율, 부채비율, 운전자본비율, 유동자산, 영업현금흐름 등을 독립변수로 설정하여 부도예측모형을 구축하였고, Altman(1968)은 운전자본비율, 유보이익율, 총자산영업이익율, 총자산회전율, 부채비율 등을 독립변수로 설정하였다. 이들은 레버리지비율과 운전자본비율이 부도예측에 중요한 변수라고 주장한 바 있다.

Ohlson(1980)은 당기순이익, 순운전자본비율, 순이익증가율, 부채비율, 유동부채, 총자산, 영업현금흐름, 적자기업더미, 자본잠식더미를 독립변수로 설정하였다. 위 연구에서는 손익계산서 항목의 경영성과 항목을 중요하게 인식하였고, 적자기업과 자본잠식더미변수(dummy variable)를 처음으로 제시하였다.

Zmijewski(1984)는 순이익, 부채비율, 운전자본, 유동자산, 상장기간, 고정자산 등을 독립변수로 설정하였고, 특히 거래소의 상장기간을 처음으로 부도예측연구에 적용하였다. Altman(1996)은 총자산, 총자산회전율, 유보이익률, 부채비율 등을 제시하였고, 특히 유보이익에 대한 중요성을 강조하였다.

국내 연구에서도 부도예측을 위한 다양한 독립변수들이 제시되었다. 남주하 등(2000)은 부채비율, 유형고정자산비율, 총자산경상이익률, 유동비율, 금융비용, 재벌더미, 기업연령(age, 업력) 등을 부도예측을 위한 독립변수로 설정하였고, 정수연(2003)은 부채비율, 이자비용, 자산규모, 유동비율, 시장점유율, 연구개발지출더미, 기업연령, 상장더미, 재벌더미 등을 독립변수로 설정하였다. 이들의 연구는 재벌더미와 기업연령변수를 공통적으로 적용하였고, 재무비율이 아닌 시장점유율과 연구개발지출비 등 다양한 지표들을 활용하였다.

신동령(2005)은 영업이익률, 차입금의존도, 운전자본비율, 영업현금흐름, 이자비용 등을 부도예측을 위한 독립변수로 설정하였고, 박희정과 강호정(2009)은 총자산증가율, 유동비율, 운전자본비율, 자기자본비율, 금융비용, 매출채권회전율 등을 독립변수로 제시하였다. 이들은 금융비용과 이자비용의 중요성을 강조하는 등 이자보상비율이 연속으로 1 미만인 기업을 주시해야 한다고 주장하였다.

마지막으로 김성환 등(2009)은 재벌더미, 대주주지분율, 은행지분율, 총자산, 상장기간, 레버리지비율, 토빈의 q, EBITDA비율, 유보이익률, 고정비율 등을 부도예측을 위한 독립변수로 설정하였다. 이들의 연구에서는 지배구조변수인 지분율의 중요성을 강조하였고, 토빈의 q라는 자산가치 측정 지표를 제시한 바 있다 (표 7.3 참조).

표 7.3 부도예측모형 구축을 위한 독립변수

선행연구	부도예측모형 독립변수
Beaver (1966)	총자산순이익률(−), 부채비율*(+), 운전자본비율(−), 유동자산(−), 영업현금흐름(−)
Altman (1968)	운전자본비중*(−), 유보이익률*(−), 총자산영업이익률*(−), 총자산회전율*(−), 부채비율*(−)
Ohlson (1980)	당기순이익(−), 순운전자본비율(−), 순이익증가율(−), 부채비율*(+), 유동부채(+), 총자산*(−), 영업현금흐름(−), 적자기업더미(+), 자본잠식더미*(+)
Zmijewski (1984)	순이익(−), 부채비율*(+), 운전자본(−), 유동자산(−), 상장기간*(−), 고정자산*(−)
Altman (1996)	총자산*(−), 총자산회전율*(−), 유보이익률*(−), 부채비율*(+) 또는 부채비율*(+)
남주하 등 (2000)	부채비율*(+), 유형고정자산비율*(−), 총자산경상이익률(−), 유동비율(−), 금융비용(+), 재벌더미*(−)
정수연 (2003)	부채비율*(+), 이자비용(+), 자산규모*(−), 유동비율(−), 시장점유율(−), 연구개발지출더미(−), 기업연령*(−), 상장더미*(−), 재벌더미*(−)
신동령 (2005)	영업이익률(−), 차입금의존도*(+), 운전자본비율*(−), 영업현금흐름(−), 이자비용(+)
박희정, 강호정 (2009)	총자산증가율*(−), 유동비율(−), 운전자본비율*(−), 자기자본비율*(−), 금융비용(+), 매출채권회전율(−)
김성환 등 (2009)	재벌더미*(−), 대주주지분율*(−), 은행지분율*(−), 총자산*(−), 상장기간*(−), 레버리지비율*(+), 토빈의 q*(−), EBITDA비율*(−), 유보이익률*(−), 고정비율*(−)

주) *는 공통적으로 사용된 독립변수임. 괄호( )는 기업부도와의 관련성 부호 표시
출처: 김성환, 박천식, 전성민(2011), "대출 기관의 부도 의사결정과 부실예측모형의 내생성", 경영연구, pp. 99–132.

[표 7.4]는 부도예측 관련 선행연구들을 토대로 부도를 설명(예측)할 수 있는 주요 변수들을 선정하였고, 이들 변수는 유동성, 안정성, 성장성, 수익성, 활동성, 시장가치, 지배구조 등으로 구분된다. 유동성 변수는 유동비율, 당좌비율, 고정비율, 운전자본비율로 구성되고, 안정성 변수는 부채비율, 단기차입금비율, 이자보상비율로 구성된다. 성장성 변수는 순이익증가율과 영업이익증가율로 구성되고, 수익성 변수는 총자산영업이익률, 총자산순이익률, 자기자본순이익률로 구성된다.

활동성 변수는 재고자산회전율과 매출채권회전율로 구성되고, 시장가치비율은 주당순이익, 주가수익비율, 유보이익률, '토빈의 q'로 구성된다. 또한 기업규모의 영향을 분석하기 위해 총자산과 매출액을 사용하며 기업의 안정성과 성숙도 측면에서 상장기간과 기업연령도 사용한다. 최근 부도예측연구에서 가장 강

표 7.4 부도예측을 위한 독립변수 정의 및 산출 기준 예시

변인	변수명	산출식	구분
Y	부도 여부	부도(1), 건전(0)	종속변수
X_1	유동비율	= (유동자산/유동부채)×100	유동성 변수
X_2	당좌비율	= (당좌자산/유동부채)×100	
X_3	고정비율	= (고정자산+투자자산)/총자산×100	
X_4	운전자본비율	= (유동자산 − 유동부채)/총자산×100	
X_5	부채비율	= (타인자본/자기자본)×100	안정성 변수
X_6	단기차입금비율	= (단기차입금/유동부채)×100	
X_7	이자보상비율	= (영업이익/이자비용)×100	
X_8	순이익증가율	= [(금기 말 당기순이익 − 전기 말 당기순이익)/전기 말 당기순이익]×100	성장성 변수
X_9	영업이익증가율	= [(당기영업이익 − 전기영업이익)/전기영업이익]×100	
X_{10}	총자산영업이익률	= (영업이익/총자산)×100	수익성 변수
X_{11}	총자산순이익률	= (순이익/총자산)×100	
X_{12}	자기자본순이익률	= (순이익/자기자본)×100	
X_{13}	재고자산회전율	= (매출액/재고자산)	활동성 변수
X_{14}	매출채권회전율	= (매출액/매출채권)	
X_{15}	주당순이익	= (순이익/발행주식수)	시장가치 변수
X_{16}	주가수익비율	= (주가/주당순이익)	
X_{17}	유보이익률	= (유보이익/총자산)	
X_{18}	토빈의 q	= (기업의 시장가치+총부채)/(장부가치+총부채)	
X_{19}	총자산	= ln(총자산)	기타
X_{20}	매출액	= ln(매출액)	
X_{21}	EBITDA	이자비용, 법인세, 감가상각비, 무형자산상각액, 차감전영업이익	
X_{22}	EBITDA비율	= (EBITDA/총자산)	
X_{23}	상장기간	유가증권시장에 지분증권을 상장한 이후 경과된 기간 (연도)	
X_{24}	Age(기업 연령)	설립 이후의 경과된 기간	
X_{25}	재벌기업여부	재벌 집단(1), 아니면(0)	지배 구조 변수
X_{26}	최대주주지분율	1대 주주 지분율	
X_{27}	연기금지분율	4대 연금 지분율	
X_{28}	외국인지분율	외국인 투자자 지분율	

조되는 변수는 지배구조변수이며 재벌더미, 최대주주지분율, 연기금지분율, 그리고 외국인지분율 등을 말한다. 이상으로 [표 7.4]와 같이 총 28개의 부도예측모형 구축을 위한 독립변수를 제시한다.

7.4 중소기업 부도예측모형 구축 사례

7.4.1 데이터 수집과 사전처리

이 절에서는 국내 중소기업의 부도예측모형 구축 사례를 소개하고자 한다. 중소기업 부도예측모형을 구축하기 위해 기술신용보증기금이 보유하고 있는 944개의 건전기업과 944개의 부도기업 등 총 1,888개 기업의 재무비율 데이터를 수집하였다. 건전기업과 부도기업의 자료는 자산 규모 10억 이상 70억 이하의 국내 비외감 세조 중공업 기업의 2002년도의 재무비율 데이터이다. 일반적으로 부노기업은 건전기업보다 매년 발생하는 자료 건수가 적으므로 부도기업의 경우 1999년부터 2002년까지의 자료를 사용하였다.

부도예측모형에 사용될 변수선정과 관련하여 총 83개의 재무비율을 전처리하였다. 전처리 과정은 이상치 제거를 위해 각 재무비율별 분포의 양측 1%의 데이터를 제거하고, 결측치는 각 비율의 중앙값 또는 평균값으로 대체하였다. 분석에 사용할 재무비율은 모두 [0, 1] 사이의 값을 가지도록 단위를 조정하였다. 이와 같이 자료를 정규화(normalize)하게 되면 분석에 사용되는 모든 재무비율의 분산이 동일한 범위 내에 있게 되므로 측정 단위에 따른 예측 오차를 줄일 수 있다.

분석에 사용할 재무비율의 선정은 두 단계로 이루어진다. 먼저, 단일변량분석의 과정인 개별 독립 T검정을 거쳐 1차로 선정된 변수 54개의 건전 또는 부도기업의 분류에 유의한 재무비율들을 도출하였다. 단일변량분석을 통해 선택된 변수들에 대해 다시 다변량 분석의 과정으로 단계별 로지스틱 회귀분석을 거쳐 2차로 선정된 변수 11개를 최종 분석에 사용할 재무비율로 선정하였다(표 7.5 참조).

표 7.5 선정된 재무비율 변수 목록

변수명	산출식
금융비용 대 매출액	= (이자비용/매출액)×100
매출액순이익률	= (순이익/매출액)×100
매출액영업이익률	= (영업이익/매출액)×100
총자산경상이익률	= (경상이익/총자산)×100
유동부채 대 총자산	= (유동부채/총자산)×100
유형자산증가율	= (당기 유형자산/전기 유형자산−1)×100
경영자산회전율	= 매출액/[총자산−(건설중인자산+투자자산)]
순금융비용	= (이자비용 − 이자수익)
순운전자본 대 총자산	= (유동자산−유동부채)/총자산×100
유동자산증가율	= (당기 유동자산/전기 유동자산−1)×100
자기자본경상이익률	= (경상이익/자기자본)×100

위 사례에서 모든 분석은 훈련용과 검증용의 두 가지 데이터 셋(data set)으로 구성하였다. 전체 데이터의 60%(1,132/1,888)는 훈련용 데이터 셋으로 사용하고, 나머지 40%(756/1,888)는 검증용 데이터 셋으로 사용하였다. 보다 일반화된 연구 결과를 얻기 위해 총 5회에 걸친 상호검증방법(cross-validation method)을 실시하여 부도예측모형의 예측성과(예측정확도)를 비교·분석하였다.

7.4.2 중소기업 부도예측모형 구축 단계

(1) 다변량판별분석 모형

다변량판별분석(MDA)은 사전에 정해진 집단(부도와 건전기업)을 가장 잘 판별해 내는 선형판별함수를 도출하기 위한 통계기법이다. 선형판별함수는 집단 내 분산 대비 집단 간 분산 비율을 최대로 하는 통계적 의사결정규칙을 생성하게 되는데, 이를 식으로 나타내면 식 (4)와 같다.

$$Z = w_1 x_1 + w_2 x_2 + \cdots + w_n x_n \qquad (4)$$

여기서 얻은 Z 값을 판별점수라 하고, $w_i(i = 1, 2, \cdots, n)$는 판별함수의 계수로서 두 그룹을 가장 잘 구분할 수 있도록 판별분석 과정에서 추정된다. 계수들의 크기와 부호는 두 그룹으로 분류하는 과정에서 측정변수들이 기여하고 있는 정도와 어떠한 방향을 가지고 있는지를 파악할 수 있다. 즉, 판별점수인 Z 값이 일정한 판별점(cut-off point)을 넘으면 건전기업으로, 판별점 이하인 경우에는 부도기업으로 판단한다.

다변량판별분석은 독립변수가 다변량정규분포를 따르고, 각 집단의 공분산 행렬이 동일할 때는 유용하지만 부도기업의 경우 정규성에 대한 가정이 위배되는 경우가 많고, 집단별 공분산이 동일하다는 가정도 위배되는 경우가 많다. 특히, 독립변수 간에 다중공선성(multicollinearity)이 존재할 경우 단계별 분석을 적용하게 되면 심각한 오류가 발생할 가능성이 높다.

판별능력이 높은 판별함수를 얻기 위해서는 적절한 변수선택(variable selection)이 매우 중요하다. 일반적인 변수선택방법은 변수추가법(forward selection method)과 변수제거법(backward elimination method)으로 나눌 수 있지만, 최근에는 이 두 가지 방법을 혼합한 단계별선택법(stepwise selection method)이 가장 많이 사용된다.

(2) 로지스틱 회귀분석 모형

로지스틱 회귀분석(logistic regression analysis)은 자료가 두 모집단으로 나누어진 상황에서 연구 대상이 어떠한 모집단에 속하는지를 예측하는 분류 목적의 통계적 분석 방법이다. 즉, 로지스틱 회귀분석은 종속변수가 범주 혹은 명목척도인 경우에 분석하는 분류 모형(classification model)이다.

판별분석에서는 서열척도나 명목척도를 갖는 예측변수를 사용할 수 없으나 로지스틱 회귀분석은 더미변수를 이용하여 서열척도나 명목척도를 예측변수로 사용할 수 있다. 또한 로지스틱 회귀분석은 관련 변수들이 정규분포 가정이 전제될 필요가 없어 판별분석의 가정에 대한 문제점을 해결하기 위한 통계적 모형으로 사용된다. 로지스틱 회귀분석은 일반적인 선형 회귀식의 추정에 비해 특이한 관찰치가 모수 추정에 미치는 영향력이 적은 장점을 지니고 있다.

로지스틱 회귀분석에서 모든 설명변수를 변수로 선택하는 경우 설명변수(독립변수) 간에 다중공선성의 문제가 발생하여 모형의 추정을 더욱 곤란하게 할 가능성이 있다. 따라서 판별분석처럼 변수선택을 통하여 독립변수 중에서 종속변수를 가장 잘 분류(설명)할 수 있는 변수들을 선택하여 모형을 구축해야 한다.

로지스틱 회귀분석은 비선형의 로지스틱 형태를 취하며 단지 2개의 값을 가지는 종속변수(건전, 부도)와 독립변수 사이의 인과관계를 밝히는 통계기법이다. 로지스틱 회귀분석을 부도예측에 사용할 경우 기업의 설명변수의 관찰치 벡터를 x_i

로 하고, 그 계수 β_i를 추정한다면 기업의 부도확률은 로지스틱 함수에 의해 식 (5)와 같이 유도된다.

$$Y_i = 1/1 + exp(-p)$$
$$여기서,\ P = \beta_0 + \beta_1 X_1 + \beta_2 X_2 + \cdots + \beta_i X_i \tag{5}$$

(3) 인공신경망모형

인공지능(artificial intelligence)은 인간의 학습 능력과 추론 능력, 지각 능력, 그리고 자연어의 이해 능력 등을 컴퓨터 프로그램으로 실현한 기술로 최근에는 예측 (prediction)이나 추측(forecasting)과 관련된 의사결정문제를 해결하기 위한 기법으로 널리 사용되고 있다. 인공지능 기술을 적용한 인공신경망모형은 귀납적 논리 추론(inductive inference) 방법을 적용하여 결과가 과거의 경험이나 관찰에 크게 의존하는 특성을 지니고 있다.

인공신경망은 인간 두뇌의 뉴런(neuron)과 같은 역할을 하는 단순한 처리 인자 (processing element)들이 병렬 접속 방식으로 서로 연결된 구조 형태로 모방하여 사용한다. 즉, 인공신경망은 인간의 학습과 직관이 일어나는 생물학적인 신경망 과정을 모방한 컴퓨터 프로그램으로 이미 존재하는 어떤 규칙이나 구조에 따라 프로그램화되는 것이 아니라, 경험과 시행착오법의 방법(trial and error)을 통해 실제 학습이 이루어진다. 인공신경망은 인간 두뇌의 휴리스틱한 문제 해결 방법을 모형화한 것으로 학습 능력과 추론 능력이 매우 뛰어나다.

인공신경망의 구조는 다양한 형태가 있으나 가장 일반적으로 많이 쓰이는 형태는 관리 학습(supervised learning)에 알맞은 다층전향구조(multi-layered feedforward) 인공신경망이다. 이는 입력층, 은닉층, 출력층의 삼층 구조를 이루며 각 층마다 다수의 뉴런 또는 노드, 즉 처리 단위를 소유하고 있다. 서로 다른 층에 존재하는 처리 단위는 서로 연결되어 있으며 연결 강도는 연결 가중치(interconnection weight)로 계산된다. 이외에도 자기조직화지도(self-organizing Map, SOM), 순환신경망(recurrent neural network, RNN), 그리고 합성곱신경망 (convolution neural network, CNN) 등 다양한 인공신경망이 존재한다.

인공신경망의 구조에서 입력계층의 입력 노드 수는 일반적으로는 학습자료 내의 독립변수 수와 같다. 출력계층의 출력 노드 수도 학습자료 내의 종속변수(클래스 변수) 수와 일치한다. 은닉계층의 적절한 은닉 노드 수는 신경망 초기에 미리 알 수 없고 실험을 통해 적절한 은닉 노드 수를 결정하게 된다. 일반적으로 은닉 노드 수가 많아지면 학습자료에 과도 학습(over-fitting)되어 일반화 오류가 커지는 경향이 있고, 은닉 노드 수가 너무 적으면 학습자료에 대한 예측력이 떨어지게 된다.

인공신경망의 성능에 영향을 미치는 요인으로 은닉층 수, 은닉 노드 수, 학습 횟수 등이 있는데 어떤 값이 최적인지에 대한 일반적인 규칙은 없다. 다만 분류 문제를 포함한 대부분의 문제에서 한 개의 은닉층으로도 만족할 만한 결과를 얻을 수 있다는 Hornik(1991)의 선행연구를 토대로 은닉층이 하나인 3층 퍼셉트론을 다수의 연구자들은 사용하고 있다.

중소기업부도예측에 대한 인공신경망 구축과 평가를 위해 데이터 셋은 훈련용과 시험용, 그리고 검증용으로 구분된다. 전체 데이터(1,888개)의 30%는 훈련용, 30%는 시험용, 40%는 검증용의 용도로 사용하여 예측정확도를 분석한다. 인공신경망의 경우 학습 과정에서 과대 적합이 발생할 가능성이 높기 때문에 시험용 데이터를 사용하여 학습 과정이 적절히 이루어졌는가를 확인한다.

(4) 의사결정나무 모형

의사결정나무(decision tree) 모형은 규칙(rule)의 형태로 자료를 나눌 수 있는 노드(node)를 구성하고, 그 노드 내에 속하는 훈련자료의 구성비 등을 이용하여 분류모형(예측모형)을 구성하는 것이다. 의사결정나무 모형의 장점은 통계 지식이 없어도 누구나 쉽게 이해할 수 있고, 변수 종류에 관계없이 사용이 가능하다. 또한 계산 속도가 빠르며 빅데이터 처리에 용이한 점도 장점이다.

의사결정나무의 대표적인 기법으로는 CHAID(Kass, 1980) CART(Breiman 외 3인, 1984), C4.5(Quinlan, 1993) 알고리즘이 있다. CHAID는 카이제곱 적합성 검정(Chi-squared test)에 근거한 의사결정나무로 과다 적합하고 나서 가지치기를 하지 않고 과다 적합이 일어나기 전에 나무를 키워 나가는 것을 중지한다. 또한 CHAID는 범주형 변수에만 국한되어 사용할 수 있다.

CART는 어느 입력변수의 목표 함수에 의해 각 마디에서 하나의 입력변수의 관측 값에 따라 자료들을 두 계급으로 나눌 이지분리(binary split) 나무구조를 만든다. CART는 목표변수가 이산형인 경우 지니지수(gini index)를 불순도 척도로 사용하고, 목표변수가 연속형인 경우 분산을 불순도 척도로 사용한다. C4.5는 초기 버전인 ID3에서 발전된 형태로 나무 생성 시 각 마디마다 다지분리(multiway split) 구조를 만든다. C4.5 알고리즘(현재 C5.0)은 의사결정나무 알고리즘 중 기계학습 분야에서 가장 활발하게 사용되고 있다.

신경망 분석과 비교하여 의사결정나무의 장점은 전체적인 과정에서 불필요한 요소들은 자동적으로 제거된다. 신경망을 사용할 때 필드를 선택(변수선택)할 수 있는 기준을 마련하여 좀 더 효율적인 신경망 분석에 도움이 된다. 신경망 구축 전에 의사결정나무 모형을 구축하여 불필요한 변수를 제거하고 그 이후에 신경 망모형을 구축한다(의사결정나무 기반 신경망). 또한 의사결정나무는 규칙(rule) 형태의 나무 형식으로 독립변수의 영향력을 설명할 수 있다. 의사결정나무 모형을 구현한 규칙유도기법(rule induction) 시스템은 시스템과 사용자의 상호 작용 관련 자연어 처리 부문, 전문 지식을 저장해 놓은 지식베이스, 지식베이스의 내용을 이용하여 사용자의 문제 해결을 도와주는 추론 기관으로 구성된다.

이 사례에서는 중소기업 부도예측모형 구축을 위해 의사결정나무 알고리즘 중 C5.0 알고리즘을 사용하였다. C5.0에서 의사결정나무는 하향식(top-down) 방법의 반복 분할 정복(recursive divide-and-conquer) 원리에 의해 생성된다. 나무의 뿌리 노드(root node)에서 시작하여 각 노드에 속하는 자료가 분할되면서 나무가 자라게 된다. 자료의 분할은 엔트로피 지수(entropy index)를 활용하여 정보 이득 값(information gain)이 가장 큰 변수 속성을 선택하여 분할한다. 각 학습자료는 선택된 변수(속성)를 기준으로 분리하는 작업을 반복하여 의사결정나무를 확장해 간다.

나무 생성 중지 기준은 의사결정나무의 최종 마디(leaf)에 속한 모든 자료가 같은 클래스에 속하는 경우, 나무를 확장 생성하기 위해 선택할 변수(속성)가 더 이상 없는 경우, 더 이상 나무를 확장 생성하기 위해 필요한 자료가 없는 경우에 중지한다. C5.0를 사용할 경우, 학습자료에서 각 변수의 값(속성 값)은 범주형 혹은 연속 값을 가질 수 있으나 클래스 속성 값(종속변수)은 범주형의 값만을 가져야 한다.

생성된 나무는 일반화 오류를 줄이고 분류 예측 능력을 향상시키기 위해 가지 치기(pruning) 작업을 수행하여 최종 의사결정나무를 생성한다. 훈련용으로 분류된 데이터를 이용하여 C5.0기반 부도예측모형을 구축한 후 검증용 데이터에 적용하여 예측정확도를 분석한다.

7.4.3 중소기업 부도예측모형의 예측정확도

[표 7.6]은 중소기업 부도예측모형의 검증용 데이터 예측성과이다. 예측성과는 훈련용 데이터가 아닌 검증용 데이터를 기준으로 평가한다. 또한 일반화된 연구 결과를 얻기 위해 수행된 상호검증방법(cross-validation method)에 따라 총 5회 시행한 평균 예측력을 기준으로 각 모형의 예측력 성과를 비교하게 된다.

부도예측모형 중에서는 인공신경망모형이 가장 평균 예측력이 우수한 방법론으로 나타났다. 평균 예측력을 순서대로 나열하면 인공신경망(77.99%), 로지스틱 회귀분석(77.88%), 다변량판별분석(77.01%), 의사결정나무(72.46%)로 나타났다. 평균 예측력 수치로 보면 인공신경망이 우수하다고 평가할 수 있으나, 통계적 유의성 검정에서는 인공신경망, 회귀분석, 판별분석과의 예측력 성과가 유의한 차이가 없어 인공신경망이 우수하다고 볼 수 없다.

지금까지 대부분의 부도예측모형은 발생주의에 기초한 재무비율(accrual-based financial ratios)에 근거하여 부도예측모형을 구축하였으나 이들 비율은 영업활동 중 경제적 자원의 취득과 사용에만 초점을 두기 때문에 현대 기업의 평가에 있어 중요성이 더해가고 있는 유동성을 나타내는 현금흐름을 정확히 나타내지는 못한다.

또한 재무비율과 같은 회계정보는 현재가치가 아닌 과거의 역사적 가치를 반영하고 있다는 단점이 있으며, 재무비율 상호 간의 높은 상관관계에 의한 다중공선성(multicollinearity)의 가능성과 상이한 회계 처리 방식에 의한 재무제표의 다양성, 비상장기업들의 경우 재무제표의 신뢰성 문제 등으로 인해 부도예측모형의 예측력을 떨어뜨리고 있다. 향후에는 비재무정보를 포함한 부도예측모형과 다양한 인공지능기법을 활용한 부도예측모형 개발이 필요하다.

표 7.6 부도예측모형의 검증용 데이터 예측성과

모형	Set 1	Set 2	Set 3	Set 4	Set 5	평균	Std
MDA	77.65	78.57	75.66	76.46	76.72	77.01	1.12
Logit	78.44	78.84	75.79	77.65	78.70	77.88	1.26
ANN	78.31	79.23	76.46	76.32	79.63	77.99	1.54
Rule	74.47	71.16	72.35	72.49	71.83	72.46	1.24
Bayesian	70.50	72.62	70.50	69.84	67.72	70.24	1.75

주) 다변량판별분석(MDA), 로지스틱 회귀분석(Logit), 인공신경망(ANN), 의사결정나무(Rule), 베이지안 망(Bayesian)

금호아시아나그룹의 유동성 위기

금호아시아나그룹(Kumho Asiana Group)은 금호산업㈜, 아시아나항공㈜, 금호고속㈜, 금호타이어, 금호리조트㈜, 금호홀딩스, 아시아나개발㈜ 등 총 24개 사의 계열회사를 두고 있는 재계 28위의 기업 집단이다. 계열사 중 금호고속은 국내 고속버스 시장점유율 1위를 유지하고 있으며, 아시아나항공은 '올해의 항공사상'을 연이어 수상한 바 있는 국내 대표 항공사이다. 또한 금호타이어는 국내는 물론 중국·베트남·미국에 생산 기지를 건설하는 등 글로벌 경영 체제를 구축하고 있다.

금호아시아나그룹은 2006년 대우건설(6조4천억 원)과 2008년 대한통운(4조1천억 원)을 인수 합병하며 재계 7위로 올라섰으나 2008년 글로벌 금융위기에서 시작된 유동성 위기를 10년 동안 겪는 등 승자의 저주(winner's curse)에 빠지게 되었다. 이로 인해 산업은행을 비롯한 채권단은 금호타이어, 대우건설, KDB생명 등의 부실기업을 인수하는 실정에 이르렀다. 2019년 금호아시아나그룹의 단기부채(1년)는 1조2천억 원이며, 이 중 4천억 원은 채권단의 대출금이다.

아시아나항공㈜은 2018년 기준 600%가 넘는 부채비율과 총 3조 원의 부채(단기차입금 1조3천억 원)를 가지고 있어 신용등급(credit rating)이 '투자 부적격' 수준으로 떨어질 것으로 예상하고 있다. 이처럼 재무건전성에 문제가 있는 아시아나항공㈜은 2019년에 감사보고서에서 '한정 의견' 사태로 이어졌다.

금호아시아나그룹은 유동성 위기를 극복하고자 핵심 계열사인 아시아나항공(매각 대금 1조 원)과 저비용 항공사(에어서울, 에어부산) 매각을 통해 자금을 확보하겠다는 계획을 세우고 있다. 금호아시아나그룹은 빠른 시일 내 경영 정상화 방안을 마련하고 매각 절차 진행 중 유동성 부족, 신용등급 하락 등 시장의 우려가 발생되지 않도록 노력해야 한다.

부도 또는 파산(bankruptcy): 기업이 재정적 파탄을 초래하여 망하는 것

파산 비용(bankruptcy cost): 기업이 부채의 원리금을 갚지 못하여 파산할 때 발생하는 제반 비용

직접 파산 비용(direct bankruptcy cost): 파산을 처리할 때 변호사·회계사·감정사·법정 대리인 등에게 지불되는 수수료와 같이 직접 소요되는 비용

간접 파산 비용(indirect bankruptcy cost): 더욱 불리한 조건으로 자금을 조달하거나, 주요 종업원의 기업 이탈, 제품 공급자의 상실, 고객 측의 신뢰를 얻지 못하여 발생하는 매출액의 감소, 운전자본 및 소요 자금을 조달하기 위하여 정상 가격 이하로 고정자산을 매각하는 등의 손실

Gross National Product(GNP): 국민 총생산. 한 나라의 거주자가 일정 기간 동안에 생산한 모든 재화와 용역을 시장가격으로 평가한 것

휴리스틱(heuristic): 어떤 사안 또는 상황에 대해 엄밀한 분석보다 제한된 정보만으로 즉흥적·직관적으로 판단, 선택하는 의사결정 방식

유동비율(current ratio): 재무상태표상에 있는 유동자산을 유동부채로 나눈 것

부채비율(debt to equity ratio): = (타인자본/자기자본)×100

이자보상비율(times interest earned or interest coverage ratio): 타인자본의 사용으로 발생하는 금융비용. 즉, 이자가 기업에 어느 정도의 압박을 가져오는가를 보기 위한 것으로 기업의 채무상환 능력을 나타내는 지표

총자산증가율: 기업에 투자된 총자산이 전기 말 대비 얼마나 증가하였는가를 나타내는 비율

매출액증가율(net sales growth rate): 기준 연도 매출액에 대한 비교 연도 매출액의 증가율을 말함

순이익증가율(net profit growth rate): 경상이익에서 당기의 영업활동과 관계없이 비경상적으로 발생하는 특별손익을 가감하여 산출한 순이익의 증가를 나타내는 지표를 말함

영업이익증가율: 전년 대비 영업이익이 얼마나 증가했는가를 보여주는 성장성지표

재고자산회전율(inventory turnover): 매출액을 재고자산으로 나눈 값으로, 재고자산이 한 회계연도, 즉 1년 동안에 몇 번이나 당좌자산(현금 또는 매출채권)으로 전환되었는가를 측정하는 것

매출채권회전율(receivables turnover): 매출액을 외상매출금으로 나눈 값

총자산회전율(total assets turnover, 총자본회전율): 매출액을 총자산으로 나눈 것

총자산순이익률(net profit to total assets) 또는 ROI: 순이익과 총자산(총자본)의 관계를 나타내는 것으로서 기업의 수익성을 대표하는 비율

매출액순이익률(net profit to sales): 순이익을 매출액으로 나눈 것으로 매출액 1원에 대한 순이익이 얼마인가를 나타냄

자기자본순이익률(net profit to net worth) 또는 ROE: 순이익을 자기자본으로 나눈 것으로, 1원의 자기자본으로 순이익을 얼마만큼 발생시켰는가를 나타냄

EBITDA(earnings before interest, taxes, depreciation and amortization): 기업이 영업활동으로 벌어들인 현금 창출 능력을 나타내는 지표. 이론적으로는 이자비용과 법인세공제전이익에서 감가상각비와 무형자산상각비를 합하여 구하지만, 편의상 영업이익과 감가상각비의 합으로 계산

유보이익(retained earnings): 회사가 영업활동의 결과로 생긴 이익의 일부를 배당하지 않고 사업에 재투자하기 위해 보유하고 있는 순이익의 누적액으로서 미분배 수익 또는 이익잉여금이라고도 함

토빈의 Q(Tobin's q): 경제학자 제임스 토빈(James Tobin)이 만든 개념으로 인수 합병과 관련된 기업의 청산 가치를 알아보기 위한 지표. 주식시장에서는 토빈의 Q가 기업의 자산 가치에 대한 주식시장의 평가를 알아보는 지표로 쓰임. 1보다 클 경우 기업의 자산 가치가 과대 평가된 것이고, 1보다 작을 경우엔 과소 평가된 것

기계학습(machine learning), 머신러닝: 방대한 데이터를 분석해 미래를 예측하는 기술, 컴퓨터가 스

스로 학습 과정을 거치면서 입력되지 않은 정보를 습득, 문제를 해결함

다변량판별분석(multiple discriminant analysis, MDA): 종속변수의 관계성(relationships)을 고려한 상태에서 여러 개의 단변량 분석을 동시에 수행하는 것을 의미. 여러 개의 독립변수에 대한 여러 개의 종속변수를 동시에 분석해보는 통계적 방법

로지스틱 회귀분석(logistic regression): 독립변수의 선형 결합을 이용하여 사건의 발생 가능성을 예측하는 데 사용되는 통계기법. 로지스틱 회귀는 선형회귀분석과는 다르게 종속변수가 범주형 데이터를 대상함

인공신경망(artificial neural network): 기계학습과 인지 과학에서 생물학의 신경망에서 영감을 얻은 통계학적 학습 알고리즘임. 두뇌의 정보 처리 과정을 모방한 인공신경망

의사결정나무(decision tree): 어느 대안이 선택될 것인가라는 것과 일어날 수 있는 불확실한 상황 중에서 어떤 것이 실현되는가라는 것에 의해 여러 결과가 생긴다는 상황을 나뭇가지와 같은 모양으로 도식화한 것

외감 법인: 주식회사 중 자산 총액이 120억 원이 넘는 회사는 회계법인으로부터 의무적으로 회계 감사를 받아야 하는데, 이런 회사를 외감 법인이라 함. 의무적으로 회계 감사를 받는 이유는 회사의 투명성과 신뢰성을 높여 건전한 기업으로 유지하게 하고, 투자자들의 피해를 막기 위해서임

기술보증기금(Korea Technology Finance Corporation): 중소기업과 벤처기업의 기술을 평가해 이를 보증해주는 준정부 기관

⊙ 연습문제

단답형 문제

1. 다음 설명에서 Ⓐ와 Ⓑ가 무엇을 말하는지 답하시오.

Altman의 Z–Score 모형은 아래의 식 (1)과 같이 다섯 가지 범주의 재무비율이 포함된 기업부도예측모형이다.

$$Z_i = 1.2X_1 + 1.4X_2 + 3.3X_3 + 0.6X_4 + 1.0X_5$$
(식 1)

X_1 = (운전자본/총자산), X_2 = (Ⓐ)
X_3 = (영업이익/총자산), X_4 = [자기자본(시장가치)/총부채(장부 가액)] X_5 = (Ⓑ)

　Ⓐ – (　　　　　)　　　Ⓑ – (　　　　　)

2. 다음 설명에서 Ⓐ와 Ⓑ가 무엇을 말하는지 답하시오.

Ohlson(1980)은 부도예측에 사용된 MDA의 태생적인 한계점을 지적하면서 (Ⓐ)를(을) 이용한 부도예측모형을 제시하였다. 총자산 대 GNP가격지수, 부채비율, 유동비율, 총자산순이익률, 운전자본 대 총자산 등의 비율을 점수로 산정하여 O–model이라는 부도예측모형을 개발하였다. 연구결과 1년 이내에 기업부실에 중요한 영향을 미치는 네 개의 요소로 기업규모, 총부채/총자산, (Ⓑ), 운전자본/총자산 등이 중요하다고 주장하였다.

　Ⓐ – (　　　　　)　　　Ⓑ – (　　　　　)

3. 다음 설명에서 Ⓐ와 Ⓑ가 무엇을 말하는지 답하시오.

부도예측모형 구축을 위한 독립변수: 기업규모의 영향을 분석하기 위해 기업규모 변수로 총자산과 매출액을 사용하며 기업의 안정성과 성숙도 측면에서 (Ⓐ)와(과) 기업연령도 사용된다. 최근 부도예측연구에서 가장 강조되는 변수는 지배구조변수이며 재벌더미, 최대 주주 지분율, (Ⓑ), 그리고 외국인 지분율 등이 포함된다.

　Ⓐ – (　　　　　)　　　Ⓑ – (　　　　　)

4. 다음 설명에서 Ⓐ가 무엇인지 답하시오.

판별능력이 높은 판별함수를 얻기 위해서는 적절한

변수선택(variable selection)이 매우 중요하다. 일반적인 변수선택방법은 변수추가법(forward selection method)과 변수제거법(backward elimination method)으로 나눌 수 있지만, 최근에는 이 두 가지 방법을 혼합한 (Ⓐ)이 가장 많이 사용된다.

Ⓐ – (   )

5. 다음 설명에서 Ⓐ와 Ⓑ가 무엇을 말하는지 답하시오.

로지스틱 회귀분석(logistic regression analysis)은 자료가 두 모집단으로 나뉜 상황에서 연구 대상이 어떠한 모집단에 속하는지를 예측하는 분류 목적의 통계적 분석 방법이다. 즉, 로지스틱 회귀분석은 종속변수가 범주 혹은 명목척도인 경우에 분석하는 (Ⓐ)이다. 판별분석에서는 서열척도나 명목척도를 갖는 예측변수를 사용할 수 없으나, 로지스틱 회귀분석은 (Ⓑ)를 이용하여 서열척도나 명목척도를 예측변수로 사용할 수 있다.

Ⓐ – (   )   Ⓑ – (   )

6. 다음 설명에서 Ⓐ와 Ⓑ가 무엇을 말하는지 답하시오.

인공신경망의 구조는 다양한 형태가 있으나 가장 일반적으로 많이 쓰이는 형태는 관리 학습(supervised learning)에 알맞은 (Ⓐ) 인공신경망이다. 이는 입력층, (Ⓑ), 출력층의 삼층 구조를 이루며 각 층마다 다수의 뉴런 또는 노드, 즉 처리 단위를 소유하고 있다.

Ⓐ – (   )   Ⓑ – (   )

7. 다음 설명에서 Ⓐ와 Ⓑ가 무엇을 말하는지 답하시오.

인공신경망의 구조에서 입력계층의 입력 노드 수는 일반적으로는 학습자료 내의 독립변수 수와 같다. 출력계층의 출력 노드 수도 학습자료 내의 종속변수(클래스 변수) 수와 일치한다. 은닉계층의 적절한 은닉 노드 수는 신경망 초기에 미리 알 수 없고 실험을 통해 적절한 은닉 노드 수를 결정하게 된다. 일반적으로 은닉 노드 수가 많아지면 학습자료에 (Ⓐ)되어 일반화 오류가 커지는 경향이 있고, 은닉 노드 수가 너무 적으면 학습자료에 대한 예측력이 떨어지게 된다. 인공신경망의 성능에 영향을 미치는 요인으로 은닉층 수, (Ⓑ), 학습 횟수 등이 있는데 어떤 값이 최적인지에 대한 일반적인 규칙은 없다.

Ⓐ – (   )   Ⓑ – (   )

8. 다음 설명에서 Ⓐ와 Ⓑ가 무엇을 말하는지 답하시오.

CART는 목표변수가 이산형인 경우 (Ⓐ)를(을) 불순도 척도로 사용하고, 목표변수가 연속형인 경우 분산을 불순도 척도로 사용한다. C4.5는 초기 버전인 ID3에서 발전된 형태로 나무 생성 시 각 마디마다 (Ⓑ) 구조를 만든다. C4.5 알고리즘(현재 C5.0)은 의사결정나무 알고리즘 중 기계학습 분야에서 가장 활발하게 사용되고 있다.

Ⓐ – (   )   Ⓑ – (   )

🔍 **참고문헌**

김경재, 한인구(2001), "퍼지 신경망을 이용한 기업 부도예측', 한국지능정보시스템학회논문지, 제7권 제1호, pp.135-147.

김민철, 도산 정의에 따른 도산 모형의 예측력 검증, Asia-Pacific Journal of Business & Commerce 아태경상저널, 제6권 제2호, 2014, pp. 93-105.

김성환, 박천식, 전성민, 대출기관의 부도 의사결정과 부실예측모형의 내생성. 경영연구, 2011, pp. 99-132.

김성환, 홍성준(2007), '금융기관의 불량고객관리 전략 연구: 구전 및 경쟁의 효과,' 경영학연구, 36(5), 1313-1327.

김진백, 이준석(2000), "인공지능기법을 이용한 중소 기업부도예측에 있어서 현금흐름 변수의 유용성 검증", 대한경영학회지, 제26권, pp.229–250.

남주하(2000), '기업집단의 부실화원인과 부도예측모형 분석,' 시장경제연구, 29(1), 175–205.

박정민, 김경재, 한인구(2005), "Support Vector Machine을 이용한 기업부도예측", 경영정보학연구, 제15권 제2호, pp.52–62.

박희정, 강호정(2009), 로지스틱 회귀분석을 이용한 코스닥 기업의 부실예측모형 연구, 한국콘텐츠학회논문지, 9(3), 307–310.

신동령(2005), '부실기업의 재무적 특징과 부실예측모형에 관한 연구—상장기업과 비상장기업의 비교를 중심으로,' 회계정보연구, 23(2), 137–165.

오희장, 도산예측에서 신용등급정보의 유용성, 경제연구, 제23권 제2호, 2005, pp. 173–208.

오희장, 신용등급예측에서 회계이익의 질 및 지배구조 정보의 유용성, 경제연구, 제24권 제2호, 2006, pp. 197–222.

장경수(2000), '부도예측모형의 유용성에 관한 연구,' 창업정보학회지, 3(1), 3–8.

정수연(2003), 'Logit Model을 이용한 기업부도예측 결정 요인에 관한 연구,' 경영교육저널, 제2권 제1호, pp. 167–171.

조준희, 강부식(2007), 코스닥 기업의 도산예측모형에 관한 연구, 산업경제연구, 제20권 제1호, 2007, pp. 141–160.

최영문, 한국기업의 IMF 구제 금융 체제 전후의 도산예측 변수에 관한 비교연구: 상장기업을 중심으로, 회계·세무와 감사 연구, 제36권, 2000, pp. 1–26.

허준, 최병주, 정성원(2001), 클레멘타인을 이용한 데이터마이닝, 제1판, 서울, SPSS아카데미.

[네이버 지식백과] 금호아시아나그룹[Kumho Asiana Group] (한국민족문화대백과, 한국학중앙연구원)

Altman, E.I.(1968), "Financial ratios, discriminant analysis and the prediction of corporate bankruptcy", *The Journal of Finance*, 23(4), pp.589–609.

Altman, E.I.(1996), 'Distress Classification of Korean Firms,' 은행의 신용관리 위험, 한국금융연구원, pp. 379–410.

Anandarajan, M., Lee, P. and Anandarajan, A.(2001), "Bankruptcy prediction of financially stressed firms: An examination of the predictive accuracy of artificially neural networks", *International Journal of Intelligent Systems in Accounting, Finance and Management*, 10, pp.69–81.

Beaver, W.(1966), "Financial ratios as predictors of failure", *Journal of Accounting Research*, 4, pp.71–102.

Belkaoui, A., 1983, "Industrial Bond Rating: A New Look", *Financial Management*, 44–51.

Chen, M.C., and Huang, S.H.(2003), "Credit scoring and rejected instances reassigning through evolutionary computation techniques", *Expert Systems with Applications*, 24, pp.433–441.

Hair, J.F., Anderson, R.E., Tatham, R.E. and Black, W.C.(1995), *Multivariate data analysis with readings*, Prentice Hall.

Hornik, K.(1991), "Approximation capabilities of multilayer feedforward networks", *Neural Networks*, 4, pp.251–257.

Ohlson, J.A.(1980), "Financial ratios and probabilistic prediction of bankruptcy", *Journal of Accounting Research*, 18(1), pp.109–131.

Opitz, D., and Maclin, R.F.(1997), "An empirical evaluation of bagging and boosting for artificial neural networks", *International Conference on Neural Networks*, 3, pp.1401–1405.

Peel, M.J., Peel, D.A. and Pope, P.F.(1986), "Predicting corporate failure—some results for the UK corporate sector", *Omega*, 14(1), pp.5–12.

Weiss, S. and Kulikowski, C.(1991), *Computer systems that learn*, Morgan Kaufmann Publishers, Inc.

West, D.(2000), "Neural network credit scoring

models", *Computers & Operations Research*, 27, pp.1131–1152.

Zmijewski, M. E.(1984), 'Methodological Issues Related to the Estimation of Financial Distress Prediction Models,' *Journal of Accounting Research*, 22, Supplement, 59–82.

08 온라인 P2P 대출거래의 채무불이행예측

8.1 P2P 금융과 P2P 대출

4차 산업혁명 시대에 금융산업은 첨단 정보기술을 활용한 핀테크(FinTech) 기술을 접목하여 스마트 금융(smart financing)으로 진화하고 있다. 현재 핀테크 산업에서 가장 급성장하고 있는 분야가 바로 P2P 금융(peer-to-peer financing)이다. P2P 금융은 금융기관을 통하지 않고 인터넷·모바일 등으로 개인 간에 직접적으로 금융거래가 이루어지는 것을 말한다. 온라인 개인 간 대출(online peer-to-peer lending, 이하 P2P 대출)은 P2P 금융의 가장 대표적인 서비스로 금융기관의 중개 없이 온라인상에서 차입자가 자금이 필요한 사정 및 재무 상황에 관한 정보를 게시하면 이를 투자자들이 참고하여 자금을 빌려주는 거래를 말한다.

P2P 대출은 대출자(차입자)들이 온라인 P2P 플랫폼을 통해 대출을 신청하면 P2P 플랫폼 기업이 심사하고, 이를 공개하여 불특정 다수가 여유 자금을 빌려주고 이자를 받는 대출 중개 서비스를 말한다. 온라인을 통해 모든 대출과정을 자동화하여 지점 운영비용, 인건비, 대출 영업비용 등의 경비 지출을 최소화하여 대출자에게는 보다 낮은 금리를, 투자자에게는 보다 높은 수익을 제공하고 있다.

P2P 대출은 금융기관을 통해서만 가능했던 기존의 금융거래를 온라인을 통해 이루어지게 함은 물론 대출자와 투자자 모두에게 합리적인 이율을 제공한다는 점이 특징이다. 또한 제2금융권, 캐피털, 저축은행 등에서 대출거래를 수행한 경우 신용등급에 부정적인 영향을 미칠 수 있으나, P2P 대출이력은 신용등급과 무관하며 성공적으로 대출 상환을 수행한 경우, 오히려 신용등급을 높일 수 있다.

P2P 대출은 저금리 시대에 투자자에게 매력적인 투자처를 제공하고, 기존 금융의 혜택을 받지 못하는 소상공인과 창업기업, 그리고 저신용자들에게 자금 조달 수단으로 이용될 수 있다. 현재 P2P 대출서비스는 개인 신용대출, 중소기업

대출, 주택 건설 자금 대출, 그리고 학자금 대출 등으로 구성되어 있다.

P2P 대출플랫폼 서비스는 2005년 영국의 대출중개기업(platform)인 조파(Zopa Ltd.)에 의해 최초로 시작되었다. 영국 정부는 글로벌 금융 허브의 이점을 바탕으로 혁신적 규제 환경 조성, 스타트업 전용 단지인 테크시티(tech-city) 지원, 그리고 P2P 금융 공적자금 등을 통해 P2P 금융산업을 육성하고 있다. 영국의 P2P 시장 규모는 2013년 7억 달러에서 2015년 35억3천만 달러(3조8,019억 원)로 3년간 123.0%의 연평균 성장률을 나타내고 있다.

글로벌 P2P 대출시장은 미국, 유럽, 중국 등 금융 선진국을 중심으로 빠르게 성장하고 있다. 미국 대표 P2P 기업인 렌딩클럽(Lending Club)을 비롯한 미국의 P2P 대출시장 규모는 2015년 기준 개인 대출이 257억 달러(약 29조 원), 기업 대출 26억 달러(약 3조 원), 부동산 대출 8억 달러(약 9천억 원) 수준에 이른다. 렌딩클럽은 가장 경쟁력 있는 P2P 기업으로 성장하여 2014년 12월에는 P2P 기업 최초로 뉴욕증권거래소(The New York Stock Exchange)에 상장되었다.

영국 및 미국과 달리 규제 없이 자유롭게 성장한 중국의 P2P 대출이용자 수는 2013년 15만 명에서 2016년 876만 명으로 60배 이상 급성장하였고, 거래 규모 또한 2012년 230억 위안(약 3조7,752억 원)에서 2016년 2조1천억 위안(약 344조 원)으로 40배 이상 급증하였다. 중국의 시장조사기관 아이루이 컨설팅(艾瑞咨)사는 "중국 P2P 금융시장의 현황과 전망" 보고서에서 중국 P2P 대출시장은 향후 연평균 24.6%의 증가율을 지속하여 2020년에는 P2P 누적 대출액 규모가 4조 5천억 위안(760조 원)에 달할 것으로 전망하고 있다.

현재 중국 정부는 관리 감독을 강화해 부실 P2P 대출플랫폼을 퇴출하고 있으며, 지속적인 P2P 금융 발전을 위해 시장 세분화를 통한 차별화 경쟁 촉진과 리스크평가시스템(risk management system, RMS)을 확립하고 있다. 전 세계 P2P 대출시장 규모는 2025년에 약 1조 달러(1,077조 원)까지 증가할 것이며, 기업가치가 10억 달러(1조1,355억 원) 이상의 금융서비스 벤처기업 가운데 절반은 P2P 대출플랫폼 업체가 될 것으로 전망하고 있다.

이처럼 전 세계적으로 P2P 대출시장의 성장과 비즈니스 모델에 관심이 커진 상황이지만 국내 P2P 대출시장은 국외 시장에 비해 거래 규모와 성장이 매우 미진한 상황이다. 그 이유로는 법적·제도적 미비와 투자 위험에 따른 금융 소비자들의 부정적 인식에 기인한다.

국내의 경우 P2P 투자자 한도 제한, 기관 참여 제한, 차입자 한도 제한, 영업행위 제한 등 포지티브 규제(원칙적으로 허용하나 일부 예외적 사항에 대해서는 허용하지 않음)를 시행하고 있다. 그러나 P2P 금융 선진국은 산업의 건전한 성장을 유도하는 네거티브(negative) 규제를 기조로 하고 있다. 미국, 영국, 중국은 투자자 보호에 대한 규제만을 적용하고, 고객 행위 제한이나 영업 행위 제한에 대한 규제는 적용하지 않고 있다.

또한 국내 P2P 대출시장은 온라인 P2P 금융플랫폼을 통해 소액 간편 투자와 투자자의 진입 장벽이 낮아졌지만, P2P 금융상품의 안정성에 대한 문제가 지속적으로 제기되고 있다. P2P 대출의 내재된 위험은 대출자에 대해서는 제한적인 반면에 투자자에게는 상대적으로 크게 나타난다.

금융감독원에 따르면 국내 P2P 대출의 연체율(1~3개월 이내)이 2016년 1.24%에서 2017년 7.12%로 급증하고 있고, 부동산 프로젝트 파이낸싱(PF) 비중이 높은 P2P 대출업체의 경우 연체율이 20%를 넘어서면서 투자자들의 불만이 커지고 있다. 이처럼 국내 P2P 대출서비스는 잠재적 리스크에 대한 금융 소비자들의 부정적 인식이 높은 편이므로 이들의 인식 및 태도를 변화시켜야만 P2P 대출시장이 활성화될 것이다. 국내 P2P 금융시장의 신뢰를 높이고, 대출시장 활성화를 위해서는 P2P 대출거래의 연체율 및 부실률을 줄이는 것이 무엇보다 중요하다.

8.2 국내외 P2P 대출서비스

P2P 대출서비스(peer-to-peer lending service)는 온라인과 모바일의 접근성을 기반으로 개인과 기업 간의 자금 수요 및 공급 등의 대출서비스를 플랫폼 내에서 연결하는 개인 간 금융 네트워크 서비스이다. P2P 대출은 대출 승인 주체가 금융기관이 아닌 다수의 투자자이며 중개기관 없이 투자자와 대출신청자가 플랫폼을 통해 직접 거래를 하므로 금리 수준이 저렴하다는 특징을 지닌다. P2P 대출서비스는 기부형(donation), 후원형(reward), 자본투자형(equity)의 형태로 구성되는데, 소셜 네트워크 서비스(SNS)를 적극 활용한다는 의미에서 소셜 랜딩(social lending)이라고도 한다.

P2P 금융산업을 선도하는 미국은 개인 신용대출에서 나아가 중소기업과 부동산, 기관 등 모든 경제 주체들의 금융서비스를 지원하고 있다. 미국에는 세계적인 P2P 업체인 렌딩클럽(Lending Club)을 비롯 소파이(SoFi), 프로스퍼(Prosper) 등 다양한 P2P 금융기업이 성장을 거듭하고 있다.

[표 8.1]은 미국의 주요 P2P 대출업체(총 누적 대출 금액 기준)의 특징을 요약한

것이다. 렌딩클럽은 세계에서 가장 큰 P2P 거래 규모를 형성하고 있으며, 총 누적 대출 금액은 약 33조8,550억 원이고, 평균 대출 이자율은 13.44%이다. 렌딩클럽의 가장 안전한 대출상품 수익률은 7.7%~15.3%로 10년 만기 미 국채 수익률(2.84%)보다 높다. 최근 렌딩클럽의 대출채권 투자자 중 약 79%가 은행과 카드사, 보험사 등 금융기관으로 이들은 렌딩클럽을 비롯한 P2P 업체들에 투자하거나 신규 사업의 형태로 제휴를 맺는 등 P2P 금융투자를 지속적으로 늘리고 있다. 렌딩클럽은 최근에 금융 빅데이터 분석, 기계학습을 포함한 데이터마이닝 기법 등의 ICT(정보통신기술) 역량을 활용하여 다양한 대출상품과 수익모델을 개발하고 있다.

표 8.1 미국의 주요 P2P 대출업체

구분	렌딩클럽(Lending Club)	프로스퍼(Prosper)	소파이(SoFi)
설립연도	2007년 3월	2006년 4월	2011년 8월
누적 대출 금액 (2018년 1분기 기준)	33조 8,550억 원	12조 9,000억 원	8조 9,055억 원
평균 대출이자율	13.44%	17.05%	19.52%
평균 투자수익률	8.5%	9.3%	6.5%
대출 만기(개월)	12, 24, 36, 48, 60	36, 60	60개월, 10년, 15년
부실률	6.86%	8.76%	0.022%
신용등급 범위	A, B, C, D, E, F, G	AA, A, B, C, D, E, HR(high risk)	N/A
최대 대출 금액	$35,000	$35,000	$65,000
평균 대출 개시 수수료	3.05%	1.00% ~ 5.00%	0%
평균 대출 금액	$14,292	$8,349	$14,000

누적 대출 금액 기준 2위의 프로스퍼(Prosper)는 미국 최초의 P2P 금융기업으로 2006년 4월 설립 이후 총 12조 원 규모의 대출을 중개하였다. 2008년 글로벌 금융위기 이후 기존 은행들이 신용점수가 760점 이하인 대출신청인에게 담보 대출을 요구하였으나, 프로스퍼는 자체 알고리즘으로 대출신청인의 신용도를 분석하여 등급에 따라 연 4~12%의 이자율로 무담보 대출을 집행하여 시장점유율을 지속적으로 늘리고 있다. 대출희망자는 최대 3만5천 달러(원화 3,952만 원) 한도 안에서 대출을 요청할 수 있으며, 투자자 입찰 과정을 거쳐 3년 고정 금리 방식으로 대출서비스를 제공받는다.

또한 프로스퍼는 자체 신용평가모형을 통해 대출자들에게 신용등급을 부여하고 있으며, 이들 정보를 투자자에게 무료로 제공하고 있다. 프로스퍼 등급(Prosper ratings)은 7개로 나뉘며, 최상위 등급인 AA는 부실률이 1.99% 이하, A 등급은 3.99% 이하, B 등급은 5.99% 이하이며, 최하위 등급인 HR(High Risk)은 부실률이 15% 이상이다.

미국의 핀테크 업체 소파이(SoFi, Social Finance INC.)는 2011년 8월에 설립된 P2P 대출업체로 사회 초년생이 상환 중인 학자금 대출상품을 저금리로 리파이낸싱(loan refinancing)해주는 서비스를 지원하고 있다. 소파이는 이용 고객을 미국 내 고학력·고소득 사회 초년생으로 한정했다는 점이 특징이다. 대출대상자는 연령 25~40세 범위에서 고학력(아이비리그 출신, 의대 또는 법대 졸업생 등)이거나 고소득층(연봉 2억 원 이상 또는 월 유입 현금 800만 원 이상 등) 기준을 충족해야 한다.

소파이가 고객 세분화와 타겟 고객을 선정한 전략은 P2P 시장에서 지속적인 경쟁우위로 작용하고 있다. 고객군의 신용도가 높다보니 연체율과 부실률이 낮고 대출 자산과 비즈니스 모델에 대해 우량한 평가가 책정된 것이다. 미국 연방 평균 학자금 대출의 부실률은 2017년 기준 0.6%이나 소파이 학자금 대출 리파이낸싱 상품의 부실률은 0.022%이다. 소파이는 학자금 차환 대출시장에서 확보한 우량고객들을 기반으로 모기지(부동산 담보 대출), 재무 통합, 소비 금융으로 서비스를 다변화하여 종합 금융 핀테크 기업으로 성장하고 있다.

핀테크 사업과 P2P 대출업의 기반 조성, 그리고 P2P 금융업체의 건전한 발전을 위해 설립된 한국P2P금융협회(Korea P2P Finance Association)는 매달 공시자료를 통해 국내 65개 회원사(2018년 6월 기준)의 P2P 누적 대출액, 연체율, 그리고 부실률을 정기적으로 보고하고 있다.

국내 최초의 P2P 대출업체 머니옥션(Moneyauction)이 2006년 8월에 설립된 이후로 현재는 ㈜렌딧, ㈜에잇퍼센트, ㈜테라펀딩, ㈜루프펀딩 등 200여 개의 P2P 대출업체들이 운영 중에 있다. 한국P2P금융협회에 따르면, 2016년 6월 누적 대출액은 1,525억 원이었으나 2018월 2월에는 23배 증가한 2조 원을 넘어서면서 P2P 대출 분야가 가장 급성장하고 있는 핀테크 분야로 진화하고 있다. 주요 P2P 대출업체의 대출 구성은 개인 및 법인 신용대출, 기타 담보, 부동산 담보, 부동산 PF 등으로 구성되며 이들 수익률 또한 증가함에 따라 성장세에 지속적인 관심을 나타내고 있다.

국내 P2P 대출은 온라인 대출 중개 플랫폼을 통해 조달된 투자자들의 자금을 제휴 저축은행의 관리 계좌를 거쳐 차입자에게 지급하는 간접 대출 형태를 따르고 있다. 해당 저축은행은 대출 상환을 성공적으로 수행한 차입자의 신용등급과 신용점수를 개선하고 있다. 그러나 국내 P2P 대출시장은 투자자 제한 등 규제 강화, P2P 금융상품의 안정성 문제 및 비즈니스 모델 부재로 글로벌 P2P 시장에 비해 경쟁력이 약화되고 있는 실정이다.

8.3 P2P 대출거래의 구성요소

P2P 대출서비스는 담보물 필요 없이 대출경매(주로 역경매)를 통해 투자자들이 대출을 심사하여 결정한다. P2P 대출은 일반 금융기관 대출과 달리 온라인이라는 플랫폼상에서 차용인의 정보만을 가지고 투자를 결정하기 때문에 사회관계망(SNS)을 통한 차용인과 투자자 간 상호 작용이 매우 중요한 요소로 작용한다. 즉, P2P 대출거래에서는 차용인의 인구통계정보, 개인신용정보, 대출정보, 그리고 차용인의 대출을 상환하기 위한 계획 및 노력 등의 주관적·비정형 정보가 대출 결정의 중요한 요소로 작용한다.

P2P 대출거래의 주체는 [그림 8.1]과 같이 차용인, P2P 대출플랫폼, 투자자, 이사회, 감독기관으로 구성된다. 차용인과 투자자는 P2P 대출업체를 통해 본인에게 필요한 대출 유형 서비스를 선택하고, 대출 승인과 대출 금리 등에 관한 경매에 참여한다. P2P 대출플랫폼은 중개자의 역할로서 차용인으로부터 매달 원금과 이자를 받고 이를 투자자에게 돌려준다.

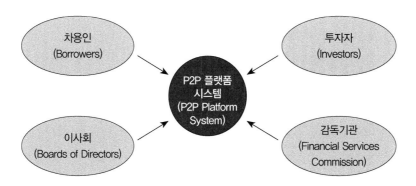

그림 8.1 P2P 대출거래의 주체

이사회에서는 P2P 대출이용자에게 향상된 금융서비스를 제공하고자 플랫폼의 안정성 관리에 노력을 기울인다. 또한 이사회는 고객이 원하는 재정적인 목표를 달성할 수 있도록 조언하고, 새로운 비즈니스 모델과 금융상품을 지속적으로 개발한다. 감독당국은 P2P 대출업체의 재무건전성 검토 및 부실 플랫폼 퇴출, P2P 대출거래의 비합리적 규제 완화, 그리고 금융 소비자 보호와 신뢰성 확보 방안을 마련하는 곳으로 미국에는 증권거래위원회(Securities and Exchange Commission, SBC)와 금융소비자보호국(Consumer Financial Protection Bureau, CFPB), 영국에는 금융행위감독청(Financial Conduct Authority, FCA)이 이를 수행하고 있다. FCA는 금융 혁신 지원 프로그램을 확대한 금융 규제 샌드박스(regulatory sandbox)를 세계 최초로 도입하였다. 금융 규제 샌드박스란 혁신적인 P2P 금융상품을 규제의 제약 없이 일정 기간 동안 테스트해볼 수 있는 기회를 제공하는 프로그램이다. 이를 통해 금융시장 혁신 촉진과 규제 비용 및 위험 절감 효과를 누릴 수 있다.

일반적으로 P2P 대출거래는 3단계로 진행된다(그림 8.2 참조). 1단계는 차용인(대출자)들이 본인의 재무상태와 대출 목적, 그리고 대출 금액을 P2P 플랫폼에 등록하면 투자자들은 산출된 정보들과 대출자의 신용정보를 바탕으로 대출에 대한 결정을 내린다. 2단계는 투자자들은 투자 금액으로 대출자의 대출 금액을 입찰하고, 대출자는 최대 이자 한도 내의 이자를 입찰한다. 더 낮은 이자를 제시한 투자자가 입찰에 성공하고 대출자에게 자금을 대출할 수 있다. 마지막 3단계는 경매가 종료되면 P2P 대출업체와 제휴를 맺은 저축은행이 투자자 계좌에서 대출액을

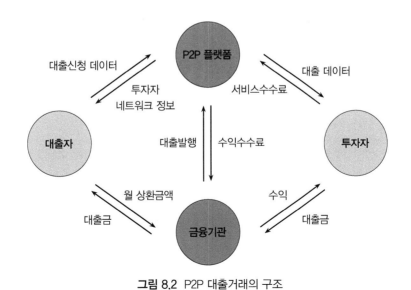

그림 8.2 P2P 대출거래의 구조

출금하고 이를 저축은행에 대출 보증으로 입금한다. 대출자는 대출승인비 등의 비용(수수료)을 차감하고 저축은행에서 대출을 받는다. 대출자가 대출 상환에 성공하면 저축은행은 신용등급 및 신용점수에 반영한다. 최근에 P2P 대출업체들은 대출자에게 상환 계획을 투자자들에게 제시할 것을 요구하면서 대출자와 투자자 간 온라인상에서의 상호작용서비스(커뮤니티 등)를 제공하고 있다.

8.4 P2P 대출거래 공개용 데이터베이스

8.4.1 렌딩클럽의 P2P 대출거래 데이터베이스

전통적인 금융기관에서는 신용평점시스템(credit scoring system)으로 대출 상환 가능성을 평가하고 있으나, 렌딩클럽(Lending Club)을 포함한 주요 P2P 대출기업은 차입자의 강성 정보(hard information), 사회적 교류 활동(social interaction), 연성 정보(soft information) 요인을 기반으로 대출 상환 가능성과 대출 금리를 결정하고 있다.

(https://www.lendingclub.com/info/download-data.action)

그림 8.3 렌딩클럽(Lending Club)의 P2P 데이터베이스

P2P 대출서비스는 고금리 현금서비스와 카드 대출을 주로 이용하고 있는 금융 사각 지대의 소외 계층에게 자금을 공급할 수 있는 경로로서 각광받고 있으며, 사회관계망 활용과 금융 중개 비용 절감을 통해 자금 수요자와 공급자 모두에게 유리한 이자율과 수익률을 제공하고 있다.

렌딩클럽은 채무 상태와 채무 정보, 발행된 대출거래 데이터, 그리고 렌딩클럽의 신용정책에 충족하지 못한 거절된 대출 신청의 세부 사항에 대한 데이터를 공개하고 있다. 렌딩클럽은 2007년부터 2018년 1분기까지 약 150만 개의 P2P 대출 거래 데이터(총 151개 변수)를 홈페이지에서 무료로 제공하고 있다.

렌딩클럽의 P2P 대출거래 데이터베이스에서 제공하는 변수는 인구통계학적 특성 및 차입자 정보, 대출정보, 신용정보, 그리고 행동 특성 정보(사회적 교류 활

표 8.2 렌딩클럽(Lending Club)의 P2P 대출상환결정 주요 변수

분류	변수	설명
인구 통계적 특성 및 차입자 정보 (9개)	나이	연령대를 10대로 구분
	성별	남녀 구분
	주택소유형태	자가, 전세, 월세, 기타
	혼인 여부	결혼 여부
	고용 상태	상근직, 비상근직, 자영업, 무직 등
	근무 경력	차입자의 근무 경력(월)
	연소득	연간 소득액
	예금 평잔액	6개월 평균 잔고액
	총부채상환비율	총부채/소득
대출 정보 (4개)	대출 금액	대출 신청 금액 로그(log)화
	대출 목적	생계필수비용(주거비, 생활비, 의료비), 사업용, 부채 상환용
	대출 이자율	온라인 P2P 차입자의 대출 이자율
	대출 횟수	기존에 대출받은 횟수
신용 정보 (7개)	신용 등급	차입자의 신용등급
	신용 파산 경험	파산, 면책, 워크아웃, 회생 등의 경험
	정보 공개 횟수	차입자의 공개된 개인 신상 정보 공개 횟수
	신용 조회 횟수	차입자의 신용 조회 횟수
	연체 횟수	차입자의 최근 2년간 연체 횟수
	모기지(mortgage) 계좌 수	모기지론(mortgage loan) 계좌 수
	신용카드 계좌 수	차입자가 발급받은 신용카드 계좌 수
사회적 교류 활동 (5개)	질의응답 수	차입자, 투자자의 P2P 질의응답 게시판 질의응답 횟수
	대출 시도 횟수	대출 성공까지의 경매 시도 횟수
	대출 상환 투표율 (긍정, 부정)	대출 상환 성공 가능성 여부에 대한 대출 전 투표 실시
	대출 신청 사연	동정, 도움, 긴급, 성실성 등 차입자의 언어 표현 정보
	대출 상환 계획	차입자가 구체적인 대출 상환 계획을 제시한 경우 1의 값을 갖는 더미변수

동)의 네 가지로 범주화할 수 있다(표 8.2 참조).

첫째, 인구 통계적 특성 및 차입자 정보는 나이, 성별, 주택소유형태, 혼인 여부, 고용 상태, 근무 경력, 연소득, 예금 평잔액, 총부채상환비율 등으로 구성된다. 나이 및 성별 등을 포함한 인구통계학적 변수가 기초 자료로 제공된다. 주택소유형태는 자가, 전세, 월세, 기타 등으로 구성되며, 근무 경력은 차입자의 근무 경력을 월 기간으로 산정한다. 예금 평잔액은 6개월 평균 잔고액을 말하며, 총부채상환비율은 차입자의 금융부채원리금상환액이 소득에서 차지하는 비율을 의미한다.

둘째, 대출정보는 대출 금액, 대출 목적, 대출 이자율, 그리고 대출 횟수 등으로 구성된다. 대출 금액은 차입자의 대출 신청 금액을 말하며, 로그(log)화한 대출 금액을 사용한다. 대출 목적은 차량 구매, 부채 상환, 신용카드 대금 지불, 집수리 및 보수, 주택 구입, 의료비, 주거비, 설비 투자, 창업 자금, 휴가 자금, 그리고 기타 등 총 11개의 항목으로 구성된다. 차입자들은 주로 부채 상환 및 신용카드 대금 지불을 위해 P2P 대출을 이용한다. 대출 이자율은 P2P 차입자의 대출 이자율이고, 대출 횟수는 기존에 차입자가 대출받은 횟수를 말한다.

셋째, 신용정보 변수는 차입자의 신용등급, 신용 파산 경험, 정보 공개 횟수, 신용 조회 횟수, 연체 횟수, 모기지(mortgage) 대출 계좌 수, 그리고 신용카드 계좌 수 등으로 구성된다. 신용등급은 렌딩클럽이 평가한 차입자의 신용등급을 말하며, 신용 파산 경험은 차입자의 파산, 면책, 워크아웃, 회생 등의 경험을 말한다. 정보 공개 횟수는 차입자의 공개된 개인 신상 정보 공개 횟수를 말하고, 신용 조회 횟수는 차입자의 신용 조회 횟수를 말한다. 연체 횟수는 최근 2년간 연체 횟수를 말하고, 모기지 계좌 수는 모기지론(mortgage loan)의 대출 계좌 수, 그리고 신용카드 계좌 수는 차입자가 발급받은 신용카드 계좌 수를 말한다.

넷째, 사회적 교류 활동은 차입자의 행동특성변수를 말하는 것으로 질의응답 수, 대출 시도 횟수, 대출 상환 투표율, 대출 신청 사연, 그리고 대출 상환 계획 등으로 구성된다. 질의응답 수는 차입자와 투자자가 질의응답 게시판에서 질의응답한 횟수를 말한다. 대출 시도 횟수는 차입자가 대출 성공까지의 경매 시도 횟수를 말한다. 대출 상환 투표율은 투자자들이 대출 승인 전에 차입자의 대출 상환 성공 가능성 여부에 대한 긍정 또는 부정 투표율을 말한다. 대출 신청 사연은 차입자의 대출 목적 및 사연을 투자자에게 어필하는 것으로 이들 내용을 분석하여 동정, 도움, 긴급, 성실성 등 차입자의 언어 표현 정보로 구분한다. 대출 상환 계획은 차입자가 구체적인 대출 상환 계획을 제시한 경우 '1'의 값을 갖는 더미변수를 말한다.

8.4.2 렌딩클럽의 P2P 대출거래 분석

이 절은 2016년 1월부터 2017년 12월까지 렌딩클럽의 P2P 대출거래 데이터를 수집·분석한 결과를 네 가지 정보를 기준으로 요약한 것이다. 총 대출거래 데이터(143,640건) 중에서 대출 상환에 성공한 데이터는 113,671건이고, 대출 상환 실패는 29,969건으로 위 기간의 채무불이행률은 20.86%이다.

첫째, 인구 통계적 특성 및 차입자 정보에서 P2P 대출 연체 및 부실 결정의 주요 요인은 바로 연소득, 예금 평잔액, 그리고 총부채상환비율이다. 연소득이 많을수록 연체·부실 집단보다 채무 상환 완료한 집단으로 분류된 경우가 많다. 예금 평잔액은 약 20만 달러(2억2천만 원)를 넘어가면 연체·부실 집단의 관측치가 보이지 않고 채무 이행 집단만 나타난다. 총부채상환비율은 차입자의 금융부채 원리금상환액이 소득에서 차지하는 비율을 의미하며 채무 상환 완료한 집단 기준점은 평균 총부채상환비율이 40% 이하이다.

둘째, 대출정보 관련 변수에서는 대출 목적이 가장 중요한 대출 연체 및 부실결정요인으로 도출되었다. 대출 목적이 창업 자금이거나 설비 투자인 경우 연체 및 부실률이 높은 것으로 나타났고, 대출 목적이 필수 생계 비용(주거비, 생활비, 의료비 등)인 차입자의 경우 연체 및 부실률이 낮은 것으로 나타났다. 필수 생계 비용 차입자는 주로 저소득자, 저신용자 등의 금융 소외 계층이며, 이들은 신용등급 개선을 위해 적극적으로 P2P 대출 상환을 수행한다. 2008년 글로벌 금융위기 이후 급증하고 있는 가계 부채의 부담으로 저신용자 및 저소득층의 신용 파산 가능성이 날로 증가하는 현실에서 P2P 대출거래 및 상환으로 파산 가능성을 줄일 수 있다.

대출 상환을 성공적으로 수행한 차입자는 해당 저축은행의 대출 상환 기록에 반영되어 신용등급도 개선할 수 있다. 다음으로 대출 신청 금액 관점에서 대출 금액의 평균값은 1,318달러(원화 142만 원)로 나타나 P2P 대출거래의 대부분은 저신용자 및 서민을 위한 소액 대출로 구성됨을 알 수 있다. 대출이자율의 평균값은 13.86%, 중앙값은 15.20%이며, 최솟값은 5.32%, 최댓값은 30.99%로 나타나 대부분의 이자율이 약 13% 이상에서 결정되고 있다. 차용인의 대출 용도는 주로 개인 채무 변제가 가장 많고 다음으로 주택 구매 비용, 의료비, 차량 구매 비용, 생활비(카드비 포함), 사업비, 학자금, 결혼 자금 순으로 나타났다.

셋째, 신용정보 관련 변수에는 신용 파산 경험이 중요한 대출 연체 및 부실결정 요인으로 도출되었다. 파산, 면책, 워크아웃, 회생 등의 기록을 가진 차입자의 경우

P2P 대출 연체 및 부실률이 낮은 것으로 나타났다. 이들은 신용등급 개선을 위해 적극적으로 상환하고 이를 통해 대출 금리를 낮추려는 유인을 갖고 있다.

금융기관의 경우 신용 파산 기록이 있는 차입자는 대출 승인이 어려워 회생 가능성이 매우 어렵다. 이들은 P2P 대출서비스를 통해 신용 회복을 위한 대출 상환에 지속적으로 노력하고 있으며, 이것은 P2P 대출서비스가 전통적 금융서비스에 비해 저신용자의 도덕적 헤이(moral hazard) 문제가 상대적으로 적다는 것을 의미한다.

또한 신용등급도 중요한 대출 연체 및 부실결정요인으로 도출되었다. [표 8.3]에서 보는 바와 같이 렌딩클럽은 자체적으로 대출자들에게 신용등급을 부여하고 있다. 대출신청인의 특성과 FICO(개인신용)점수, 신용 특성들을 고려하여 대출 성과를 분석하는 알고리즘에 의해 대출자의 신용등급이 부여된다. 신용등급별 평균 대출 이자율은 A 등급(최소 5.3%)에서 하위 등급인 G 등급(최대 31.1%)으로 구성된다. 연체 및 부실 집단과 상환 완료 집단 모두 신용등급 'C'등급을 가진 사람이 가장 많았고, 다음으로 B 등급, D 등급 순으로 나타났다.

표 8.3 신용등급별 평균 대출 이자율

신용등급	채무 상환 (단위: 건)	연체 및 부실 (단위: 건)	평균 대출 이자율	
			최솟값	최댓값
A	18,920	1,257	5.3%	8.6%
B	34,166	5,412	6.0%	11.9%
C	34,614	9,374	6.0%	16.0%
D	15,517	6,700	6.0%	21.5%
E	7,031	4,348	18.2%	26.3%
F	2,576	2,162	22.0%	30.8%
G	847	716	26.8%	31.1%

넷째, 사회적 교류 활동 및 행동학적 변수에는 질의응답 수와 대출 신청 사연 및 계획이 중요한 대출 연체 및 부실결정요인으로 도출되었다. P2P 대출거래는 전통적인 금융기관의 대출과 달리 사회적 교류 활동(온라인 커뮤니티, 피드백 등) 정보가 매우 중요하다. P2P 대출서비스는 차입자가 온라인을 통해 투자자와 정보를 공유하고 소통하며 차입자와 투자자의 연고지나 학력 등을 매개로 온라인 커뮤니티를 만들고 사회적 교류 활동을 수행하고 있다.

대출 신청 사연 및 상환 계획과 관련하여 추가적으로 프로스퍼(Prosper)의 P2P 대출거래를 분석한 결과, 대출자가 대출 신청 사연과 대출 상환 계획을 기술할 때 사용하는 특정 단어가 해당 대출채권의 부실 여부와 통계적으로 유의미한 상관관계가 있는 것으로 나타났다. 구체적으로 '믿음, 약속한다, 꼭 갚겠다(will pay)'는 표현이 자주 등장하면 대출자의 상환 가능성이 낮았고, '최저 임금, 졸업, 세후(after-tax)'의 경우에는 상환 가능성이 높은 것으로 나타났다.

 사례 연구

20% 고금리에 우는 대출자 400만 명

금융권과 나이스(NICE) 채권평가 등 신용평가기관 보고에 따르면 2017년 말부터 1년간 채무불이행 정보를 분석한 결과, 신용등급 6등급 이하 911만 명 중 400만 명(41%)이 연 20% 이상 고금리 대출(대부업체, 사채 등)에 시달리는 것으로 나타났다. 정부가 고금리 대출이자 부담 경감을 위해 2017년 2월 법정 최고 금리를 27.9%에서 24.0%로 인하하였으나 여전히 고금리는 금융 소외 계층에게 위기로 내몰고 있다. 제1금융권(시중은행)과 제2금융권(저축은행)을 이용하기 어려운 신용등급 6등급 이하 저신용자는 2015년 말 874만 명에서 2018년 말 911만 명으로 지속적으로 늘고 있다.

특히 신용등급 8등급 이하 270만 명 중 70%는 연체 중이거나 신용 불량자 등으로 분류되어 사실상 경제 활동이 제약되는 실정이다. 서민금융진흥원, 지방자치단체, 미소금융재단, 국민행복기금, 국민연금공단, 사회복지재단 등 다양한 기관들이 저신용자·취약 계층을 위해 생활 자금을 적극 지원해야 할 시점이다.

표 8.4 개인신용등급별 채무불이행률

신용등급	채무불이행률(default rate)	신용등급	채무불이행률(default rate)
1등급	0.05%	6등급	1.82%
2등급	0.16%	7등급	6.29%
3등급	0.34%	8등급	9.79%
4등급	0.51%	9등급	11.87%
5등급	0.70%	10등급	33.03%

출처: 나이스(NICE), 코리아크레딧뷰로(KCB) 공시자료

8.5 인공지능기법을 이용한 P2P 대출거래의 채무불이행예측

8.5.1 연구절차 및 방법

P2P 금융시장의 신뢰도를 높이고, 대출시장 활성화를 위해 P2P 대출거래의 연체율과 채무불이행률을 줄이는 것이 무엇보다 중요하다. 기존 금융기관의 대출상환예측모형은 P2P 환경에 적합하지 않으므로 P2P 대출거래에 적합한 채무불이행예측모형 구축이 필요하다.

먼저, P2P 대출거래의 연체 및 부실률에 미치는 요인을 파악하기 위해 금융기관에서 이용하는 대출상환예측모형과 신용평가모형을 분석하고, P2P 업체의 대출거래와 차이점을 비교한다. 다음으로 렌딩클럽의 P2P 대출거래 데이터베이스를 이용하여 인공지능 기반의 P2P 채무불이행예측모형을 구축하고자 한다. 예측모형 성과 비교를 위해 벤치마크(benchmark) 모형으로 전통적인 통계기법인 판별분석과 로지스틱 회귀분석(로짓분석)을 이용하고, 인공지능기법으로는 신경망, CART, 그리고 C5.0을 이용하여 P2P 대출거래의 채무불이행예측모형을 구축하고자 한다.

8.5.2 국내외 P2P 대출기업의 연체율과 채무불이행률

[표 8.6]은 국내외 P2P 대출기업 현황과 연체율, 그리고 부실률(채무불이행률)을 분석한 것이다. 국외 주요 P2P 대출기업(누적 대출액 기준)은 렌딩클럽, 프로스퍼, 소파이가 있고, 국내 P2P 상위 기업은 ㈜렌딧, ㈜에잇퍼센트, ㈜팝펀딩, ㈜어니스트펀드 등이 있으며 이들 기업의 연체율과 채무불이행률을 분석하고자 한다.

P2P 대출기업의 재무건전성 및 수익성, 그리고 비즈니스 모델 평가를 위한 가장 중요한 척도가 바로 연체(delinquency)와 부실(default)이다. 연체란 상환일로부터 30일 이상 90일 미만 동안 상환이 지연되는 현상을 말하며, 연체율은 현재 미상환된 대출 잔액 중 연체 중인 건의 잔여 원금의 비중을 말한다. 부실은 정상 상환일로부터 90일 이상 장기 연체를 말하며, 부실률(채무불이행률)은 현재 취급된 총 누적 대출 취급액 중 90일 이상 연체가 된 건의 잔여 원금 비중을 말한다(표 8.5 참조).

표 8.5 P2P 대출거래의 연체 및 부실

	정의	비고(계산식)
연체 (delinquency)	상환일로부터 30일 이상 90일 미만 동안 상환 지연	
연체율 (delinquency rate)	현재 미상환된 대출 잔액 중 연체 중인 건의 잔여 원금의 비중	연체 중인 채권의 잔여 원금 / 대출 잔액 (취급 총액 중 미상환 금액)
부실 (default)	정상 상환일로부터 90일 이상 장기 연체	
부실률 (default rate)	현재 취급된 총 누적 대출 취급액 중 90일 이상 연체가 된 건의 잔여 원금의 비중	90일 이상 장기 연체 중인 채권의 잔여 원금 / 총 누적 대출 취급액

표 8.6 국내외 주요 P2P 기업의 채무불이행률

(2018년 2월 기준, 출처: 한국P2P금융협회)

법인명	누적 대출액(원)	대출 잔액	연체율	채무불이행률
렌딩클럽(Lending Club)	33조 8,550억	14조 1,200억	5.23%	6.86%
프로스퍼(Prosper)	12조 9,000억	5조 8,900억	6.92%	8.76%
소파이(SoFi)	8조 9,055억	3조 2,220억	0.022%	0.022%
㈜렌딧	1,053억	342억	0.84%	1.36%
㈜에잇퍼센트	1,322억	523억	0.87%	1.54%
팝펀딩㈜	1,127억	389억	6.84%	3.35%
㈜어니스트펀드	1,399억	790억	0.54%	1.03%
㈜금요일펀딩	36억	15억	30.00%	16.00%
㈜루프펀딩	1,915억	934억	3%	0%
㈜빌리	1,069억	346억	1%	31%
이디움㈜	343억	201억	12.41%	23.00%
㈜테라핀테크	3,560억	1,749억	1%	0%
㈜펀다	381억	124억	2%	2%
㈜피플펀드	1,946억	881억	1.68%	2.47%

주) 연체율: 연체 중인 채권의 잔여 원금/대출 잔액(취급 총액 중 미상환 금액)
　　채무불이행률: 90일 이상 장기 연체 중인 채권의 잔여 원금/총 누적 대출 취급액

　　미국은 핀테크 기술을 기반으로 인터넷전문은행과 P2P 대출중개업체 등 다양한 온라인 플랫폼 기업들이 중저금리 대출을 통해 가계 부채 부담을 줄이는 역할을 수행하고 있다. 렌딩클럽은 전체 대출 중 카드 대환과 타 금융권 대환 등 대환

대출 비중이 약 70%이다. 렌딩클럽은 P2P 대출 투자에 기관투자자(전통적인 금융기관)가 적극 참여하고 있으며, 이들 투자가 전체 투자의 80%를 넘고 있다. 금융기관이 보유한 전문적인 리스크 관리팀이 렌딩클럽의 대출채권 운영 방식을 면밀히 검토한 후, 투자를 결정하기 때문에 금융기관의 투자 참여는 개인 투자자를 간접적으로 보호하는 효과로 이어진다. 렌딩클럽의 2018년 2월 기준 P2P 누적 대출액이 약 33조 원으로 급성장하면서 동시에 연체율도 2007년부터 지속적으로 증가하여 2018년 2월 기준 5.23%의 연체율과 6.86%의 채무불이행률을 나타내고 있다.

미국 최초의 P2P 업체인 프로스퍼는 2006년 설립 이후 10여 년간 총 60억 달러(6조4,590억 원) 규모의 대출을 중개하였다. 프로스퍼는 여신 금액을 웹뱅크(Web Bank)라는 여신회사가 담당하여 대출거래를 수행하고, 투자자를 보호하고 있다. 프로스퍼의 평균 투자수익률은 미국 3대 P2P 대출기업 중 가장 높은 9.3%를 나타내고 있으며, 평균 대출 이자율은 17.05%이다. 2018년 2월 기준 프로스퍼의 연체율은 6.92%이고, 채무불이행률은 8.76%이다.

소파이는 학자금 대출서비스에 주력하고 있는 P2P 기업으로 대학생을 대상으로 고금리로 조달한 학자금 대출을 저금리로 대환해주고 있다. 최근에는 자산 규모를 늘려 생존력을 강화하는 방안으로 부동산 자산에 투자 규모를 확대하고 있다. 소파이의 평균 대출 이자율은 19.52%이고, 미국의 P2P 기업 중 대출 가능 금액(65,000달러, 6,945만 원)이 가장 많은 곳이다. 소파이의 2018년 2월 기준 채무불이행률은 0.022%로 국내외 주요 P2P 기업 중 가장 낮다.

국내의 개인 신용대출시장은 제1금융권인 은행에서 대출을 받을 수 없는 개인이 20% 이상의 고금리 시장으로 이동하고 있는 등 양극화되고 있다. 이로 인해 다양한 P2P 기업이 설립되면서 현재는 약 200여 개의 P2P 기업이 대출 중개 서비스를 제공하고 있다. 저축은행 등 제2금융권의 고금리(평균 20%)로 부채 부담을 안고 있는 저신용자 차주들에게 P2P 대출은 평균 연 10%의 금리로 대출서비스를 제공하면서 부채 부담을 줄여주고 있다. 개인 신용 및 법인 신용 누적 대출액 기준으로 국내의 P2P 상위 기업은 ㈜렌딧, ㈜에잇퍼센트, ㈜팝펀딩, ㈜어니스트펀드 순이다.

2015년 4월에 설립된 ㈜렌딧은 주로 개인 신용대출을 취급하고 있으며, 창업 3년 만에 누적 대출액 1,000억 원을 기록하는 등 개인 신용대출 분야 시장점유율 1위 기업이다. 2018년 2월 기준 렌딧의 고객당 평균 대출 금액은 1,371만 원이고, 평균 대출 이자율은 10.9%이다. 렌딧은 1차적으로 NICE신용평가의 300여 가지

금융정보를 바탕으로 1차 대출 심사를 진행한다. 2차 심사에서는 렌딧 웹사이트에서 대출신청자가 보여주는 행동 유형과 페이스북 정보 등의 비금융 데이터를 수집·분석하여 최종적으로 렌딧 신용등급을 산출하고 대출 심사를 진행하고 있다. 현재 렌딧은 금융 빅데이터와 인공지능기법을 활용하여 대출심사평가모형을 고도화하고 있다. 2018년 2월 기준 렌딧의 연체율은 0.84%이고, 채무불이행률은 1.36%이다.

㈜에잇퍼센트는 국내에서 최초로 중금리 신용대출 플랫폼을 만든 벤처기업이다. 에잇퍼센트는 최저 금리 보상제 도입과 인공지능 기반의 자동분산투자 추천 서비스를 제공하고 있다. 에잇퍼센트의 2018년 2월 기준 누적 대출액은 1,322억 원, 연체율은 0.87%, 그리고 채무불이행률은 1.54%를 기록하고 있다.

2007년 5월에 설립된 팝펀딩㈜은 재고자산 담보대출상품인 동산 담보 기업 투자에 핵심역량을 가지고 있으며 개인·기업 신용대출, 영화 제작 펀딩 등 다양한 영역에서 P2P 대출서비스를 제공하고 있다. 팝펀딩은 개인 신용보다 법인 신용 대출 서비스에 집중하고 있으며, 현재 법인 신용대출 시장점유율 1위 기업이다. 팝펀딩의 2018년 2월 기준 누적 대출액은 1,127억 원이며, 연체율은 6.84%, 채무불이행률은 3.35%를 기록하고 있다.

2015년 6월에 설립된 ㈜어니스트펀드는 개인 신용, 법인 신용, 그리고 부동산 담보 등의 P2P 대출서비스를 제공하고 있으며, 2017년보다 약 5배 성장한 P2P 기업이다. 어니스트펀드의 2018년 2월 기준 누적 대출액은 1,399억이며, 연체율은 0.54%, 그리고 채무불이행률은 1.03%를 기록하고 있다.

한국P2P금융협회 회원사(65개 기업)의 2018년 2월말 기준 누적 대출액은 1년 전에 비해 약 232% 급증한 2조822억 원이며, 평균 연체율은 1.90%, 채무불이행률은 3.71%를 기록하고 있다. 국내 P2P 대출거래의 연체율은 매년 지속적으로 높아지고 있으며, P2P 금융시장의 활성화를 위해서는 보다 정확한 대출자들의 채무불이행률 여부를 파악하고 분석하는 것이 필요한 시점이다.

8.5.3 자료수집 및 변수선정

채무불이행예측의 목적은 P2P 대출거래에서 채무불이행 요인을 추출하여 이를 사전에 경고할 수 있는 요인을 투자자에게 알려주어 채무불이행률을 낮추는 것이다. 렌딩클럽의 공개용 데이터베이스를 활용하여 통계기법과 인공지능 기반의 P2P 대출거래 채무불이행예측모형을 구축하고자 한다.

이 연구는 2016년 1월부터 2017년 12월까지 렌딩클럽의 P2P 대출거래 데이터를 수집하여 총 759,298개의 대출거래 데이터를 획득하였다. [표 8.7]은 종속변수로 사용하게 될 채무 상태이다. 렌딩클럽에서는 채무 상태를 연체 정도와 대출 상환 만료 여부에 따라 (1) Current(상환 진행 중인 대출), (2) In Grace Period(연체일 15일 이하인 대출), (3) 연체일 16~30일 이하, (4) 연체일 31~120일 이하, (5) Fully Paid(상환 완료), (6) Default(채무불이행)의 6가지 속성으로 구분한다.

채무불이행예측모형 구축이 목적이므로 현재 상환이 진행 중이거나 연체 중이어서 상환 성공과 채무불이행 여부를 알 수 없는 데이터는 제외하고, 상환 완료 (fully paid)와 채무불이행(default) 속성을 종속변수로 활용하고자 한다. [표 8.7]에서 보는 바와 같이 상환 완료된 대출은 120,434건이며, 채무불이행은 32,816건이다. 채무불이행은 연체일이 150일을 초과할 경우, 그 대출은 채무불이행으로 분류하여 더 이상 채무를 상환할 의지가 없다고 간주한다.

표 8.7 렌딩클럽의 P2P 대출거래 현황

(2016년 1월~2017년 12월)

채무 상태	대출 거래
1) 현재 상환 진행 중인 대출(Current)	577,331 건
2) 연체 15일 이하인 대출(In Grace Period)	9,818 건
3) 연체일 16~30일 이하	3,242 건
4) 연체일 31~120일 이하	15,657 건
5) 상환 완료된 대출(Fully Paid)	120,434 건
6) 채무불이행(Default)	32,816 건

다음은 데이터 준비 단계로 데이터 사전처리와 연구변수의 전처리 과정을 실시한다. 채무불이행예측에 사용할 수 없는 속성을 제외한 데이터에 대해 전처리 과정을 진행하였다. 상환 완료된 대출과 채무불이행 대출 건인 153,250개의 대출거래에서 전처리 과정을 거쳐 총 143,639건의 대출거래를 분석에 활용하고, 모든 분석은 학습용과 검증용 두 가지 데이터 셋으로 구성하였다. 즉, 학습용 데이터 셋(training dataset)으로 60%(86,183/143,639)를 사용하고, 나머지 40%(57,456/143,639)는 검증용 데이터 셋(validation dataset)으로 사용하였다. 또한 보다 일반화된 연구결과를 얻기 위해 5회의 상호검증방법(5-fold cross-validation method)을 사용하였다.

상환 완료된 대출과 채무불이행 대출의 특징을 설명하는 151개의 변수 중에서 채무불이행예측에 사용할 수 없는 속성을 제외한 73개 속성의 데이터에 대해 전처리를 진행하였다. 다음으로 신용평가모형 관련 선행연구와 렌딩클럽의 P2P 대출거래시스템에서 제공하는 핵심변수를 고려하여 차입자의 인구통계학적 변수를 포함한 차입자 정보 변수, 대출정보 변수, 그리고 재무 및 신용 변수로 이루어진 13개의 독립변수를 선정하였다.

[표 8.8]에서 보는 바와 같이 차입자 정보에는 주택소유형태, 차입자의 근무 경력, 6개월 평균 잔고액, 총부채상환비율(debt to income, DTI)로 구성된다. 대출정보에는 대출 신청 금액을 로그(log)화한 대출 금액과 대출 목적, 대출 이자율로 구성된다. 대출 목적은 생계필수비용(주거비, 생활비, 의료비), 사업용, 부채 상환용 등으로 구분된다. 대출 이자율은 P2P 차입자의 대출 이자율을 말한다. 신용정보에는 차입자의 신용 파산 기록, 신용 조회 건수, 신용한도 대비 신용사용금액, 연체 계좌 수, 모기지론 계좌 수, 차입자의 발급받은 신용카드 계좌 수로 구성된다.

표 8.8 P2P 대출거래시스템의 대출상환결정 주요 변수

분류	변수	설명
인구 통계학적 특성 및 차입자 정보	주택소유형태(X1)	자가, 전세, 월세, 기타
	근무 경력(X2)	차입자의 근무 경력(월)
	예금 평잔액(X3)	6개월 평균 잔고액
	총부채상환비율(X4)	총부채/소득
대출 정보	대출 금액(X5)	대출 신청 금액의 로그(log)화
	대출 목적(X6)	생계필수비용(주거비, 생활비, 의료비), 차량 구매, 사업용, 부채 상환용
	대출 이자율(X7)	온라인 P2P 차입자의 대출 이자율
신용 정보	신용 파산 기록(X8)	차입자의 파산, 면책, 워크아웃, 회생 등의 기록 유무
	신용 조회 건수(X9)	투자자들이 차입자에 대해 신용을 조회하는 횟수
	총신용사용금액/신용한도(X10)	차입자의 총신용한도 대비 총신용사용금액
	연체 계좌 수(X11)	차입자의 연체 중인 계좌 수
	모기지 대출 계좌 수(X12)	모기지론 계좌 수
	신용카드 계좌 수(X13)	차입자가 발급받은 신용카드 계좌 수
채무불이행률	대출 상환 성공 더비(Y)	대출 상환 성공 시 '1'의 값을 갖는 더미 변수

신용 파산 기록은 차입자의 파산, 면책, 워크아웃, 회생 등의 기록 유무를 말하고, 신용 조회 건수는 투자자들이 대출자에 대해 신용을 조회하는 횟수를 말한다. 마지막으로 대출 상환 성공 더비는 대출 상환 성공 시 '1'의 값, 채무불이행시 '0'의 값을 갖는 더미변수를 말하며, P2P 대출시스템에서 가장 중요한 측정 지표인 채무불이행률(default rate)을 구성하는 변수이다.

8.5.4 P2P 대출거래 채무불이행예측모형의 오분류율 비교분석

[표 8.9]는 판별분석, 로짓분석, 신경망, 의사결정나무 알고리즘을 이용하여 P2P 채무불이행에 미치는 독립변수들의 중요도 순위를 나타낸 것이다. 변수 중요도 순위는 5회의 상호검증방법(5-fold cross-validation method)을 이용한 검증용 데이터의 결과를 정리한 것이다.

표 8.9 P2P 대출거래의 채무불이행 예측에 미치는 영향요인 중요도

중요도 순위	판별분석	로짓분석	신경망	CART	C5.0
1순위	대출 이자율	대출 이자율	신용카드 계좌 수	대출 이자율	대출 이자율
2순위	대출 금액	총부채상환비율	대출 목적	주택소유형태	대출 금액
3순위	신용 파산 기록	대출 금액	근무 경력	총부채상환비율	총부채상환비율
4순위	모기지 계좌 수	총신용사용금액/ 신용한도	대출 금액	총신용사용금액/ 신용한도	대출 목적
5순위	총부채상환비율	신용 조회 건수	총신용사용금액/ 신용한도	대출 금액	총신용사용금액/ 신용한도

판별분석에서는 대출 이자율, 대출 금액, 신용 파산 기록, 모기지 대출 계좌 수 순으로 중요도가 분류되었다. 로짓분석의 경우 대출 이자율, 총부채상환비율, 대출 금액, 총신용사용금액/신용한도의 순서로 영향력 있는 변수를 판별하였다. 즉, 전통적인 통계기법에서는 공통적으로 대출 이자율, 대출 금액, 총부채상환비율이 P2P 대출거래의 채무불이행을 예측하는 데 가장 영향력 있는 변수로 추출되었다.

신경망에서는 신용카드 계좌 수를 가장 영향력 있는 변수로 판별하였고, 다음으로 대출 목적, 근무 경력, 대출 금액 순으로 중요도가 분류되었다. CART에서는 대출 이자율이 가장 영향력 있는 변수로 선정되었고, 다음으로 주택소유형태, 총부채상환비율, 총신용사용금액/신용한도 순으로 분류되었다. C5.0의 경우에

도 대출 이자율이 가장 영향력 있는 변수로 선정되었고, 다음으로 대출 금액, 총부채상환비율, 대출 목적 순으로 선정되었다. 전통적인 통계기법과 인공지능기법을 비교하면, 대출 목적은 통계기법에서는 중요한 변수로 선별되지 않았으나 인공지능기법에서는 대출 목적이 중요한 변수로 추출되었다. 종합하면, P2P 대출거래의 채무불이행예측을 위해 우선 고려해야 할 변수는 대출 이자율이며, 중요도 3순위에 가장 많이 언급된 대출 금액과 총부채상환비율도 고려해야 할 요인으로 추출되었다.

[표 8.10]은 판별분석, 로짓분석, 신경망, CART, 그리고 C5.0 알고리즘을 이용하여 구축한 P2P 채무불이행 모형의 예측성과를 비교·분석하기 위해 교차 검증을 통한 오분류율(misclassification rate)을 제시한 것이다.

표 8.10 P2P 대출거래 채무불이행예측모형의 오분류율

교차 검증	데이터 분류	판별분석	로짓분석	신경망	CART	C5.0
Dataset 1	학습용	0.2136	0.3630	0.1766	0.2008	0.2276
	검증용	0.2300	0.3427	0.1802	0.2301	0.2064
Dataset 2	학습용	0.2013	0.3557	0.1705	0.2116	0.2054
	검증용	0.1994	0.3866	0.1892	0.2378	0.2189
Dataset 3	학습용	0.2296	0.3398	0.1634	0.2366	0.2343
	검증용	0.1923	0.3722	0.1911	0.2210	0.1965
Dataset 4	학습용	0.2322	0.3688	0.1723	0.2111	0.2312
	검증용	0.2145	0.3955	0.1899	0.2499	0.2207
Dataset 5	학습용	0.1953	0.3492	0.1632	0.2375	0.2188
	검증용	0.2023	0.3740	0.1902	0.2177	0.2094
평균	학습용	0.2144	0.3553	0.1692	0.2192	0.2275
	검증용	0.2077	0.3742	0.1881	0.2313	0.2100

전통적인 통계기법인 판별분석의 평균 오분류율(검증용 데이터 기준)은 0.2077이며, 로짓분석의 평균 오분류율은 0.3742로 나타나 판별분석이 로짓분석에 비해 예측성과가 더 좋은 결과를 보여주고 있다. 인공지능기법인 신경망의 평균 오분류율은 0.1881, CART의 평균 오분류율은 0.2313, 그리고 C5.0의 평균 오분류율은 0.2100으로 나타나 인공지능기법 중에서는 신경망의 예측성과(은닉 노드의 수: 10개)가 더 좋은 것으로 나타났다.

전체적으로 전통적인 통계기법(평균 오분류율: 0.2909)보다는 인공지능기법(평균

오분류율: 0.2098)의 예측성과가 더 좋은 것으로 나타났으며, 신경망의 경우 모든 데이터 셋에서 오분류율이 가장 낮은 예측모형으로 분석되었다.

8.6 P2P 대출거래 시장 활성화를 위한 요인

4차 산업혁명 시대에 금융산업은 전통적 금융기관들이 수행하던 자금 중개 기능을 빅데이터 및 인공지능 기술로 무장한 비은행 금융기관들이 P2P 금융서비스를 제공하면서 산업 내 경쟁이 치열해지고 있다. P2P 대출서비스는 자금을 필요한 만큼 빌려 쓰거나 또는 필요 없을 시 타인에게 빌려주는 협력적 소비와 공유경제의 대표적인 형태로 다양한 공유가치를 창출하고 있다. 또한 서민 금융과 금융 소외 계층의 부채 문제를 해결해줄 수 있는 대안으로 매우 중요한 위치에 있다. P2P 대출서비스는 참여자에게 경제적 혜택 외에도 자원의 비대칭성 및 사회적 갈등을 줄이며 우리 사회가 지향하는 공유와 상생의 특징을 갖추고 있다.

P2P 대출서비스는 향후 모바일 플랫폼 확장에 따라 향후 잠재적 이용자들의 참여가 더욱 커질 것으로 예측되나, 한편으로 P2P 대출서비스의 안정성 문제와 법적·제도적 미비로 인해 혁신저항이 발생하여 시장 활성화가 저해되고 있다. 이로 인해 국내 P2P 대출시장은 국외 시장에 비해 거래 규모와 성장이 매우 미진한 상황이다. 따라서 아래와 같이 국내의 P2P 대출거래 시장 활성화를 위한 법적, 제도적, 기술적 요인을 제시하고자 한다.

첫째, P2P 금융서비스의 합리적인 규제 방안 및 관련 법안 제정과 P2P 대출서비스의 업계 표준 제정이 필요하다. P2P 금융 전문가들은 세금 혜택과 안정적이고 합리적인 규제가 P2P 대출서비스 육성에 반드시 필요한 요소라고 주장하고 있다. P2P와 같은 신산업 분야는 정부의 기존 규제가 혁신에 장벽이 될 수 있다고 인정하고 혁신을 주도할 수 있도록 규제를 디자인하는 것이 지속적인 산업 성장으로 이어질 수 있다.

P2P 금융 선진국은 탈규제 메커니즘을 시스템화하여 신산업을 육성하고, 금융 규제 샌드박스를 시행하고 있다. 즉, P2P 금융기업들이 한시적으로 기존 규제 적용의 부담에서 벗어나 자신들의 혁신적인 상품과 서비스, 비즈니스 모델, 판매 체계를 허가하고 실증 요건을 충족하면 규제 샌드박스 내에서 충분한 실증할 수 있도록 허용하고 있다. 미국과 유럽의 P2P 대출서비스가 급성장한 이유는 바로 법적 제도의 체계적 정비이다.

미국의 경우 증권거래위원회(SEC)에서 P2P 대출업체들에게 대출 증권 등록을 의무화하여 P2P 대출을 합법적 유가증권으로 만들었고, P2P 대출 규제도 사전 규제가 아닌 자금 공급 측면 위주의 관리 감독 체계로 전환하였다. 또한 유럽에서는 P2P 대출의 성장 및 투자자 보호를 위해 감독 체계를 마련하였으며 P2P 대출업계의 자금 유치를 위해 P2P 대출 중개 서비스업을 금융 감독 범위에 포함시켜 업계 표준을 제정하였다.

국내에 제정되어 있는 '크라우드펀딩법'은 P2P 대출에 대한 내용 및 체계의 기술이 부족하여 P2P 대출 관련법으로 적합하지 않으며 P2P 금융투자자의 투자 원금 보장 제도와 소비자 보호 관련 법 또한 존재하지 않는다. 따라서 P2P 대출기업이 투자자에 대한 손해 배상 책임을 지도록 하는 '온라인 대출 중개업에 관한 법률안' 제정과 P2P 대출서비스의 업계 표준 제정이 필요하다.

둘째, P2P 대출거래 관련 리스크관리시스템(RMS) 구축과 빅데이터를 활용한 P2P 대출거래의 채무불이행예측모형(P2P lending default prediction model) 구축이 필요하다. P2P 대출서비스 이용자들은 실용적 가치 이외에도 리스크, 위험, 손실, 우려에 대한 가치도 높게 인식하고 있다. P2P 대출 투자자는 신용등급이 낮은 대출이용자에 대한 재정 건전성 관리의 어려움 및 투자 원금 상환에 대한 불안감을 인지하고 있다.

글로벌 P2P 대출업체는 매년 증가하고 있는 채무불이행률을 낮추기 위해 기존 금융기관과 차별화된 리스크관리시스템을 구축하고 있다. 국내 P2P 시장도 채무불이행률을 지속적으로 낮출 수 있다면 P2P 대출의 투자수익률 이점으로 인해 P2P 대출거래는 활성화될 것이다.

P2P 대출은 기존 금융기관의 대출과 다른 방식의 거래이므로 기존 금융기관에서 사용하는 신용평가모형으로는 한계가 있다. P2P 대출은 차입자의 강성 및 연성 정보, 사회적 교류 활동 정보 등을 기반으로 의사결정에 참여하는 거래 구조이기에 P2P 환경에 맞는 신용평가모형 구축이 필요하다. 또한 주로 정형 데이터로 구성된 금융기관의 신용평가모형과는 달리 P2P 신용평가모형은 주관적·비정형데이터(차입자의 언어 표현 정보)가 중요하게 활용됨으로 다양한 빅데이터 분석 및 활용이 가능하다. 사회 교류 활동이 활발한 차입자 중 대출 신청 사연과 대출 상환 계획을 적극적으로 투자자에게 알린 차입자들이 대출 상환률이 높다는 연구결과도 보고된 바 있다. 따라서 금융 빅데이터를 활용하여 채무불이행률이 높은 차입자의 특징 및 요인을 도출하여 P2P 대출거래의 채무불이행예측모형을 구축할 필요성이 있다.

셋째, P2P 대출서비스 관련 비즈니스 모델을 지속적으로 개발해야 한다. P2P 대출서비스는 금융기관의 개입 없이 자발적으로 유휴 자금의 공급을 통해 합리적인 금리를 제공하여 서로 간의 혜택을 공유함으로써 상생을 구현하고 있다. P2P 대출서비스는 폐쇄적이고 획일적인 금융거래와는 달리 온라인이라는 개방성 및 확장성으로 인해 모든 사람에게 서비스를 제공하고, P2P 플랫폼을 통해 최적화된 자원 활용을 가능하게 한다.

P2P 대출을 통해 금리 및 수익률 등의 경제적 혜택 이외에도 자원의 비대칭성 및 사회적 갈등을 줄이고 공유가치를 제공하는 등 비경제적 혜택도 제공하고 있다. P2P 대출서비스가 공유경제의 새로운 경제 패러다임으로 정착될 수 있도록 다양한 비즈니스 모델을 개발하고 다수의 이용자들에게 경제적·비경제적 혜택을 제공해야 할 것이다. 또한 전통적 금융기관에서 제공하지 않는 서비스 영역인 문화 예술, 식품, 신산업 등 다양한 분야에서 투자 상품을 구성하는 방안도 적극 고려해야 할 것이다.

넷째, P2P 대출업체와 플랫폼은 차입자와 투자자의 사회적 교류 활동을 적극 지원해야 한다. P2P 대출거래의 차입자와 투자자의 적극적인 사회적 교류 활동은 대출 상환 성공 가능성을 높여준다. 온라인 커뮤니티와 질의응답 게시판 활동 등의 사회적 교류 활동을 적극적으로 수행한 차입자의 경우 대출 상환 성공에 대한 긍정적 신뢰를 얻어 대출 상환의 성공 가능성도 높아진다.

국외 P2P 대출은 온라인 커뮤니티 또는 사회관계망(SNS)을 통해 사회적 교류 활동이 활발히 이루어지고 있으나 국내 P2P 대출 환경은 사회적 교류 활동이 약한 편이다. 차입자는 온라인 커뮤니티와 대출 신청 게시판을 통해 대출 금액, 이자율, 대출 목적 등의 개인정보부터 대출 상환 계획 및 노력 정도를 투자자에게 어필해야 차입자의 객관적·주관적 정보를 바탕으로 투자자로부터의 대출의사 결정과 더불어 신뢰를 형성할 수 있다. 따라서 P2P 대출기업은 온라인 커뮤니티 및 사회관계망을 연고지, 학력, 취미 및 특기 등으로 세분화하여 이를 매개로 사회적 교류 활동이 활발하도록 지원하여 차입자와 투자자 간 신뢰 형성에 기여해야 할 것이다.

이밖에도 국내 P2P 금융산업에서는 신산업 육성을 위해 '금융혁신지원특별법'의 신속한 제정이 필요하다. '금융혁신지원특별법'은 P2P 업체들에게 필요한 요건만 충족되면 한시 인가를 내주는 방안, 금융 규제 적용 면제 방안, 그리고 일부 금융상품에 대해 정식 인가 없이 서비스 테스트 허용 등의 인허가 면제 방안 등을 포함하고 있다.

온라인 P2P 대출(online peer-to-peer lending): 대출자(차입자)들이 온라인 P2P 플랫폼을 통해 대출을 신청하면 P2P 플랫폼 기업이 이를 심사하고 공개하여 불특정 다수가 자금을 빌려주고 이자를 받는 대출 중개 서비스

P2P 대출서비스 구성: 개인 신용대출, 중소기업 대출, 주택 건설 자금 대출, 학자금 대출

P2P 대출거래의 주체: 차용인, P2P 대출플랫폼, 투자자, 이사회, 감독기관으로 구성됨

포지티브(positve) 규제: 법률 · 정책상으로 허용하는 것을 구체적으로 나열하고 이외의 것들은 모두 허용(금지)하지 않는 규제

네거티브(negative) 규제: 법률이나 정책에서 금지한 행위가 아니면 모두 허용하는 방식, 포지티브 규제가 네거티브 규제보다 더 강력함

규제 샌드박스: 신제품 · 신서비스를 출시할 때 일정 기간 기존 규제를 면제해주는 제도를 말함, 모래놀이터처럼 '규제 프리존'에서 새로운 산업이 더 발전할 수 있다는 취지로 2016년 영국에서 핀테크 산업을 육성하면서 처음 등장한 용어

규제 샌드박스 3법: 신산업이나 지역별 전략 산업에 대한 규제를 '포지티브(원칙적 금지, 예외 허용)' 방식에서 '네거티브(원칙적 허용, 예외 규제)'로 바꾸는 것, 지역 특화 발전 특구에 관한 규제특례법, 산업융합 촉진법, 정보통신 진흥 및 융합 활성화 등에 관한 특별법 등 3개 법안

금융 규제 샌드박스: 혁신적인 P2P 금융상품을 규제의 제약 없이 일정 기간 동안 테스트해볼 수 있는 기회를 제공하는 것

테크시티(Tech City): 런던 북동부 지역 올드 스트리트에 위치한 글로벌 ICT 및 스타트업의 벤처 산업 지역, 2010년 초까지 빈민가였으나 영국 정부가 자본금 한도, 설립, 폐업에 대한 규정을 자유화하는 등의 혁신적 창업 정책을 추진하면서 영국의 혁신을 이끄는 벤처 산업 단지로 탈바꿈. 전 세계 '핀테크(FinTech)' 관련 스타트업의 중심지

리스크관리시스템(risk management system, RMS): 유가증권을 포함해 다양한 파생 금융상품에 대한 투자 위험을 분석 · 예측해주는 위험관리 시스템, 은행 업무 전반에 걸쳐 나타날 수 있는 손실 가능성(위험)을 예측하여 의사결정지원해주는 시스템

프로젝트 파이낸싱(project financing, PF): 대출 금융기관이 대출받는 기업 그룹 전체의 자산이나 신용이 아닌 당해 사업의 수익성과 사업에서 유입될 현금을 담보로 필요한 자금을 대출해주고 사업 진행 중에 유입되는 현금으로 원리금을 상환받는 금융 기법. PF는 보통 SOC 시설을 설치할 때 사용되었으나 최근에는 주택 사업 등 부동산 개발 사업에도 활용되고 있음

연체(delinquency): 상환일로부터 30일 이상 90일 미만 동안 상환이 지연되는 현상

연체율(delinquency rate): 현재 미상환된 대출 잔액 중 연체 중인 건의 잔여 원금의 비중

부실(default): 정상 상환일로부터 90일 이상 장기 연체되는 현상

부실률(default rate, 채무불이행률): 현재 취급된 총 누적 대출 취급액 중 90일 이상 연체가 된 건의 잔여 원금의 비중

신용등급(credit rating): 기업이 회사채나 기업어음(CP)을 발행할 때 발행 금리에 영향을 미치는 중요한 요인으로 작용. 회사채 신용등급은 최상 등급이 AAA+이며 AAA~BBB 등급까지가 투자 적격, BB+ 등급 이하부터는 투기 등급으로 분류

리파이낸싱(refinancing): 보유한 부채를 상환하기 위해 다시 자금을 조달하는 금융거래의 한 형태, 통상적으로 자신이 보유한 대출보다 더 나은 금리를 적용받을 수 있는 대출이 존재할 때 재대출, 재융자함

한국P2P금융협회(Korea P2P Finance Association): 핀테크 사업과 한국 P2P 대출업의 기반 조성을 통해 협회 회원사들의 공동의 발전과 국민 경제의 발전에 이바지하기 위하여 설립된 법인

증권거래위원회(Securities and Exchange Commission, SBC): 1934년 증권거래법에 의해 설립된 독립 감독 관청으로 미국 증권 업무를 감독하는 최고 기구, SEC는 투자자 보호 및 증권 거

래의 공정성 확보를 주목적으로 하고 있음

렌딩클럽의 P2P 대출거래 데이터베이스 구성 변수: 인구통계학적 특성 및 차입자 정보, 대출정보, 신용정보, 그리고 행동 특성 정보(사회적 교류 활동) 등

인구통계학 특성 및 차입자 정보: 주택 소유 형태, 차입자의 근무 경력, 6개월 평균 잔고액, 총부채 상환 비율(debt to income, DTI) 등

대출 정보: 대출 금액, 대출 목적, 대출 이자율 등

신용 정보: 신용 파산 기록, 신용 조회 건수, 신용 한도 대비 신용 사용금액, 연체 계좌 수, 모기지론 계좌 수, 차입자의 발급받은 신용카드 계좌 수 등

크라우드 펀딩법: 창업 기업이 온라인으로 소액 투자자를 모집할 수 있도록 허용한 법률. 우수한 창업·중소기업이 대중으로부터 온라인을 통해 직접 자금을 조달하는 제도를 말함. 2018년 4월부터 일반 투자자의 크라우드 펀딩 투자 한도가 종전 500만 원에서 1,000만 원으로 확대됨

금융혁신지원특별법(2019): 핀테크 활성화 추진 법안, 금융 규제 샌드박스 조기 정착, 비대면 금융거래 활성화, 금융 회사의 핀테크 기업 투자 활성화 제약 해소, 빅데이터 및 P2P 등 금융 혁신 과제 입법 노력, 핀테크 예산 집행 계획 마련 및 공고 등

🎯 연습문제

단답형 문제

1. 다음 설명에서 Ⓐ가 무엇인지 답하시오.

P2P 대출은 저금리 시대에 투자자에게 매력적인 투자처를 제공하고, 기존 금융의 혜택을 받지 못하는 소상공인과 창업 기업, 그리고 저신용자들에게 자금 조달 수단으로 이용될 수 있다. 현재 P2P 대출서비스는 개인 신용대출, 중소기업 대출, (Ⓐ), 그리고 학자금 대출 등으로 구성되어 있다.

Ⓐ – (   )

2. 다음 설명에서 Ⓐ와 Ⓑ가 무엇을 말하는지 답하시오.

P2P 대출서비스는 기부형(donation), 후원형(reward), (Ⓐ)의 형태로 구성되며, 소셜 네트워크 서비스(social network, service, SNS)를 적극 활용한다는 의미에서 (Ⓑ)으로도 불린다.

Ⓐ – (   )   Ⓑ – (   )

3. 다음 설명에서 Ⓐ가 무엇인지 답하시오.

P2P 대출거래의 주체는 차용인, P2P 대출플랫폼, 투자자, 이사회, (Ⓐ)으로 구성된다. 차용인과 투자자는 P2P 대출업체를 통해 본인에게 필요한 대출 유형

서비스를 선택하고, 대출 승인과 대출 금리 등에 관한 경매에 참여한다. P2P 대출플랫폼은 중개자의 역할로서 차용인으로부터 매달 원금과 이자를 받고 이를 투자자에게 돌려준다.

Ⓐ – (   )

4. 다음 설명에서 Ⓐ가 무엇인지 답하시오.

(Ⓐ)란 혁신적인 P2P 금융상품을 규제의 제약 없이 일정 기간 동안 테스트해 볼 수 있는 기회를 제공하는 것을 말한다. 이를 통해 금융시장 혁신 촉진과 규제 비용 및 위험 절감 효과를 누릴 수 있다.

Ⓐ – (   )

5. 다음 설명에서 Ⓐ와 Ⓑ가 무엇을 말하는지 답하시오.

렌딩 클럽의 P2P 대출거래 데이터베이스에서 제공하는 변수는 인구통계학적 특성 및 차입자 정보, 대출정보, 신용정보, 그리고 행동 특성 정보(사회적 교류 활동)의 네 가지로 범주화할 수 있다. 인구 통계적 특성 및 차입자 정보는 나이, 성별, 주택 소유 형태, 혼인 여부, 고용 상태, 근무 경력, 연소득, (Ⓐ), (Ⓑ) 등으로 구성된다.

Ⓐ – (   )   Ⓑ – (   )

6. 다음 설명에서 ⓐ가 무엇인지 답하시오.

대출 정보는 대출 금액, (ⓐ), 대출 이자율, 그리고 대출 횟수 등으로 구성된다. 대출 금액은 차입자의 대출 신청 금액을 말하며, 로그(log)화한 대출 금액을 사용한다. 대출 이자율은 P2P 차입자의 대출 이자율, 대출 횟수는 차입자가 대출받은 횟수이다.

ⓐ – (　　　　　　)

7. 다음 설명에서 ⓐ가 무엇인지 답하시오.

신용 정보 변수는 차입자의 신용등급, (ⓐ), 정보 공개 횟수, 신용 조회 횟수, 연체 횟수, 모기지(mortgage) 대출 계좌 수, 그리고 신용카드 계좌 수 등으로 구성된다.

ⓐ – (　　　　　　)

> **서술형 문제**

8. 국내의 P2P 대출거래 시장 활성화를 위한 법적, 제도적, 기술적 요인을 세 가지 이상 서술하라.

🔍 참고문헌

김동겸 (2015). 미국의 P2P 금융규제 논의와 전망. KIRI Weekly Report, 120, 1-13.

김학건, 박광우, 이병태, 최은호 (2013). 온라인 개인 간(P2P) 대출의 상환 성공 요인에 관한 연구. 재무연구, 26(3), 381-415.

배재권 (2018). P2P 대출 상환의 결정 요인과 P2P 대출거래 시장 활성화를 위한 제도적 요인에 관한 연구, 로고스경영연구, 16(2), pp. 21-36.

배재권, 이승연, 서희진(2018). 인공지능기법을 이용한 온라인 P2P 대출거래의 채무불이행예측에 관한 실증연구, 한국전자거래학회지, 23(3), pp. 207-224.

신동호, 채명신 (2012). 온라인 P2P 대출의 상환 실패 요인에 대한 실증연구. 대한경영학회지, 25(5), 2233-2254.

아이루이 컨설팅(艾瑞咨) (2017). 중국 P2P 금융시장의 현황과 전망. 아이루이 전략 보고서, 1, 1-18.

이은영, 허은정, "부채 가계의 연체 행동 및 관련 요인 분석", 소비자학연구, Vol. 16, No. 1, 2005, pp. 179-194.

이정길 (2017). 성경적 이자 제도의 현대적 적용에 관한 연구: 마이크로 파이낸스를 중심으로, 로고스경영연구, 15(4), 17-36.

임은정, 이화진, 정순희(2015). P2P 대출서비스에 대한 이용자 측면의 가치 탐색 연구, 소비자학연구, 26(6), 267-291.

최은호, 김학건, 박광우, 이병태 (2012). 온라인 개인 간(P2P) 대출의 상환 성공 요인에 관한 연구, 한국재무학회 학술대회, 2012(8), 149-188.

[네이버 지식백과] 포지티브 규제(시사상식사전, pmg 지식엔진연구소)

[네이버 지식백과] 미국 증권거래위원회(시사상식사전, pmg 지식엔진연구소)

[네이버 지식백과] 크라우드 펀딩법(한경 경제용어사전)

Cai, S., Lin. X., Xu, D., & Fu, X. (2016). Judging online peer-to-peer lending behavior: A comparison of first time and repeated borrowing requests, *Information & Management*, 53(7), 857-867.

Duarte, J., Siegel, S. & Young. L. (2012). Trust and credit: The role of appearance in peer to peer lending. *Review of Financial Studies*, 25(8), 2455-2484.

Freedman, S. & Jin, G. Z. (2008). Do social networks solve information problems for peer-topeer lending. Evidence from Prosper.com, Working Paper, The Krannert School, Purdue University, 2008.

Herrero-Lopez, S. (2009). *Social interactions in P2P lending. Proceedings of the 3rd Workshop on Social Network Mining and Analysis*, Paris,

France, June 28, 2009, ACM Press, New York, 2009.

Herzenstein, M., Andrews, R., & Dholakia, U. (2008). The democratization of personal consumer loans? Determinants of success in online peer-to-peer lending communities, Working Paper. Available at SSRN www. prosper.com

Lee, E. & Lee, B. (2012). Herding behavior in online P2P lending: An empirical study investigation. *Electronic Commerce Research and Applications*, 11(5), 495–503.

Lin, M., Prabhala, N. & Viswanathan, S. (2013). Judging borrowers by the company they keep: Friendship networks and information asymmetry in online peer-to-peer lending. Management Science, 59, 17–35.

Lin, X., Li., X., and Zheng, Z., "Evaluating Borrower's Default Risk in Peer-to-Peer Lending: Evidence from a Lending Platform in China", *Applied Economics*, Vol. 49, No. 35, 2017, pp. 3538–3545.

Weiss, G., Pelger, K. & Horsch, A. (2010). Mitigating adverse selection in P2P lending empirical evidence from Prosper.com. Working Paper, University of Bochum(2010).

Zhang, Y., Li. H., Hai, M., Li, J. & Li, A. (2017). Determinants of loan funded successful in online P2P Lending. *Procedia Computer Science*, 22, 896–901.

09 기업의 상장과 상장폐지예측

9.1 기업의 상장과 상장폐지

2008년 글로벌 금융위기 이후 기업들은 경영 악화와 부실기업화로 인해 시장 퇴출이 급증하고 있다. 부실기업은 금융시장과 공적기관의 적절한 평가를 통해 퇴출되어야 하나 부실예측모형 및 신용평가모형의 통계적 오류로 인해 퇴출이 지연되거나 심지어는 우량기업으로 평가하는 사례도 속출하고 있다. 이는 투자자들에게 막대한 금전적 피해를 입히며 부실기업으로 인한 공적자금의 투입 및 부실기업의 회생 등으로 국가 경제에 큰 손실을 입히게 된다. 기업부실(corporate financial distress)은 경제적 부실(economic failure), 지급불능(insolvency), 법률적 도산(bankruptcy)을 포괄하는 개념이다. 기업부실은 곧 상장폐지로 이어지는 경우가 대부분이므로 이에 대한 관심과 주의가 필요하다.

상장기업(listed company)이란 유가증권시장에 상장되어 주식이 거래되고 있는 기업을 말한다. 한국에서 공식적인 유가증권 거래시장은 거래소(KRX, KOSPI)와 코스닥(KOSDAQ) 두 곳이 있다. 즉, 한국의 상장기업은 코스피와 코스닥이라는 유가증권시장에서 주식이 거래되는 기업을 말하며, 코스피 기업과 코스닥 기업을 합쳐서 통칭 상장기업이라고 한다.

상장기업은 계속적으로 상장을 유지하고자 한다. 그 주된 이유는 상장기업은 비상장기업에 비해 다양한 측면에서 실질적인 이점을 누릴 수 있기 때문이다. 상장기업은 자금조달능력의 증가, 주식가치의 공정한 결정 등 경영상의 이점과 법률적·제도적 측면에서 주식매수선택권의 부여, 주주총회의 소집, 자기주식의 취득, 이익소각, 주식의 액면미달발행, 사채의 발행, 이익배당, 주식배당, 의결권 없는 주식의 발행 등의 절차나 요건에 있어 자본시장법 등에 의한 특례 규정을 적용받는다. 이와 같은 경영상, 법률상의 이점에 상응하여 상장기업은 주식을 상장하고 이를 유지하기 위해 코스피 및 코스닥시장인 상장규정에서 규정하고 있는 일정한 요건을 충족해야 한다. 만일 이를 충족하지 못할 경우에는 투자자 보호를 위해 상장폐지규정에 따라 주식시장에서 강제 퇴출된다.

우리나라 기업들의 평균 연령은 상장사 32.9세, 코스닥 기업은 16.7세로 안정적인 경영성과를 보이는 30~40년의 장수 기업으로 거듭나기 위해서는 아직 시간이 더 필요하다. 특히 10년 미만의 유년기 기업들은 성장도 중요하지만 생존 문제 해결이 더 시급한 과제이다. 국내 중소기업들의 55%가 설립된 지 10년 미만이고, 중소 제조업의 10년 생존율도 25%에 불과할 만큼 설립 초기에 사라지는 기업이 많다.

한국상장회사협의회(Korea Listed Companies Association)에 따르면 2001년부터 2011년까지 유가증권시장의 신규 상장회사와 상장폐지회사 현황을 조사한 결과, 신규 상장사 234개 사, 상장폐지 198개 사로 연평균 21.3개가 상장되고 18개사가 상장폐지됐으며 한국 증시 개장 이후 55년간 상장회사 생존율은 63.9%로 집계되었다. 기업이 경영 활동을 청산 또는 중단할 의도가 있거나, 경영 활동을 계속할 수 없는 상황에 놓인 경우를 제외하고는 기업이 계속하여 존속해야 한다. 계속 기업의 가정은 기업 내외의 이해관계자들에게 중요한 관심사이며 기업의 생존 기간은 개별 기업의 경영 관리 측면과 산업 내 기업의 성장, 그리고 경제 내에서 성장 및 고용 문제와 관련하여 중요한 이슈이다.

상장폐지는 유가증권시장에 상장된 주식이 매매 대상으로서의 자격을 상실하여 상장이 취소되는 것을 말한다. 유가증권시장의 상장규정 제80조 '주권의 상장폐지규정'을 통해 사업 보고서 및 반기 보고서 또는 분기 보고서 미제출, 부적정 감사의견 또는 의견거절인 경우, 영업활동 정지, 최종 부도 발생 또는 은행 거래 정지, 자본잠식, 주식 분산 요건 및 거래량 미달, 회생 절차 개시, 사외 이사 수 미달 또는 감사위원회 미설치, 공시 의무 위반, 주식 양도 제한, 연간 매출액 50억 원 미만, 주가 및 상장 시가총액의 일정 수준 미달 등과 같은 상장폐지기준이 마련되어 있으며, 이와 같은 사유 중 어느 하나에 해당하는 경우 원칙적으로 당해 주권의 상장을 폐지한다고 규정하고 있다.

그러나 기존의 상장폐지규정은 형식적인 측면에 치우쳐 있어 다양한 편법을 동원하여 정량적인 상장폐지 요건을 피해가는 것이 가능하다. 따라서 실질적으로는 상장을 유지하기 어려운 기업임에도 불구하고 부당하게 상장을 유지하는 사례가 빈번하게 발생하였다. 코스닥시장의 경우 지난 몇 년간 일부 기업의 횡령, 배임, 분식회계 등 불건전 행위가 다수 발생하고, 부실기업들이 교묘하게 상장폐지기준을 회피하여 시기적절하게 퇴출되지 못했다. 이로 인해 코스닥시장은 투자자들에게 불신을 심어줄 뿐만 아니라 우량기업을 포함한 코스닥 상장 법인의 기업 이미지마저 악화시키게 되었다.

이러한 형식적인 상장폐지심사의 문제점을 개선하기 위해 한국거래소는 '자본시장법' 발효를 계기로 2009년 2월부터 기존의 정량적 기준 외에 질적인 기준을 포함한 상장폐지실질심사제도를 시행하였다. 상장폐지실질심사 대상으로 통보된 기업은 통보일로부터 15일 내에 상장폐지실질심사위원회를 거친 이후 상장폐지를 결정하게 된다. 상장폐지실질심사에 대한 자세한 내용은 다음 절에 설명한다.

Q&A

자본시장법이란 무엇인가?

정식 명칭은 '자본시장과 금융투자업에 관한 법률'로 이 법은 자본시장의 금융 혁신과 공정한 경쟁을 촉진하고 투자자를 보호하며 금융투자업을 건전하게 육성함으로써 자본시장의 공정성·신뢰성·효율성을 높여 국민 경제 발전에 이바지함을 목적으로 2007년 8월에 제정된 법률이다. 자본시장법은 종전의 증권거래법, 선물거래법, 간접투자자산운용업법, 신탁업법, 종합금융회사에 관한 법률, 증권선물거래소법의 6개 법을 폐지·통합하여 법체계를 획기적으로 개편한 법률이다.

주요 내용은 금융투자업 상호 간 겸영 허용, 포괄주의 규제로 전환, 투자자 보호 확대, 증권사에 대한 지급결제업무 허용 등이다. 종전에는 개별 법률에 의거하여 운영해오던 증권업·자산 운용업·선물업·신탁업 등 자본시장과 관련된 금융업이 금융투자업으로 통합된다. 이에 따라 일정한 요건을 갖추면 은행과 보험을 제외한 모든 금융 업무를 취급할 수 있다. 또한 종전에 금융회사는 법률에서 규정한 금융상품만 판매할 수 있었으나, 포괄주의 규제로 전환함에 따라 일정 요건만 충족하면 법률에서 규정하지 않은 금융상품도 판매할 수 있다.

마지막으로 투자자 보호를 강화하여 손해와 관련된 입증 책임을 금융투자회사에게 두었다. 이에 따라 금융투자회사는 투자자의 투자 목적과 재산 상황, 투자 경험 등을 파악하여 해당 투자자에게 적합한 상품만을 권유해야 하는 적합성의 원칙이 적용되고, 설명 의무와 손해 배상 책임을 법률로 규정하며, 투자자가 요청하지 않은 투자 권유와 투자자의 의사에 반하는 재권유가 법률로 금지된다.

9.2 상장적격성 실질심사제도

상장폐지는 자본시장 전체에 걸쳐 참여자 및 이해관계자들에게 막대한 피해를 줄 수 있는 사건이며, 한국거래소는 상장기업에 대한 투자자 보호, 금융시장 건전성 제고, 유가증권의 원활한 유통을 위하여 관리종목 및 상장폐지 요건을 지정·운영하고 있다. 상장폐지는 유가증권시장의 상장규정 제48조 제1항과 코스닥시장의 상장규정 제38조 제1항에서 규정한 상장폐지기준에 해당하는 경우에 시행되는 주식시장 퇴출 조치이다.

한국거래소는 자본시장법에 의거 자본시장의 건전성 제고와 신뢰 회복을 위해 상장적격성 실질심사제도(구, 상장폐지실질심사제도)를 2009년 2월에 도입하였고 이후 지금까지 수차례에 걸쳐 제도의 미비점을 보완하였다. 상장적격성 실질심사제도는 매출액이나 시가총액 미달 등 양적 기준이 아닌 매출 규모 부풀리기나 횡령·배임 등 질적 기준에 미달하는 상장기업에 대해 일정한 심사 절차를 거쳐 기업의 계속성, 경영의 투명성, 그 밖에 공익 실현과 투자자 보호 등을 종합적으로 고려하여 필요하다고 인정하는 경우에 해당 보통 주권을 상장폐지하는 제도이다(표 9.1 참조).

표 9.1 상장적격성 실질심사 대상 선정 기준

실질심사 사유	선정 기준
상장폐지 사유 회피	• 매출액 미달 사유로 관리종목으로 지정된 이후 임의적·일시적 매출로 상장폐지 사유를 해소한 것으로 인정되는 경우
횡령·배임	• 횡령·배임 사실에 대한 공시가 있거나 검찰 기소 등을 통해 확인된 경우로서 횡령·배임 금액이 자기자본의 100분의 5 이상인 경우
회계 기준 위반	• 사업 보고서의 정정 및 증권선물위원회의 감리 결과 등을 통해 회계처리 기준 위반 사실이 확인되고, 해당 위반 내용을 반영할 경우 상장폐지 사유에 해당하는 경우 • 금융위원회 또는 증권선물위원회가 검찰 고발, 통보의 조치를 의결하거나 검찰이 직접 기소한 사실이 확인된 경우로 위반 금액이 상장 법인의 자기자본의 100분의 5 이상인 경우
주된 영업 정지	• 주된 영업의 생산 및 판매 활동이 중단되는 경우 • 주된 영업과 관련한 면허가 취소 또는 반납되는 경우 • 주된 영업이 양도되거나 분할 또는 분할 합병 등에 따라 이전되는 경우 • 분기별 매출액이 5억 원 미만인 경우

즉, 상장적격성 실질심사제도는 기존의 형식적 상장폐지기준뿐만 아니라 기업 경영의 투명성, 계속성, 투자자 보호에 중대한 영향을 미칠 행위가 발생하면 기업의 재무 내용, 경영 현황 등 기업 실질에 기초하여 상장적격성을 종합적으로 심사한다. 상장적격성 실질심사제도 도입을 계기로 상장폐지기업 수는 2008년 35개 사에서 2009년 86개 사로 2배 이상 증가하였는데 이는 상장적격성 실질심사제도의 도입이 자본시장에 긍정적인 영향을 미쳤음을 입증하는 결과이다.

상장적격성 실질심사 사유가 발생하면 한국거래소는 동 사실을 시장에 공시하고 상장적격성 실질심사 대상에 해당하는지 여부를 심사하기 위해 실질심사 대상 해당 여부에 관한 결정 시까지 주권의 매매 거래를 정지 처분한다. 실질심사 대상으로 선정되면 해당 법인에 심사 일정 및 절차를 통보하고 동 통보일로부터 15일 이내에 기업심사위원회의 심의를 거쳐 상장폐지 여부 또는 개선 기간 부여 여부를 결정한다. 다만 해당 법인이 통보일로부터 15일 이내에 경영 개선 계획서를 제출한 경우, 동 제출일로부터 20일 이내에 상장폐지 여부 또는 개선 기간 부여 여부를 결정하며, 개선 기간을 부여하는 경우에는 개선 기간 종료 후 기업심사위원회의 심의를 거쳐 상장폐지 여부를 결정한다. 만약 해당 법인이 기업심사위원회의 상장폐지 결과를 인정할 수 없다면 7일 안에 이의 신청을 할 수 있으며, 이의 신청 접수 15일 안에 상장위원회를 소집해 상장폐지 여부를 재심의하고 심의일로부터 3일 이내에 상장폐지 여부를 최종 결정한다.

[표 9.2]는 유가증권시장과 코스닥시장에서 공통적으로 적용되는 상장적격성 실질심사기준이다. 기업경영의 계속성, 경영의 투명성, 투자자 보호 정책 수립이 심사 기준이며, 재무보고 개념체계에서 경영의 계속성은 기본 가정이며, 경영의 투명성은 질적 특성과 관련되어 있다.

표 9.2 상장적격성 실질심사기준

심사 범주	심사 기준	
영업, 재무 상황 등 기업경영의 계속성	영업의 지속성	• 매출의 지속 가능성 • 수익성 회복 가능성
	재무상태 건전성	• 재무상태 취약 여부 • 경영진의 불법 행위에 의한 재무상태 악화 여부 • 우발 채무의 실현으로 재무상태 악화 여부
지배구조, 내부통제제도, 공시 체제 등 경영 투명성	지배구조의 중대한 훼손 여부	• 최대 주주 및 경영진의 불법 행위 여부 • 경영의 안정성 위협 여부
	내부통제제도의 중대한 훼손 여부 검토	
	공시 체계의 중대한 훼손 여부	• 회계 처리 투명성 여부 • 공시 위반 행위의 악의 · 상습성 여부
기타	투자자 보호 및 증권시장의 건전한 발전 저해 여부	

상장적격성 실질심사가 도입된 2009년 2월부터 2015년 12월까지 상장적격

성 실질심사 사유가 발생한 기업과 심사 결과를 분석하면, 전체 상장적격성 실질심사 사유 발생 기업은 295개이며, 이 중 심사 대상에서 제외된 기업은 76개이고, 심사 대상으로 지정된 기업은 213개이며 심사 대상 지정 기업 중 상장폐지된 기업은 147개로 나타났다. 상장적격성 심사 사유가 발생하여 상장폐지될 확률은 49.8%(147/295)지만 심사 대상으로 선정된 기업이 상장폐지될 확률은 69%(147/213)로 상당히 높다. 이는 상장적격성 실질심사제도의 정책적 유효성을 입증하는 결과로 볼 수 있다.

[표 9.3]과 같이 상장적격성 실질심사기준으로 인해 상장 유지 요건이 크게 강화되어 실제로 자본시장에서 퇴출되는 기업이 대폭 증가하는 이면에는 상장폐지기준에 근접한 한계기업을 중심으로 상장을 유지하기 위해 부적절한 수단을 사용할 가능성도 증가하고 있다. 특히 수익성이 악화되어 상장폐지기준에 해당되는 기업들은 보고 이익을 자의적으로 상향 조정할 유인이 발생한다. 상장을 유지하기 위해 보고 이익을 자의적으로 상향 조정할 경우 경영자가 가장 고민하는 부분은 외부 감사에 의한 분식회계의 적발 가능성일 것이다.

표 9.3 상장적격성 실질심사기준과 상장폐지기준

상장폐지기준	비고
사업 보고서 · 반기 보고서 또는 분기 보고서 미제출	• 2년간 3회 미제출 시 상장폐지 대상
부적정 감사의견 또는 의견거절	• 상장폐지 대상
영업활동 정지	• 상장폐지 대상
최종 부도 발생 또는 은행 거래 정지	• 상장폐지 대상
자본잠식	• 자본금 전액 잠식된 경우 상장폐지 대상 • 자본잠식율 50% 이상 관리종목 지정
주식 분산 요건 및 거래량 미달	• 관리종목 지정 후 상장폐지
회생 절차 개시	• 상장폐지 대상
사외 이사 수 미달 또는 감사위원회 미설치	• 상장폐지 대상
공시 의무 위반	• 관리종목 지정 후 상장폐지
주식 양도의 제한	• 상장폐지 대상
연간 매출액 50억 원 미만	• 관리종목 지정 후 상장폐지
주가 및 상장 시가총액의 일정 수준 미달	• 관리종목 지정 후 상장폐지

상장적격성 실질심사기준에 의하면 일정 수준 이상의 회계처리기준 위반 행위

가 적발될 경우 실질심사 대상이 된다. 회계처리 위반 사실이 확인되어 당해 위반 행위(분식회계)를 정정하면 상장폐지기준에 해당되는 경우와 분식회계로 인해 4개월 이상의 증권 발행 제한 또는 일정 기준 금액 이상의 과징금 부과 및 검찰 고발 등의 조치가 내려질 경우 상장적격성 실질심사 대상이 된다. 최근에는 보고 이익을 자의적으로 상향 조정한 상장기업들이 회계처리기준 위반의 적발 가능성을 줄이기 위해 감사 품질이 상대적으로 낮은 외부 감사인을 선임하고 있다. 따라서 상장적격성 실질심사기준에 제시된 요인과 재무건전성 요인들을 도출하여 상장폐지예측모형의 개발 및 고도화와 예측정확도 향상을 위한 다양한 예측기법의 개발이 필요한 시점이다.

9.3 관리종목과 상장폐지

일반적으로 기업이 발표한 실적과 재무제표에 대해 감사를 시행하는 회계법인이 이의를 제기하지 않는다면 '적정 의견'을 제시한다. 그러나 회계법인이 판단하기에 회사가 제공하는 정보에 문제가 있다고 판단한 경우 '한정 의견', '부적정 의견', '의견거절'을 제시할 수 있다. 이러한 감사인의 의견들은 관리종목 지정 및 상장폐지 사유 발생의 근거로 작용할 수 있다.

관리종목(administrative issue) 지정이란 특정 기업이 상장폐지기준에 해당할 염려가 있다는 점을 투자자들에게 공식적으로 공지함으로써 투자주의를 환기시키고, 기업에게 관리대상 지정 사유를 해소할 기회를 일정 기간 동안 부여하여 기업부실화 등으로 인한 상장폐지를 미연에 방지하는 제도이다. 여기에서 상장폐지기준으로는 장기 영업손실로 인한 부실 심화, 자본잠식 발생, 지배구조 미구축, 부정적인 감사의견, 불성실 공시 등이다.

[표 9.4]의 관리종목 지정 및 형식적 상장폐지의 요건을 살펴보면 회계 수치에 영향을 받는 부분이 많다. 매출액, 영업손실, 자본잠식 등 상장폐지기준의 중요한 요소는 회계수치로 보고되기 때문에 상장폐지위험에 있는 기업의 경영자는 이러한 요건들을 회피하기 위하여 이익 조정을 행할 가능성이 높다. 코스닥시장에서의 최종 부도, 법률 규정에 따른 해산 사유의 발생, 자본전액잠식 등으로 계속 기업의 존속 가능성이 없고, 감사인 의견이 부적정 혹은 의견거절 등 사유로 상장 유지 기준에 해당하지 못할 경우 별도의 상장폐지 절차 없이 즉시에 상장을 폐지할 수 있다.

표 9.4 관리종목 지정 및 형식적 상장폐지기준

구분	관리종목 지정	상장폐지기준
매출액	최근 년 30억 원 미만	최근 년 30억 원 미만 2년 연속
영업손실	최근 4사업연도 영업손실 발생 시	5년 연속
거래량	분기 월평균 거래량이 유동주식 수의 1% 미달	2분기 연속
주식분산	소액 주주 200인 미만 또는 소액 주주 지분 20% 미만	2년 연속
자본잠식	자본잠식률 50% 이하	자본잠식률 50% 이상
정기 보고서	분기·반기 사업보고서 미제출, 정기주총 미개최 또는 재무제표 미승인	2회 연속 미제출
기업지배구조	사외이사, 감시위원회 요건 미충족	2년 연속
시가총액	보통주 시가총액 40억 원 미만 30일간 지속	지정 후 90일간 조건 미충족 시

출처: 김연화, 이중희, 손혁, "코스닥 상장폐지기업의 이익 조정 행태에 관한 실증연구", 2015년

2008년부터 2012년까지 코스피시장과 코스닥시장의 상장폐지 사유 현황은 [표 9.5]와 같다. 코스피와 코스닥시장 모두 외부 감사인의 감사의견거절로 인한 상장폐지가 상당히 중요한 비중을 차지하고 있다. 또한 코스피 시장과는 달리 코스닥시장의 경우 상장적격성 실질심사 후 상장폐지로 결정된 비중이 높은 것으로 나타났다. 매출액이나 시가총액 미달 등 양적 기준이 아닌 매출 규모 부풀리기나 횡령, 배임 등 질적 기준에 미달하는 상장사를 퇴출시키기 위해 도입된 상장적격성 실질심사가 코스닥시장에서는 상당히 실효성이 있음을 나타내고 있다.

표 9.5 시장별 상장폐지 사유 현황(2008~2012년)

구분	상장폐지 사유 및 비중
코스피 시장	감사의견거절(36%), 해산 사유 발생(26%), 자본잠식(14%), 최종 부도(7%), 지주사 상장(6%), 공시 서류 미제출(4%)
코스닥 시장	실질심사 후 상장폐지 결정(28%), 감사의견거절(27%), 자본잠식(19%), 피흡수 합병(7%), 최종 부도(5%), 서류 미제출(5%), 계속 사업 손실(2%)

출처: 김지엽, 김용식, "B회사의 상장폐지 사례 연구: 타법인 주식 취득에 관한 주식 가치 평가와 회계 및 감사 이슈를 중심으로", 2014년.

[표 9.6]은 연도별 상장폐지기업 현황에 관한 내용으로 기초 자료는 한국거래소 상장공시시스템(KIND)과 금융감독원 전자공시시스템(DART)에서 획득이 가능하다. 2005년부터 2016년까지 총 495건의 상장폐지 중 코스피시장에서

152건과 코스닥시장에서 343건이 발생하였다. 상장폐지기업은 2008년 글로벌 금융위기로 기업 실적이 악화된 동시에 금융당국의 회계 감독이 강화되어 2010년에 가장 많은 93개 사가 상장폐지되었으며 이후 완만한 감소세를 보이고 있다. 상장폐지 원인으로 외감·일반 기업으로 전환이 132건, 폐업으로 인한 상장폐지가 295건, 그리고 피흡수 합병으로 인한 상장폐지가 68건으로 발생하였다.

표 9.6 상장폐지기업 현황

연도	코스피	코스닥	소계	외감/일반	폐업	피합병
2005	16	32	48	7	35	6
2006	5	5	10	0	7	3
2007	12	7	19	4	11	4
2008	11	19	30	2	26	2
2009	17	61	78	8	63	7
2010	24	69	93	16	68	9
2011	8	51	59	22	26	11
2012	12	40	52	17	28	7
2013	13	22	35	19	11	5
2014	14	14	28	12	10	6
2015	19	22	41	24	10	7
2016	1	1	2	1	0	1
계	152	343	495	132	295	68

출처: 류주연, 전진규, "상장폐지 발행 후 업종 내 계속 상장기업의 재무적 안전성", 2018년

9.4 상장폐지예측 관련 연구

상장폐지의 위험은 투자자에게 상당한 영향을 미치며 그 징후를 사전에 예측하거나 파악하기가 매우 어렵다. 이로 인해 상장폐지 관련 선행연구들은 주로 상장폐지예측에 초점을 맞추어 연구가 수행되었다. 상장폐지기업의 재무적 특성에 대한 추정치를 바탕으로 상장폐지예측모형을 제시한 연구, 상장폐지기업의 수익률 행태에 관한 연구, 상장폐지 관련 제도에 관한 연구 등이 수행되었다.

상장폐지예측에는 기업의 재무정보 중 부채비율, 총자산규모, 총자산회전율, 자본구조, 유동비율, 매출액순이익률, 재량적발생액, 신용평점 등 재무

적 변수들과 비재무적 정보 중 내부회계관리제도의 취약점, 감사 품질, 대주주
지분율, 감사인 품질 및 교체, 업력 및 소속 시장 등이 대표적으로 이용되고 있
다. 이들 연구는 공통적으로 부채비율이 높을수록, 총자산회전율과 매출액이익
률, 신용평점이 낮을수록, 주요 주주 및 대표이사 변경, 자본조달 횟수가 잦을수
록 상장폐지 가능성이 높다고 언급되었다. 이와 관련된 연구는 [표 9.7]과 같다.

표 9.7 상장폐지예측모형 관련 선행연구

선행연구	상장폐지예측모형의 독립변수	비고
배기수, 정설희 (2011)	유동비율, 당좌비율, 매출액순이익률, 총자본이익률, 총자본회전율, 매출채권회전율, 재고자산회전율, 고정자산회전율, 매출액증가율, 총자산증가율	코스닥 상장폐지예측모형(로지스틱 회귀분석) 구축
황인태 등 (2011)	재무적 정보(자기자본회전율, 부채비율, 총자산회전율, 매출액변화율, 당기순이익변화율, 기업규모), 비재무적 정보(주요 주주 변경, 대표이사 변경, 자본금 변동, 상호 변동)	상장폐지예측모형(로지스틱 회귀분석) 구축
박성환 등 (2011)	부채비율, 이자지급, 매출액성장률, 배당금지급률(배당지급액/총자본)	코스닥시장 상장폐지기업 분석
전현우 등 (2011)	총자산영업이익률, 매출액영업이익률, 매출액, 금융비용 대비 총부채비율, 유형자산회전율, 매출채권회전율	상장폐지 기업의 부실예측모형
김문태, 이지현 (2012)	상장폐지 전의 대주주지분율 변동 및 IPO 지분율 변동	코스닥시장 상장폐지기업 분석
나금운 등 (2014)	당기순손실, 매출액 감소	코스닥시장 상장폐지기업 분석
류주연, 김진규 (2018)	재무적 안정성(현금보유비율, 부채비율), 기업규모(총자산의 자연로그 값), 수익성(총자본수익률), 성장성(매출액증가율)	코스닥시장 상장폐지기업 분석
신동인, 곽기영 (2018)	총자산수익률, 자기자본순이익률, 부채비율, 유동비율, 총자산회전율, 영업자산회전율, 총자산성장률, 매출액성장률	DT 기반 관리종목 지정탐지 모형 구축
김문태 (2014, 2016)	대주주 지분율 감소, 감사인 하향 교체	코스닥 신규 상장기업 분석

배기수와 정설희(2011)는 2008년부터 2010년까지 코스닥시장에서 상장폐지기
업(81개)과 대응기업을 추출하여 10개의 재무비율(유동비율, 당좌비율, 매출액순이
익률, 총자본이익률, 총자본회전율, 매출채권회전율, 재고자산회전율, 고정자산회전율,
매출액증가율, 총자산증가율)을 이용하여 코스닥 상장폐지예측모형(로지스틱 회귀분
석)을 구축하였다. 분석 결과, 유동비율, 당좌비율, 매출액순이익률, 총자본회전
율, 고정자산회전율이 상장폐지위험에 영향을 미치는 요인이라고 주장하였다.
　황인태 등(2011)은 2007년부터 2009년까지 유가증권과 코스닥시장에서의 상장

폐지기업(96개)을 대상으로 6개의 재무적 정보(자기자본회전율, 부채비율, 총자산회전율, 매출액변화율, 당기순이익변화율, 기업규모)와 4개의 비재무적 정보(주요 주주 변경, 대표 이사 변경, 자본금 변동, 상호 변동)를 이용하여 상장폐지예측모형(로지스틱 회귀분석)을 개발하였다.

분석 결과, 상장폐지기업에서 자기자본회전율은 유의한 양(+)의 값을 나타내었고, 부채비율, 총자산회전율, 매출액변화율, 당기순이익변화율, 기업규모는 유의한 음(-)의 값을 나타내었다. 비재무적 정보에서는 주요 주주 및 대표이사의 변경이 빈번하고 자본조달 횟수의 변동이 많을수록 상장폐지 가능성이 높다고 주장하였다.

박성환 등(2011)은 재무비율을 이용한 상장폐지예측모형을 제시하였다. 이들은 당기 부채비율과 당기 이자지급은 차기 상장폐지 여부에 통계적으로 유의한 양(+)의 영향을 미치고, 당기 매출액성장률과 당기 배당금 지급은 차기 상장폐지 여부에 통계적으로 유의한 음(-)의 영향을 미친다고 주장하였다.

전현우 등(2011)은 상장폐지기업의 부실예측모형을 제안하면서 총자산영업이익률과 매출액영업이익률 등 수익성 변수의 중요성을 강조하였다. 이들은 상장폐지기업의 특징으로 상장폐지 전에 총자산영업이익률과 매출액영업이익률이 정상기업과 큰 차이를 보이는 등 수익성 지표가 악화된다고 주장하였다. 또한 매출액이 증가하는 상장폐지기업도 존재하나 이는 정상적인 영업활동이 아닌 현금 확보를 위한 재고 처리에 따른 결과로 발생한 증가이며, 원가율을 무시한 판매 정책으로 인해 영업이익은 오히려 줄어드는 현상도 나타났다.

김문태와 이지현(2012)은 2005년부터 2011년까지 코스닥시장의 상장폐지기업을 대상으로 상장폐지 전의 대주주지분율 변동 및 IPO(initial public offering, 기업 공개) 지분율 변동이 상장폐지와 관련성이 있다고 주장하였다. 연구결과, 상장폐지 전에 대주주지분율이 낮아지거나 또는 IPO 당시보다 지분율이 감소된 경우에 상장폐지될 가능성이 높다고 주장하였다.

나금운 등(2014)은 2001년부터 2011년까지 코스닥시장에서 신규 상장기업 및 상장폐지기업을 대상으로 재무제표의 재무정보와 상장폐지의 관련성을 분석하였다. 이들은 손익계산서에서 당기순손실과 매출액 감소가 상장폐지에 가장 중요한 요인이라고 주장하였다. 이와 유사한 연구로 류주연과 김진규(2018)는 상장폐지위험 요인으로 재무적 안정성(현금보유비율, 부채비율), 기업규모(총자산의 자연로그값), 수익성(총자본수익률), 성장성(매출액증가율)을 제시하였다.

신동인과 곽기영(2018)은 의사결정나무 기반 관리종목 지정 탐지 모형을 구축 및 제안하였다. 이들은 총자산수익률(return on assets, ROA), 자기자본순이익률(return on equity, ROE), 부채비율, 유동비율, 총자산회전율, 영업자산회전율, 총자산성장률, 매출액성장률 등을 이용하였다. 이들은 코스닥 상장기업의 ROA, ROE, 자기자본 현금흐름률, 총자산회전율, 현금흐름/총자산이 약화될수록 관리종목으로 지정될 확률이 높아진다고 주장하였다.

마지막으로 김문태(2014, 2016)의 연구에서는 코스닥 신규 상장기업의 대주주지분율 감소와 감사인 하향 교체가 상장폐지위험에 중요한 요인이라고 주장하였다. IPO(기업 공개)와 상장폐지 시점의 대주주지분율을 비교한 결과 상장폐지 연도에 도달된 시점에서 대주주지분율이 크게 하락한 것으로 나타났다. 최대 주주인 경영자가 상장폐지위험을 사전적으로 인지하고 내부 정보를 이용하거나 횡령과 탈세 등 불법적인 방법으로 이익을 탈취하여 대규모로 주식을 처분한 것이다.

또한 감사인 교체와 외부 감사인이 대형 회계법인(Big4)에서 기타 중소형 법인(non-Big 4)으로 변경 교체될 경우 상장폐지 가능성이 높은 것으로 나타났다. 이는 자의적인 이익 조정을 통해 상장폐지위험에서 벗어나고자 하는 코스닥 상장기업들이 회계 부정의 적발 위험을 줄이기 위해 감사 품질이 상대적으로 낮은 감사인을 선호한다는 것이다.

9.5 상장폐지예측모형 구축

상장폐지예측모형 구축을 위해 신용등급 및 부도예측모형에서 주로 사용하는 재무비율을 검토하여 이용할 수 있다. 상장폐지 가능성이 큰 기업은 매우 취약한 재무구조를 가지고 있기 때문이다. 그러나 단지 기업의 재무비율분석으로는 제한적인 결론만을 제공할 수 있다는 것이 학자들의 공통된 의견이다. 즉, 재무비율 외에도 상장폐지를 설명 및 예측할 추가적 요인에 대한 탐색이 필요하다는 것이다.

회계 감사와 관련된 선행연구에서는 공통적으로 재무비율이 회계 부정과 오류를 적발하는 데 유용한 것은 사실이나, 분석의 결과가 제한적일 수 있음을 주장하였다. 따라서 전통적인 재무비율의 제한적 설명력을 보충하기 위한 추가적인 회계 정보 지표가 제시되고 있다. 대표적인 예로는 내부회계관리제도의 품질, 외부 감사인의 산업 전문성, 외국인과 연기금 지분율 등이다. 상장폐지예측모형 관련 선행연구를 토대로 상장폐지예측모형 구축을 위한 변수들을 제안하고자 한다 (표 9.8 참조).

표 9.8 상장폐지예측모형 구축을 위한 독립변수 예시

변인	변수명	산출식	구분
Y	상장폐지 여부	상장폐지(1), 그렇지 않으면(0)	종속변수
X_1	기업규모	총자산에 자연로그를 취한 값	규모와 업력
X_2	상장소요일수	상장소요일수에 자연로그를 취한 값	
X_3	상장유지일수	상장유지일수에 자연로그를 취한 값	
X_4	유동비율	= (유동자산/유동부채)×100	유동성 변수
X_5	당좌비율	= (당좌자산/유동부채)×100	
X_6	부채비율	= (총부채/자기자본)×100	안정성 변수
X_7	이자보상비율	= (영업이익/이자비용)×100	
X_8	매출액증가율	= [(당기 매출액 – 전기 매출액)/전기 매출액]×100	성장성 변수
X_9	순이익증가율	= [(금기 말 당기순이익–전기 말 당기순이익)/전기 말 당기순이익]×100	
X_{10}	영업이익증가율	= [(당기영업이익 – 전기영업이익)/전기영업이익]×100	
X_{11}	매출액순이익률	= (순이익/매출액)×100	수익성 변수
X_{12}	총자산영업이익률	= (영업이익/총자산)×100	
X_{13}	총자산순이익률	= (순이익/총자산)×100	
X_{14}	자기자본순이익률	= (순이익/자기자본)×100	
X_{15}	재고자산회전율	= (매출액/재고자산)	활동성 변수
X_{16}	매출채권회전율	= (매출액/매출채권)	
X_{17}	총자산회전율	= (매출액/총자산)	
X_{18}	주당순이익	= (순이익/발행주식수)	시장가치 변수
X_{19}	주가수익비율	= (주가/주당순이익)	
X_{20}	배당금 지급률	= (배당지급액/총자산)	
X_{21}	신용평점	신용평가기관에서 발행한 신용평점	신용평점
X_{22}	외국인 지분율	외국인 투자자 지분율	지배구조 변수
X_{23}	대주주 지분율	상장폐지 시점의 대주주지분율	
X_{24}	대주주 지분율 변화	(IPO 대주주지분율 – 상장폐지 t–1 대주주 지분율) 〉 0이면 해당 값, 그렇지 않으면 (0)	
X_{25}	연기금 지분율	4대 연기금 지분율	
X_{26}	감사인 변경	신규 상장 시점의 BIG4에서 기타 감사인으로 변경 (1), 그렇지 않으면 (0)	감사 품질

[표 9.8]과 같이 상장폐지예측모형 구축을 위해 총 26개의 독립변수를 제안하였다. 종속변수는 상장폐지 여부를 나타내는 더미변수로서, 기업이 상장폐지되

었으면 "1"의 값을 부여하고, 그렇지 않은 경우 "0"의 값을 부여한다. 다음으로 독립변수의 조작적 정의와 측정을 살펴보면 다음과 같다.

첫째, 규모와 업력에 관한 변수이다. 기업규모는 기업의 존속 기간 동안 축적된 사업역량의 크기를 나타내며 기업규모가 크면 이해 관계자의 관심과 감시 및 견제 장치가 많아지고 다양한 투자자로부터 자금조달이 용이하여 상장폐지위험은 감소할 것이다. 기업존속기간(업력)은 상장소요기간과 상장유지기간으로 구분된다. 상장소요기간은 기업 설립일로부터 최초 상장시점까지 존속한 기간이며 상장유지기간은 상장 이후 계속기업으로 존속한 기간을 말한다. 상장소요기간과 상장유지기간이 길수록 계속기업에 대한 안정성과 건전성에 대한 불확실성을 낮출 수 있기 때문에 상장폐지위험이 줄어들 것으로 예상할 수 있다.

둘째, 유동성 관련 변수이다. 유동성비율은 단기채무지급능력을 평가하는 것으로 기업에 운영자금을 대출해준 금융기관(채권자)이 가장 중요시하는 비율이다. 유동비율과 당좌비율은 기업의 유동성을 평가하는 데 이용되는 대표적인 지표이다. 최종 부도가 상장폐지요건이므로 부도의 원인이 될 수 있는 단기적 지급능력을 나타내는 유동비율과 당좌비율은 상장폐지 여부를 예측하는 변수로 고려될 수 있다. 유동비율과 당좌비율은 상장폐지 여부와 음(-)의 관련성을 갖는 것으로 예상할 수 있다.

셋째, 안정성 관련 변수로 레버리지비율을 말한다. 레버리지비율은 회사의 재무구조 분석 결과로 단기채무지불능력인 유동성과 경기대응능력인 안정성을 측정하는 지표다. 일반적으로 레버리지비율은 부채비율과 이자보상비율로 측정이 가능하다. 특히 부채비율은 총부채 대비 자기자본으로 구성된 재무건전성 지표로 부채비율이 높으면 재무곤경위험이 증가하게 된다. 자본잠식은 상장폐지기준에 해당하기 때문에 부채비율이 상대적으로 높은 경우 상장폐지 가능성도 클 것으로 예상할 수 있다. 다수의 선행연구에서 부채비율은 상장폐지 여부와 양(+)의 관련성을 갖는다는 연구결과를 발표한 바 있다.

넷째, 성장성 관련 변수로 매출액증가율, 순이익증가율, 영업이익증가율을 고려할 수 있다. 성장성 변수는 기업의 자산, 자본 등 경영규모와 기업활동의 성과가 당해연도 중 전년에 비해 얼마나 증가하였는가를 나타내는 지표이다. 또한 성장성 변수는 기업의 경쟁력이나 성장 잠재력 그리고 수익 창출 능력 등을 간접적으로 알려주는 지표이다. 특이한 점은 상장폐지기업의 총자산증가율 및 매출액증가율은 정상기업에 비해 높은 수치를 나타낼 수 있다. 정상기업은 시장 상황을 비관적으로 판단하여 자산 증가율이 낮았으나 상장폐지기업은 자산을 많이 늘리는 전략을 선택함으로써 과대 투자 현상도 발생되었다. 또한 상장폐지 1년 전에 매출액증가율이 증가하는 현상도 발생되는데, 이는 정상적인 영업활동의 향상으로 인한 결과라기보다는 현금 확보를 위한 재고처리에 따른 결과이다.

다섯째, 수익성 관련 변수로 매출액순이익률, 총자산영업이익률, 총자산순이익률, 자기자본순이익률을 고려할 수 있다. 수익성비율은 기업의 이익창출능력을 측정하는 동태적 비율분석이며 경영성과를 수익 창출의 바탕이 되는 요소로 나누어 비율을 산출하고 분석한다. 수익성비율은 기업이 주주와 채권자로부터 조달한 자본을 영업활동, 투자활동, 재무활동 등에 투자하여 얼마나 효율적으로 이용하였는가를 나타내므로 이해관계자들의 의사결정에서 중요한 정보원으로 이용된다. 총자산순이익률(ROA)은 대표적인 수익성 변수로 신규 상장시점에서 기업의 잠재적 역량을 나타내므로 ROA가 높을수록 상장폐지위험은 감소할 것으로 예상할 수 있다.

여섯째, 활동성 관련 변수로 재고자산회전율, 매출채권회전율, 총자산회전율을 고려할 수 있다. 활동성비율은 기업이 소유하고 있는 자산들을 얼마나 효율적으로 이용하고 있는가를 측정하는 비율이다. 자산의 효율적 운영은 투자 효율성에 대한 긍정적 지표가 될 수 있으므로 상장폐지 여부와 음(−)의 관련성을 갖는다. 영업활동의 부진으로 인해 영업의 지속성에 심각한 의문이 제기될 경우 상장폐지실질심사 기업에 포함될 수 있기 때문에 회전율과 수익성, 성장성 변수는 매우 중요한 지표이다. 재고자산회전율은 매출액을 재고자산으로 나누어 측정 가능하고, 총자산회전율은 매출액을 총자산으로 나누어 측정이 가능하다.

일곱째, 시장가치 변수로 주당순이익, 주가수익비율, 배당금지급률을 고려할 수 있다. 시장가치비율은 기업의 시장가치를 나타내는 주가와 주당순이익, 장부가치 등의 관계를 분석하는 비율로 시장에서 특정 기업의 과거성과 및 미래 전망을 평가하는 지표이다. 기업의 유동성, 안정성, 활동성, 수익성, 성장성 등에 대한 과거 성과가 양호하다면 시장가치비율도 높아진다. 배당금지급률의 경우 유보이익률(유보이익/총자산)을 대용치로 사용할 수 있다.

여덟째, 신용평점 변수이다. 국내 신용평가기관은 상장기업의 신용등급을 평가하여 신용평점(최상위 1점~최하위 10점)을 정기적으로 발표하고 있다. 신용평점이 높은 기업은 상장폐지 가능성이 낮을 것으로 예상된다.

아홉째, 지배구조변수로 외국인 투자자의 지분율, 상장폐지 시점의 대주주지분율, 그리고 대주주지분율 변화 등을 고려할 수 있다. 외국인 지분율은 대리인 비용을 줄이고 정보 비대칭을 통제할 수 있다고 여겨지므로 상장폐지위험이 감소할 것으로 예상할 수 있다. 대주주지분율은 대주주인 경영자의 사업수행의지와 흡수합병에 대한 경영권의 방어지분을 반영하므로 대주주지분율이 높으면 상장폐지위험은 감소할 것이다. 연기금 지분율은 4대 연금(국민연금, 공무원연금, 사학연금, 군인연금)의 지분율을 말하며, 연기금은 일반적으로 정보 수집, 분석 및 해석 능력이 탁월하여 정보 열위에 있는 일반 투자자들에게 해당 기업의 내재 가치에 대한 정보를 전달하는 정보 중개인으로서 역할을 수행한다. 연기금 지분율이 증대되면 상장폐지위험은 감소될 것으로 예상된다.

마지막으로 감사 품질 관련 변수이다. 감사인 규모(BIG4)와 감사인의 산업 전문성 역시 상장폐지예측에 영향을 주는 요인이다. 회계정보의 투명성은 공정하고 건전한 자본시장의 기본 조건으로서 높은 감사 품질에 의해 향상될 수 있다. 대형 회계법인(BIG4)에 의한 감사 품질이 재무제표의 신뢰성을 제고하여 정보 비대칭을 줄일 수 있을 것으로 인식되어 상장폐지위험이 감소할 것으로 예상할 수 있다. 상장폐지실질심사 대상의 선정 회피를 위해 외부 감사인을 감사 품질이 상대적으로 낮은 Non-Big4 회계법인으로 교체할 가능성이 존재한다.

금융감독원이 2009년에서 2013년까지 분식회계로 제재 조치를 받은 상장 법인(86개 사)의 경우 외부 감사인이 대형 회계법인(BIG4)이 아닌 경우는 전체의 약 78%에 달한 것으로 보고한 바 있다. 즉, 대형 회계법인의 감사인에서 기타 감사인으로 변경된 경우 감사 품질의 저하로 인해 상장폐지위험은 커질 것으로 예상된다.

[표 9.8]에서 제시한 독립변수를 기반으로 다양한 통계기법 및 인공지능기법을 이용한 상장폐지예측모형의 구축이 가능하다. 상장폐지의 막대한 파급 효과에도 불구하고 이를 예측하기 위한 모형을 개발하는 노력은 많이 이루어지지 않고 있다. 기존 선행연구들은 기업 도산과 부도의 문제를 설명하고 예측하려는 데 집중되었다. 기업부도예측모형은 유동성 평가가 용이하여 자본시장의 안정에 기여한다는 점에서 매우 큰 함의를 갖는 것이 사실이다. 그러나 상장폐지는 기업부도와는 다른 성격, 다른 함의를 갖는 사건이라고 할 수 있다. 부도예측에 관한 연구결과가 상장폐지예측에 부분적인 도움을 줄 수는 있겠지만, 상장폐지는 기업부도에 의해서만 설명될 수 있는 성격의 문제가 아니다. 이러한 이유로 다양한 인공지능기법을 이용한 상장폐지예측모형의 구축이 필요한 시점이다.

한국거래소(Korea Exchange): 한국증권거래소와 코스닥 증권시장, 한국선물거래소, 코스닥위원회가 합병된 통합 거래소

코스닥(Korea Securities Dealers Automated Quotation): 전자 거래 시스템으로 운영되는 한국의 장외 주식 거래 시장

자본시장법: '자본시장과 금융투자업에 관한 법률'은 자본시장의 공정성, 신뢰성, 효율성을 높여 국민경제의 발전에 이바지함을 목적으로 함, 자본시장법은 종전의 증권거래법, 선물거래법, 간접투자자산운용업법, 신탁업법, 종합금융회사에 관한 법률, 증권선물거래소법의 6개 법을 폐지, 통합하여 법체계를 획기적으로 개편한 법률

자본잠식(impaired capital, impairment of capital): 기업 자본은 납입자본금과 잉여금으로 구성되나 영업 부진으로 회사의 적자 폭이 커져 잉여금이 바닥나고 납입자본금까지 잠식된 상태

의견거절(disclaimer of opinion): 재무제표에 대한 감사인의 의견을 진술하는 감사의견의 하나, 감사인이 감사의견을 형성하는 데 필요한 합리적 증거를 얻지 못하여 재무제표 전체에 대한 의견 표명이 불가능한 경우, 기업의 존립에 의문을 제기할 만한 객관적인 사항이 중대한 경우 의견거절이라는 감사의견을 기술함

상장폐지: 유가증권시장에 상장된 주식이 매매 대상으로서의 자격을 상실하여 상장이 취소되는 것을 말함

상장적격성 실질심사제도: 매출액이나 시가총액 미달 등 양적 기준이 아닌 매출 규모 부풀리기나 횡령·배임 등 질적 기준에 미달하는 상장기업에 대해 일정한 심사 절차를 거쳐 기업의 계속성, 경영의 투명성, 그 밖에 공익 실현과 투자자 보호 등을 종합적으로 고려하여 필요하다고 인정하는 경우에 해당 보통주권을 상장폐지하는 제도

관리종목(administrative issue) 지정: 특정 기업이 상장폐지기준에 해당할 염려가 있다는 점을 투자자들에게 공식적으로 공지함으로써 투자 주의를 환기시키고, 기업에게 관리대상 지정 사유를 해소할 기회를 일정 기간 동안 부여하여 기업부실화 등으로 인한 상장폐지를 미연에 방지하는 제도

상장소요기간: 기업 설립일로부터 최초 상장 시점까지 존속한 기간

상장유지기간: 상장 이후 계속 기업으로 존속한 기간

연기금 지분율: 4대연금(국민연금, 공무원연금, 사학연금, 군인연금)의 지분율

배당금지급률: 배당지급액/총자산

대주주 지분율 변화: IPO 대주주지분율 – 상장폐지 t−1 대주주 지분율

감사인 변경: 신규 상장 시점에서 BIG 4에서 기타 감사인으로 변경한 경우

배당성향: 당기순이익에 대한 현금배당액의 비율, 당기순이익 중 현금으로 지급된 배당금 총액의 비율

운전자본(working capital): 기업 자본 중에서 일상적인 기업 운영에 필요한 부분. 영업 자본·경영자본이라고도 함

본인–대리인 문제(principal-agent problem): 정보의 비대칭성으로 인해 대리인이 최선의 노력을 다하지 않는 도덕적 위해(moral hazard)가 발생하면서 주인의 경제적 효율성이 달성되지 않거나 피해를 입는 경우를 말함

분식회계(window dressing settlement): 기업이 재정 상태나 경영 실적을 실제보다 좋게 보이게 할 목적으로 부당한 방법으로 자산이나 이익을 부풀려 계산하는 회계

내부회계관리제도(Internal Accounting Control System): 기업이 경영 목적을 달성하기 위하여 설치 및 운영하는 내부통제제도의 일부분으로서, 기업회계기준에 따라 작성, 공시되는 회계 정보의 신뢰성을 확보하기 위하여 기업 내부에 설치하는 회계통제시스템

단답형 문제

1. 다음 설명에서 Ⓐ와 Ⓑ가 무엇을 말하는지 답하시오.

유가증권시장상장규정 제80조 '주권의 상장폐지 규정'을 통해 사업 보고서 및 반기 보고서 또는 분기 보고서 미제출, (Ⓐ) 또는 의견거절인 경우, 영업활동 정지, 최종 부도 발생 또는 은행 거래 정지, 자본잠식, 주식 분산 요건 및 거래량 미달, 회생 절차 개시, 사외 이사 수 미달 또는 (Ⓑ) 미설치, 공시 의무 위반, 주식 양도 제한, 연간 매출액 50억 원 미만, 주가 및 상장 시가총액의 일정 수준 미달 등과 같은 상장폐지기준이 마련되어 있으며, 이와 같은 사유 중 어느 하나에 해당하는 경우 원칙적으로 당해 주권의 상장을 폐지한다고 규정하고 있다.

　　Ⓐ – (　　　　　)　　　Ⓑ – (　　　　　)

2. 다음 설명에서 Ⓐ와 Ⓑ가 무엇을 말하는지 답하시오.

(Ⓐ)의 정식 명칭은 '자본시장과 금융투자업에 관한 법률'로 이 법은 자본시장의 금융 혁신과 공정한 경쟁을 촉진하고 투자자를 보호하며 금융투자업을 건전하게 육성함으로써 자본시장의 공정성·신뢰성·효율성을 높여 국민 경제 발전에 이바지함을 목적으로 2007년 8월에 제정된 법률이다. (Ⓐ)은 종전의 (Ⓑ), 선물거래법, 간접투자자산운용업법, 신탁업법, 종합금융회사에 관한 법률, 증권선물 거래소법의 6개 법을 폐지·통합하여 법체계를 획기적으로 개편한 법률이다.

　　Ⓐ – (　　　　)　　　Ⓑ – (　　　　)

3. 다음 설명에서 Ⓐ와 Ⓑ가 무엇을 말하는지 답하시오.

(Ⓐ)는 기존의 형식적 상장폐지기준뿐만 아니라 기업 경영의 투명성, 계속성, (Ⓑ)에 중대한 영향을 미칠 행위가 발생하면 기업의 재무 내용, 경영 현황 등 기업 실질에 기초하여 상장적격성을 종합적으로 심사한다.

　　Ⓐ – (　　　　)　　　Ⓑ – (　　　　)

4. 다음 설명에서 Ⓐ와 Ⓑ가 무엇을 말하는지 답하시오.

횡령·배임 사실에 대한 공시가 있거나 검찰 기소 등을 통해 확인된 경우로서 횡령·배임 금액이 자기자본의 100분의 (Ⓐ) 이상인 경우 상장적격성 실질심사 대상이다. 또한 분기별 매출액이 (Ⓑ) 미만인 경우 주된 영업 정지에 해당하여 상장적격성 실질심사 대상에 선정된다.

　　Ⓐ – (　　　　)　　　Ⓑ – (　　　　)

5. 다음 설명에서 Ⓐ가 무엇인지 답하시오.

(Ⓐ)(이)란 특정 기업이 상장폐지기준에 해당할 염려가 있다는 점을 투자자들에게 공식적으로 공지함으로써 투자 주의를 환기시키고, 기업에게 관리대상지정 사유를 해소할 기회를 일정 기간 동안 부여하여 기업부실화 등으로 인한 상장폐지를 미연에 방지하는 제도이다.

　　Ⓐ – (　　　　　　　)

6. 다음 설명에서 공통적으로 Ⓐ와 Ⓑ가 무엇을 말하는지 답하시오.

기업 존속 기간(업력)은 (Ⓐ) 기간과 (Ⓑ) 기간으로 구분된다. (Ⓐ) 기간은 기업 설립일로부터 최초 상장 시점까지 존속한 기간이며 (Ⓑ) 기간은 상장 이후 계속 기업으로 존속한 기간을 말한다. (Ⓐ) 기간과 (Ⓑ) 기간이 길수록 계속 기업에 대한 안정성과 건전성에 대한 불확실성을 낮출 수 있기 때문에 상장폐지위험이 줄어들 것으로 예상할 수 있다.

　　Ⓐ – (　　　　)　　　Ⓑ – (　　　　)

7. 다음 설명에서 Ⓐ와 Ⓑ가 무엇을 말하는지 답하시오.

(Ⓐ) 변수로 외국인 투자자의 지분율, 상장폐지 시점의 대주주지분율, 그리고 대주주지분율 변화 등을 고려할 수 있다. 외국인 지분율은 (Ⓑ)를(을) 줄이고 정보 비대칭을 통제할 수 있다고 여겨지므로 상장폐지위험이 감소할 것으로 예상된다. 대주주지분율은 대주주인 경영자의 사업 수행 의지와 흡수 합병에 대한 경영권의 방어 지분을 반영하므로 대주

주지분율이 높으면 상장폐지위험은 감소할 것이다.

  &Ⓐ – (   )   &Ⓑ – (   )

8. 다음 설명에서 공통적으로 Ⓐ가 무엇인지 답하시오.

(Ⓐ)(이)란 재무제표에 대한 감사인의 의견을 진술하는 감사의견의 하나로 감사인이 감사의견을 형성하는 데 필요한 합리적인 증거를 얻지 못하여 재무제표 전체에 대한 의견 표명이 불가능한 경우, 기업의 존립에 의문을 제기할 만한 객관적인 사항이 중대한 경우 (Ⓐ)(이)라는 감사의견을 기술한다.

    &Ⓐ – (   )

9. 다음 설명에서 Ⓐ가 무엇인지 답하시오.

(Ⓐ)는(은) 기업이 재정 상태나 경영 실적을 실제보다 좋게 보이게 할 목적으로 부당한 방법으로 자산이나 이익을 부풀려 계산하는 회계이다.

    &Ⓐ – (   )

10. 다음 설명에서 Ⓐ가 무엇인지 답하시오.

(Ⓐ)(이)란 기업이 경영 목적을 달성하기 위해 설치 및 운영하는 내부통제제도의 일부분으로 기업회계기준에 따라 작성, 공시되는 회계 정보의 신뢰성을 확보하기 위해 기업 내부에 설치하는 회계통제시스템이다.

    &Ⓐ – (   )

🔍 참고문헌

곽상진, 조용언, 하순금, 상장적격성 실질심사제도의 정보효과, 회계연구, 2017, 제22권 제2호, pp. 49–82.

김문태(2014), 코스닥 신규 상장기업의 대주주지분율 감소와 상장폐지의 연관성에 관한 연구, 한국증권학회지, 43(4), pp. 731–752.

김문태(2016), 코스닥 신규 상장 시점에서의 감사인 하향 교체와 상장폐지의 관련성에 관한 연구, 재무와회계정보저널, 제16권 제2호, pp. 93–111.

김문태, 박길영, 코스닥 기업의 존속 기간이 상장폐지위험에 미치는 영향, 산업경제연구, 제29권 제3호, 2016, pp. 1161–1179.

김문태, 이지현(2012), 실질심사에 의한 상장폐지와 이익 관리 행태에 관한 연구 : 코스닥 기업을 중심으로, 회계정보연구, 30(4), 35–56.

김승열, 코스닥시장의 상장폐지실질심사에 관한 연구, 법학논총, 제22권 2호, 2010, pp. 9–58.

김연화, 이중희, 손혁, "코스닥 상장폐지기업의 이익 조정 행태에 관한 실증연구", 경영연구, 제30권, 제2호, 2015, pp. 371–403.

김지엽, 김용식, "B회사의 상장폐지 사례 연구: 타법인 주식 취득에 관한 주식 가치 평가와 회계 및

감사 이슈를 중심으로", 회계저널, 제23권 제5호, 2014, pp. 551–589.

나금운, 조승제, 신춘우(2014), 최대 주주 변경이 상장폐지에 미치는 영향, 재무와 회계 정보 저널, 14(4), 241–273.

류주연, 전진규, 상장폐지 발생 후 업종 내 계속 상장기업의 재무적 안정성, 금융정보연구, 제7권 제2호, 2018, pp. 1–22.

박상훈, 김용식, 홍용식. (2015). 상장폐지기업의 이익 조정 형태와 상장폐지실질심사제도가 이익 조정에 미치는 영향. 국제회계연구, 60, 123–158.

박성환, 김유찬, 김영길, 상장폐지기업의 특성에 관한 실증연구, 회계저널, 제20권 제5호, 2011, pp. 35–61.

박홍조, 상장폐지실질심사제도가 외부 감사인 교체에 미치는 영향, 대한경영학회지, 제24권 제6호, 2011, pp. 3351–3368.

배기수, 정설희(2011), 상장폐지기업예측모형에 관한 실증연구, 세무회계연구, 30, 125–140.

신동인, 곽기영, KOSDAQ 시장의 관리종목 지정 탐지 모형 개발, 지능정보연구, 제24권 제3호, 2018, pp. 157–176.

전현우, 정용화, 신동휴, 상장폐지기업의 부실예측모형에 관한 연구: 거래소 시장을 중심으로, 국제회계연구, 제38집, 2011, pp. 331-362.

최승빈, 상장폐지율과 상장폐지기업의 재무적 징후에 관한 연구, 기업경영리뷰, 제10권 제1호, 2019, pp. 177-197.

황인태, 강선민, 김순희(2011), 비재무적 정보를 이용한 상장폐지예측모형, 한국회계학회 학술대회논문집, 1-26.

매일경제용어사전, 네이버 지식백과, 두산 백과 참조

[네이버 지식백과] 자본시장법(시사상식사전, pmg 지식엔진연구소)

10 기업의 배당과 배당정책예측

10.1 배당과 배당정책의 의미

국내 경제가 저성장 시기로 진입하여 배당수익률이 시중금리를 넘어선 상황에서 배당성향과 배당수익률에 대한 투자자들의 관심은 어느 때보다 높은 상황이다. 2008년 글로벌 금융위기로 인해 투자자들은 안전한 수익과 상대적으로 높은 수익률을 실현시킬 수 있는 고배당주를 선호하고 있다. 국내 주식시장은 기관투자자 및 외국인 투자자의 지분율 확대로 연평균 배당성향이 지속적으로 높아지고 있다.

코스피 상장기업의 배당금 규모(총 23조 원, 2016년 기준)는 2012년부터 증가세를 보이고 있으며, 최근 2년간 평균 27.2%의 높은 배당금 증가율을 기록하고 있다. 자본시장연구원에 따르면, 2017년 기준 전체 상장 법인의 72%가 현금배당을 실시하였고, 전체 현금배당 법인 522개 사 중 70%(69.2%)에 해당하는 361개 사는 5년 연속 현금배당을 실시한 것으로 보고되었다. 이는 정부의 배당유도 정책 및 배당에 대한 사회적 관심이 증대됨에 따라 기업들도 주주가치 제고를 위해 안정적인 배당정책을 유지하려고 노력하는 결과이다. 최근 5년간 코스피 기업의 예상 배당수익률은 1.7% 이상을 나타내고 있다.

배당(dividend)이란 주식을 가지고 있는 사람(주주)들에게 그 소유 지분에 따라 기업이 이윤을 분배하는 것이다. 기업은 영업활동을 통해 이익이 발생되고 그 이익을 주주에게 배분하는 것이 원칙이다. 기업이 주주에게 배당을 얼마나 지급해야 하는가의 문제는 경영자의 주요한 관심사 중 하나이다. 주주들은 직접 또는 간접적으로 기업이 창출한 이익의 분배를 기대하면서 기업에게 자본을 제공한다. 기업이 이익 중 일부를 배당의 형태로 지급할 때 주주들은 직접적인 이득을 취할 수 있다. 그러나 기업이 새로운 성장기회를 얻기 위하여 배당을 지급하는 대신 이익을 유보시킨다면 주주들은 주가 상승을 통해 간접적인 이득을 기대할 수 있을 것이다.

배당정책(dividend policy)이란 기업이 벌어들인 이익을 주주에게 줄 배당금과 회사에 남겨둘 유보이익(retained earnings)으로 구분하는 의사결정을 말한다. 배당정책은 장단기 투자정책, 자본조달정책과 더불어 중요한 기업의 재무적 정책결정 사항이다. 경영자는 전기의 배당가능이익에서 기업의 성장과 주주의 이해를 고려하여 배당을 유보하거나 배당규모를 결정한다. 즉, 기업의 배당정책은 기업이 경영활동을 통해 벌어들인 순이익 중 어느 정도를 배당으로 주주에게 지급하고, 어느 정도를 기업 내부에 유보시켜 미래 투자활동에 활용할 것인가를 결정하는 재무의사결정이다.

유보이익은 기업이 영업활동의 결과로 생긴 이익의 일부를 배당하지 않고 사업에 재투자하기 위해 보유하고 있는 순이익의 누적액으로서 미분배 수익 또는 이익잉여금이라고도 한다. 회계상에서 유보이익은 이익준비금, 기업합리화적립금, 재무구조개선적립금, 차기이월이익잉여금 등으로 구성된다. 유보이익은 미래 기업의 투자를 위해 필요한 기업 내적인 자금 원천으로서 그리고 배당(dividend)은 주주가 제공한 자본을 사용한 대가로 그 중요성을 갖는다. 기업의 성장을 위해 이익을 유보하여 재투자하는 것이 바람직하지만, 주주의 입장에서는 배당도 중요하므로 유보이익과 배당금의 배분을 잘 조화시켜 기업가치를 극대화하는 배당수준을 결정하는 것이 배당정책의 목표이다.

표 10.1 배당과 관련된 용어

배당 관련 용어	정의
배당(dividend)	주식회사가 주주에게 기업의 순이익을 배분하기 위하여 지급하는 현금 또는 주식을 의미함
배당정책(dividend policy)	기업이 벌어들인 이익을 주주에게 줄 배당금과 회사에 남겨둘 유보이익으로 나누는 결정
유보이익(retained earnings)	이익의 일부를 배당하지 않고 사업에 재투자하기 위해 보유하고 있는 순이익의 누적액
주당배당금(dividend per share)	주식 1주당 배당금액 = (총배당액/총발행주식수)
배당수익률(dividend yield)	= (주당배당금/주식가격)×100
배당성향(dividend payout ratio)	당기순이익 중 현금으로 지급된 배당금 총액의 비율 = (주당배당금/주당순이익) = (1 – 유보비율)
배당률(dividend rate)	= (주당배당금/액면가)×100

배당수준을 나타내는 용어로는 [표 10.1]과 같이 주당배당금, 배당수익률, 배당성향, 그리고 배당률이 있다. 주당배당금(dividend per share)은 주식 1주당 배당금액이며, 총배당액 대비 총발행주식수로 산출할 수 있다. 배당수익률(dividend yield)은 1주당배당금을 주식가격으로 나눈 값이다. 배당성향(dividend payout ratio)은 당해연도 순이익 중에서 배당금액이 차지하는 비율을 말한다.

배당성향은 당기순이익 중 현금으로 지급된 배당금 총액의 비율로서 '배당지급률' 또는 '사외분배율'이라고도 한다. 당기순이익 1백억 원 중 배당금으로 20억 원이 지급됐다면 배당성향은 20%이다. 배당성향이 높을수록 이익 중 배당금이 차지하는 비율이 높아져 재무구조의 악화 요인이 된다. 반면 배당성향이 낮을수록 사내유보율이 높고 다음 기회의 배당증가나 무상증자의 여력이 있음을 나타낸다. 그러나 배당성향이 높을수록 회사가 벌어들인 이익을 주주에게 그만큼 많이 돌려줌을 의미하므로 배당성향이 높은 회사가 투자가치가 높다고 할 수 있다.

배당률(dividend rate)은 액면가 제도가 있는 우리나라의 독특한 표현 방법으로 주당배당금을 액면가로 나눈 값을 말한다. 현금배당을 일반적인 배당으로 간주하고 있으므로 배당률 역시 현금배당률을 뜻하는 경우가 많다. 배당률은 정기 주주총회에서 결정되며 당기순이익이 많으면 배당률이 높고 당기순이익이 적으면 배당률이 낮아지는 것이 보통이지만 회사의 대외적인 신용도 등을 고려하여 배당정책에 따라 적정선에서 조정되는 경우가 일반적이다.

Q&A '배당가능이익'이란 무엇인가?

현행 상법상 기업은 배당가능이익의 범위에서 배당을 해야 한다. 국내의 경영 현실에서 배당가능이익 대비 배당금의 비율이 경영자의 배당 의지로 해석한다. 그러므로 배당가능이익배당률은 배당성향보다 그 실질적 의미가 더 크다. 상법 제462조에서 배당가능이익은 대차대조표상의 순자산액(자산 총계-부채 총계)에서 자본금, 그 결산기까지 적립된 자본준비금, 이익준비금 및 그 결산기에 적립해야 할 이익준비금을 차감한 한도 내에서 배당할 수 있다고 규정한다.

상법상 배당가능이익 = [순자산액-자본금-자본잉여금 - 법정적립금(이익준비금 등)]

상법 규정에 의하면, 기간별 순이익보다는 이익잉여금의 수준이 배당금액을 결정하는 주요한 변수가 된다. 최근 미국 기업의 배당정책을 분석함에 있어서 순이익 수준보다는 자기자본 대비 잉여금의 수준을 중요한 변수로 취급하고 있다. 잉여금 수준을 바탕으로 배당가능이익을 규정한 국내의 경우에는 배당정책을 분석함에 있어 잉여금의 중요성이 더 강조된다.

국내의 법규에 의하면, 과거 경영 실적의 악화로 자본잠식 상태의 기업이 금년에 높은 이익을 실현하더라도, 그 순이익을 배당으로 지불할 수 없다. 그러나 미국은 이익잉여금과 자본잉여금이 음(-)인 경우에도 원칙적으로 배당을 지불할 수 있도록 허용하고 있다.

10.2 배당의 종류: 현금배당, 주식배당, 청산배당

이 절에서는 배당의 종류에 대해 알아본다. 배당의 종류는 현금배당, 주식배당, 그리고 청산배당이 있다. 먼저, 현금배당에 대해 알아보자.

현금배당(cash dividend)은 가장 일반적인 형태의 배당이다. 현금배당은 이익을 기존 주주에게 주식 보유비율만큼 현금으로 나눠주는 것으로 그만큼 현금이 사외로 유출된다. 주주 입장에서는 직접 현금 확보로 인해 위험 부담이 없는 것이 특징이며 회사 입장에서는 수익의 일부를 현금으로 지급하는 만큼 현금흐름에 대한 자신감을 보여주는 것으로 인식되어 신인도 제고에 도움이 될 수 있다. 그러나 재무구조가 탄탄치 못한 경우 현금배당은 자칫 회사의 유동성 위험을 높일 여지도 있다. 즉, 현금배당은 운전자본의 직접적인 지출을 수반하므로 배당액과 지급 기일 등을 결정함에 있어서 보유 현금 잔액과 미래의 현금흐름 등을 신중히 고려해야 한다. 현금배당은 지급 방법에 따라 정규현금배당, 추가현금배당, 특별현금배당으로 분류된다.

정규현금배당(regular cash dividend)은 매년 정기 주주총회의 의결을 거쳐 정기적으로 지급되는 배당을 말한다. 일반적으로 정규현금배당은 기업의 일시적인 경영성과와 관계없이 일정하게 지급되는 경향이 있다. 추가현금배당(extra cash dividend)은 경영자가 장기적으로 기업 전망이 개선될 것이라고 확신할 수는 없지만 일시적으로 많은 이익을 얻을 경우 정규현금배당 이외에 추가적으로 지급하는 현금배당을 의미한다. 특별현금배당(special cash dividend)은 1회용 보너스의 형태로 지급되는 현금배당으로서 정상적인 배당 지급 시기가 아닌 임시 주주총회의 결의를 거쳐 지급되는 배당이다.

주식배당(stock dividend)은 배당을 현금 대신 해당 기업의 주식으로 지급하는 것을 말한다. 예를 들어 10%의 주식배당을 결정했다면, 주식을 10주 소유한 주주들은 1주를 배당으로 받는다. 주식배당의 목적은 배당 지급에 소요되는 자금을 사내에 유보하여 외부 유출을 막고, 이익배당의 효과를 나타내는 것이다. 주식배당은 단지 주식회사의 자본 구성을 변화시킨 것이다. 잉여금 또는 유보이익의 계정액이 감소한 만큼 자본 계정액이 증가하기 때문이다. 즉, 주식배당은 새로 주식을 발행하는 것(증자)이며, 현금유출이 없고 주식 증가로 자본금이 늘어나 재무구조 개선에 도움이 된다.

청산배당(liquidating dividend)은 기업의 청산 과정에서 채권자 지분을 지급하고 남은 재산을 주주에게 나누어주는 것을 말한다. 따라서 청산배당은 이익잉여금의 잔액을 초과하여 배당하는 경우이다. 이것은 이익배당이 아니라 주주가 불입한 자본을 환급하는 것으로 볼 수 있다. 청산배당은 기업의 정상적인 영업 성과를 배분하는 것은 아니므로 일반적인 배당과는 성격이 다르다.

10.3 배당지급절차

우리나라의 상법에서는 매 사업연도의 결산 후 주주총회의 의결을 거쳐 지급되는 것이 보통이며, 이사회의 의결이 있는 경우 사업연도 중에 중간 배당 또는 분기 배당을 지급할 수 있다. 배당금의 지급은 주주총회 의결이나 이사회 의결 후 1개월 이내에 지급하도록 상법에서 규정하고 있다. 주주총회는 사업연도 경과 후 2~3개월 후에 개최되기 때문에 배당받을 수 있는 주주의 자격을 결정하는 배당 기준일과 실제로 배당금이 지급되는 배당 지급일과는 상당한 시간적 차이를 갖는다. 배당지급절차와 관련된 용어로는 배당 기준일, 배당락일, 배당 공시일, 배당 지급일 등이 있다.

배당 기준일(record date)은 사업연도의 마지막 날로 배당을 받을 권리를 갖는 주주를 확정하기 위한 기준일이다. 따라서 배당 기준일은 주주명부를 폐쇄하는 날로 주식의 명의개서가 가능한 마지막 일이다. 12월말 결산법인의 경우에는 당해 사업연도의 마지막 일인 12월 31일이 배당 기준일이 된다.

배당락일(ex-dividend date)은 배당을 받을 권리가 상실되는 첫 거래일이다. 주식 거래일과 결제일 사이에 기간의 차이가 있으므로 배당 기준일에 주주로 등재되어 배당을 받을 권리를 갖기 위해서는 배당 기준일 이전에 결제가 이루어져야 한다. 이와 같이 거래일과 결제일의 차이로 인하여 배당을 받을 권리가 상실되는 첫 거래일을 배당락일이라 한다. 우리나라는 거래 체결일을 포함하여 거래 체결일로부터 3일째 되는 영업일에 결제가 이루어지므로 배당락일은 배당 기준일 1일 전이다. 6월30일 결산법인의 경우 6월28일 이전에 거래가 되어야 실질적인 배당을 받을 수 있고, 6월29일이 배당을 받을 수 없는 첫 날, 즉 배당락일이 된다. 12월 말 결산법인의 경우 주식시장이 연말 마지막 영업일은 휴장하므로 12월 마지막 거래일 바로 전 거래일이 배당락일이 된다.

배당 공시일(announcement date)은 기업이 정한 배당에 관한 구체적인 내용이 주식시장에 공표되는 날이다. 배당에 관한 사항은 이사회에서 결정하며 이에 대한 승인을 주주총회에서 받는다. 따라서 배당 공시는 기업에 따라 이사회의 결의

일이나 또는 주주총회의 승인이 이루어진 주주총회일에 이루어질 수 있다. 상장법인의 주주총회는 매 사업연도 말일부터 90일 이내에 개최하도록 규정되어 배당 공시일은 일정하게 정해진 날은 없으나 사업연도 말일로부터 90일 이내로 볼 수 있다.

배당 지급일(payment date)은 주주에게 실제로 배당금을 지급하는 날이다. 주주총회에서 배당 지급과 재무제표에 대한 승인 결의 후 1개월 내에 배당을 지급해야 하므로 배당 지급일은 배당 공시일로부터 1개월 이내이다.

우리나라의 경우 배당락일과 배당 공시일 사이에 약 2개월 정도의 시간 차이가 발생하기 때문에 배당락에 따른 주가의 조정과 투자자 보호가 이루어지지 않는 문제점도 있다.

10.4 배당정책과 기업가치에 관한 논쟁

배당과 관련된 중요한 연구주제 중 하나는 배당정책과 기업가치의 영향에 관한 연구이다. '기업이 적절한 배당정책을 취함으로써 기업가치 또는 주주의 부를 증가시킬 수 있는가'의 문제는 아직까지도 상반된 주장이 나오고 있다. 보수 진영에서는 배당증가가 기업가치를 증대시킨다고 믿는다. 급진 진영에서는 고배당정책은 기업가치를 감소시킨다고 믿는다. 중앙의 중도파는 배당정책은 기업가치와 관련성이 없다고 주장한다. 이와 관련된 논의는 다음과 같은 세 가지로 요약할 수 있다.

첫째, 배당이 기업가치에 유리한 영향을 준다는 주장이다. 배당으로 지급하지 않고 사내에 유보시킨 이익은 미래의 재투자에 사용되며, 이때 미래의 재투자 성과는 불확실하므로 주주의 수중에 있는 현금이 더 높게 평가된다는 것이다. 일반적으로 투자자들은 배당이 지속적으로 지급되거나 고배당을 선호하기 때문에 저배당이나 배당 생략은 주가에 부정적인 영향을 준다. 이와 같은 배당의사결정에 따른 투자자들의 반응은 신호이론(signaling theory)과 대리인이론(agency theory)으로 해석할 수 있다. 신호이론에 따르면, 고배당은 현재 및 미래 기업의 수익성과 성장성이 좋을 것이라는 신호인 반면, 저배당 또는 배당 생략은 현재와 미래 수익성과 성장성이 좋지 않을 것이라는 신호로 시장에서 해석될 가능성이 있다는 것이다.

또한 배당은 경영자의 과잉 투자 문제(overinvestment problem)를 해결하는 효과적인 내적 통제 수단으로 활용된다. 지속적인 배당 지급은 기업 내부의 현금 보유를 최소화시켜 대리인 문제(agency problem)를 감소시킬 수 있다(대리인이론). 즉, 경영자는 내부 잉여 현금을 자신의 사적 이익을 위하여 자본비용을 밑도는 불필요한 투자나 제국 건설(empire building)을 위해 유용할 유인이 있기 때문에 배당은 이러한 대리인 비용을 절감하는 효과가 있다. 이처럼 투자자들의 현재 수입 선호, 대리인 비용의 감소, 배당의 긍정적인 신호효과 등으로 인해서 배당이 기업가치에 긍정적이라고 주장한다.

둘째, 배당이 기업가치에 불리한 영향을 준다는 주장이다. 배당 지급으로 인한 추가적인 자본조달비용 발생, 불리한 세금효과 등으로 인해 배당이 기업가치에 부정적이라는 주장이다. 주식매매차익(자본이득)에 대한 세율보다 배당소득에 대한 세율이 더 높기 때문에 배당이 오히려 불리하다는 것이다.

셋째, 배당정책은 기업가치와 관계가 없다는 주장이다. 주주가 기업의 소유주이기 때문에 이익을 사내에 유보하거나, 주주의 수중에 넣어두거나 차이가 없다는 것이다. 이것은 중도파의 의견인 'MM 이론'을 말하며 재무학과 금융학의 고전 이론이다. 'MM 이론'은 1961년 발표된 밀러와 모디글리아니(Miller and Modigliani, MM)의 연구, "Dividend Policy, Growth and the Valuation of Shares"에서 발표된 이론이다. MM은 자본시장이 완전하다는 가정하에서 배당정책은 기업가치와 관계가 없다는 배당 무관련 이론(irrelevance theory of dividend)을 주장하였다. MM이 가정한 완전자본시장(perfect capital market)은 자금을 외부에서 얼마든지 조달할 수 있으며, 세금과 거래 비용이 없고, 시장의 정보가 누구에게나 완전하게 전달된다는 내용을 포함하고 있다. 즉, MM은 거래 비용과 세금 그리고 경영자와 주주 간에 정보 비대칭이 존재하지 않는 완전자본시장에서 배당은 기업가치와 무관함을 이론적으로 입증하였다.

대부분 기업이나 투자자들은 배당정책이 기업가치에 많은 영향을 미친다고 생각하고 있으며, 경영자들은 자본시장은 완전한 것이 아니기 때문에 최적 배당정책이 있는 것으로 믿고 있다. 다수의 실증연구에서 배당과 주식수익률 간에 정(+)의 관련성이 있음을 증명하였다. 실제 기업에서 배당정책을 수행하는 데 고려하는 중요한 요인은 다음과 같다.

(1) 당기순이익

배당결정에 있어 중요한 요인은 기업의 순이익이 얼마나 발생하였는가이다. 순이익이 많이 발생하면 주주들은 많은 배당을 기대하게 되므로 기업은 이러한 점을 감안하여 배당액을 결정하는 것이 보통이다.

(2) 기업의 유동성

사내 유보이익은 계속 현금으로 남아 있는 것이 아니고, 새로운 투자나 기존 투자의 운영과 관리에 쓰이게 된다. 높은 이익이 수년간 지속되었다 하더라도 반드시 현금을 많이 보유하고 있는 것은 아니다. 특히 성장이 빠른 기업은 언제나 자금의 필요성을 느끼며, 현금의 부족으로 충분한 유동성을 확보하기 힘든 경우가 많다. 이러한 경우에는 현금배당을 되도록 줄이는 것이 바람직하다.

(3) 새로운 투자기회

새로운 투자기회로부터 예상되는 수익률이 높은 경우에는 배당 대신에 사내에 유보하여 이들 자금으로 투자하는 것이 유리하다.

(4) 부채 상환 의무

부채가 많아서 앞으로 부담해야 할 금융비용이 매우 크거나 원금에 대한 상환 기일이 다가온 기업은 부채 상환에 필요한 자금을 확보해야 하므로 배당을 억제해야 할 것이다.

(5) 기업의 지배권

투자나 부채 상환을 위해 새로운 자금이 필요할 때 유보이익으로 자금을 조달한다면, 대주주의 기업 지배권에 문제가 없다. 그러나 사채를 발행하거나 보통주를 발행하여 자금을 조달하면 새로운 채권자나 주주의 등장으로 대주주의 지위에 영향을 미칠 가능성이 있다. 이와 같은 기업은 과다한 배당을 억제하고 사내 유보를 하려는 경향이 강하다.

(6) 기타 요인

기업의 이익이 안정적인 회사는 미래 현금흐름을 예측할 수 있으므로 배당성향을 높이는 경향이 있다. 그러나 미래 기업의 이익이 불안정하거나 불확실한 경우 미래의 현금이 고갈될 위험을 방지하기 위하여 사내 유보를 하는 경향이 강하다. 또한 기업이 자본시장이나 금융기관으로부터 사채나 차입금을 쉽게 얻을 수 있는 경우에는 그렇지 못한 기업보다 배당성향을 높일 수 있으며, 자본구조가 부실한 기업은 이익을 유보함으로써 자본구조를 개선하고자 한다.

또한 물가 상승도 배당정책에 영향을 미치게 된다. 즉, 인플레이션 상황에서는 감가상각비만큼의 단순 재투자로는 그 자산의 생산 능력과 동일한 생산 능력을 갖는 새로운 자산을 구입할 수 없으므로 기업은 이익의 일부를 사내에 유보해야 그 자산의 실질적인 가치를 유지할 수 있다.

이처럼 경영자는 배당을 결정할 때 미래 이익에 대한 전망뿐만 아니라 사업 위험의 불확실성, 현금의 이용 가능성, 미래의 투자기회 등 다양한 요인을 고려한다.

10.5 배당결정요인 및 배당정책에 관한 연구

배당과 관련된 중요한 연구주제 중 다른 하나는 배당지급여부를 결정하는 요인 분석과 배당예측모형을 구축하여 예측성과를 분석한 연구들이다. 최근 배당 정보에 대한 중요성이 높아지고 있는 상황에서 배당 정보에 대해 투자자들의 요구는 증가하고 있으며 재무분석가들이 정확한 배당 예측치 정보를 제공하기 위해 노력하고 있다. 그러나 재무분석가들은 성과가 좋은 기업들의 성장률을 과대평가하는 반면에, 성과가 나쁜 기업들의 성장률을 과소평가하는 경향이 있으며, 긍정적인 정보에 대해서는 과대 반응하는 반면, 부정적인 정보는 과소평가하는 경향이 있다. 이처럼 인간의 예측정확성 한계와 통계기법의 비현실적인 가정으로 인해 최근에는 인공지능기법을 기반으로 배당예측모형을 구축하고 있다.

배당의사결정과 배당예측에 영향을 미치는 변수들은 매우 다양하며, 경영자의 자의적 판단과 과거 지급 관행에 의해 결정된다. 일반적으로 배당성향, 기업규모, 이익수준, 연구개발비, 내부 지분율, 투자기회 등이 배당의사결정에 영향을 미친다. 기관투자자와 외국인 투자자들은 일반 투자자보다 자금 운용 규모가 크고, 상대적으로 높은 지분율을 보유하고 있어 기업의 미래 가치에 대한 관심이 높다. 기관투자자나 외국인 지분율이 높은 기업일수록 배당성향이 높은 것으로 나타나 투자자들의 성향에 따라 기업의 배당정책이 많은 영향을 받고 있음을 알 수 있다. 배당정책 관련 선행연구의 정리는 다음과 같다.

육근효(1989)는 매출액성장률, 최대 주주 지분율 그리고 기업 베타 값이 배당성향과 유의한 음(−)의 관계를 갖는다고 주장하였다. 윤봉한(2004)은 1984년부터 2001년까지 국내 상장기업을 대상으로 Fama와 French(2002)가 제시한 모형을 이용하여 목표 배당성향을 추정한 결과, 수익성이 높고, 투자기회가 적을수록 목표

배당성향은 증가하나 기업규모가 감소할수록 배당성향이 증가한다는 결과를 제시하였다.

박경서 등(2003)은 국내 기업의 배당결정은 기업규모, 부채비율, 영업이익 및 현금흐름뿐만 아니라 배당 후의 자금조달규모와도 유의한 관계가 있음을 증명하였다. 장승욱과 임병진(2010)은 최대 주주 지분율, 기업규모, 성장기회, 수익성 및 외국인 지분율 등의 기업 특성변수들이 배당정책에 유의한 효과를 미친다고 주장하였다. 이장우 등(2011)은 지배구조가 배당정책에 중요한 영향을 미치며 내부자 소유 지분율과 외국인 지분율이 높을수록 배당수준이 높고 기업가치도 상승한다고 주장한 바 있다.

이한득(2012)은 고배당 기업일수록 재무건전성, 수익성 그리고 성장성이 높은 것으로 분석되었다. 고배당 기업은 매출액이나 이익의 변동성이 작으며 외국인 투자자의 투자 비중이 높을 뿐 아니라 저금리가 계속될수록 주가가 우상향하는 패턴을 보인다고 주장하였다. 남혜정(2012)은 배당의 정보효과를 배당성향으로 측정하여 배당성향과 재무분석가의 낙관적인 이익 예측 편의 관련성을 분석하였다. 연구결과, 배당정보는 기업의 미래 성과에 긍정적인 정보이므로 재무분석가는 이러한 배당정보에 과대 반응하여 낙관적 이익 예측치를 발표한다고 주장하였다.

정현욱과 이강일(2018)은 배당예측모형에 관한 주요 변수로 기업규모(총자산), 손실 여부(당기순이익 더미변수), 부채비율, 매출액영업이익률, 영업활동현금흐름, 외국인 지분율, 대형 회계법인 여부(big firm이면 1), 기업 베타 등을 제시하였다. 김진우(2016)는 기업규모(총자산), 매출액성장률, 부채비율, 외국인 지분율, 대주주 지분율, 배당성향 등을 이용하여 배당예측모형을 구축하였고, 이들 변수들이 배당지급여부에 중요한 요인이라고 주장한 바 있다.

최근의 회계학 연구에서는 배당이 가지는 신호효과를 회계이익의 질과 관련지어 연구가 수행되고 있다. 배당을 지급하는 기업의 회계이익의 질(이익 유연화, 이익 지속성 및 발생액의 질)이 배당을 지급하지 않는 기업의 회계이익의 질보다 높은 것으로 보고되고 있다. Lawson과 Wang(2016)은 배당이 피감사 기업 회계이익의 질에 대한 정보를 제공함으로써 감사위험(audit risk)을 감소시킨다는 연구결과를 제시하였다. 이들은 감사인이 배당을 지급하지 않는 피감사 기업보다 배당을 지급하는 피감사 기업에 대하여 보다 낮은 감사 수수료(audit fee)를 요구한다고 주장하였다.

10.6 배당지급여부를 결정하는 특성변수

기존 국내외 배당관련 선행연구를 정리한 결과, 기업규모(총자산), 배당성향, 손실 여부(당기순이익 더미변수), 유동비율, 부채비율, 매출액증가율, 총자산영업이익률, 내부 지분율, 외국인 지분율, 대형 회계법인 여부, 기업 베타 등이 배당지급여부를 결정하는 특성변수로 도출되어 이들 변수를 기반으로 배당예측모형을 구축할 수 있다(표 10.2 참조). 공통적으로 기업규모, 배당성향, 현금흐름, 투자기회, 수익성, 지배구조, 감사 품질 등의 기업 특성변수들이 중요한 배당정책의 결정요인이 된다.

표 10.2 배당예측모형 구축을 위한 독립변수 예시

변인	변수명	산출식	구분
Y	배당지급여부	현금배당 지급(1), 그렇지 않으면(0)	종속변수
X_1	기업규모	시가총액에 자연로그를 취한 값	규모
X_2	코스닥 상장 여부	코스닥 상장기업(1), 아니면(0)	
X_3	배당성향	= 총배당액/당기순이익 = 3개년 현금배당금/3개년 당기순이익	배당정책 변수
X_4	배당 수익률	= 3개년 평균 배당수익률	
X_5	손실 여부	당기순손실(1), 아니면(0)	손실 여부
X_6	유동비율	= (유동자산/유동부채)×100	유동성 변수
X_7	당좌비율	= (당좌자산/유동부채)×100	
X_8	부채비율	= (총부채/자기자본)×100	안정성 변수
X_9	이자보상비율	= (영업이익/이자비용)×100	
X_{10}	총자산증가율	= [(기말 총자산 − 기초 총자산)/기초 총자산]×100	성장성 변수
X_{11}	매출액증가율	= [(당기 매출액 − 전기 매출액)/전기 매출액]×100	
X_{12}	매출액순이익률	= (순이익/매출액)×100	수익성 변수
X_{13}	총자산영업이익률	= (영업이익/총자산)×100	
X_{14}	내부 지분율	특수 관계인을 포함한 대주주 1인 지분율	지배구조 변수
X_{15}	외국인 지분율	외국인 투자자 지분율	
X_{16}	연기금 지분율	4대 연금(국민, 공무원, 사학, 군인) 지분율	
X_{17}	대형 회계법인 여부	대형 회계법인(1), 아니면(0)	감사 품질
X_{18}	기업베타	체계적인 위험, 신용평가기관 제공	변동성

[표 10.2]와 같이 배당예측모형 구축을 위해 총 18개의 독립변수를 제안하였다. 종속변수는 배당지급여부를 나타내는 더미변수로 현금배당 지급이면 '1'의 값을 부여하고, 그렇지 않은 경우 '0'의 값을 부여한다. 다음으로 독립변수의 조작적 정의와 측정을 살펴보면 다음과 같다.

첫째, 기업규모 변수이다. 기업규모는 시가총액에 자연로그를 취하여 사용한다. 기업규모가 작을수록 대리인 비용이 감소하기 때문에 배당을 적게 하거나 무배당정책을 수행할 가능성이 높다. 일반적으로 기업규모가 작은 경우 신용상태가 불안정할 가능성이 높고 이익이 줄어든 경우에 차입이나 신주 발행 등 외부자본의 접근이 어렵기 때문에 배당을 적게 지급할 것이다. 또한 추가적으로 코스닥 상장 여부 더미변수를 고려하였다. 코스닥 기업은 거래소 기업보다 기업 연수가 적고 성장 기업인 경우가 많기 때문에 변동성과 불확실성이 증가하여 저배당 성향이 높을 것으로 예상된다.

둘째, 배당관련 변수이다. 배당성향은 총배당액 대비 당기순이익으로 측정할 수 있으며 배당수익률 또는 배당률을 대용치로 사용할 수 있다. 배당수익률은 3개년 평균 배당수익률로 산출되며, 배당률은 현금배당액을 평균 총자산으로 표준화한 값을 말한다. 자발적 저배당 및 배당생략기업은 높은 성장 가능성 예측에 기반하여 유보이익을 배당으로 유출하지 않고 재투자 자원으로 활용한다. 또한 손실 여부에 관한 더미변수를 고려할 수 있다. 해당 기에 당기순손실이 발생한 경우 배당 지급 여력이 낮아진다.

셋째, 유동성 관련 변수이다. 유동비율과 당좌비율은 기업의 유동성을 평가하는 데 이용되는 대표적인 지표이다. 이들 비율은 현금보유비율로 대용해서 이용할 수 있다. 유동성이 풍부한 기업은 배당성향이 높고, 유동성 위기의 기업은 현실적으로 배당을 지급하기 어렵다. 따라서 유동비율과 당좌비율은 배당지급여부와 양(+)의 관련성을 갖는 것으로 예상할 수 있다.

넷째, 안정성 관련 변수로 부채비율과 이자보상비율을 말한다. 이들 비율은 회사의 재무구조 분석 결과로 단기채무지불능력인 유동성과 경기대응능력인 안정성을 측정하는 지표다. 부채비율은 총부채 대비 자기자본으로 구성된 재무건전성 지표로 부채비율이 높다면 재무곤경위험이 증가한다. 부채비율이 높으면 자본조달의 어려움과 더불어 높은 이자비용과 파산 위험을 부담하게 되므로 배당을 감소시킬 것이다. 기업의 리스크가 높은 경우 과다한 자금조달비용의 지출을 방지하기 위해 자금을 내부에 유보해야 할 필요성이 증가한다.

다섯째, 성장성 관련 변수로 총자산증가율과 매출액증가율을 고려할 수 있다.

총자산증가율과 매출액증가율은 투자기회 및 성장기회를 측정할 수 있는 변수이다. 회사의 높은 성장 가능성 예측에 기반하여 이익을 배당하지 않고 유보함으로써 이를 투자 자원으로 활용하기 위함이다. 과거 성장률을 기반으로 예측한 미래 성장 가능성이 높다고 판단할 때 기업은 신규 투자를 위해 기업 내부에 더욱 많은 현금을 유보할 가능성이 있다. 성장성 변수의 대용 변수로 당해연도 초과 연구개발비 투자비율을 이용할 수 있다. 총연구개발비 비율은 (자산처리+비용처리 연구개발비) 대비 평균 총자산으로 산출할 수 있다.

여섯째, 수익성 관련 변수로 매출액순이익률과 총자산영업이익률을 고려할 수 있다. 수익성비율은 기업이 주주와 채권자로부터 조달한 자본을 영업활동, 투자활동, 재무활동에 투자하여 얼마나 효율적으로 이용하였는가를 나타내므로 이해관계자들의 의사결정에서 중요한 정보원으로 이용된다. 매출액순이익률과 총자산영업이익률은 배당지급여부와 양(+)의 관련성을 갖는 것으로 예상할 수 있다.

일곱째, 지배구조와 관련된 변수로 내부 지분율, 외국인 지분율, 그리고 연기금 지분율을 고려할 수 있다. 내부 지분율은 특수 관계인을 포함한 대주주 1인 지분율이며, 외국인 지분율은 외국인 투자자 지분율을 말한다. 연기금 지분율은 4대 연금(국민연금, 공무원연금, 사학연금, 군인연금)의 지분율을 말한다. 이들 지분율은 주주와 경영자의 대리인 문제를 완화하는 효과적인 모니터링 수단으로 이용된다.

외국인 투자자와 연기금은 일반 투자자에 비해 투자 금액이 크고 상당한 지분율을 보유한 기관투자자라는 점에서 국내 기업의 배당의사결정에 중요한 영향을 미치고 있다. 일반적인 외국인 투자자들은 경영권 행사보다는 고배당을 선호하며 외국인 투자자의 영향력이 증가함에 따라 배당 압력이 증가하고 있다. 그러나 한편으로 외국 자본은 단기 투자 성향이 강해 시세 차익 위주의 투자 대금 회수와 무리한 배당 요구로 기업의 안정적인 자본조달과 장기적 투자를 저해한다는 비판도 제기되고 있다. 연기금은 정보 수집, 분석 및 해석 능력이 탁월하여 정보 열위에 있는 일반 투자자에게 해당 기업의 내재 가치에 대한 정보를 전달하는 정보 중개인으로서 역할을 수행하고 있다. 내부 지분율, 외국인 지분율, 그리고 연기금 지분율은 배당지급여부와 양(+)의 관련성을 갖는 것으로 예상할 수 있다.

마지막으로 감사 품질 및 변동성 관련 변수로 대형 회계법인(BIG 4) 감사 여부에 관한 더미변수와 기업 베타를 고려할 수 있다. 대형 회계법인에 의한 감사 품질이 재무제표의 신뢰성을 제고하여 정보 비대칭을 줄일 수 있을 것으로 인식되기 때문에 배당지급여부에 영향을 미치는 것으로 예상할 수 있다. 기업 베타는 체계적인 위험을 말하는 것으로 국내 신용평가기관에서 발행한 기업 베타를 이용할 수 있다. 베타계수를 기준으로 기업의 위험 수준을 고위험 집단과 저위험 집단으로 분류할 수 있다. 배당주나 내수 성장주는 저변동성 주식으로 분류되며 이들 주식은 기관이나 외국인 투자자 지분이 많고 비교적 주가 변동 폭이 크지 않다는 특징을 지니고 있다.

[표 10.2]에서 제시한 독립변수를 기반으로 다양한 통계기법 및 인공지능기법을 이용한 배당예측모형의 구축이 가능하다. 배당예측모형을 구축하기 위한 데이터 수집 시 고려해야 할 사항이 있다. 먼저, 우리나라 유가증권 및 코스닥 상장기업 중 12월 결산법인 비금융업을 분석 대상으로 선정해야 한다. 금융업은 일반업종에 비해 회계처리기준과 해석 방법이 다르다. 또한 자본이 양(+)인 기업, 감사의견이 적정인 기업을 고려해야 한다. 감사의견이 적정이 아닌 기업의 경우 회계자료를 포함한 공시자료의 신뢰성이 떨어지는 경우가 많다.

10.7 배당의 고객효과와 배당의 안정성

생활을 위해 정기적으로 현금이 필요한 나이가 많은 주주들은 배당성향이 높은 주식에 투자하고, 미래의 주가 상승을 기대하는 투자자들은 배당성향이 낮은 주식에 투자한다. 또한 소득이 많아 높은 한계세율을 부담하는 주주들은 배당성향이 낮은 주식에 투자하며, 한계세율이 낮은 투자자들은 배당성향이 높은 주식에 투자한다. 이와 같이 투자자들이 각기 자신의 특정한 선호를 만족시킬 수 있는 배당성향을 가진 주식에 투자하는 것을 배당의 고객효과(clientele effect of dividend)라 한다.

기업들은 각자의 배당정책과 이해가 일치하는 투자자들과 시장을 형성하며, 각각 분리된 시장에서 수요와 공급에 따라 주가가 결정된다. 즉, 높은 배당을 유지하는 기업들은 세율이 낮은 투자자들과 시장을 형성하여 높은 배당금을 지급하고 높은 자본이득을 실현시켜주는 기업들은 세율이 높은 투자자들과 시장을 형성하여 각각 시장 균형 가격을 형성한다.

배당 결정에서 현실적으로 중요한 것은 안정배당정책(dividend smoothing)을 취하는 것이다. 대부분의 기업들이 이익이 급격히 변동할지라도 배당금은 이와 관계없이 안정시키려고 한다. 많은 기업들은 목표 배당(target dividend)을 설정하여 기업의 수익성과는 독립적으로 안정배당정책을 수행한다. 이익의 일시적인 증가만으로 배당금을 변경하지 않고 이익의 증가가 미래에도 지속될 경우에 비로소

배당금을 증가시킨다.

린트너(Lintner)는 미국 기업들의 배당정책에 관한 실증연구를 통해 다음과 같은 연구결과를 제시하였다.

첫째, 기업들은 장기 목표 배당성향(long-term target dividend payout ratio)을 설정하여 이익의 일정 비율을 배당으로 지급한다. 일반적으로 성숙 기업은 높은 배당성향을 가지며 성장 기업은 낮은 배당성향을 갖는다.

둘째, 경영자들은 배당금의 절대액보다는 전년도에 비해 얼마나 늘거나 줄었는가를 보여주는 배당금의 변화액을 더 중요시한다.

셋째, 기업들은 배당금을 갑자기 늘리거나 줄이지 않고 그 변화를 완만하게 하려고 한다. 기업의 성과가 좋다고 하여 배당금을 크게 늘리면 다음 기의 배당금 지급 시 부담이 되며, 기업의 성과가 나쁘다 하여 배당금을 크게 줄이면 기업가치에 나쁜 영향을 주기 때문이다. 이것을 배당의 정보효과(information content of dividends)라 한다. 배당의 정보효과는 배당이 기업의 수익성에 관한 정보를 전달하여 주가에 영향을 미치게 된다는 이론이다. 예를 들어 안정적인 배당금을 지급하는 기업이 갑자기 배당성향이나 배당액을 축소시키면 기업의 내부 경영을 잘 알지 못하는 일반 투자자는 해당 기업의 수익성에 차질이 생긴 것으로 이해할 수 있다. 따라서 배당수준은 그 자체가 바로 주가 변동을 야기하는 정보가 된다는 것이다. 다수의 실증분석 연구결과도 정도의 차이는 있으나 배당에 관한 정보가 주가에 영향을 미치는 것으로 나타났다.

 **실증 연구**

❶ 경영자들은 배당 감소에 대해 어떻게 생각하는가?

경영자들이 배당정책에 있어서 안정성을 중요하게 여긴다는 Lintner(1956)의 연구 이래로 많은 실증연구에서 경영자들이 배당 감소에 대해 꺼리는 경향이 있다는 연구가 보고되었다. Brav 등(2005)의 연구에 따르면 인터뷰에 참여한 88%의 경영자가 배당 감소가 자본시장에서 부정적 결과를 초래한다는 점에 동의하였고, 65%의 경영자는 자본시장에서 다시 자본을 조달하더라도 배당의 유지를 선호한다고 주장하였다. 경영자가 배당을 유지하거나 점진적으로 증가시키기를 원하는 이유는 배당정책이 자본시장에서 정보 위험을 낮춤으로써 자본조달에 유리하기 때문이다. Brickely(1983)는 일시적인 배당으로 명시된 배당의 경우 정기적인 배당의 증가에 비해 주가에 미치는 영향이 더 작다고 보고하였다. 이는 정기

적으로 배당을 증가시키는 정책일수록 신호 전달의 효과가 더 크다는 것을 보여
주는 연구결과이다.

❷ 배당정책과 수명주기이론

DeAngelo 등(2006)은 배당정책과 관련하여 수명주기이론(life-cycle theory)을 제시
하였다. 수명주기이론에서 기업의 최적 배당정책은 잉여현금흐름의 수요에 의해
결정된다. 배당 지급은 높은 수익성을 갖는 반면에 상대적으로 투자기회가 적은
성숙기의 기업에서 주로 나타나고 투자기회가 풍부한 도입기, 성장기 기업의 경
우 미래 재투자를 위해 배당 지급보다 내부 유보를 우선하는 재무전략을 취하게
된다.

　DeAngelo 등(2006)은 기업 수명주기의 대용치인 유보이익 대 보통주의 장부가
비율과 배당성향과는 양(+)의 관계를 갖는다고 보고하였다. 즉, 기업의 잉여현금
흐름의 분포에 따른 자금 수요에 의해 최적 배당정책이 결정된다. 도입기의 신생
기업은 상대적으로 풍부한 투자기회를 갖고 있지만 내부 잉여 자금이 제한되어
있다. 반면에 성숙기 기업은 높은 수익성을 갖고 있으나 수익성을 만족시키는 투
자기회가 많지 않다. 따라서 현금흐름의 수요에 맞추어 도입기의 신생 기업은 낮
은 배당성향을 갖게 되고 성숙기 기업은 높은 배당성향을 갖게 된다. 기업의 배
당성향은 기업규모, 수익성, 성장기회, 유보이익 대 자기자본비율과 밀접한 관계
를 갖고 있다고 주장한다. 수익성과 유보이익 대 자기자본비율이 높은 기업은 배
당성향이 높다. 수익성이 높고 성장률이 낮은 기업은 이익 배분을 많이 하는 반
면 수익성이 낮고 성장률이 높은 기업은 유보이익을 내부 유보로 남겨둔다.

　일반적으로 불황기에 주식시장의 붕괴 현상을 경험한 투자자들은 위험 자산보
다는 상대적으로 안전 자산을 선호하며 이에 따른 배당 수요량 증가로 인해 기업
은 배당 지급을 증가시키는 재무전략을 선택하게 된다. 최근의 글로벌 금융위기,
유럽 재정 위기에서 발생한 금융시장의 위험 증대는 투자자 입장에서 안전한 수
익과 상대적으로 높은 수익률을 실현시킬 수 있는 고배당주에 대한 관심을 제고
시켰다. 이와 더불어 국내 경제 성장의 둔화에 의해 장기간 저금리 정책이 지속
될 것으로 예측되면서 미래 고령화 사회에 대비하는 일반 투자자는 공격적 투자
전략보다는 배당주와 같은 안전 자산을 선호하는 현상이 강해지고 있다. 이처럼
금융시장에서는 배당의사결정 및 배당정책의 역할이 보다 중요하게 되었으며 배
당예측모형의 필요성도 날로 강조되고 있다.

10.8 다양한 배당정책: 자사주 매입, 주식배당, 그리고 주식분할과 병합

기업의 배당정책과 관련하여 경영자는 자사주 매입, 주식배당, 그리고 주식분할과 병합이라는 재무정책을 사용한다. 기업은 현금배당 대신에 자사 주식의 매입으로 배당을 대신할 수 있다. 또한 기업은 주주가 보유하고 있는 주식 수에 비례하여 일정 비율의 주식을 지급하기도 하며, 기존 주식 1주를 여러 주로 분할하거나 여러 주의 기존 주식을 새로운 1주의 주식으로 병합하기도 한다. 이 절에서는 자사주 매입을 포함한 다양한 배당정책을 살펴보고자 한다.

첫째, 자사주 매입(stock repurchases)은 기업이 현금배당을 지급하는 대신 배당할 현금으로 자사 주식을 매입하는 것을 말한다. 자사주 매입을 통해 기업이 보유하고 있는 주식을 금고주(treasury stock)라고 부른다. 자사주 매입은 배당할 수 있는 현금으로 해당 기업의 주식을 매입함으로써 주주에게 현금을 지급하는 효과를 갖게 되므로 일종의 배당정책으로 볼 수 있다. 또한 발행주식수를 줄임으로써 향후 주주들에게 더욱 많은 주당 이익과 배당을 지급할 수 있다. 배당소득세율이 자본이득세율에 비해 높은 우리나라의 경우에는 자사주 매입이 현금배당에 비해 주주에게 더 유리한 결과를 가져올 수 있다. 자사주 매입은 주식 유통 물량을 줄여주기 때문에 주가 상승 요인이 되고 자사주 매입 후 소각하면 배당처럼 주주에게 이익을 환원해주는 효과가 있다.

자사주 매입은 적대적 인수·합병(M&A)에 대비하여 경영권을 보호하는 수단으로 쓰이기도 한다. 자사주가 그 자체로 우호 지분으로 쓸 수는 없지만 우호적인 기업과 서로 주식을 교환하는 방식으로 우호 지분을 확보할 수 있다. 자사주를 사는 돈은 자기자금이어야 하고 자사주 취득 한도는 자본 총계에서 자본금과 자본준비금, 이익준비금을 제외하고 남은 금액인 '상법상 배당가능한이익'이어야 한다. 미국은 2000년대 이후부터 현금배당보다 자사주 매입이 더 큰 비중을 차지하고 있다. 우리나라의 경우에도 2000년대 이후 자사주 매입이 기업의 배당정책 방법으로 자주 이용되고 있다.

둘째, 주식배당(stock dividends)이란 보통주 소유주에게 배당을 현금으로 지급하는 대신에 주식으로 지급하는 것을 말한다. 주식배당은 신주를 발행함으로써 행해지는데, 이는 형식적인 배당에 불과하며 이론적으로는 현금배당과 달리 아무런 가치가 없다. 주식배당금이 유보이익을 나타내는 이익잉여금에서 보통주로 옮겨가므로 총자기자본에는 변화가 없다. 다만 재무상태표상에서 자기자본의 구조가 변하고 발행주식수만 늘어난다. 즉, 주식배당은 이론상으로는 주주의 입장에서 아무런 의미가 없다.

기업에서 주식배당을 사용하는 이유는 바로 기업의 현금유출을 막고 사내에 유보하기 위해서이다. 기업이 급격히 성장하여 많은 자금이 필요할 때 현금배당은 기업의 유동성을 악화시키므로 현금배당 대신 주식으로 배당하는 것이다. 또한 거래의 용이성 측면에서 주가를 조정하기 위해 주식배당을 사용하기도 한다. 높은 가격의 주식은 일반 투자자들이 거래하는 데 불편을 느낄 수 있으므로 기업에서는 주식의 가격을 기업이 원하는 적절한 범위에 두기 위해 주식배당을 한다.

셋째, 주식분할(stock splits)과 주식병합(reverse splits)은 그 성격이 주식배당과 유사하고, 주식분할이나 병합도 미래 기업의 배당정책에 영향을 미치므로 특수배당정책으로 볼 수 있다. 주식분할은 기존의 1주를 분할하여 그 이상의 주식 수로 만드는 것이다. 이로 인해 발행주식수는 늘고 반대로 액면가는 줄어든다. 기업의 성장으로 주당 이익이 커지면 주가가 높아져서 시장에서의 거래가 힘든 경우가 많은데, 이때 주식분할을 통해 적절한 가격으로 조정할 수 있다. 즉, 주식분할은 주식의 거래를 원활히 하고, 주가의 안정을 얻을 목적으로 행해진다. 주식분할은 발행된 주식 수를 늘리고, 주식병합은 발행주식수를 줄이는 것이다. 대체로 기업들은 기업의 주가가 지나치게 낮아지는 것을 기피한다. 재정난이나 다른 이유로 주가가 하락한 경우 주식병합을 통해 주가를 적절한 수준에 올려놓으려 하는 것이 주식병합의 유일한 이유이다.

10.9 배당정책 관련 이론: 신호이론과 대리인이론

밀러와 모디글리아니(Miller & Modigliani: MM)는 자본시장이 완전하다는 가정하에서 배당정책은 기업가치와 관계가 없다는 배당 무관련 이론(irrelevance theory of dividend)을 주장하였다. 배당 무관련 이론 이후 실제 자본시장에서 발생할 수 있는 거래 비용, 대리인 비용, 세금, 정보 비대칭 등을 고려한 실증연구들이 수행되었다. 대표적으로 배당정책 관련 이론은 신호이론(signaling theory)과 대리인이론(principal-agent theory)으로 구분할 수 있다.

첫째, 배당신호이론에 의하면, 기업의 경영자는 기업의 수익성이나 미래 전망에 대한 사적 정보를 가지고 있으며, 외부 주주와의 정보 비대칭을 완화하기 위해 경영자가 가지고 있는 비공개 정보를 시장에 전달하는 수단으로 배당정책을 이용한다. 따라서 배당의 증가는 기업의 미래 전망에 대한 낙관적인 신호로 여겨지며, 기업의 배당 증가와 미래 성과는 유의적인 영향을 미치는 것으로 나타난다.

배당신호가설 관련 실증연구는 크게 (1) 배당 공시 이후에 초과 수익률이 존재하는가에 관한 연구와 (2) 배당 변화가 미래 이익에 관한 정보를 포함하고 있는가에 관한 연구로 진행되었다. 배당을 통하여 경영자가 가지고 있는 긍정적인 신호가 전달된다면 배당 공시 시점에 주식 또는 채권에 대해 양(+)의 초과 수익률이 발생된다. 배당 변화가 미래 이익의 변화를 예측하는지 분석한 연구에서는 미래의 경영성과에 대한 경영자 우월적 정보가 배당을 통해 투자자들에게 전달된다면, 배당 변화가 미래 이익의 변화로 이어질 수 있다는 주장이다.

Lintner(1956)는 경영자가 배당을 결정할 때 고려하는 요소들로 과거의 배당 행태, 이용 가능한 현금수준, 그리고 미래 예상 이익 등을 제시하였다. 경영자가 미래에 기대되는 이익을 고려하고 배당을 결정한다면, 배당의 변화가 미래 이익의 변화를 예측할 수 있을 것이다.

대리인이론은 1976년 젠센(M. Jensen)과 맥클링(W. Meckling)이 제시한 이론으로 주인(principal)이 대리인(agent)으로 하여금 자신의 이익과 관련된 행위를 재량으로 해결해줄 것을 부탁하는 주인-대리인 관계에서 나타나는 여러 문제를 다루는 이론이다. 대리인 관계에서는 대리인의 선호 혹은 관심 사항과 주인의 그것이 일치하지 않거나 주인이 대리인에 비해 전문 지식과 정보가 부족하기 때문에 대리인이 주인의 이익을 충실하게 대변하고 확보하지 못하는 대리인 문제(agency problem)가 발생한다.

주인과 대리인 간 정보의 불균형, 감시의 불완전성 등으로 도덕적 위험, 무임승차, 역선택의 문제가 발생할 소지가 있으며, 이러한 제반 문제점을 극소화하기 위해 대리인 비용이 수반된다는 것이다. 배당정책은 대리인 문제를 완화할 수 있는데, 그 이유는 잉여현금흐름(Free Cash Flow)이 비효율적인 투자에 사용되는 것을 방지하는 효과가 있고, 배당으로 주주에게 현금을 배분하고 새롭게 자본을 조달하는 과정을 통해 모니터링하는 효과가 발생하기 때문이다. 또한 최근 선행연구에서 배당성향이 증가함에 따라 회계 부정이 감소한다는 연구결과도 발표된 바 있다.

기업의 배당의사결정은 일반적으로 주주총회에서 결정된다. 12월 말 결산법인인 경우 주주총회는 그 다음해 2~3월경에 개최된다. 유가증권시장에 상장된 기업들 중 (1) 비금융업에 속하는 기업과 (2) 12월 결산법인이며, 자본잠식 상태가 아닌 기업을 표본으로 선정하여 배당예측모형을 구축할 필요가 있다. 이를 통해 배당의 정보효과와 신호효과를 검증할 수 있다. 배당금이 증가한 경우 배당 공시일 이전 이후에 양(+)의 초과 수익률이 발생하는지 여부, 배당결정요인, 그리고 배당정책에 대한 투자자의 반응 등을 분석할 수 있다.

 **토의 문제**

배당 변화가 미래 신용위험에 대한 예측 정보를 포함하고 있는가? 회사와 채권자 간에는 정보 비대칭으로 야기되는 역선택 비용이 발생할 수 있는데, 높은 수준의 배당은 이러한 역선택 비용을 낮출 수 있다. 한편 파산 위험을 낮추기 위한 노력의 일환으로 배당을 감소시킬 수 있다.

배당 변화로 인한 미래 신용위험도에 대한 예측가능성을 분석해보자. 유가증권시장에 상장된 기업 중 연속해서 배당을 지급한 기업의 배당금액과 채권의 신용등급 자료를 관측하여 배당의 변화와 미래 신용위험도를 측정해보자.

제약 조건

1) 신용위험에 대한 대용치로 회사채 신용등급을 사용할 것
2) 기준 연도 주당배당액(DIVt)과 전년도 주당배당액(DIVt-1)의 차이를 전년도 주당배당액으로 나누어 관심 변수에 해당하는 배당변화율을 사용할 것
3) 배당의 신호효과에 초점을 두고, 배당지급여부 및 배당지급액의 변화, 미래 주식수익률에 미친 효과를 검증할 것

배당(dividend): 주식을 가지고 있는 사람들에게 그 소유 지분에 따라 기업이 이윤을 분배하는 것

배당정책(dividend policy): 기업이 벌어들인 이익을 주주에게 줄 배당금과 회사에 남겨둘 유보이익으로 나누는 결정

유보이익(retained earnings): 이익의 일부를 배당하지 않고 사업에 재투자하기 위해 보유하고 있는 순이익의 누적액

주당배당금(dividend per share): 주식 1주당 배당 금액을 말함

배당수익률(dividend yield): 1주당배당금을 주식가격으로 나눈 값

배당성향(dividend payout ratio): 당해연도 순이익 중에서 배당금액이 차지하는 비율

정규현금배당(regular cash dividend): 매년 정기 주주총회의 의결을 거쳐 정기적으로 지급되는 배당

추가현금배당(extra cash dividend): 경영자가 장기적으로 기업 전망이 개선될 것이라고 확신할 수는 없지만 일시적으로 많은 이익을 얻을 경우 정규현금배당 이외에 추가적으로 지급하는 현금배당

특별현금배당(special cash dividend): 1회용 보너스의 형태로 지급되는 현금배당으로서 정상적인 배당 지급 시기 이외의 시기에 임시 주주총회의 결의를 거쳐 지급되는 배당

청산배당(liquidating dividend): 기업의 청산 과정에서 채권자 지분을 지급하고 남은 재산을 주주에게 나누어 주는 것을 말함

배당 기준일(record date): 사업연도의 마지막 날로 배당을 받을 권리를 갖는 주주를 확정하기 위한 기준일

배당락일(ex-dividend date): 배당을 받을 권리가 상실되는 첫 거래일

배당 공시일(announcement date): 기업이 정한 배당에 관한 구체적인 내용이 증권 시장에 공표되는 날

배당 지급일(payment date): 주주에게 실제로 배당금을 지급하는 날

역선택의 문제(adverse selection): 시장에서 거래할 때 경제 주체 간 정보 비대칭으로 인하여 부족한 정보를 가지고 있는 쪽이 불리한 선택을 하게 되어 경제적 비효율이 발생하는 상황

배당의 정보효과(information content of dividends): 시장에서 투자자들이 배당정책의 변화를 기업 내용 변화의 신호로 인식하여 주가가 변하는 것(예, 배당 증가 → 좋은 신호 → 주가 상승)을 의미하는 것으로서 이를 신호효과(signaling effect)라고도 함

배당의 고객효과(clientele effect of dividend): 투자자들이 각기 자신의 특정한 선호를 만족시킬 수 있는 배당성향을 가진 주식에 투자하는 것

고배당정책의 선호에 대한 현실적 요인: 현재 수입에 대한 선호, 불확실성의 감소

저배당정책의 선호에 대한 현실적 요인: 세금(배당소득세율 > 자본차익세율)

배당이 기업가치에 불리한 영향을 준다는 주장: 배당 지급으로 인한 추가적인 자본조달비용 발생, 불리한 세금효과 등으로 인해 배당이 기업가치에 부정적임

당해연도 초과 연구개발비 투자 비율: (자산처리 + 비용 처리 연구개발비)/평균 총자산

내부 지분율: 특수 관계인을 포함한 대주주 1인 지분율

연기금 지분율: 4대 연금(국민연금, 공무원연금, 사학연금, 군인연금)의 지분율

배당의 안정성: 기업 이익의 일시적 변동에 관계없이 목표 배당을 정하여 주당배당금을 일정하게 유지하려는 경향을 의미

자사주 매입(stock repurchases): 기업이 현금배당을 지급하는 대신 배당을 할 현금으로 자사 주식을 매입하는 것을 말함

주식배당(stock dividends): 보통주 소유주에게 배당을 현금으로 지급하는 대신에 주식으로 지급하는 것을 말함

금고주(treasury stock): 일단 발행되어 사외(社外)로 나갔던 주식을 그 회사가 다시 취득하여 보유하고 있는 것을 말함. 한국의 자사주(自社株), 사내 주

를 말함

주식분할(stock splits): 기존의 1주를 분할하여 그 이상의 주식 수로 만드는 것

배당가능이익: 대차대조표상의 순자산액(자산 총계 – 부채 총계)에서 자본금, 그 결산기까지 적립된 자본준비금, 이익준비금 및 그 결산기에 적립해야 할 이익준비금을 차감한 한도액

배당신호이론(signaling theory): 기업의 경영자는 기업의 수익성이나 미래 전망에 대한 사적 정보를 가지고 있으며, 외부 주주와의 정보 비대칭을 완화하기 위하여 경영자가 가지고 있는 비공개 정보를 시장에 전달하는 수단으로 배당정책을 이용함

대리인이론(principal-agent theory): 대리인 관계에서는 대리인의 선호 혹은 관심 사항과 주인의 그것이 일치하지 않거나 주인이 대리인에 비해 전문 지식과 정보가 부족하기 때문에 대리인이 주인의 이익을 충실하게 대변하고 확보하지 못하는 대리인 문제가 발생한다는 이론

배당무관련이론(irrelevance theory of dividend): 밀러와 모디글리아니(Miller & Modigliani, MM)가 자본시장이 완전하다는 가정하에서 배당정책은 기업가치와 관계가 없다는 주장

⊙ 연습문제

단답형 문제

1. 다음 설명에서 ⒜와 ⒝가 무엇을 말하는지 답하시오.

(⒜)(이)란 기업이 벌어들인 이익을 주주에게 줄 배당금과 회사에 남겨둘 유보이익(retained earnings)으로 구분하는 의사결정을 말한다. 배당정책은 장단기 투자정책, (⒝) 정책과 더불어 중요한 기업의 재무적 정책 결정 사항이다.

　　⒜ – (　　　　　)　　⒝ – (　　　　　)

2. 다음 설명에서 ⒜와 ⒝가 무엇을 말하는지 답하시오.

유보이익은 기업이 영업활동의 결과로 생긴 이익의 일부를 배당하지 않고 사업에 재투자하기 위해 보유하고 있는 순이익의 누적액으로서 미분배 수익 또는 (⒜)(이)라고도 한다. 회계상에서 유보이익은 (⒝), 기업합리화적립금, 재무구조개선적립금, 차기이월이익잉여금 등으로 구성된다.

　　⒜ – (　　　　　)　　⒝ – (　　　　　)

3. 다음 설명에서 ⒜와 ⒝가 무엇을 말하는지 답하시오.

배당수익률(dividend yield)은 1주당배당금을 (⒜)(으)로 나눈 값이다. 배당성향(dividend payout ratio)은 당해연도 순이익 중에서 배당금액이 차지하는 비율을 말한다. 배당성향은 당기순이익 중 현금으로 지급된 배당금 총액의 비율로서 (⒝) 또는 '사외분배율'이라고도 한다.

　　⒜ – (　　　　　)　　⒝ – (　　　　　)

4. 다음 설명에서 공통적으로 ⒜가 무엇인지 답하시오.

현금배당은 지급 방법에 따라 정규현금배당, 추가현금배당, (⒜)(으)로 분류된다. 정규현금배당(regular cash dividend)은 매년 정기 주주총회의 의결을 거쳐 정기적으로 지급되는 배당을 말한다. 추가현금배당(extra cash dividend)은 경영자가 장기적으로 기업 전망이 개선될 것이라고 확신할 수는 없지만 일시적으로 많은 이익을 얻을 경우 정규현금배당 이외에 추가적으로 지급하는 현금배당을 의미한다. (⒜)는(은) 1회용 보너스의 형태로 지급되는 현금배당으로서 정상적인 배당 지급 시기 이외의 시기에 임시 주주총회의 결의를 거쳐 지급되는 배당이다.

　　　　⒜ – (　　　　　　　)

5. 다음 설명에서 공통적으로 ⒜가 무엇인지 답하시오.

(⒜)는(은) 배당을 받을 권리가 상실되는 첫 거래일이다. 주식 거래일과 결제일 사이에 기간의 차이가

있으므로 배당 기준일에 주주로 등재되어 배당을 받을 권리를 갖기 위해서는 배당 기준일 이전에 결제가 이루어져야 한다. 이와 같이 거래일과 결제일의 차이로 인해 배당받을 권리가 상실되는 첫 거래일을 (Ⓐ)이라 한다.

Ⓐ – (   )

6. 다음 설명에서 Ⓐ가 무엇인지 답하시오.
배당은 경영자의 과잉 투자 문제(overinvestment problem)를 해결하는 효과적인 내적 통제 수단으로 활용된다. 지속적인 배당 지급은 기업 내부의 현금 보유를 최소화시켜 (Ⓐ)를(을) 감소시킬 수 있다.

Ⓐ – (   )

7. 다음 설명에서 Ⓐ와 Ⓑ가 무엇을 말하는지 답하시오.
밀러와 모디글리아니(Miller and Modigliani: MM)는 자본시장이 완전하다는 가정하에 배당정책은 기업가치와 관계가 없다는 (Ⓐ)을 주장하였다. MM이 가정한 완전자본시장(perfect capital market)은 자금을 외부에서 얼마든지 조달할 수 있으며, 세금과 (Ⓑ)가(이) 없고, 시장의 정보가 누구에게나 완전하게 전달된다는 내용을 포함하고 있다.

Ⓐ – (   )   Ⓑ – (   )

8. 다음 설명에서 Ⓐ가 무엇인지 답하시오.
대부분 기업이나 투자자들은 배당정책이 기업가치에 많은 영향을 미친다고 생각하고 있으며, 경영자들은 자본시장은 완전한 것이 아니기 때문에 최적 배당정책이 있는 것으로 믿고 있다. 실제 기업에서 배당정책을 수행하는 데 고려하는 요인으로 (1) 당기

순이익, (2) 기업의 유동성, (3) 새로운 투자기회, (4) 부채 상환 의무, (5) (Ⓐ), (6) 기타 요인(물가 상승 등) 등이 있다.

Ⓐ – (   )

9. 다음 설명에서 Ⓐ와 Ⓑ가 무엇을 말하는지 답하시오.
국내외 배당정책 관련 선행연구를 정리한 결과, 기업규모(총자산), 배당성향, 손실 여부(당기순이익 더미변수), 유동비율, 부채비율, 매출액증가율, 총자산영업이익률, (Ⓐ), 외국인 지분율, 대형 회계법인 여부, 기업 베타 등이 배당지급여부를 결정하는 특성변수로 도출되었다. 공통적으로 기업규모, 배당성향, 현금흐름, 투자기회, 수익성, 지배구조, (Ⓑ) 등의 기업 특성변수들이 중요한 배당정책의 결정요인이 된다.

Ⓐ – (   )   Ⓑ – (   )

10. 다음 설명에서 Ⓐ가 무엇인지 답하시오.
생활을 위해 정기적으로 현금이 필요한 나이가 많은 주주들은 배당성향이 높은 주식에 투자하고, 미래의 주가 상승을 기대하는 투자자들은 배당성향이 낮은 주식에 투자한다. 또한 소득이 많아 높은 한계세율을 부담하는 주주들은 배당성향이 낮은 주식에 투자하며, 한계세율이 낮은 투자자들은 배당성향이 높은 주식에 투자한다. 이와 같이 투자자들이 각기 자신의 특정한 선호를 만족시킬 수 있는 배당성향을 가진 주식에 투자하는 것을 (Ⓐ)라 한다.

Ⓐ – (   )

🔍 참고문헌

강나라, 백원선, 배당 변화와 미래 신용위험의 예측 가능성, 회계학연구, 제41권, 제2호 (2016), pp. 167–211.

강태구, 이창우, 남혜정, 배당의 미래 이익 예측력과 외국인 투자자, 금융지식연구, 제11권 제3호,

2013, pp. 71–97.

김성신, 기업은 왜 배당을 지급하는가?, 경영학연구, 제42권 제3호, 2013, pp. 743–766.

김진우, 주식 유동성이 배당정책에 미치는 효과, 기업경영연구, 제23권 제5호, 2016, pp. 133–157.

고윤성, 박선영, 자발적 저배당 및 배당 생략 기업의 특성 및 성과, 회계학연구, 제39권 제5호, 2014, pp. 1–40.

남혜정, 기업의 배당성향과 재무분석가의 낙관적 이익 예측 편의, 세무와 회계저널, 제13권 제1호, 2012, pp. 189–219.

남혜정, 재무분석가의 배당예측정확성에 대한 연구, 세무와 회계 저널, 제18권 제6호, 2017, pp. 85–106.

남혜정, 배당지급 손실기업의 이익의 질에 대한 연구, 회계학연구, 제41권 제2호, 2016, pp. 213–241.

박경서, 이은정, 이인무, 국내 기업의 배당 행태와 투자자의 반응에 관한 연구, 재무연구, 제16권 제2호, 2003, pp. 195–229.

박정식, 박종원, 조재호, 현대재무관리, 제7판, 다산출판사, 2011.

박종일, 정설희, 배당이 미래 이익의 질을 전달하는가?. 경영학연구, 제47권 제2호, 2018, pp. 307–348.

신민식, 신찬식, 김지영, 자금 조달 결정, 배당정책 및 소유 구조 간의 상호 관계와 이러한 재무정책들이 기업가치에 미치는 영향. 기업경영연구, 제16권 제1호, 2009, pp. 237–258.

육근효, 주주–경영자 간의 대리 문제에 관한 실증연구: 배당정책을 중심으로, 증권학회지, 11, 1989, pp. 143–166.

윤봉한, 배당성향과 기업 특성 간의 관계에 대한 장기 분석, 대한경영학회지, 제45권, 2004, pp. 1409–1425.

이장우, 지성권, 김용상, 지배구조 고려하의 배당정책이 기업가치에 미치는 영향에 관한 연구, 금융공학연구, 제10권, 제3호, 2011, pp. 137–167.

이한득, 국내 기업 배당 지급 여력 낮다, LGERI 리포트, 제1195권, 2004, pp. 2–17.

장승욱, 임병진, 배당정책과 기업 특성에 관한 실증적 연구–부분 조정 모형을 중심으로, 기업경영연구, 제17권 제3호, 2010, pp. 146–157.

전상경, 최설화, 배당 변화와 미래 수익성 예측, 금융공학연구, 제10권, 제1호(2011), pp.1–32

정현욱, 이강일, 손실 기업 및 이익 기업의 배당지급 여부와 재무분석가의 낙관적인 이익 예측 편의, 회계정보연구, 제36권 제4호, 2018, pp. 29–51.

홍영도, 김갑순, 배당소득 증대 세제와 기업 소득 환류 세제 도입과 주가수익률, 세무와 회계 저널, 제16권 제2호, 2015, pp. 231–260.

Banerjee, S., Gatchev, V., & Spindt, P. (2007). Stock market liquidity and firm dividend policy. *Journal of Financial and Quantitative Analysis*, 42(2), 369–398.

Brav, A., J. R. Graham, C. R. Harvey, and R. Michaely. 2005. Payout policy in the 21st century. *Journal of Financial Economics* 77 (3): 483–527.

Brickley, J. A. 1983. Shareholder wealth, information signaling and the specially designated dividend: An empirical study. *Journal of Financial Economics* 12 (2): 187–209.

DeAngelo, H., L. DeAngelo, and D. Skinner. 1992. Dividends and Losses. *The Journal of Finance*. 47(5): 1837–1863.

DeAngelo, H., DeAngelo, L., and R. M. Stulz(2006), "Dividend policy and the earned/contributed capital mix: a test of the life-cycle theory", *Journal of Financial Economics*, 81, 227–254.

Dong, C., Robinson, C., & Veld, C. (2005). Why individual investors want dividends. *Journal of Corporate Finance*, 12(1), 121–158.

Easterbrook, F. H. (1984). Two agency-cost explanations of dividends. *American Economic Review*, 74, 650–659.

Fama, E. F., & French, K. R. (2001). Disappearing dividends: Changing firm characteristics or lower propensity to pay? *Journal of Financial Economics*, 60(1), 3–43.

Fama, E. F., & French, K. R. (2002). Testing tradeoff and pecking order predictions about dividends and debt. *Review of Financial Studies*, 15(1), 1–33.

Jensen, M. C., Solver, D. P., & Zorn, T. S. (1992).

Simultaneous determination of insider ownership, debt and dividend policies. *Journal of Financial and Quantitative Analysis*, 27(2), 247–263.

Lawson, B., and D. Wang. 2016. The Earnings Quality Information Content of Dividend Policies and Audit Pricing. *Contemporary Accounting Research*. 33(4): 1685–1719.

Liu, N., and R. Espahbodi. 2014. Does Dividend Policy Drive Earnings Smoothing?, *Accounting Horizons*. 28(3): 501–528.

Lintner, J. 1956. Distribution of incomes of corporations among dividends, retained earnings, and taxes. *American Economic Review* 46 (2): 97–113.

Miller, M. H., and F. Modigliani. 1961. Dividend policy, growth, and the valuation of shares. *The Journal of Business* 34 (4): 411–433.

Nissim, D., and A. Ziv. 2001. Dividend Changes and Future Profitability. *The Journal of Finance*. 56(6): 2111–2133.

Richardson, V. J. 2000. Information Asymmetry and Earnings Management: Some Evidence. *Review of Quantitative Finance and Accounting*. 15(4): 325–347.

Skinner, D., and E. Soltes. 2011. What do Dividends tell Us about Earnings Quality?. *Review of Accounting Studies*. 16(1): 1–28.

Tong, Y. H., and B. Miao. 2011. Are Dividends Associated with the Quality of Earnings?. *Accounting Horizons*. 25(1) : 183–205.

[네이버 지식백과] 배당(시사상식사전, 박문각)

[네이버 지식백과] 배당률(NEW 경제용어사전, 2006, 미래와경영)

[한경 경제용어사전] 유보이익(한경닷컴)

[네이버 지식백과] 주식배당(두산백과)

[네이버 지식백과] 배당의 정보효과 NEW 경제용어사전, 2006. 4. 7., 미래와 경영)

[네이버 지식백과] 대리인이론[代理人理論](NEW 경제용어사전, 2006. 4. 7., 미래와 경영)

11 금융 빅데이터 분석 실습

제11장은 기업신용등급예측(6장)과 P2P 대출거래의 채무불이행예측(8장)에 관한 금융 빅데이터 분석 과정을 실습한다. 실습용 소프트웨어로는 최근 시민 데이터 과학자(citizen data scientist)들이 자주 이용하는 공개용 소프트웨어인 래피드마이너(RapidMiner)를 활용한다. 래피드마이너는 일반인들도 쉽게 이용할 수 있으며 데이터 분석에서 특별한 기능을 수행하는 다양한 오퍼레이터(operator)를 제공하여 다양한 빅데이터 의사결정문제를 해결할 수 있다. 이 장에서 이용하게 될 실습용 데이터는 네이버 카페 〈금융 빅데이터 분석〉(http://cafe.naver.com/financialbigdata)에서 무료로 다운로드 가능하다. 이 사이트를 통해 최신 빅데이터 분석 기법과 래피드마이너 관련 정보와 지식을 전달할 것이다.

11.1 래피드마이너(RapidMiner) 개요 및 설치 방법

래피드마이너(RapidMiner)는 2001년 독일의 도르트문트 기술대학(Technical University of Dortmund)의 인공지능 단과대학에서 개발한 오픈소스 분석 패키지 소프트웨어이다. 래피드마이너 개발팀은 누구나 쉽게 데이터를 분석할 수 있도록 지원하는 솔루션 개발을 목표로 래피드마이너의 고도화에 노력하고 있다.

래피드마이너는 데이터 로드 및 변환, 데이터 전처리 및 시각화, 예측분석 및 통계 모델링, 평가를 비롯한 데이터마이닝 및 기계학습 절차를 제공한다. 래피드마이너는 자바(JAVA) 프로그램 언어를 기반으로 운영되는데, 분석 방법을 설계하고 실행하기 위한 GUI를 제공한다. 래피드마이너는 프로그래밍을 수행할 필요 없이 마우스의 드래그 앤 드랍(Drag & Drop)만으로 분류와 패턴 발견 등의 복잡한 분석을 수행할 수 있다.

래피드마이너는 기본 데이터 분석 업무를 위해 500개 이상의 오퍼레이터를 제공한다. 기본 오퍼레이터 이외에도 웹마이닝(web mining), 텍스트마이닝(text mining), 시계열분석(time series analysis) 등의 특화된 오퍼레이터를 제공한다. 이 절에서는 데이터마이닝 기법을 중점으로 예측모형 개발 과정을 학습한다.

래피드마이너는 자사 웹페이지(https://rapidminer.com/get-started/)를 통해 래피드마이너 스튜디오(RapidMiner Studio) 버전을 30일간 무료로 이용할 수 있도록 배포하고 있다. 또한 래피드마이너는 1년 만기의 교육용 라이센스를 발급하고 있다. 별도의 라이센스를 발급받지 않을 시 처리할 수 있는 데이터의 양에 제약(최대 10,000 레코드)이 있으므로 본 실습은 교육용 라이센스 발급을 전제로 한다. 교육용 라이센스를 발급 받기 위한 절차는 다음과 같다.

먼저 래피드마이너의 메인 웹 페이지(https://rapidminer.com/)에 접속하여 계정을 생성한다(MY ACCOUNT). 다음으로 래피드마이너 계정 페이지(https://my.rapidminer.com/nexus/account/index.html#licenses/request)에 로그인 후 인적 사항을 기입한다. [그림 11.1]에서 보는 바와 같이 인적 사항을 모두 기입하고 'Apply for license'를 클릭하여 라이센스를 신청한다. 마지막으로 'Download RapidMiner Studio'를 클릭하여 래피드마이너를 다운로드받는다. 래피드마이너 스튜디오가 이미 설치되었다면 'Installing new licenses'를 클릭하여 제공되는 매뉴얼을 통해 본인 계정의 라이센스를 래피드마이너 스튜디오에 등록한다.

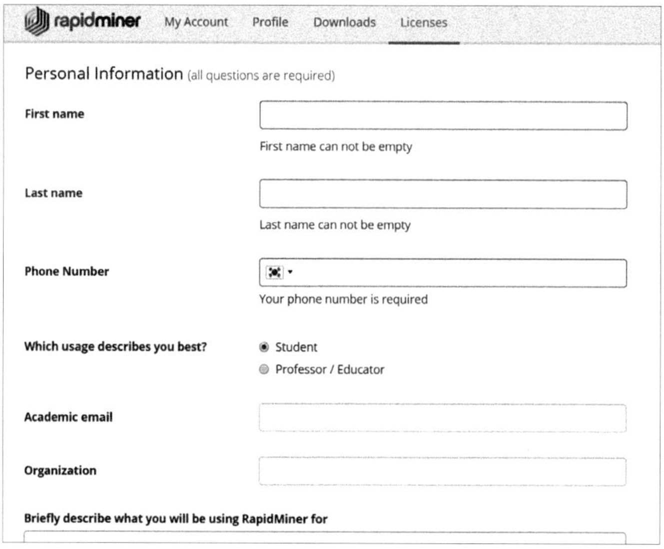

그림 11.1 래피드마이너 교육용 라이센스 신청서 양식

래피드마이너의 기본 화면은 [그림 11.2]와 같이 왼쪽부터 저장소(Repository), 오퍼레이터(Operators), 프로세스(Process), 파라미터(Parameters), 도움말(Help) 등의 패널로 구성된다. 다양한 오퍼레이터 패널을 프로세스 창에 드래그하여 연결한 다음 데이터 분석 프로세스를 구축하는 것이 래피드마이너의 주요 기능이다. 오퍼레이터 패널은 래피드마이너에서 사용되는 오퍼레이터를 계층으로 그룹화하여 오퍼레이터 트리(operator tree) 형태로 조직하여 제공한다. 계층화된 오퍼레이터 트리에서 해당 오퍼레이터 찾는 것이 힘들다면 검색 기능(Search for Operators)을 활용하면 된다.

그림 11.2 래피드마이너 사용자 인터페이스 구조

11.2 래피드마이너의 모델링 단계

이 절에서는 예측모형 구축을 위해 필요한 모델링 단계를 학습한다. 래피드마이너의 모델링 단계는 [그림 11.3]과 같이 기본적으로 네 개의 계층(layer)으로 구성된다.

첫 번째 계층은 '데이터 읽기'이다. 오퍼레이터 창의 Data Access > Files > Read 폴더 아래에는 CSV, Excel, SPSS, Stata, XML 등 다양한 파일 읽기를 지원한다. 본 교재의 실습용 데이터는 엑셀 파일로 구성되어 'Read Excel' 오퍼레이터를 프로세스 창에 드래그하여 가져다 놓으면 된다. 다음으로 'Read Excel' 오퍼레이터를 선택한 후 'Import Configuration Wizard …' 버튼을 클릭하여 데이터 입력 파라미터를 설정한다.

두 번째 계층은 '모델 학습'으로 데이터 분석 프로세스 설계에서 가장 핵심이 되는 단계로 주요 알고리즘을 선택한다. 오퍼레이터 창의 Modeling 계층 안에는 Predictive, Segmentation, Associations, Correlations, Similarities 등의 요소가 있다. 본 실습은 예측모형 구축이 주목적이므로 'Predictive'를 선택한다. 'Predictive' 요소 안에는 61개의 알고리즘이 구성되어 있다. 이 중에서 Trees, Rules, Neural Nets, Logistic Regression 등을 분석에 주로 많이 활용한다. 예를 들어 전통적인 통계기법인 로지스틱 회귀분석을 알고리즘으로 선택한다면, Modeling > Predictive > Logistic Regression를 선택한다.

세 번째 계층은 모델 학습 오퍼레이터에 의해 생성된 모델을 활용하여 특정한 사례에 대한 예측을 수행하는 '모델 적용' 단계다. 주로 'Apply Model' 오퍼레이터를 이용한다. 이 오퍼레이터는 모델과 테스트(검증용) 데이터를 입력받아 검증용 데이터 세트의 각 사례에 대해 레이블(종속변수)을 예측하는 역할을 수행한다. 오퍼레이터 창에 Scoring > Confidences > Apply Model을 프로세스 창에 드래그한 다음 '모델 학습' 오퍼레이터와 연결한다. '모델 학습' 오퍼레이터가 Logistic Regression이라면 Logistic Regression 오퍼레이터의 'mod'와 Apply Model의 'mod'를 연결하고, 검증용 데이터의 'out'과 Apply Model의 'unl'을 연결한다.

네 번째 계층은 '성과 측정 및 평가'이다. '성과 측징 및 평가'는 학습용 데이터를 활용해 생성된 모델이 얼마나 잘 작동하는지를 판단하는 것이다. 성과 평가 방법 중 가장 대표적인 검증 지표는 분류 예측이다. 래피드마이너에서는 분류 문제에 대한 성과 지표를 측정하는 Performance(Classification)와 이항 분류 문제에 특화된 성과 지표를 제공하는 Performance(Binominal Classification)가 있다. 오퍼레이터 창에서 Validation > Performance > Predictive > Performance(Binominal Classification)를 프로세스 창에 드래그한 다음 '모델 적용' 오퍼레이터와 연결한다. Apply Model 오퍼레이터의 'lab'과 Performance의 'lab'을 연결한다. 다음으로 Apply Model의 'mod'를 프로세스 창의 'res'와 연결하고 Performance의 'per'도 프로세스 창의 'res'와 연결한다. 마지막으로 Performance의 'exa'와 프로세스 창의 'res'와 연결한 다음 'Connections' 메뉴 밑의 실행 버튼(단축키 F11)을 클릭한다. 클릭하면 결과 화면(Results) 뷰(Views)에서 각 케이스별 결과와 예측정확도(accuracy)를 확인할 수 있다.

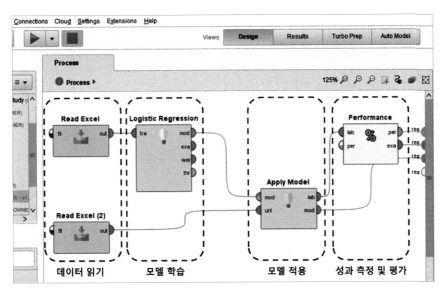

그림 11.3 래피드마이너의 모델링 단계

11.3 기업신용등급예측모형 구축

이 절에서는 '6장 기업신용등급 분석 및 예측'에서 학습한 내용을 기반으로 기업신용등급예측모형을 구축하고자 한다.

11.3.1 신용등급 데이터 및 연구변수

신용등급예측모형 구축을 위한 실습 데이터는 2016년 기준 코스피 및 코스닥시장에 상장된 1,772개 기업에 대한 신용등급 데이터이다. 독립변수는 총 15개로 [표 6.4]에서 제시한 신용등급 관련 변수를 대부분 이용하였다.

먼저, 래피드마이너에서는 속성을 정의해야 한다. 속성 정의에는 속성 이름(attribute name), 속성 값 유형(attribute value type), 속성 역할(attribute role) 등이 정의되어야 한다. 속성 이름은 한 데이터 세트 안에서 중복되면 안 된다. 속성 값유형은 범주 유형(nominal type), 숫자 유형(numeric type), 텍스트 유형(text type), 날짜—시간 유형(date time type) 등으로 구분할 수 있다. 래피드마이너가 지원하는속성 유형은 [표 11.1]과 같다.

표 11.1 래피드마이너의 속성 값 유형

데이터 유형	래피드마이너 속성 값 유형
범주 유형	nominal
숫자 유형	numeric
정수 유형	integer
실수 유형	real
텍스트 유형	text

데이터 유형	래피드마이너 속성 값 유형
이항 범주 유형	binominal
다항 범주 유형	polynominal
날짜 시간 유형	date time
날짜 유형	date
시간 유형	time

[표 11.1]의 래피드마이너가 지원하는 속성 값 유형을 신용등급 실습 데이터에 적용하여 각 연구변수를 다음과 같이 정리하였다(표 11.2 참조). 속성의 역할은 일반 속성(attribute), 레이블(label), 식별자(id) 등이 있다. 일반 속성은 독립변수로 지정되고, 레이블은 종속변수로 지정된다.

표 11.2 신용등급예측을 위한 연구변수와 속성 정의

변수명	값 유형	역할	설명
기업명	text	id	코스피 및 코스닥 상장기업
신용평점	integer	사용안함	1(최우수) ~ 10(최하)
신용등급(종속변수)	binominal	label	0(우량기업)/1(불량기업)
유동비율(X_1)	real	attribute	유동성비율
당좌비율(X_2)	real	attribute	
부채비율(X_3)	real	attribute	레버리지비율(안정성)
영업이익이자보상비율(X_4)	real	attribute	
차입금/자기자본(X_5)	real	attribute	
차입금/매출액(X_6)	real	attribute	
총자산증가율(X_7)	real	attribute	성장성비율
매출액증가율(X_8)	real	attribute	
순이익증가율(X_9)	real	attribute	
재고자산회전율(X_{10})	real	attribute	활동성비율
매출채권회전율(X_{11})	real	attribute	
총자본회전율(X_{12})	real	attribute	
총자본 순이익률((X_{13})	real	attribute	수익성비율
매출액순이익률(X_{14})	real	attribute	
자기자본순이익률(X_{15})	real	attribute	

모든 분석은 훈련용과 검증용의 두 가지 데이터 셋으로 구성되며 전체 데이터의 60%(1,064/1,772)는 훈련용 데이터 셋으로 사용하고, 나머지 40%(708/1,772)는 검증용 데이터 셋으로 사용한다. 훈련용 데이터는 주로 모형 구축에 사용되고, 검증용 데이터는 모형의 성능(예측정확도) 평가를 위해 사용된다. 신용등급예측모형 구축을 위한 분석 기법으로 로지스틱 회귀분석(LR), 신경망(NN), 그리고 의사결정나무(CART)를 활용하고자 한다.

11.3.2 기업신용등급예측모형 구축: 로지스틱 회귀분석

종속변수가 명목척도로 측정된 범주형 질적 변수인 경우에 모형 개발을 위해 사용할 수 있는 대표적인 통계 분석 방법이 판별분석과 로지스틱 회귀분석이다. 신용등급(우량/불량기업 분류)을 종속변수로 설정하고, 재무비율로 구성된 변수를 독립변수로 설정하여 로지스틱 회귀분석을 수행한다.

로지스틱 회귀분석을 이용한 신용등급예측모형은 앞 절에서 설명한 [그림 11.3]과 같이 네 개의 계층으로 구성된 모델링 단계로 진행한다.

첫 번째 계층은 '데이터 읽기'이다. 오퍼레이터 창에 Data Access > Files > Read 폴더 아래의 'Read Excel' 오퍼레이터를 프로세스 창에 드래그하여 가져다 놓는다. 다음으로 'Read Excel' 오퍼레이터를 선택한 후 'Import Configuration Wizard ⋯' 버튼을 클릭한다. 학습용과 검증용 데이터를 불러 오기 위해 'Read Excel' 오퍼레이터를 두 개 추가해야 하는데, [그림 11.4]와 같이 위아래 하나씩 배치한다.

두 번째 계층은 '모델 학습'이다. 오퍼레이터 창에 Modeling > Predictive > Logistic Regression을 선택하여 프로세스 창에 가져다 놓고 'Read Excel' 오퍼레이터의 'out'과 'Logistic Regression' 오퍼레이터의 'tra'와 연결한다. 다음으로 'Logistic Regression'의 파라미터는 기본 값으로 설정된 것을 그대로 이용한다.

세 번째 계층은 '모델 적용' 단계이다. 오퍼레이터 창에 Scoring > Confidences > Apply Model을 프로세스 창에 드래그한 다음 '모델 학습'에서 사용한 'Logistic Regression'과 연결한다. 즉, Logistic Regression 오퍼레이터의 'mod'와 Apply Model의 'mod'를 연결하고, 검증용 데이터의 'out'과 Apply Model의 'unl'과 연결한다.

네 번째 계층은 '성과 측정 및 평가'다. 신용등급예측문제는 대표적인 분류 문제이므로 이항 분류 문제에 특화된 성과 지표인 Performance(Binominal Classification)를 활용한다. 오퍼레이터 창에서 Validation > Performance >

Predictive > Performance(Binominal Classification)를 프로세스 창에 드래그한 다음 Apply Model 오퍼레이터의 'lab'과 Performance의 'lab'을 연결한다. 다음으로 Apply Model의 'mod'를 프로세스 창의 'res'와 연결하고 Performance의 'per'도 프로세스 창의 'res'와 연결한다. 마지막으로 Performance의 'exa'와 프로세스 창의 'res'를 연결한 다음 'Connections' 메뉴 밑의 실행 버튼(단축 키 F11)을 클릭한다. 클릭하면 결과 화면(Results) 뷰(Views)에서 각 케이스별 결과와 예측정확도(accuracy)를 확인할 수 있다.

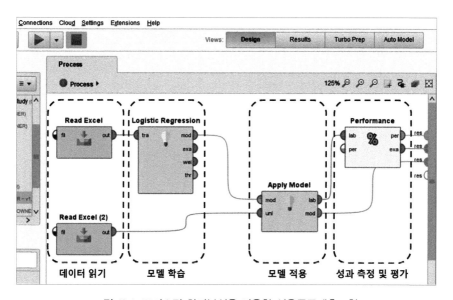

그림 11.4 로지스틱 회귀분석을 이용한 신용등급예측모형

결과 화면(Results) 뷰(Views)에서는 연구변수의 유의성 검증 결과와 로지스틱 회귀모형의 예측정확도를 확인할 수 있다. [표 11.3]에 보인 바와 같이 연구변수 중에서 유의한 변수(p-value < 0.05)가 최종 로지스틱 회귀모형에 포함된다.

포함된 변수로는 유동비율(X1), 부채비율(X3), 차입금/자기자본(X5), 총자산증가율(X7), 총자본회전율(X12), 자기자본순이익률(X15)이다. 로지스틱 회귀분석에서는 변수선택법(variable selection method)이 가장 중요하다. 일반적인 변수선택방법으로는 변수추가법(forward selection method)과 변수제거법(backward elimination method), 그리고 두 가지 방법을 혼합한 단계별선택법(stepwise selection method)이 많이 사용된다. 이를 통해 연구변수를 단계별로 하나씩 추가 또는 삭제하여 가장 예측성과가 좋은 로지스틱 회귀모형을 구축해야 한다.

[표 11.4]는 검증용 데이터에 대한 로지스틱 회귀분석 기반 신용등급예측모형의 예측성과를 나타낸 것이다. 708개의 검증용 데이터에서 실제 불량기업을 정확히 맞춘 케이스가 200개이고, 실제 우량기업을 정확히 맞춘 케이스가 411개로 총 예측정확도는 86.30%로 나타났다.

표 11.3 로지스틱 회귀분석을 이용한 연구변수의 유의성 검증

변수명	Coefficient (회귀 계수)	Std.Coefficient (표준화 계수)	p-Value (유의 확률)
유동비율(X_1)	0.006	3.836	0.048
당좌비율(X_2)	−0.002	−1.629	0.429
부채비율(X_3)	−0.017	−3.876	0.000
영업이익이자보상비율(X_4)	−0.000	−0.207	0.476
차입금/자기자본(X_5)	−0.011	−1.409	0.027
차입금/매출액(X_6)	−0.000	−0.279	0.368
총자산증가율(X_7)	−0.010	−0.358	0.008
매출액증가율(X_8)	−0.002	−0.134	0.385
순이익증가율(X_9)	0.000	0.091	0.792
재고자산회전율(X_{10})	0.000	1.243	0.322
매출채권회전율(X_{11})	0.013	1.376	0.114
총자본회전율(X_{12})	0.762	0.380	0.003
총자본 순이익률(X_{13})	0.018	0.287	0.575
매출액순이익률(X_{14})	0.004	0.640	0.414
자기자본순이익률(X_{15})	0.094	4.117	0.000

표 11-4 로지스틱 회귀분석 기반 신용등급예측모형의 예측성과

accuracy(정확도): 86.30%

	true 1 (실제 불량기업)	true 0 (실제 우량기업)	예측정확도
pred. 1 (예측 불량기업)	200개	35개	85.11%
pred. 0 (예측 우량기업)	62개	411개	86.89%
class recall	76.34%	92.15%	−

11.3.3 기업신용등급예측모형 구축: 신경망

이 절에서는 대표적인 인공지능기법인 신경망을 이용하여 기업신용등급예측모형을 구축하고자 한다. 데이터 분석 프로세스 단계는 다음과 같다.

첫 번째 계층은 '데이터 읽기'다. 오퍼레이터 창에 Data Access > Files > Read 폴더 아래의 'Read Excel' 오퍼레이터를 프로세스 창에 드래그하여 가져다 놓는다. 다음으로 'Read Excel' 오퍼레이터를 선택한 후 'Import Configuration Wizard …' 버튼을 클릭하여 데이터 입력 파라미터를 설정한다. 학습용과 검증용 데이터를 불러 오기 위해 'Read Excel' 오퍼레이터를 두 개 추가해야 하는데, [그림 11.5]와 같이 위아래 하나씩 배치한다.

두 번째 계층은 '모델 학습'이다. 오퍼레이터 창에 Modeling > Predictive > Neural Nets > Neural Net를 선택하여 프로세스 창에 가져다 놓고 'Read Excel' 오퍼레이터와 'Neural Net' 오퍼레이터를 연결한다. 신경망의 구조는 다양한 형태가 있으나 일반적으로 많이 쓰이는 형태는 관리학습에 적합한 다층전방향신경망(multilayer feedforward networks)이다. 이는 입력층(input layer), 은닉층(hidden layer), 출력층(output layer)의 삼층 구조로 구성된다. 신경망의 구조에서 입력계층의 입력 노드 수는 학습자료 내의 독립변수 수인 '15개'로 설정하였다. 출력계층의 출력 노드 수도 학습자료 내의 종속변수 수로 설정하였다.

은닉계층의 적절한 은닉 노드 수는 신경망 초기에 미리 알 수 없으며, 실험을 통해 적절한 수를 결정한다. 본 실험에서는 시행착오법과 Hornik(1991)의 선행연구를 토대로 다음과 같이 신경망 아키텍처(architecture)를 설계하였다. 다층전방향신경망의 구조에서 은닉층의 수는 1과 2로 설정(3층과 4층 신경망)하고, 은닉 노드의 수는 3개, 7개(n/2), 11개, 15개(n), 30개(2n), 45개(3n)로 설정하였다.

이를 모델링하는 방법으로는 'Neural Net' 오퍼레이터의 'Parameters' 창의 'hidden layers'에 'Edit List…' 버튼을 누르고, 'hidden layer sizes'에 은닉 노드의 수를 입력한다. 은닉층의 수를 늘리려면 'Add Entry' 버튼을 클릭하여 추가한다. 그 외의 파라미터인 학습 횟수(training cycles), 학습률(learning rate), 모멘텀(momentum)은 기본 값으로 설정된 것을 그대로 이용한다.

세 번째 계층은 '모델 적용' 단계다. 오퍼레이터 창에 Scoring > Confidences > Apply Model을 프로세스 창에 드래그한 다음 '모델 학습'에서 사용한 'Neural Net'와 연결한다. 즉, 'Neural Net'의 'mod'와 Apply Model의 'mod'를 연결하고, 검증용 데이터의 'out'과 Apply Model의 'unl'과 연결한다.

네 번째 계층은 '성과 측정 및 평가'다. 오퍼레이터 창에서 Validation >

Performance > Predictive > Performance(Binominal Classification)를 프로세스 창
에 드래그한 다음 '모델 적용' 오퍼레이터와 연결한다. Apply Model 오퍼레이터
의 'lab'과 Performance의 'lab'을 연결한다. 다음으로 Apply Model의 'mod'를 프
로세스 창의 'res'와 연결하고 Performance의 'per'도 프로세스 창의 'res'와 연결한
다. 마지막으로 Performance의 'exa'와 프로세스 창의 'res'와 연결한 다음 실행 버
튼(단축 키 F11)을 클릭한다. 클릭하면 결과 화면 뷰에서 각 케이스별 결과와 예측
정확도(accuracy)를 확인할 수 있다.

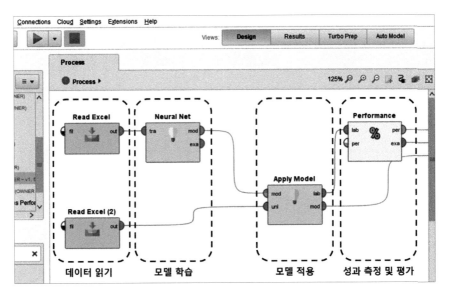

그림 11.5 신경망을 이용한 신용등급예측모형

결과 화면 뷰에서는 신경망의 구조와 신경망 기반의 신용등급예측모형의 예측
정확도를 확인할 수 있다. [그림 11.6]은 4층 신경망 구조를 그림으로 도식화한
것이다. 4층 신경망은 은닉층의 수가 두 개(Hidden 1 and Hidden 2)인 것을 말한
다. [그림 11.6]에서 은닉 노드의 수는 독립변수의 수와 동일한 15개 노드로 설정
하였다. 은닉 노드의 수를 세어 보면 은닉층 하나당 한 개의 노드가 더 많은 것을
알 수 있는데, 이것은 편향(바이어스, bias)을 의미하는 노드이다.

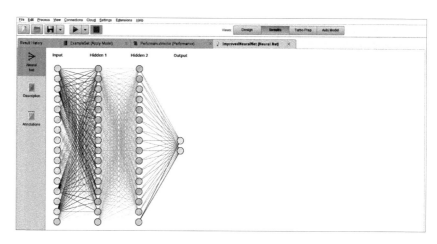

그림 11.6 4층 신경망 구조(은닉 층 2개, 은닉 노드 수 15개)

　[표 11.5]는 은닉층과 은닉 노드 수에 따른 신경망 예측정확도를 나타낸 것이다. 은닉계층의 적절한 은닉 노드 수는 신경망 초기에 미리 알 수 없으므로 시행착오법을 통해 최적의 신경망모형을 탐색해야 한다. 3층 신경망에서는 은닉 노드의 수가 30개인 경우 예측정확도(87.01%)가 가장 높게 나타났다. 4층 신경망에서는 은닉 노드의 수가 7개인 경우 예측정확도(87.15%)가 가장 높게 나타났다. [표 11.5]의 결과를 종합하여 최적의 신경망 구조는 예측정확도가 가장 우수한 4층 신경망(은닉 노드의 수 7개)으로 결정되었다.

　[표 11.6]은 검증용 데이터에 대한 신경망 기반 신용등급예측모형의 예측성과를 나타낸 것이다. 708개의 검증용 데이터에서 실제 불량기업을 정확히 맞춘 케이스가 222개이고, 실제 우량기업을 정확히 맞춘 케이스가 395개로 나타나 총 예측정확도는 87.15%이다.

표 11.5 은닉층과 은닉 노드 수에 따른 신경망 예측정확도

은닉 노드의 수	은닉층 1개 (3층 신경망)	은닉층 2개 (4층 신경망)
3개	77.26%	85.88%
7개(n/2)	78.67%	87.15%
11개	84.46%	84.46%
15개(n)	86.44%	86.44%
30개(2n)	87.01%	83.76%
45개(3n)	75.00%	84.60%

표 11.6 신경망 기반 신용등급예측모형의 예측성과

accuracy(정확도): 87.15% (은닉층: 2, 은닉 노드의 수: 7)

	true 1 (실제 불량기업)	true 0 (실제 우량기업)	예측정확도
pred. 1 (예측 불량기업)	222개	51개	81.32%
pred. 0 (예측 우량기업)	40개	395개	90.80%
class recall	84.73%	88.57%	–

11.3.4 기업신용등급예측모형 구축: 의사결정나무(CART)

의사결정나무 알고리즘에는 CHAID, CART, QUEST, C5.0 등이 있다. 본 실습에서는 이산형(discrete) 목표변수 분류를 위해 널리 쓰이는 CART와 C5.0 알고리즘을 사용한다. 먼저, 신용등급예측모형 구축은 CART를 이용하고 다음 절에서 설명할 P2P 채무불이행예측모형에서 C5.0 알고리즘에 대해 설명한다. 의사결정나무의 모델링 단계는 [그림 11.7]과 같다.

첫 번째 계층은 '데이터 읽기'이다. 오퍼레이터 창에 Data Access > Files > Read 폴더 아래의 'Read Excel' 오퍼레이터를 프로세스 창에 드래그하여 가져다 놓는다. 다음으로 'Read Excel' 오퍼레이터를 선택한 후 'Import Configuration Wizard …' 버튼을 클릭하여 데이터 입력 파라미터를 설정한다. 학습용과 검증용 데이터를 불러오기 위해 'Read Excel' 오퍼레이터를 두 개 추가하여 프로세스 창에 배치한다.

두 번째 계층은 '모델 학습'이다. 오퍼레이터 창에 Modeling > Predictive > Trees > Decision Tree를 선택하여 프로세스 창에 가져다 놓고 'Read Excel' 오퍼레이터와 'Decision Tree' 오퍼레이터를 연결한다. 'Decision Tree'의 파라미터에서 criterion(분리기준)의 요소로는 gain ratio, information gain, gini index 등이 있다. 의사결정나무모형의 설계 과정에서 고려해야 할 요인으로 분리기준(splitting criterion)과 정지규칙(stopping rule)이 있다. CART는 지니지수(gini index)를 분리기준으로 사용하고, C5.0는 information gain(entropy index)를 분리기준으로 사용한다. 따라서 본 실습에서는 criterion을 'gini index'로 설정한다. 정지규칙은 더 이상 분리가 일어나지 않고 현재의 마디가 잎이 되도록 하는 규칙을 말한다. 정지규칙에서 최대 나무 구조의 깊이(maximal depth)를 3~7 사이로 조정하면서 실험을 수행한다.

세 번째 계층은 '모델 적용' 단계이다. 오퍼레이터 창에 Scoring > Confidences > Apply Model을 프로세스 창에 드래그한 다음 '모델 학습'에서 사용한 'Decision Tree'와 연결한다. 즉, 'Decision Tree'의 'mod'와 Apply Model의 'mod'를 연결하고, 검증용 데이터의 'out'과 Apply Model의 'unl'과 연결한다.

네 번째 계층은 '성과 측정 및 평가'다. 오퍼레이터 창에서 Validation > Performance > Predictive > Performance(Binominal Classification)를 프로세스 창에 드래그한 다음 Apply Model 오퍼레이터의 'lab'과 Performance의 'lab'을 연결한다. 다음으로 Apply Model의 'mod'를 프로세스 창의 'res'와 연결하고 Performance의 'per'도 프로세스 창의 'res'와 연결한다. 마지막으로 Performance의 'exa'와 프로세스 창의 'res'와 연결한 다음 실행 버튼(단축 키 F11)을 클릭한다. 클릭하면 결과 화면 뷰에서 각 케이스별 결과와 예측정확도(accuracy)를 확인할 수 있다.

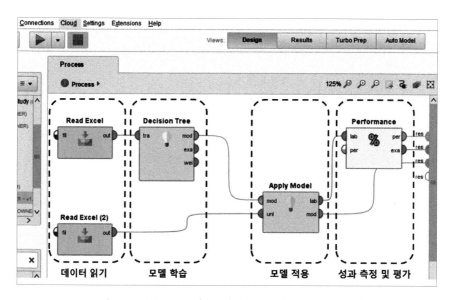

그림 11.7 의사결정나무(CART)를 이용한 신용등급예측모형

결과 화면 뷰에서는 의사결정나무(CART)의 구조와 의사결정나무(CART) 기반의 신용등급예측모형의 예측정확도를 확인할 수 있다. [그림 11.8]은 정지규칙에서 최대 나무 구조의 깊이(maximal depth)가 5인 경우의 의사결정나무(CART)이다. 의사결정나무에서 가장 상위에 있는 노드를 뿌리 노드(root node)라 하는데, 이 노드가 의사결정나무에서 가장 중요한 변수라는 점을 말해준다. [그림 11.8]에 보

인 바와 같이 영업이익이자보상비율(X4)이 의사결정나무(CART) 기반 신용등급예측모형에서 가장 영향력 있는 변수이다. 다음으로 중요한 변수(2순위)는 부채비율(X3)이며, 그 다음으로는 차입금/자기자본(X5), 총자본순이익률(X13), 매출액순이익률(X14) 순이다.

[표 11.7]은 검증용 데이터에 대한 의사결정나무(CART) 기반 신용등급예측모형의 예측성과를 나타낸 것이다. 708개의 검증용 데이터에서 실제 불량기업을 정확히 맞춘 케이스가 202개이고, 실제 우량기업을 정확히 맞춘 케이스가 392개로 나타나 총 예측정확도는 83.90%이다.

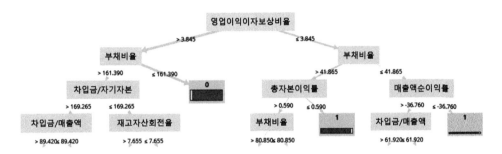

그림 11.8 의사결정나무(CART)의 구조(maximal depth: 5)

표 11.7 의사결정나무(CART) 기반 신용등급예측모형의 예측성과

accuracy(정확도): 83.90%(maximal depth: 5)

	true 1 (실제 불량기업)	true 0 (실제 우량기업)	예측정확도
pred. 1 (예측 불량기업)	202개	54개	78.91%
pred. 0 (예측 우량기업)	60개	392개	86.73%
class recall	77.10%	87.89%	–

11.4 P2P 대출거래의 채무불이행예측모형 구축

이 절에서는 '8장 온라인 P2P 대출거래의 채무불이행예측'에서 학습한 내용을 기반으로 P2P 대출의 채무불이행예측모형을 구축한다.

11.4.1 P2P 대출데이터 및 연구변수

P2P 대출의 채무불이행예측모형 구축을 위한 실습용 데이터는 렌딩클럽(Lending Club)의 공개용 데이터베이스를 활용하였다. 2016년 1월부터 2017년 12월까지 렌딩클럽의 P2P 대출거래 데이터를 수집하여 총 759,298개의 대출거래 데이터를 획득하였다. 현재 상환이 진행 중이거나 또는 연체 중인 경우는 최종적으로 상환 성공과 채무불이행 여부를 확인할 수 없으므로, 이들 데이터는 제외하고 최종적으로 상환 완료(fully paid)와 채무불이행(default) 속성만을 종속변수로 활용한다.

따라서 본 실습에서 사용된 P2P 대출거래 데이터 수는 143,639건이며, 이 중 상환 완료된 대출은 113,670건, 채무불이행은 29,969건이다. 채무불이행은 연체 일이 150일을 초과할 경우, 해당 대출을 채무불이행으로 분류하여 더 이상 채무 를 상환할 의지가 없다고 간주한다.

신용평가모형과 관련된 선행연구와 렌딩클럽의 P2P 대출거래시스템에서 제

표 11-8 P2P대출 채무불이행예측을 위한 연구변수와 속성 정의

변수명	값 유형	역할	설명
대출 상환 상태(종속변수)	binominal	label	0(상환 완료) /1(채무불이행)
주택소유형태(X_1)	polynominal	attribute	자가, 전세, 월세, 기타
근무경력(X_2)	integer	attribute	차입자의 근무경력(월)
연간 소득액(X_3)	real	attribute	연간 소득액
총부채 상환비율(X_4)	real	attribute	총부채/소득
대출 금액(X_5)	integer	attribute	대출 신청 금액의 로그(log)화
대출 목적(X_6)	polynominal	attribute	생계 필수 비용, 차량 구매, 사업용, 부채 상환용
대출 이자율(X_7)	real	attribute	차입자의 대출 이자율
신용등급(X_8)	polynominal	attribute	렌딩클럽이 부여한 차입자의 신용등급
신용 파산 기록(X_9)	integer	attribute	차입자의 파산, 면책, 워크아웃, 회생 등의 기록 유무
연체 횟수(X_{10})	integer	attribute	지난 2년간 연체 횟수
금융거래 건수(X_{11})	integer	attribute	금융거래 횟수
신용카드 구매가능금액(X_{12})	integer	attribute	신용카드 최대 구매가능금액
모기지 대출 계좌 수(X_{13})	integer	attribute	모기지론(mortgage loan) 계좌 수
신용카드 계좌 수(X_{14})	integer	attribute	차입자가 발급받은 신용카드 계좌 수

공하는 핵심변수를 고려하여 차입자의 인구통계학적 변수를 포함한 차입자 정보 관련 변수, 대출정보 변수, 그리고 재무 및 신용 변수로 이루어진 14개의 독립변수를 선정하였다. 래피드마이너가 지원하는 속성 값 유형을 P2P 대출데이터에 적용하여 각 연구변수를 [표 11.8]과 같이 정리하였다.

모든 분석은 훈련용과 검증용 두 가지 데이터 셋으로 구성되며 전체 데이터의 60%(86,183/143,639)는 훈련용 데이터 셋으로 사용하고, 나머지 40% (57,456/143,639)는 검증용 데이터 셋으로 사용한다. 훈련용 데이터는 주로 예측모형 구축에 사용되고, 검증용 데이터는 예측모형의 성능(예측정확도)을 평가하기 위해 사용된다. P2P 대출거래의 채무불이행예측모형 구축을 위한 분석 기법(알고리즘)으로 판별분석(DA), 신경망(NN), 그리고 의사결정나무(C5.0)를 활용한다.

11.4.2 P2P 대출거래의 채무불이행예측모형 구축: 판별분석

종속변수가 명목척도로 측정된 범주형 질적 변수인 경우에 모형 개발을 위해 사용할 수 있는 대표적인 통계방법이 판별분석(discriminant analysis)과 로지스틱 회귀분석(logistic regression)이다. 로지스틱 회귀분석은 앞 절에서 학습한 바 있으므로 이번 절에는 판별분석을 이용한 P2P 대출거래의 채무불이행예측모형을 구축하고자 한다. 채무불이행 여부를 종속변수로 설정하고, 차입자 정보, 대출정보, 그리고 재무 및 신용정보로 이루어진 14개의 독립변수로 정의된 판별분석을 수행하였다. 판별분석은 특정한 관심 대상이 어느 집단에 속하는지를 예측하는 모형을 개발하는 데 사용되는 분석 방법이다. 차입자 정보, 대출정보 그리고 신용정보 등의 특성을 나타내는 독립변수 값들을 판별함수식에 대입하여 얻은 결과 값을 이용해 정상적으로 상환 완료된 대출 집단과 채무불이행 집단을 예측하였다.

판별분석을 이용한 P2P 대출거래의 채무불이행예측모형은 [그림 11.9]와 같이 5개의 계층으로 구성된 모델링 단계로 수행한다.

첫 번째 계층은 '데이터 읽기'이다. 오퍼레이터 창에 Data Access > Files > Read 폴더 아래의 'Read Excel' 오퍼레이터를 프로세스 창에 드래그하여 가져다 놓는다. 다음으로 'Read Excel' 오퍼레이터를 선택한 후 'Import Configuration Wizard …' 버튼을 클릭한다. 학습용과 검증용 데이터를 불러 오기 위해 'Read Excel' 오퍼레이터를 두 개 추가하여 프로세스 창에 배치한다.

두 번째 계층은 '데이터 전처리'다. 판별분석은 수치형의 독립변수만을 사용할 수 있으므로 범주형 독립변수의 경우 수치로 변환해야 한다. 수치 변환을 위해 오퍼레이터 창에 Blending > Attributes > Types > Nominal to Numerical을 선택하여 'Read Excel' 오퍼레이터의 'Out'과 'Nominal to Numerical'의 'exa'를 연결한다. 다음으로 'Nominal to Numerical' 오퍼레이터의 파라미터를 지정한다. 'attributes filter type'의 드롭다운 메뉴를 통해 'subset'을 선택하고, 'attributes'의 'Select Attributes...'를 통해 수치화할 범주형 변수를 지정한다. 수치화할 범주형 변수에는 주택소유형태(X1), 대출 목적(X6), 신용등급(X8)이 있다. 위의 작업을 검증용 데이터의 'Read Excel' 오퍼레이터에도 동일한 방식으로 적용한다.

세 번째 계층은 '모델 학습'이다. 오퍼레이터 창에 Modeling > Predictive > Discriminant Analysis > Linear Discriminant Analysis를 선택하여 프로세스 창에 가져다 놓고 'Nominal to Numerical' 오퍼레이터의 'exa'와 'Linear Discriminant Analysis' 오퍼레이터의 'tra'를 연결한다. 다음으로 'Linear Discriminant Analysis'의 파라미터는 기본 값으로 설정된 것을 그대로 이용한다.

네 번째 계층은 '모델 적용' 단계이다. 오퍼레이터 창에 Scoring > Confidences > Apply Model을 프로세스 창에 드래그한 다음 '모델 학습'에서 사용한 'Linear Discriminant Analysis'와 연결한다. 즉, Linear Discriminant Analysis 오퍼레이터의 'mod'와 Apply Model의 'mod'를 연결하고, 검증용 데이터와 연결된 'Nominal to Numerical'의 'exa'와 Apply Model의 'unl'과 연결한다.

다섯 번째 계층은 '성과 측정 및 평가'다. 이항 분류 문제에 특화된 성과 지표인 Performance(Binominal Classification)를 활용한다. 오퍼레이터 창에서 Validation > Performance > Predictive > Performance(Binominal Classification)를 프로세스 창에 드래그한 다음 Apply Model 오퍼레이터의 'lab'과 Performance의 'lab'을 연결한다. 다음으로 Apply Model의 'mod'를 프로세스 창의 'res'와 연결하고 Performance의 'per'도 프로세스 창의 'res'와 연결한다. 마지막으로 Performance의 'exa'와 프로세스 창의 'res'와 연결한 다음 'Connections' 메뉴 밑의 실행 버튼(단축 키 F11)을 클릭한다. 클릭하면 결과 화면 뷰에서 각 케이스별 결과와 예측정확도(accuracy)를 확인할 수 있다.

[표 11.9]는 검증용 데이터에 대한 판별분석 기반 P2P 채무불이행예측모형의 예측성과를 나타낸 것이다. 57,456개의 검증용 데이터에서 실제 채무불이행 대출거래를 정확히 맞춘 케이스는 없고, 실제 상환 완료된 대출거래를 정확히 맞춘 케이스가 45,468개로 총 예측정확도는 79.14%로 나타났다.

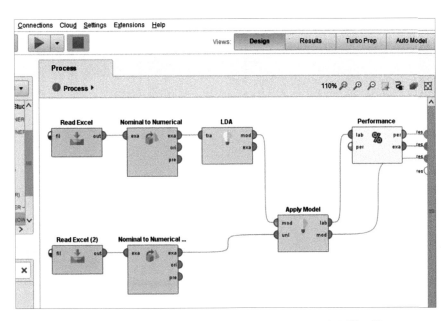

그림 11.9 판별분석을 이용한 P2P 대출거래의 채무불이행예측모형

표 11.9 판별분석 기반 채무불이행예측모형의 예측성과

accuracy(정확도): 79.14%

	true 1 (실제 채무불이행)	true 0 (실제 상환 완료)	예측정확도
pred. 1 (예측 채무불이행)	0개	0개	0.00%
pred. 0 (예측 상환 완료)	11,988개	45,468개	79.14%
class recall	0.00%	100.00%	–

11.4.3 P2P 대출거래의 채무불이행예측모형 구축: 신경망

이 절에서는 대표적인 인공지능기법인 신경망을 이용하여 P2P 대출거래의 채무
불이행예측모형을 구축한다. 데이터 분석 프로세스 단계는 다음과 같다.

첫 번째 계층은 '데이터 읽기'이다. 오퍼레이터 창에 Data Access > Files >
Read 폴더 아래의 'Read Excel' 오퍼레이터를 프로세스 창에 드래그하여 가져다
놓는다. 다음으로 'Read Excel' 오퍼레이터를 선택한 후 'Import Configuration
Wizard …' 버튼을 클릭하여 데이터 입력 파라미터를 설정한다. 학습용과 검증용
데이터를 불러 오기 위해 'Read Excel' 오퍼레이터를 두 개 추가하여 프로세스 창

에 배치한다.

두 번째 계층은 '데이터 전처리'이다. 연속형 변수인 경우 서로 단위가 다를 수 있어 변수 값이 0과 1 사이에 있도록 변환한다. 간단한 변환 방법은 실제 데이터 값에서 최솟값을 뺀 후 그 변수의 가능한 범위(최댓값 − 최솟값)로 나누는 것이다. 범주형 변수의 경우는 대개 각 범주 값을 하나의 변수로 하는데, 범주 값의 유무에 따라 0 또는 1의 이항변수로 한다. 범주형 독립변수의 수치 변환을 위해 오퍼레이터 창에 Blending > Attributes > Types > Nominal to Numerical을 선택하여 'Read Excel' 오퍼레이터의 'Out'과 'Nominal to Numerical'의 'exa'를 연결한다. 다음으로 'Nominal to Numerical' 오퍼레이터의 파라미터를 지정한다. 'attributes filter type'의 드롭다운 메뉴를 통해 'subset'을 선택하고, 'attributes'의 'Select Attributes...'를 통해 수치화할 범주형 변수를 지정한다. 수치화할 범주형 변수에는 주택소유형태(X1), 대출 목적(X6), 신용등급(X8)이 있다. 위의 작업을 검증용 데이터의 'Read Excel' 오퍼레이터에도 동일한 방식으로 적용한다.

세 번째 계층은 '모델 학습'이다. 오퍼레이터 창에 Modeling > Predictive > Neural Nets > Neural Net을 선택하여 프로세스 창에 가져다 놓고 'Nominal to Numerical' 오퍼레이터의 'exa'와 'Neural Net' 오퍼레이터의 'tra'를 연결한다. 신경망의 구조에서 입력계층의 입력 노드 수는 독립변수 수인 '14개'로 설정하였고, 출력계층의 출력 노드 수는 종속변수 수로 설정하였다. 본 실험에서는 시행착오법과 Hornik(1991)의 선행연구를 토대로 다음과 같이 신경망 아키텍처를 설계하였다. 다층전방향신경망의 구조에서 은닉층의 수는 1과 2로 설정(3층과 4층 신경망)하고, 은닉 노드의 수는 3개, 7개(n/2), 10개, 14개(n), 28개(2n), 42개(3n)로 설정하였다. 이를 모델링하는 방법으로는 'Neural Net' 오퍼레이터의 'Parameters' 창의 'hidden layers'에 'Edit List...' 버튼을 누르고, 'hidden layer sizes'에 은닉 노드의 수를 입력한다. 은닉층의 수를 늘리려면 'Add Entry' 버튼을 클릭하여 추가한다. 그 외의 파라미터 학습 횟수(training cycles), 학습률(learning rate), 모멘텀(momentum)은 기본 값으로 설정된 것을 그대로 이용한다.

네 번째 계층은 '모델 적용' 단계이다. 오퍼레이터 창에 Scoring > Confidences > Apply Model을 프로세스 창에 드래그한 다음 '모델 학습'에서 사용한 'Neural Net'와 연결한다. 즉, 'Neural Net'의 'mod'와 Apply Model의 'mod'를 연결하고, 검증용 데이터와 연결된 'Nominal to Numerical'의 'exa'와 Apply Model의 'unl'과 연결한다.

다섯 번째 계층은 '성과 측정 및 평가'이다. 오퍼레이터 창에서 Validation

> Performance > Predictive > Performance(Binominal Classification)를 프로세스 창에 드래그한 다음 Apply Model 오퍼레이터의 'lab'과 Performance의 'lab'을 연결한다. 다음으로 Apply Model의 'mod'를 프로세스 창의 'res'와 연결하고 Performance의 'per'도 프로세스 창의 'res'와 연결한다. 마지막으로 Performance의 'exa'와 프로세스 창의 'res'를 연결한 다음 'Connections' 메뉴 밑의 실행 버튼(단축 키 F11)을 클릭한다. 클릭하면 결과 화면 뷰에서 각 케이스별 결과와 예측정확도(accuracy)를 확인할 수 있다.

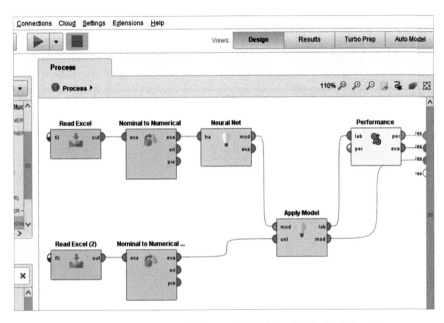

그림 11.10 신경망을 이용한 P2P 대출거래의 채무불이행예측모형

결과 화면 뷰에서는 신경망의 구조와 신경망 기반의 P2P 채무불이행예측모형의 예측정확도를 확인할 수 있다. [그림 11.11]은 3층 신경망 구조를 그림으로 도식화한 것이다. 3층 신경망은 은닉층의 수가 1개(Hidden 1)이며, 은닉 노드의 수는 10개로 설정하였다.

[표 11.10]은 은닉층과 은닉 노드 수에 따른 신경망 예측정확도를 나타낸 것이다. 은닉계층의 적절한 은닉 노드 수는 신경망 초기에 미리 알 수 없으므로 시행착오법을 통해 최적의 신경망모형을 탐색해야 한다. 3층 신경망에서는 은닉 노드의 수가 7개인 경우 예측정확도가 79.60%를 나타내었다. 4층 신경망에서는 은닉 노드의 수가 10개인 경우 예측정확도가 79.63%를 나타내었다. [표 11.10]의 결과

를 종합하여 최적의 신경망 구조는 예측정확도가 가장 우수한 4층 신경망(은닉 노드의 수 10개)으로 결정되었다.

[표 11.11]은 검증용 데이터에 대한 신경망 기반 P2P 채무불이행예측모형의 예측성과를 나타낸 것이다. 57,456개의 검증용 데이터에서 실제 채무불이행 대출거래를 정확히 맞춘 케이스가 1,322개이고, 실제 상환 완료된 대출거래를 정확히 맞춘 케이스가 44,432개로 총 예측정확도는 79.63%로 나타났다.

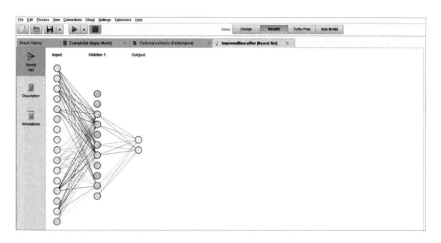

그림 11.11 3층 신경망 구조(은닉층 1개, 은닉 노드 수 10개)

표 11.10 은닉층과 은닉 노드 수에 따른 신경망 예측정확도

은닉 노드의 수	은닉층 1개 (3층 신경망)	은닉층 2개 (4층 신경망)
3개	79.48%	79.56%
7개(n/2)	79.60%	79.43%
10개	79.50%	79.63%
14개(n)	79.58%	79.59%
28개(2n)	79.53%	79.57%
42개(3n)	79.57%	79.47%

표 11.11 신경망 기반 채무불이행예측모형의 예측성과

accuracy(정확도): 79.63% (은닉층: 2, 은닉 노드의 수: 10)

	true 1 (실제 채무불이행)	true 0 (실제 상환 완료)	예측정확도
pred. 1 (예측 채무불이행)	1,322개	1,036개	56.06%
pred. 0 (예측 상환 완료)	10,666개	44,432개	80.64%
class recall	11.03%	97.72%	

11.4.4 P2P 대출거래의 채무불이행예측모형 구축: 의사결정나무(C5.0)

의사결정나무 알고리즘에는 CHAID, CART, QUEST, C5.0 등이 있으며 이산형 (discrete) 목표변수 분류에는 CART와 C5.0 알고리즘을 사용한다. 바로 앞 절에서 CART를 이용한 신용등급예측모형 구축을 수행하였으므로 이 절에서는 C5.0 을 이용한 P2P 대출거래의 채무불이행예측모형을 구축하고자 한다. 의사결정나무의 모델링 단계는 [그림 11.12]와 같다.

첫 번째 계층은 '데이터 읽기'이다. 오퍼레이터 창에 Data Access > Files > Read 폴더 아래의 'Read Excel' 오퍼레이터를 프로세스 창에 드래그하여 가져다 놓는다. 다음으로 'Read Excel' 오퍼레이터를 선택한 후 'Import Configuration Wizard …' 버튼을 클릭하여 데이터 입력 파라미터를 설정한다. 학습용과 검증용 데이터를 불러 오기 위해 'Read Excel' 오퍼레이터를 두 개 추가하여 프로세스 창에 배치한다.

두 번째 계층은 '모델 학습'이다. 오퍼레이터 창에 Modeling > Predictive > Trees > Decision Tree를 선택하여 프로세스 창에 가져다 놓고 'Read Excel' 오퍼레이터와 'Decision Tree' 오퍼레이터를 연결한다. 'Decision Tree'의 파라미터에서 criterion(분리기준)의 요소로 information gain(entropy index)을 분리기준으로 사용한다. 정지규칙은 더 이상 분리가 일어나지 않고 현재의 마디가 잎이 되도록 하는 규칙을 말한다. 정지규칙에서 최대 나무 구조의 깊이(maximal depth)를 3~7 사이로 조정하면서 실험을 수행한다.

세 번째 계층은 '모델 적용' 단계이다. 오퍼레이터 창에 Scoring > Confidences > Apply Model을 프로세스 창에 드래그한 다음 '모델 학습'에서 사용한 'Decision Tree'와 연결한다. 즉, 'Decision Tree'의 'mod'와 Apply Model의 'mod'를 연결하고, 검증용 데이터의 'out'과 Apply Model의 'unl'을 연결한다.

네 번째 계층은 '성과 측정 및 평가'이다. 오퍼레이터 창에서 Validation > Performance > Predictive > Performance(Binominal Classification)를 프로세스 창에 드래그한 다음 Apply Model 오퍼레이터의 'lab'과 Performance의 'lab'을 연결한다. 다음으로 Apply Model의 'mod'를 프로세스 창의 'res'와 연결하고 Performance의 'per'도 프로세스 창의 'res'와 연결한다. 마지막으로 Performance의 'exa'와 프로세스 창의 'res'와 연결한 다음 'Connections' 메뉴 밑의 실행 버튼(단축 키 F11)을 클릭한다. 클릭하면 결과 화면 뷰에서 각 케이스별 결과와 예측정확도(accuracy)를 확인할 수 있다.

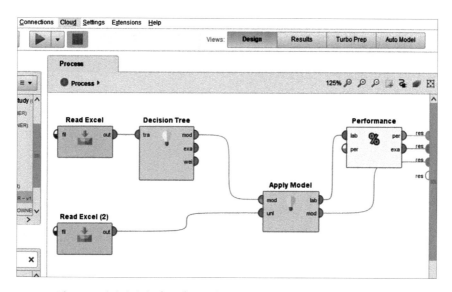

그림 11.12 의사결정나무(C5.0)를 이용한 P2P 대출거래의 채무불이행예측모형

결과 화면 뷰에서는 의사결정나무(C5.0)의 구조와 의사결정나무(C5.0) 기반의 P2P 채무불이행예측모형의 예측정확도를 확인할 수 있다. [그림 11.13]은 정지 규칙에서 최대 나무 구조의 깊이(maximal depth)가 4인 경우의 의사결정나무(C5.0) 구조를 보여준다. 의사결정나무의 뿌리 노드(root node) 변수인 신용등급(X8)이 의사결정나무(C5.0) 기반 P2P 채무불이행예측모형에서 가장 영향력 있는 변수이다. 다음으로 중요한 변수(2순위)는 대출 이자율(X7)이며, 그 다음으로는 총부채상환비율(X4), 대출 목적(X6), 주택소유형태(X1), 대출 금액(X5) 순으로 나타났다.

[표 11.12]는 검증용 데이터에 대한 의사결정나무(C5.0) 기반 P2P 채무불이행예측모형의 예측성과를 나타낸 것이다. 57,456개의 검증용 데이터에서 실제 채무불이행 대출거래를 정확히 맞춘 케이스가 1,303개이고, 실제 상환 완료된 대출

거래를 정확히 맞춘 케이스가 44,255개로 총 예측정확도는 79.29%로 나타났다.

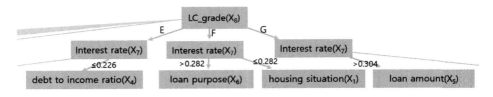

그림 11.13 의사결정나무(C5.0)의 구조(maximal depth: 4)

표 11.12 의사결정나무(C5.0) 기반 채무불이행예측모형의 예측성과

accuracy(정확도): 79.29%(maximal depth: 4)

	true 1 (실제 채무불이행)	true 0 (실제 상환 완료)	예측정확도
pred. 1 (예측 채무불이행)	1,303개	1,213개	51.79%
pred. 0 (예측 상환 완료)	10,685개	44,255개	80.55%
class recall	10.87%	97.33%	

11.5 금융 빅데이터 실습 마무리

이 절에서는 기업신용등급예측과 P2P 대출거래의 채무불이행예측을 위한 연구모형을 구축하기 위해 판별분석, 로지스틱 회귀분석, 신경망, 의사결정나무(CART, C5.0)를 이용하였다. 공개용 소프트웨어인 래피드마이너(RapidMiner)는 예측분석을 위해 베이지안(bayesian), 규칙유도기법(rule induction), 함수(functions), 서포트벡터머신(support vector machines) 등의 다양한 오퍼레이터들을 활용할 수 있다. 또한 예측분석 이외에도 세분화(segmentation), 연관성규칙(associations), 유사도 분석(similarities), 최적화(optimization), 시계열(time series) 등의 분석도 가능하다.

앞 절에서 주로 설명한 모델링 단계(모형 구축 단계, model development stage) 이후의 과정은 결과 도출 단계(result extraction stage)다. 제안한 예측모형을 실행하여 도출된 최종 결과물을 점검하고, 사업적 측면에서 결과의 가치를 재평가한다. 주요 발견 사항의 사업적 가치를 발주 기관의 관계자가 판단할 수 있도록 명확한 보고서와 시연(데모)을 준비한다. 발주 책임자에게 최종 결과물을 발표하고, 업무에 활용할 방안을 마련한다.

마지막 단계는 서비스 구현 단계(service development stage)다. 예측모형을 파일럿 서비스(pilot service)를 통해 실 서비스에서 운영한 후 안정적으로 확대하여 운영계 시스템에 구축한다. 일정 기간 예측모형을 운영계 시스템에 운영한 후, 예상한 대로 수익이 증가하고 목표한 효과가 나타나는지 확인한다. 서비스 구현 단계는 소프트웨어 개발 방법론에 따라 기본적으로 필요한 일련의 산출물을 종합적으로 정리한다.

끝으로 다루지 못한 기업부도예측, 상장폐지예측, 배당정책예측 등의 금융 의사결정문제를 고급 과정의 데이터 분석 기법을 이용하여 활용하기를 제안한다.

🔍 참고문헌

김양석, 이충권, "토탁토닥 래피드마이너", 카오스북, 2016.

김종우, 김선태, "경영을 위한 데이터마이닝", 한경사, 2012.

박창이, 김용대, 김진석, 송종우, 최호식, "R을 이용한 데이터마이닝", 교우사, 2011.

배화수, 조대현, 석경하, 김병수, 최국렬, 이종언, 노세원, 이승철, 손용희, "SAS Enterprise Miner를 이용한 데이터마이닝", 교우사, 2005.

이정진, "R, SAS, MS-SQL을 활용한 데이터마이닝", 자유아카데미, 2011.

신택수, 홍태호, "비즈니스 인텔리전스를 위한 데이터마이닝", 사이텍미디어, 2009.

한국디지털정책학회 빅데이터전략연구회, "경영 빅데이터 분석", 광문각, 2016.

허명회, 이용구, "데이터모델링과 사례", SPSS아카데미, 2003.

Bae, J. K. and Kim, J. (2011), "Combining models from neural networks and inductive learning algorithms", Expert Systems with Applications, 38(1), pp. 4839–4850.

Cho, S., Kim, J., and Bae, J. K. (2009), "An integrative model with subject weight based on neural network learning for bankruptcy prediction," Expert Systems with Applications, 36(1), pp. 403–410.

Haykin, S. (1999), "Neural networks: A comprehensive foundation." 2nd ed., New Jersey: Prentice Hall.

Quinlan, J. R. (1993), "C4.5: Programs for Machine Learning", San Mateo, CA: Morgan Kaufmann.

Weiss, S. and Kulikowski, C. (1991), "Computer systems that learn: Classification and prediction methods from statistics, neural nets, machine learning, and expert systems," 1st ed., San Mateo, CA:Morgan Kaufmann.

ㄱ

ㄴ

ㄷ

기타